LA NOUVELLE SOCIÉTÉ DU COÛT MARGINAL ZÉRO

DU MÊME AUTEUR

La Fin du travail, La Découverte, 1996 ; La Découverte poche n° 34.
Le Siècle biotech : le commerce des gènes dans le meilleur des mondes, La Découverte, 1998 ; Pocket n° 10771.
L'Âge de l'accès : la révolution de la nouvelle économie, La Découverte, 2000 ; Pocket n° 11322 ; La Découverte poche n° 205.
L'Économie hydrogène : après la fin du pétrole, la nouvelle révolution économique, La Découverte, 2002.
Le Rêve européen ou Comment l'Europe se substitue peu à peu à l'Amérique dans notre imaginaire, Fayard, 2005.
Une nouvelle conscience pour un monde en crise, Les Liens qui libèrent, 2011 ; Babel n° 1135.
La Troisième Révolution industrielle : comment le pouvoir latéral va transformer l'énergie, l'économie et le monde, Les Liens qui libèrent, 2012 ; Babel n° 1212.
La Nouvelle Société du coût marginal zéro : l'Internet des objets, l'émergence des communaux collaboratifs et l'éclipse du capitalisme, Les Liens qui libèrent, 2014.

Titre original :
The Zero Marginal Cost Society
Éditeur original :
St. Martin's Press, New York

ISBN 978-2-330-05882-1

JEREMY RIFKIN

LA NOUVELLE SOCIÉTÉ DU COÛT MARGINAL ZÉRO

L'INTERNET DES OBJETS, L'ÉMERGENCE DES COMMUNAUX COLLABORATIFS ET L'ÉCLIPSE DU CAPITALISME

essai traduit de l'anglais (États-Unis)
par Françoise et Paul Chemla

BABEL

Remerciements

Je tiens à remercier de leur travail extraordinaire Lisa Mankowsky et Shawn Moorhead, qui ont supervisé la mise au point et la publication de *La Nouvelle Société du coût marginal zéro*. Un livre est presque toujours un effort collaboratif. L'efficacité d'un auteur dépend dans une large mesure des personnes qui travaillent avec lui à préparer le manuscrit. M. Moorhead et Mme Mankowsky constituent une équipe de rêve. M. Moorhead a été particulièrement attentif à l'adéquation parfaite des thèmes et des détails conceptuels tout au long de l'ouvrage. Mme Mankowsky s'est concentrée sur la lisibilité du texte d'un bout à l'autre et sur la cohérence de sa présentation. Leur engagement dans le projet, leurs remarques éditoriales pertinentes et leurs conseils avisés ont été cruciaux pour déterminer le contenu final. Leur contribution est présente à chaque page du texte définitif.

J'aimerais aussi remercier Christian Pollard de son aide à la préparation éditoriale du livre, mais aussi de l'élégante campagne de marketing et de relations publiques qu'il a organisée pour sa publication.

Au fil des deux ans de préparation de *La Nouvelle Société du coût marginal zéro*, nous avons eu la chance de travailler avec certains stagiaires très talentueux. Leurs contributions ont sensiblement accru la valeur de l'ouvrage final. Merci à Dan Michell, Alexandra Martin, Jared Madden, Elizabeth Ortega, James Partlow, Shuyang « Cherry » Yu, James Najarian, Daniel McGowan, Gannon McHenry, Kevin Gardner, Justin Green et Stan Kozlowski.

Je voudrais également remercier Emily Carleton, mon éditrice chez Palgrave Macmillan, de son enthousiasme pour le projet et de ses suggestions éditoriales nombreuses et perspicaces, qui ont aidé, en chemin, à parfaire le manuscrit. Merci à Karen Wolny, directrice éditoriale, de son soutien indéfectible tout au long du processus.

Enfin, comme toujours, je tiens à remercier mon épouse, Carol Grunewald, de tant de conversations fructueuses au cours de la préparation du livre : elles ont contribué à la mise en forme de ma pensée et à la rigueur logique du texte. Très franchement, Carol est la meilleure éditrice et styliste que j'aie jamais connue.

Rédiger ce livre a été une joie, un vrai travail d'amour. J'espère que les lecteurs prendront autant de plaisir à le lire que j'en ai eu à l'écrire.

1

Le grand changement de paradigme : du capitalisme de marché aux communaux collaboratifs

Un nouveau système économique entre sur la scène mondiale : les communaux collaboratifs*. C'est le premier paradigme économique à prendre racine depuis l'avènement du capitalisme et du socialisme au début du XIXᵉ siècle. Les communaux collaboratifs transforment notre façon d'organiser la vie économique : ils permettent de réduire considérablement l'écart des revenus, de démocratiser l'économie mondiale et de créer une société écologiquement durable.

Nous voyons déjà émerger une économie hybride, mi-marché mi-communal. Les deux systèmes travaillent souvent en tandem

* En appelant ce nouveau système *Collaborative Commons*, Jeremy Rifkin désigne les pratiques collaboratives actuelles du cyberespace en reprenant le nom traditionnel des terres gérées collectivement, dont l'appropriation privée, lors du mouvement des enclosures, a donné le coup d'envoi de l'essor de l'économie de marché en Angleterre. En raison de l'importance de ce rapprochement dans la démarche générale du livre, nous procéderons de la même façon : plutôt que par « biens communs » ou « communs » (autres traductions possibles et pratiquées), nous traduirons *commons* (souvent employé au singulier, *a commons*) par « communal » ou « communaux », et *commoners* par « communiers » (terme encore en usage en Savoie ou en Suisse romande pour désigner les usagers et gestionnaires d'un communal). Pour *commons management* ou *governance*, nous parlerons de gestion ou de gouvernance « communaliste ». *(Les notes de bas de page sont des traducteurs.)*

et parfois se concurrencent. Ils découvrent à leurs frontières des synergies dont chacun tire avantage tout en ajoutant de la valeur à l'autre. Il leur arrive aussi de s'affronter durement : chacun s'efforce alors d'absorber l'autre ou de prendre sa place.

Entre ces deux paradigmes rivaux, la lutte va être longue et implacable. Le capitalisme a donné une interprétation forte de la nature humaine et construit le cadre général où s'inscrit notre vie économique, sociale et politique depuis plus de dix générations. Cependant, même à ce tout premier stade de l'affrontement, on voit clairement qu'il a passé son pic et amorcé son lent déclin. J'imagine qu'il restera présent pour longtemps dans la structure de la société, mais je ne crois pas qu'il sera le paradigme économique dominant dans la seconde moitié du XXIe siècle.

Les indices du grand basculement dans un nouveau système économique sont encore flous, souvent anecdotiques, mais les communaux collaboratifs sont en plein essor. En 2050, ils se seront probablement imposés en tant qu'arbitres suprêmes de la vie économique sur l'essentiel de la planète. Un capitalisme de plus en plus mince, efficace et astucieux restera prospère, car il trouvera suffisamment de points faibles à exploiter, surtout en proposant des agrégats de services et de solutions réseaux. Il sera donc un partenaire puissant et florissant dans la nouvelle ère économique, mais il ne régnera plus. Nous entrons dans un monde partiellement au-delà des marchés, où nous apprenons à vivre ensemble, toujours plus interdépendants, sur un communal collaboratif mondial.

Je sais bien que cela paraît totalement incroyable à la plupart des gens : on nous a tant conditionnés à croire le capitalisme aussi indispensable à notre bien-être que l'air que nous respirons ! Plus généralement, au fil des siècles, philosophes et économistes ont tout fait pour nous convaincre que leurs postulats opératoires dérivaient des lois qui régissent la nature. Mais en réalité les paradigmes économiques ne sont pas des phénomènes naturels ; ce sont de simples constructions humaines.

Parmi ces paradigmes, le capitalisme a fait une belle carrière. Son existence aura été relativement courte comparée à d'autres systèmes dans l'histoire, mais il faut reconnaître qu'il a eu sur le parcours humain un impact – positif et négatif – plus marquant et plus profond peut-être que toute autre ère économique, à l'exception du passage du mode de vie des chasseurs-cueilleurs à celui des agriculteurs.

Ironie de l'histoire : le capitalisme ne meurt pas sous les coups de forces hostiles. Il n'y a pas de horde à ses portes, prête à assaillir ses remparts. Bien au contraire. Ce qui le mine, c'est l'éclatant succès des postulats qui le gouvernent. Au cœur même de ce système, une contradiction est à l'œuvre : la force motrice qui l'a propulsé jusqu'aux plus hauts sommets le précipite aujourd'hui dans l'abîme.

L'ÉCLIPSE DU CAPITALISME

Le capitalisme a pour raison d'être d'introduire toutes les composantes de la vie humaine dans la sphère économique, où elles seront muées en biens échangeables sur le marché en tant que propriétés privées. Très peu ont échappé à cette métamorphose. Les aliments que nous mangeons, l'eau que nous buvons, les objets que nous fabriquons et utilisons, les relations sociales que nous avons, les idées que nous avançons, le temps que nous passons et même l'ADN qui détermine si largement qui nous sommes – tout a été jeté dans le chaudron capitaliste, restructuré, étiqueté d'un prix et mis en vente. À presque toutes les époques historiques, les marchés étaient des lieux de rencontres occasionnelles où l'on échangeait des produits. Aujourd'hui, pratiquement tout dans notre vie quotidienne est lié d'une façon ou d'une autre à des échanges commerciaux. Le marché nous définit.

Mais c'est là qu'intervient la contradiction. La logique opératoire du capitalisme est ainsi faite qu'en réussissant, il se détruit. Je m'explique.

Dans son grand ouvrage *La Richesse des nations*, Adam Smith, père du capitalisme moderne, pose que le marché opère sur le même mode que les lois de la gravitation découvertes par Isaac Newton. Comme dans la nature, où à toute action correspond une réaction de force égale et opposée, l'offre et la demande s'entre-équilibrent sur le marché autorégulateur. Quand la demande des consommateurs en biens et services s'accroît, les vendeurs augmentent leurs prix. Lorsque ceux-ci deviennent trop élevés, la demande chute, ce qui contraint les vendeurs à baisser les prix.

Le philosophe français des Lumières Jean-Baptiste Say, autre architecte de la première heure de la théorie économique classique, ajoute un second postulat, là encore en empruntant une métaphore à la physique newtonienne. À l'en croire, l'activité économique s'autoperpétue : comme dans la première loi de Newton, une fois que des forces économiques sont mises en mouvement, elles le restent tant qu'aucune force extérieure n'agit sur elles. « Un produit créé, soutient Say, offre dès cet instant un débouché à d'autres produits pour tout le montant de sa valeur. [...] Le fait seul de la formation d'un produit ouvre dès l'instant même un débouché à d'autres produits[1]. » Affinant la loi de Say, une génération ultérieure d'économistes néoclassiques a fait valoir que les technologies nouvelles accroissent la productivité : grâce à elles, le vendeur peut produire davantage de biens à un coût unitaire inférieur. Cette offre accrue de biens meilleur marché crée alors sa propre demande. Dans ces conditions, les concurrents se voient contraints d'inventer, eux aussi, des technologies inédites pour accroître leur productivité, vendre leurs produits encore moins cher et récupérer ainsi leurs clients ou en attirer de nouveaux. L'ensemble du processus fonctionne comme un mouvement perpétuel. Puisque les technologies nouvelles et la hausse de la productivité font baisser les prix, les consommateurs ont davantage d'argent à dépenser ailleurs, ce qui relance la concurrence entre vendeurs.

Mais attention ! Ces principes supposent un marché concurrentiel. Si quelques vendeurs, voire un seul, deviennent beaucoup plus gros que leurs concurrents, les éliminent et établissent sur le marché un oligopole ou un monopole, ils peuvent maintenir des prix artificiellement élevés, puisqu'ils savent que les acheteurs n'ont pas d'autre solution – notamment quand les biens et services vendus sont essentiels. Dans ce cas, le monopoliste n'a ni besoin ni envie d'introduire de nouvelles technologies plus économes en main-d'œuvre pour accroître la productivité, réduire les prix et rester concurrentiel. Nous avons vu cette situation apparaître à maintes reprises dans l'histoire, ne serait-ce que pour de brèves périodes.

À long terme, cependant, de nouveaux acteurs parviennent invariablement à percer en introduisant des technologies révolutionnaires qui améliorent la productivité et font baisser les prix de biens et services identiques ou substituables, et ils brisent la mainmise monopoliste sur le marché.

Supposons maintenant que nous poussions ces postulats directeurs de la théorie économique capitaliste jusqu'à leur conclusion logique. Imaginons un scénario où la logique opératoire du système capitaliste réussit au-delà des espoirs les plus fous. Le jeu de la concurrence conduit alors à la « productivité extrême » et à l'optimum du « bien-être général », comme disent les économistes : à ce stade final, une concurrence acharnée, en imposant l'introduction d'une technologie toujours plus économe, dope la productivité jusqu'au point optimal où chaque unité supplémentaire mise en vente approche du coût marginal « quasi nul ». Autrement dit, fondamentalement, produire chacune de ces unités supplémentaires ne coûte rien – si l'on ne compte pas les coûts fixes –, ce qui rend le produit presque gratuit. Si ce scénario se réalisait, le profit, la sève qui fait vivre le capitalisme, se tarirait.

En économie de marché, le profit se fait à la marge. Par exemple, en tant qu'auteur, je vends le produit de mon travail intellectuel à un éditeur, contre une avance et de futurs droits d'auteur sur mon livre. L'ouvrage passe ensuite entre plusieurs mains avant d'atteindre l'acheteur final : un correcteur extérieur, un compositeur, un imprimeur, et aussi des grossistes, des distributeurs et des détaillants. Chaque intervenant dans ce processus accroît les coûts de transaction en y incluant une marge de profit suffisante pour justifier sa participation.

Mais que se passe-t-il si le coût marginal de production et de distribution d'un livre s'effondre et approche de zéro ? En fait, cela arrive déjà. Des auteurs toujours plus nombreux écrivent des livres qu'ils proposent à prix très réduit, ou même gratuitement, sur Internet – en contournant éditeurs, correcteurs, imprimeurs, grossistes, distributeurs et détaillants. Commercialiser et expédier chaque exemplaire ne coûte pratiquement rien. Les seuls coûts sont le temps passé à créer le produit et le prix du matériel informatique et de la connexion à Internet. Un livre numérique peut donc se produire et se diffuser à un coût marginal quasi nul.

Ce phénomène a déjà fait des ravages dans les secteurs de l'édition, des communications et du divertissement : des milliards de personnes ont accès gratuitement ou presque à un volume croissant d'informations. Aujourd'hui, plus du tiers de l'humanité produit sa propre information sur des téléphones mobiles et des ordinateurs relativement bon marché, et elle la partage en formats vidéo, audio et texte à un coût marginal quasi nul dans un univers collaboratif en réseau. La révolution du coût marginal zéro commence à toucher également d'autres secteurs économiques : l'énergie renouvelable, la fabrication par impression 3D et l'enseignement supérieur en ligne. Il y a déjà partout dans le monde des millions de « prosommateurs » – consommateurs devenus leurs propres producteurs – qui produisent leur électricité verte à un coût marginal presque nul. On estime qu'environ 100 000 amateurs fabriquent aujourd'hui leurs propres produits par impression 3D à un coût marginal proche de zéro[2]. Parallèlement, six millions d'étudiants se sont inscrits aux MOOC (*Massive Open Online Courses*, « cours en ligne ouverts et massifs »), ces cours en ligne gratuits à coût marginal quasi nul donnés par certains des plus éminents professeurs de la planète ; et ils obtiennent des unités de valeur reconnues par les universités. Même si, dans les trois cas, les coûts initiaux restent assez élevés, ces secteurs ont des courbes de croissance exponentielles, assez proches de celle qui a réduit à pratiquement rien, en quelques décennies, le coût marginal du calcul informatique. Dans les deux ou trois décennies qui viennent, des prosommateurs intégrés à de vastes réseaux continentaux et mondiaux produiront et partageront énergie verte et biens et services physiques, et ils se formeront dans des classes virtuelles en ligne à un coût marginal proche de zéro. L'économie entrera donc dans une ère de biens et services pratiquement gratuits.

Parmi les acteurs en pointe dans la révolution du coût marginal quasi nul, beaucoup se disent : les biens et services presque gratuits vont se répandre, certes, mais ils donneront aussi de nouvelles occasions d'en créer d'autres, sur lesquels les marges de profit seront suffisantes pour maintenir la croissance et même permettre au système capitaliste de prospérer. Offrir gratis certains produits pour inciter des clients potentiels à en acheter d'autres est une vieille tactique, rappelle Chris Anderson, ancien rédacteur en chef de la revue *Wired*. Il cite l'exemple de Gillette, premier producteur en série de rasoirs jetables, qui harponnait les consommateurs en leur faisant cadeau du rasoir à seule fin de leur vendre ensuite les lames qui s'y adaptaient[3].

C'est dans le même esprit qu'aujourd'hui les artistes du spectacle vivant acceptent souvent de mettre gratuitement leur musique en ligne, à la disposition de millions de personnes : ils espèrent ainsi se constituer une base de fans dévoués qui paieront pour assister à leurs concerts. Le *New York Times* et *The Economist* mettent en accès libre des articles gratuits parce qu'ils pensent que, sur les millions d'internautes qui les liront, certains voudront en savoir plus et s'abonneront au journal. Ainsi conçu, le « gratuit » est une astuce de marketing qui permet de s'assurer une clientèle pour le payant.

Ces attentes sont à courte vue, voire naïves. En fait, les biens et services qui constituent le tissu économique de la société vont être de plus en plus nombreux à se rapprocher du coût marginal quasi nul et à devenir pratiquement gratuits. Le marché capitaliste devra se replier sans cesse sur des niches toujours plus étroites. Les entreprises à but lucratif ne survivront qu'aux marges de l'économie, en s'appuyant sur une clientèle toujours plus maigre pour des produits et services très spécialisés.

Certes, les réticences à regarder en face la perspective du coût marginal quasi nul sont compréhensibles. Dans la vieille garde des milieux d'affaires, beaucoup – pas tous, certes – ne peuvent même pas imaginer qu'une vie économique puisse exister si la plupart des biens et services sont presque gratuits, le profit impossible, la propriété absurde et le marché superflu. Que resterait-il ?

Certains commencent seulement à se poser la question. Peut-être seront-ils soulagés d'apprendre que plusieurs grands architectes de la pensée économique moderne ont perçu le problème il y a bien longtemps. Pour n'en citer que quelques-uns, John Maynard Keynes, Robert Heilbroner et Wassily Leontief ont médité sur la contradiction cruciale qui propulse le capitalisme. Ils se sont demandé si, dans un avenir lointain, les technologies nouvelles n'allaient pas stimuler la productivité et réduire les prix jusqu'à créer la situation qui se dessine aujourd'hui.

Oskar Lange, professeur à l'université de Chicago au début du XXe siècle, a saisi le ressort caché du capitalisme parvenu à maturité : la quête d'innovations technologiques pour accroître la productivité et réduire les prix met le système en guerre contre lui-même. En 1936, dans les affres de la Grande Dépression, il s'interroge : la propriété privée des moyens de production va-t-elle stimuler indéfiniment l'expansion économique ? Ou va-t-on voir, à un certain stade du développement technologique, le succès même du système devenir une entrave à la poursuite de ses progrès[4] ?

Lorsqu'un entrepreneur introduit des innovations technologiques qui lui permettent de vendre moins cher des biens et des services, observe Lange, il s'assure un avantage temporaire sur ses concurrents qui, prisonniers de moyens de production obsolètes, voient se dévaloriser leurs investissements plus anciens. Cette situation force ses rivaux à réagir en effectuant leurs propres innovations, donc en poussant plus loin les gains de productivité et la baisse des prix, et ainsi de suite.

En revanche, dans les secteurs mûrs où une poignée d'entreprises ont réussi à accaparer une large part du marché et à imposer un monopole ou un oligopole, ces firmes auront tout intérêt à faire barrage à la dynamique du progrès, pour protéger la valeur du capital déjà investi dans une technologie dépassée. « Quand le maintien de la valeur du capital investi devient le souci principal des entrepreneurs, conclut Lange, la poursuite du progrès économique doit s'arrêter, ou du moins ralentir considérablement. [...] Cet effet sera encore plus accentué dans les secteurs où une entité jouit d'une position de monopole[5]. »

Les puissantes compagnies qui dominent une branche s'efforcent souvent de restreindre l'entrée de nouvelles entreprises et les innovations. Mais ralentir ou arrêter l'introduction de technologies récentes plus productives pour protéger les investissements antérieurs, c'est empêcher le capital de s'investir dans de nouvelles occasions de faire du profit : cela crée donc une boucle de rétroaction positive qui renforce le blocage. Si le capital ne peut pas migrer vers de nouveaux investissements rentables, l'économie entre en stagnation prolongée.

Lange résume d'une formule tranchante cette lutte du capitaliste contre le capitaliste :

> Le système capitaliste est déstabilisé par l'alternance entre des tentatives d'arrêter le progrès économique pour protéger les anciens investissements et d'épouvantables effondrements quand elles échouent[6].

Les efforts pour paralyser le progrès économique échouent invariablement, car de nouveaux entrepreneurs rôdent en permanence aux marges du système. Ils sont à l'affût des innovations qui leur permettront d'accroître la productivité et de réduire les coûts, donc de gagner des clients en pratiquant des prix moins élevés que leurs concurrents. À long terme, la course évoquée par Lange est sans trêve : la productivité ne cesse de faire baisser les coûts et les prix, donc les marges de profit.

Si la perspective d'une ère de biens et services quasi gratuits inquiète la plupart des économistes actuels, elle a inspiré à certains de leurs prédécesseurs un optimisme prudent. Keynes, le vénérable économiste du XXe siècle dont les théories conservent une influence considérable, a écrit en 1930 un petit article intitulé « Perspectives économiques pour nos petits-enfants » – quand il l'a publié, des millions d'Américains commençaient à percevoir le brusque retournement de tendance de 1929 comme le début d'un long plongeon dans l'abîme.

Dans ce texte, Keynes constate que les technologies nouvelles améliorent la productivité et font baisser le coût des biens et des services à un rythme sans précédent. Il observe aussi qu'elles réduisent considérablement la quantité de travail humain nécessaire à la production. Il signale donc, en créant un néologisme, l'émergence d'« un nouveau mal, dont certains lecteurs ne connaissent peut-être pas encore le nom – le *chômage technologique*. Il désigne un chômage causé par la découverte de procédés nouveaux qui économisent la main-d'œuvre, alors que la découverte de nouveaux débouchés pour celle-ci s'avère un peu plus lente.» Mais Keynes s'empresse d'ajouter que le chômage technologique, certes pénible à court terme, est une véritable aubaine à long terme, car son apparition signifie *« que l'humanité est en train de résoudre le problème économique »*[7].

« On atteindra peut-être bientôt le point (bien plus tôt peut-être que nous ne le supposons) où ces besoins [économiques] seront si bien satisfaits que nous préférerons consacrer nos énergies à des buts autres que les buts économiques[8] », poursuit-il. Il envisage avec espoir un avenir où les machines produiront en abondance des biens et services pratiquement gratuits; l'humanité serait ainsi affranchie du labeur et de la misère, et l'esprit humain, n'ayant plus comme préoccupation première ses intérêts strictement financiers, pourrait se réorienter vers l'« art de vivre » et la quête de la transcendance.

Dès les années 1930, Lange et Keynes avaient tous deux anticipé la schizophrénie tapie au cœur du système capitaliste : la dynamique entrepreneuriale inhérente au marché concurrentiel qui accroît la productivité et réduit les coûts marginaux. Les économistes ont compris depuis longtemps que l'économie la plus efficace est celle où les consommateurs paient leurs achats au coût marginal. Mais si les consommateurs ne paient que le coût marginal et que celui-ci chute à vive allure vers zéro, les entreprises ne pourront pas s'assurer un retour sur investissement et des profits suffisants pour satisfaire leurs actionnaires. Dans ces conditions, les mieux placées vont tenter de dominer le marché : elles pourront ainsi le soumettre à leur emprise monopoliste et vendre leurs produits au-dessus du coût marginal, donc empêcher la main invisible d'entraîner à marche forcée le système vers l'économie ultra-efficace du coût marginal quasi nul et la perspective des biens et services pratiquement gratuits. Cette foire d'empoigne est la contradiction interne qui sous-tend la théorie et la pratique capitalistes.

Aujourd'hui, quatre-vingts ans après les réflexions de Lange et de Keynes, des économistes se penchent à nouveau sur les ressorts contradictoires du système capitaliste. Ils ne voient pas bien comment faire pour que l'économie de marché continue à fonctionner sans s'autodétruire après l'irruption de nouvelles technologies qui propulsent la société dans l'ère du coût marginal quasi nul.

Lawrence Summers, secrétaire au Trésor de l'Administration du président des États-Unis Bill Clinton et ancien président de l'université Harvard, et J. Bradford DeLong, professeur d'économie à l'université de Californie-Berkeley, ont réexaminé le dilemme capitaliste dans une contribution commune au colloque « Une politique économique pour l'économie de l'information », organisé en août 2001 par la Federal Reserve Bank de Kansas City. À cette date, l'enjeu est devenu beaucoup plus sérieux : les nouvelles technologies de l'information et la révolution naissante de la communication par Internet menacent de précipiter le système capitaliste dans une situation réelle de coût marginal quasi nul en l'espace de quelques décennies.

Au cœur des inquiétudes de Summers et DeLong, il y a les technologies émergentes des communications et du traitement des données. Ces « innovations sismiques », écrivent-ils, sont en train de reconfigurer entièrement la vie économique : elles sont de la même envergure que l'avènement de l'électricité. À en croire les deux auteurs, tout indique que les changements technologiques en cours vont réduire considérablement les coûts marginaux. Ce phénomène devient alors le point de départ de leur analyse. Ils reconnaissent que « la condition la plus fondamentale de l'efficacité économique […] [est] que le prix soit égal au coût marginal[9] ». Ils concèdent aussi qu'« avec les biens informationnels, le coût marginal et social de distribution est proche de zéro[10] ». Et voici le paradoxe. Summers et DeLong poursuivent en ces termes :

> S'il faut distribuer les biens informationnels à leur coût de production marginal – zéro –, ils ne pourront être ni créés ni produits par des entreprises qui utilisent les revenus de leurs ventes aux consommateurs pour couvrir leurs coûts [fixes d'installation]. Si l'on veut que les biens informationnels soient créés et produits […], il faut que [les

entreprises] puissent s'attendre à les vendre à quelqu'un en faisant un profit[11].

Summers et DeLong sont contre le recours aux subventions publiques pour couvrir les coûts initiaux : d'après eux, les vices de la « bureaucratie administrative », de la « pensée de groupe » et de la « paperasserie » détruiraient « l'énergie entrepreneuriale du marché »[12].

En lieu et place d'une intervention de l'État, les deux éminents économistes suggèrent, non sans réticence, une autre voie : dans une économie où « les biens sont produits à des rendements d'échelle en forte hausse », la meilleure façon de protéger l'innovation consiste peut-être à favoriser des monopoles naturels à court terme[13]. « Un pouvoir et des profits temporaires de monopole », précisent Summers et DeLong, « sont la récompense nécessaire pour pousser le secteur privé à s'engager dans ce type d'innovation[14]. » Tous deux sont bien conscients de l'entrave qu'ils imposent ainsi à l'entreprise privée – « le monopole naturel », reconnaissent-ils, « ne satisfait pas la condition la plus fondamentale de l'efficacité économique : que le prix soit égal au coût marginal[15] ». De fait, tout économiste sait bien comment opère un monopole : il empêche les concurrents potentiels d'introduire des innovations qui améliorent la productivité, réduisent les coûts marginaux et font baisser les prix à la consommation. Néanmoins, Summers et DeLong concluent que, dans la « nouvelle économie », ce pourrait être la seule façon d'avancer. Et les deux économistes aboutissent à cet aveu incroyable : « La bonne façon de penser ce jeu complexe de problèmes n'est pas claire, mais il est clair que le paradigme concurrentiel ne saurait être pleinement approprié. [...] Nous ne savons pas encore quel sera le bon paradigme de remplacement[16]. »

Summers et DeLong sont piégés, sans espoir de sortir de l'impasse. Économistes et chefs d'entreprise n'ont évidemment jamais eu l'intention de pousser le système capitaliste à s'autodétruire (ils s'attendaient à le voir régner pour l'éternité). Néanmoins, l'examen attentif de sa logique opératoire révèle que le coût marginal quasi nul constitue son avenir inévitable. Une société du coût marginal quasi nul est la situation d'efficience optimale pour promouvoir le bien-être général et représente le triomphe final du capitalisme. Et cet instant de triomphe est aussi celui où il quitte la scène, inéluctablement. Certes, le capitalisme est encore loin de se mettre lui-même hors jeu, mais on voit bien que, plus il nous rapproche d'une société du coût marginal quasi nul, plus ses prouesses jadis inégalées faiblissent. Ainsi s'ouvre un espace à une façon entièrement neuve d'organiser la vie économique dans un âge caractérisé par l'abondance et non par la pénurie.

LE CHANGEMENT DE PARADIGME ÉCONOMIQUE

Dans l'article de Summers et DeLong sur les contradictions et les défis auxquels se heurtent la théorie et la pratique capitalistes à l'ère de l'information, une phrase intrigue particulièrement le lecteur : « Nous ne savons pas encore quel sera le bon paradigme de remplacement. » Le fait même que ces deux auteurs jugent probable la substitution d'un nouveau paradigme à l'ancien en dit long sur les anomalies qui s'accumulent, et qui compromettent la viabilité à long terme du système économique en vigueur.

Nous vivons manifestement les premières phases d'un changement des règles du jeu. Au crépuscule de l'ère capitaliste, un nouveau modèle économique émerge, mieux fait pour organiser une société où toujours plus de biens et de services sont presque gratuits.

L'expression *changement de paradigme* a si souvent servi, ces derniers temps, à désigner toutes sortes de transformations qu'il est bon de relire la définition qu'en donne Thomas Kuhn, dont le livre, *La Structure des révolutions scientifiques*, a introduit le mot *paradigme* dans le langage courant. Selon Kuhn, un paradigme est un système de croyances et de postulats qui créent conjointement une vision du monde intégrée, unifiée, si convaincante et impérieuse qu'on la confond avec la réalité même. Il appelle ainsi des modèles scientifiques universellement admis, ou peu s'en faut, comme la physique newtonienne et l'évolution darwinienne[17].

Ce qui fait la puissance narrative d'un paradigme, c'est l'exhaustivité de sa description de la réalité. À peine l'a-t-on admis qu'il devient difficile, voire impossible, de remettre en cause ses postulats centraux, car ils paraissent refléter l'ordre naturel des choses. On examine rarement d'autres explications du monde, puisqu'elles heurtent de front ce que l'on tient pour une vérité d'évidence. Mais lorsqu'on accepte une vision sans se poser de question, en refusant d'envisager toute autre possibilité, on laisse suppurer des incohérences qui s'accumulent jusqu'à ce qu'un point de bascule soit atteint : le paradigme existant est alors taillé en pièces et remplacé par un autre, plus à même d'intégrer anomalies, idées neuves et développements récents au sein d'un nouveau récit exhaustif.

Longtemps, on a considéré le paradigme capitaliste comme le meilleur mécanisme pour organiser efficacement l'activité économique. Mais il est aujourd'hui attaqué sur deux fronts.

Sur le premier front, une nouvelle génération de travaux de recherche interdisciplinaires réunissant des champs d'études jusque-là séparés – les sciences écologiques, la chimie, la biologie, l'ingénierie, l'architecture, l'urbanisme et les technologies de l'information – défie la théorie économique standard (indissociable des métaphores de la physique newtonienne) par une nouvelle approche de l'économie, enracinée dans les lois de la thermodynamique. La théorie capitaliste standard reste pratiquement muette sur le rapport indissoluble entre l'activité économique et les contraintes écologiques qu'imposent les lois de l'énergie. À en croire les théoriciens classiques et néoclassiques, les dynamiques qui régissent la biosphère de la Terre sont de simples externalités pour l'activité économique – des facteurs de faible envergure, ajustables, qui n'ont guère d'influence réelle sur le fonctionnement global du système capitaliste.

Les économistes traditionnels ne voient pas que les lois de la thermodynamique gouvernent toute activité économique. Les deux premières stipulent que « le contenu énergétique total de l'univers est constant » et que « l'entropie totale s'accroît continuellement[18] ». La première loi, la loi de la conservation, pose que l'énergie ne peut être ni créée ni détruite : la quantité d'énergie dans l'univers est la même depuis toujours et restera la même jusqu'à la fin des temps. Bien que sa quantité soit fixe, l'énergie change de forme continuellement, mais dans une seule direction : du disponible à l'indisponible. C'est là que la deuxième loi de la thermodynamique entre en jeu. Elle stipule que l'énergie va toujours du chaud au froid, du concentré au dispersé, de l'ordonné au désordonné. Si l'on brûle un morceau de charbon, par exemple, l'énergie totale reste constante, mais elle se disperse dans l'atmosphère sous forme de dioxyde de carbone, de dioxyde de soufre et d'autres gaz. Aucune énergie n'a été perdue, mais celle qui s'est dispersée n'est plus capable d'accomplir un travail utile. C'est cette énergie devenue inutilisable que les physiciens appellent « entropie ».

Toute activité économique est issue de l'exploitation d'une énergie disponible dans la nature – sous forme solide, liquide ou gazeuse – et de sa conversion en biens et services. À toutes les étapes du processus de production, de stockage et de distribution, on utilise de l'énergie pour transformer les ressources naturelles en produits finis ou en services. Quelle que soit l'énergie contenue dans le produit ou le service, on l'y a mise en dépensant de l'énergie – utilisée ou perdue – pour effectuer l'activité économique le long de la chaîne de valeur : c'est la facture entropique. Finalement, les biens produits sont consommés, mis au rebut et recyclés dans la nature, ce qui, là encore, accroît l'entropie. Ingénieurs et chimistes soulignent qu'au regard de l'activité économique il n'y a jamais de gain d'énergie net ; le processus de conversion des ressources naturelles en valeur économique se solde toujours par une perte d'énergie disponible. Donc une seule question se pose : quand faudra-t-il payer la facture ?

La facture entropique de l'ère industrielle est arrivée. L'accumulation des émissions de dioxyde de carbone dans l'atmosphère, dues à la combustion massive d'énergie carbonique, a déclenché le changement climatique et la destruction globale de la biosphère terrestre. Cela remet en cause le modèle économique existant. La science économique, dans son ensemble, n'a toujours pas regardé la réalité en face : elle n'admet pas encore que l'activité économique est soumise aux lois de la thermodynamique. Ses professionnels ayant une incompréhension flagrante de leur propre sujet, ce sont des spécialistes d'autres sciences sociales et naturelles qui doivent repenser le paradigme. Dans mon livre précédent, *La Troisième Révolution industrielle*, j'ai analysé la question de plus près dans un chapitre intitulé « Mettre Adam Smith à la retraite ».

Le capitalisme est attaqué simultanément sur un second front : une puissante plate-forme technologique nouvelle sort des entrailles de la seconde révolution industrielle et exacerbe la contradiction cruciale de l'idéologie capitaliste en accélérant son arrivée au stade final susmentionné. La jonction entre l'Internet des communications et deux structures naissantes, l'Internet de l'énergie et l'Internet de la logistique, au sein d'une infrastructure intelligente unifiée du XXIe siècle, l'Internet des objets (IdO), donne le coup d'envoi d'une troisième révolution industrielle. L'Internet des objets stimule déjà la productivité jusqu'au point où le coût marginal de production de nombreux biens et services est quasi nul, ce qui les rend presque gratuits. Les profits des entreprises commencent donc à se tarir, les droits de propriété à s'affaiblir, et une économie de la pénurie cède lentement la place à une économie de l'abondance.

L'Internet des objets

L'Internet des objets connectera tout et tous dans un réseau mondial intégré. Pour alimenter en Big Data son système nerveux planétaire, on fixe déjà des milliards de capteurs sur les ressources naturelles, les chaînes de production, le réseau électrique, les réseaux logistiques, les flux de recyclage, et on en implante dans les logements, les bureaux, les magasins, les véhicules et même les êtres humains. Les prosommateurs pourront se connecter au réseau et utiliser le Big Data, l'analytique et les algorithmes pour améliorer l'efficacité, accroître énormément la productivité et réduire à presque rien le coût marginal de production et de partage d'une large gamme de biens et services, exactement comme ils le font aujourd'hui pour les biens informationnels.

Le Cluster européen de recherche sur l'Internet des objets (IERC), créé par l'exécutif de l'Union européenne, la Commission européenne, pour faciliter le passage à l'ère nouvelle de l'informatique ubiquitaire, a cartographié certaines des multiples façons dont on déploie déjà l'Internet des objets pour connecter la planète au sein d'un réseau mondial distribué.

On introduit l'Internet des objets dans tous les secteurs industriels et commerciaux. Les entreprises installent des capteurs tout au long de leur chaîne d'activité pour surveiller et contrôler le flux des biens et services. UPS, par exemple, se sert du Big Data pour rester informé à tout instant sur l'état de ses 60 000 véhicules aux États-Unis : le géant de la logistique y a embarqué des capteurs qui surveillent chacune de leurs pièces pour repérer les signes de dysfonctionnement ou d'usure potentielle ; il peut ainsi les remplacer avant qu'une panne coûteuse se produise sur la route[19].

Des capteurs enregistrent et communiquent la disponibilité des matières premières, tiennent les instances décisionnaires informées des stocks dans les entrepôts et règlent les dysfonctionnements sur les chaînes de production. D'autres capteurs indiquent en temps réel l'évolution de la consommation d'électricité des appareils des entreprises et des ménages, et ses effets pour le prix du courant sur le réseau électrique. Chacun peut programmer ses appareils pour qu'ils consomment moins d'énergie ou se déconnectent du réseau pendant les pics de consommation sur les lignes : on évite ainsi une montée en flèche du prix du courant ou même une baisse de tension sur le réseau, et l'on reçoit un crédit sur sa facture d'électricité du mois suivant.

Grâce aux capteurs installés chez les détaillants, les services des ventes et du marketing savent aussitôt quels articles sont regardés, pris en main, remis sur les rayonnages ou achetés : ils peuvent ainsi évaluer le comportement des consommateurs. D'autres capteurs suivent le trajet des produits expédiés aux détaillants et aux clients et informent du volume des déchets en recyclage et en traitement pour réutilisation. Vingt-quatre heures sur vingt-quatre et sept jours sur sept, l'analyse du Big Data permet de recalibrer les stocks des chaînes d'approvisionnement et les processus de production et de distribution, et d'introduire de nouvelles pratiques capables d'accroître l'efficacité énergétique et la productivité sur toute la chaîne de valeur.

On commence aussi à utiliser l'Internet des objets pour créer des villes intelligentes. Des capteurs mesurent les vibrations et l'état des matériaux dans les bâtiments, les ponts, les routes et d'autres infrastructures, afin d'évaluer l'usure structurelle de l'environnement bâti et de décider du moment où effectuer les réparations nécessaires. D'autres suivent de quartier en quartier la pollution par le bruit, ou surveillent les embouteillages dans les rues et la densité humaine sur les trottoirs pour optimiser la circulation automobile et piétonnière. Des capteurs placés aux virages indiquent aux conducteurs s'il y a des places libres pour se garer. Sur les routes et les autoroutes intelligentes, les automobilistes sont informés en temps réel des accidents et des ralentissements. Les compagnies d'assurances commencent à tester la pose de capteurs dans les véhicules pour savoir à quelles heures de la journée ils sont utilisés, où ils se trouvent et quelle distance ils parcourent pendant une période donnée : elles pourront ainsi mieux évaluer le risque et fixer leurs tarifs en conséquence[20]. Avec les capteurs de l'éclairage public, les réverbères s'allument et s'éteignent en réaction à la lumière ambiante. Il y en a même dans les poubelles, où ils surveillent la quantité d'ordures afin d'optimiser le ramassage.

L'application de l'Internet des objets à l'environnement naturel progresse vite, pour mieux gérer les écosystèmes de la Terre. Dans les forêts, des capteurs avertissent les pompiers des risques d'incendie. Les scientifiques en déploient dans les villes, les banlieues pavillonnaires et les villages pour mesurer la pollution et avertir les habitants en cas de niveau toxique, afin qu'ils puissent réduire leur exposition au danger en restant chez eux. En 2013, des capteurs placés sur le toit de l'ambassade américaine à Pékin indiquaient heure par heure l'évolution des émissions de carbone au-dessus de la capitale chinoise. Ces données étant instantanément affichées sur Internet, les habitants étaient prévenus des niveaux de pollution dangereux. Cette information a incité le gouvernement chinois à prendre des mesures radicales pour protéger la santé publique : réduire les émissions carboniques des centrales au charbon voisines, et même restreindre la circulation automobile et la production dans des usines à forte intensité en énergie.

Des capteurs insérés dans les sols détectent des changements subtils dans les vibrations et la densité de la terre : ils constituent un système d'alerte avancé contre les avalanches, les dolines, les éruptions volcaniques et les tremblements de terre. À Rio de Janeiro, IBM en installe à l'air libre et dans le sol : grâce à eux, on pourra prédire les précipitations massives et les glissements de terrain jusqu'à deux jours à l'avance, ce qui permettra à la municipalité d'évacuer les populations menacées[21].

Les chercheurs implantent des capteurs dans des animaux sauvages et en disposent le long de leurs routes migratoires pour repérer les changements d'environnement et de comportement qui risquent de nuire à leur bien-être : on peut ainsi prendre des mesures préventives pour restaurer la dynamique des écosystèmes. Grâce à des capteurs installés dans les fleuves, les lacs et les océans, on détecte les changements de qualité de l'eau et on mesure leur impact sur la flore et la faune en vue de remédier aux problèmes éventuels. Dans un programme pilote mené à Dubuque (Iowa), on a équipé les maisons de compteurs d'eau numériques et de logiciels de suivi des structures de la consommation d'eau afin d'indiquer aux propriétaires comment ils pourraient la réduire et de les informer des fuites probables[22].

L'Internet des objets transforme aussi notre façon de produire et de livrer les denrées. Les agriculteurs utilisent des capteurs pour surveiller les conditions météorologiques, l'évolution de l'humidité des sols, la diffusion des pollens et d'autres facteurs qui influent sur les rendements, et ils installent des mécanismes de réaction automatique qui assurent les bonnes conditions de pousse. On fixe aussi des capteurs aux cartons de fruits et légumes en transit pour suivre leurs déplacements et pour flairer le produit : on saura s'il est sur le point de se gâter, auquel cas on redirigera la cargaison vers un lieu de vente plus proche[23].

Même à l'intérieur du corps humain, les médecins fixent ou implantent des capteurs qui surveillent certaines fonctions, comme le rythme cardiaque, le pouls, la température et la coloration de la peau, afin d'être alertés sur des changements vitaux qui pourraient exiger leur attention active. General Electric (GE) utilise des logiciels de vision numérique qui « peuvent analyser les expressions faciales pour y repérer les signes de douleur intense, le début du delirium ou d'autres indices de détresse », pour en avertir les infirmières[24]. Dans un proche avenir, des capteurs physiques seront reliés au dossier de santé électronique du patient : l'Internet des objets pourra donc diagnostiquer rapidement son état et le personnel médical de premier secours sera donc à même de le soigner plus vite.

On pourrait soutenir qu'à ce jour l'impact le plus spectaculaire de l'Internet des objets concerne les systèmes de sécurité. Domiciles, bureaux, usines, magasins et mêm- lieux publics de rassemblement ont été équipés de caméras et de capteurs pour détecter les activités criminelles. L'Internet des objets alerte les services de sécurité et de police, leur permet de réagir promptement et leur fournit une série de données qui facilitent l'identification des délinquants.

L'Internet des objets insère l'environnement bâti et l'environnement naturel au sein d'un réseau fonctionnel cohérent : il permet à tous les humains et à tous les objets de communiquer entre eux pour chercher des synergies, et il facilite ces interconnexions en vue d'optimiser l'efficacité énergétique de la société tout en assurant le bien-être global de la Terre. Les plates-formes technologiques des première et seconde révolutions industrielles aidaient à trancher les innombrables liens d'interdépendance écologique de la Terre, à tout séparer et enclore pour l'échange sur le marché et le profit personnel ; la plate-forme de la troisième révolution industrielle, l'Internet des objets, fait l'inverse. C'est pourquoi cette technologie perturbe notre façon d'organiser la vie économique : l'Internet des objets aide l'humanité à se réinsérer dans la chorégraphie complexe de la biosphère et, ce faisant, il accroît considérablement la productivité sans compromettre les relations écologiques qui gouvernent la planète. Les traits essentiels du paradigme économique émergent sont clairs : utiliser moins de ressources de façon plus efficace et productive au sein d'une économie circulaire, et passer des énergies à base carbone aux énergies renouvelables. À l'ère nouvelle, chacun de nous devient un nœud du système nerveux de la biosphère.

Si l'Internet des objets rend possible une transformation globale du mode de vie de l'humanité sur terre en nous mettant sur la voie d'un avenir durable et abondant, il pose aussi, en matière de sécurité des données et de vie privée, des questions préoccupantes qui seront longuement traitées au chapitre 5 et à d'autres occasions au fil de l'ouvrage.

Certaines des principales compagnies mondiales des technologies de l'information travaillent déjà à la mise en place de l'Internet des objets. L'« Internet industriel » de General Electric, l'« Internet de tout » de Cisco, la « Planète plus intelligente » d'IBM et les « Villes durables » de Siemens comptent parmi les nombreuses initiatives en cours pour mettre en ligne une infrastructure intelligente de troisième révolution industrielle, capable de connecter quartiers, villes, régions et continents dans un « système nerveux mondial », comme disent les observateurs du secteur. Le système est conçu pour être ouvert, distribué et collaboratif : en tout lieu, à tout moment, n'importe qui doit pouvoir y accéder et se servir du Big Data pour créer de nouvelles applications qui lui permettront de gérer sa vie quotidienne à un coût marginal quasi nul.

Au départ, les entreprises mondiales qui prenaient fait et cause pour l'Internet des objets n'étaient pas très sûres de ce qui devait constituer le mécanisme opératoire central de la plate-forme. En 2012, Cisco m'a invité à Berlin pour discuter de la troisième révolution industrielle avec les directeurs des systèmes d'information de ses sociétés clientes. L'année suivante, Siemens m'a convié à rencontrer son P.D.G. Peter Loescher, ainsi que le conseil d'administration mondial du groupe et vingt de ses principaux directeurs de division dans le monde. L'Internet des objets était très présent à l'esprit des dirigeants de ces deux compagnies.

Au colloque de Cisco, j'ai commencé par demander quels étaient les points communs de tous les systèmes d'infrastructure de l'histoire. Une infrastructure exige trois éléments, dont chacun interagit avec les deux autres pour permettre au système d'opérer globalement : un moyen de communication, une source d'énergie et un mécanisme logistique. En ce sens, on peut penser l'infrastructure comme une prothèse, une façon d'élargir l'organisme social. En l'absence d'un moyen de communication, d'une source d'énergie et d'une forme de mobilité, la société cesserait de fonctionner.

Comme on l'a vu, l'Internet des objets se compose d'un Internet des communications, d'un Internet de l'énergie et d'un Internet de la logistique qui fonctionnent ensemble dans un système unique, en trouvant continuellement des moyens d'accroître l'efficacité énergétique et la productivité pour mobiliser les ressources, produire et distribuer les biens et services et recycler les déchets. Chacun de ces trois Internets permet aux deux autres de fonctionner. Sans communication, impossible de gérer l'activité économique. Sans énergie, impossible de créer l'information ni d'alimenter le transport. Sans logistique, impossible de faire avancer l'activité économique le long de la chaîne de valeur. Ensemble, ces trois systèmes opératoires constituent la physiologie du nouvel organisme économique.

Les trois Internets interopérables de l'Internet des objets imposent une transformation des fonctions de chaque entreprise. En ce qui concerne les activités précises de Cisco, j'ai fait part de mes doutes sur la viabilité des directeurs des systèmes d'information (DSI) dans l'économie en gestation de l'Internet des objets. J'ai suggéré qu'à l'avenir les technologies de l'information, les services énergétiques et la logistique soient intégrés en une seule et même fonction, sous la supervision d'un directeur de la productivité (DP). Le DP associerait compétence informatique, compétence énergétique et compétence logistique pour optimiser, grâce à l'Internet des objets, l'efficience énergétique et la productivité des activités de l'entreprise.

Si Cisco est essentiellement une société des technologies de l'information, Siemens est plus diversifié : le groupe comprend une division Technologies de l'information, une division Énergie, une division Logistique et une division Infrastructures, entre autres. Quand j'ai rencontré ses dirigeants, il était clair que ces divisions travaillaient encore plus ou moins indépendamment : chacune vendait ses propres biens et services. La décision de Siemens de se repositionner en apporteur de solutions pour la conception des villes intelligentes et durables impose aujourd'hui à ces unités traditionnellement isolées de dialoguer : comment chacune peut-elle ajouter de la valeur aux autres en faisant avancer la vision inédite d'un monde Internet des objets ? Le concept des trois Internet opérant au sein d'un seul et même Internet des objets pour accroître l'efficacité énergétique et la productivité des villes, régions et pays prend alors tout son sens. Le diable est dans les détails : il faut trouver la meilleure façon d'élaborer un nouveau modèle d'entreprise qui fusionnerait les puissantes divisions de Siemens en un seul fournisseur global de solutions, capable d'aider les pouvoirs publics à construire une plate-forme technologique Internet des objets et à réussir le passage à une société « intelligente » et « durable ».

Avec le développement soudain de la plate-forme Internet des objets, repenser les pratiques d'entreprise commence à devenir déterminant. Ma propre entreprise sociale, le TIR Consulting Group [Groupe de conseil sur la troisième révolution industrielle], réunit bon nombre des principaux cabinets d'architecte et des compagnies les plus avancées du monde dans les secteurs de l'énergie, du bâtiment, de l'eau-gaz-électricité, des technologies de l'information et de l'électronique, de la logistique et du transport. Depuis 2009, nous travaillons avec des villes, des régions et des pays à établir des plans stratégiques de troisième révolution industrielle pour introduire l'infrastructure de l'Internet des objets. En toute franchise, j'avoue que nous sommes en *terra incognita*, et sur une courbe d'apprentissage abrupte pour imaginer la meilleure façon de construire la nouvelle société intelligente. Mais nous avons une certitude : le noyau du système opératoire de l'Internet des objets est l'union de l'Internet des communications, de l'Internet de l'énergie et de l'Internet de la logistique en une plate-forme cohérente qui fonctionne. Si chaque Internet reste séparé des autres, il sera impossible d'édifier l'Internet des objets et de réaliser la vision d'une société intelligente et d'un monde durable. (Nous reviendrons tout au long du livre aux trois Internet qui constituent le mécanisme moteur de l'Internet des objets.)

L'ESSOR DES COMMUNAUX COLLABORATIFS

Dans toute cette excitation autour de la perspective de l'Internet des objets, une vérité a été perdue de vue : connecter tout individu et toute chose dans un réseau mondial dynamisé par la productivité extrême, c'est se diriger toujours plus vite vers une ère de biens et services pratiquement gratuits – ce qui signifie déclin accéléré du capitalisme dans le prochain demi-siècle et montée en puissance des communaux collaboratifs, qui deviendront le mode d'organisation dominant de la vie économique.

Nous avons coutume de penser qu'il n'y a que deux moyens d'organiser l'économie : le marché capitaliste et l'État. Cette idée nous est si familière que nous en oublions le troisième moyen bien réel dont nous dépendons quotidiennement pour toute une série de biens et services que ne fournissent ni le marché ni l'État. Les communaux sont antérieurs au marché capitaliste et au gouvernement représentatif; ils constituent la forme d'autogestion institutionnalisée la plus ancienne du monde.

Les communaux contemporains offrent un espace où des milliards de personnes vivent les aspects profondément sociaux de leur vie. Cet espace est fait de millions (littéralement) d'organisations autogérées, la plupart démocratiquement : associations caritatives, ordres religieux, ateliers artistiques et culturels, fondations pédagogiques, clubs sportifs amateurs, coopératives de production et de consommation, banques coopératives, organisations de santé, groupes de défense d'une cause, associations de résidents et tant d'autres institutions déclarées ou informelles – la liste est presque interminable – qui créent le capital social de la société.

Quant aux communaux traditionnels gérés démocratiquement, on en trouve encore dans des collectivités dispersées sur tous les continents. Des communautés rurales locales regroupent leurs ressources communes – la terre, l'eau, les forêts, les poissons, le gibier, les pâturages, etc. – et conviennent de les utiliser collectivement. Les décisions concernant la mise en commun, la culture, la distribution et le recyclage des ressources sont prises démocratiquement par les communiers. De plus, les codes qui régissent ces systèmes prévoient des sanctions et des châtiments en cas de violation des normes et des procédures : il s'agit donc d'une entreprise économique en autogestion. Les communaux ont apporté un modèle de gouvernance assez satisfaisant aux collectivités locales vivant de l'agriculture de subsistance, où production et consommation s'organisent surtout autour de l'usage et non de l'échange. Ils sont les premiers archétypes de l'économie circulaire d'aujourd'hui.

Leur succès est encore plus impressionnant quand on pense au contexte politique dans lequel ils sont nés. Ce mode de gestion est presque toujours apparu dans des sociétés féodales où de puissants suzerains paupérisaient les populations locales et les contraignaient à payer tribut, soit en travaillant les domaines seigneuriaux, soit en remettant une partie de leur production à titre d'impôt. Se réunir dans une économie du partage est alors devenu pour elles le seul moyen viable d'assurer l'optimisation des maigres ressources qu'on leur laissait. La leçon à en retenir ? Une forme démocratique d'autogestion et d'autogouvernance, conçue pour partager des ressources « communes », a démontré qu'elle était un modèle économique résilient pour survivre dans un système féodal despotique qui enfermait les gens dans le servage.

Les grands mouvements des « enclosures », qui ont conduit dans toute l'Europe à l'effondrement de la société féodale, à l'essor de l'économie de marché moderne et finalement au système capitaliste, ont mis un terme aux communaux ruraux mais non à l'esprit de partage qui les animait. C'est en emportant les leçons de cette expérience que les paysans ont gagné les nouveaux paysages urbains, où ils allaient affronter un ennemi aussi redoutable : les suzerains des usines de la révolution industrielle. Les ouvriers des villes et une classe moyenne émergente, comme leurs ancêtres serfs et paysans, ont uni leurs ressources – constituées cette fois de salaires et de compétences – et créé de nouvelles formes de communaux autogérés. Des sociétés de secours, des écoles, des hôpitaux, des syndicats, des coopératives et toute sorte d'institutions culturelles populaires ont commencé à prendre racine et à s'épanouir, posant les bases de ce qu'on appellera au XIXe siècle la société civile. Ces nouveaux communaux avaient pour lubrifiant le capital social et pour moteur l'esprit démocratique. Ils ont fini par jouer un rôle crucial dans l'amélioration du bien-être de millions de citadins.

Au XXe siècle, la société civile s'est institutionnalisée sous la forme d'associations exemptées d'impôt, et on l'a en partie rebaptisée « secteur à but non lucratif ». Aujourd'hui, nous utilisons les expressions « société civile » et « secteur à but non lucratif » de façon interchangeable, selon que nous évoquons la fonction purement sociale ou la classification institutionnelle. Mais la nouvelle génération commence à dépasser ces anciennes distinctions : elle préfère parler de « communaux sociaux ».

Durant la longue transition des communaux féodaux aux communaux sociaux, des générations successives ont affiné les principes de l'autogouvernement démocratique jusqu'à en faire l'un des beaux-arts. Aujourd'hui, les communaux sociaux croissent plus vite que l'économie de marché dans de nombreux pays du monde. Mais comme ce qu'ils créent est surtout d'intérêt social et non d'intérêt financier, les économistes les négligent souvent. L'économie sociale n'en est pas moins une force impressionnante. Selon une étude menée dans quarante pays par le Center for Civil Society Studies (Centre d'étude sur la société civile) de l'université Johns Hopkins, les communaux à but non lucratif représentent 2 200 milliards de dollars de dépenses d'exploitation. Dans les huit pays étudiés – États-Unis, Canada, Japon, France, Belgique, Australie, République tchèque et Nouvelle-Zélande –, le secteur à but non lucratif pèse en moyenne 5 % du produit intérieur brut[25]. Autant dire que, dans ces pays, sa part du PIB est supérieure à celle du secteur de l'eau-gaz-électricité, égale à celle du bâtiment et presque égale à celle du secteur des banques-assurances-services financiers[26].

C'est sur les communaux sociaux que naît la bonne volonté qui permet à une société de s'unir en tant qu'entité culturelle. Le marché et l'État sont des prolongements de l'identité sociale d'un peuple. Sans reconstitution permanente du capital social, la confiance serait insuffisante pour permettre aux marchés et aux États de fonctionner. Et pourtant nous appelons avec dédain les communaux sociaux le « tiers secteur », comme s'ils étaient moins importants que le marché et l'État.

En fait, si toutes les organisations de la société civile disparaissaient du jour au lendemain, la société ne tarderait pas à s'étioler et à mourir. Sans lieux de culte, sans écoles, sans hôpitaux, sans associations d'entraide locales, sans organisations pour défendre aucune cause, sans équipements sportifs ni récréatifs, sans institutions artistiques et culturelles, nous perdrions notre sentiment d'identité, notre motivation collective et les liens sociaux qui nous unissent en tant que famille humaine étendue.

Si le marché capitaliste a pour fondement l'intérêt personnel et pour moteur le gain matériel, les communaux sociaux sont motivés par des intérêts collaboratifs et dynamisés par un désir profond de relation avec les autres et de partage. Tandis que le premier promeut les droits de propriété, le principe *caveat emptor* (« c'est à l'acheteur de faire attention ») et la quête de l'autonomie, les seconds privilégient l'innovation en source ouverte, la transparence et la recherche de la communauté.

Les communaux sont plus pertinents aujourd'hui qu'à toute autre époque de leur longue histoire, parce que nous sommes en train de construire une plate-forme technologique avancée mondiale dont les traits essentiels optimisent potentiellement les valeurs et les principes opératoires qui animent cette vénérable institution.

L'Internet des objets est l'« âme sœur » technologique des communaux collaboratifs émergents. La nouvelle infrastructure est configurée pour être distribuée par nature, afin de faciliter la collaboration et la recherche des synergies. Elle constitue donc un cadre technologique idéal pour promouvoir l'économie sociale. La logique opératoire de l'Internet des objets consiste à optimiser la production latérale par les pairs, l'accès universel, l'inclusion – les valeurs qui sont cruciales pour entretenir et créer le capital social dans la société civile. L'objectif même de la nouvelle plate-forme technologique est d'encourager la culture du partage, qui est la raison d'être des communaux. Ce sont ces caractéristiques intrinsèques de l'Internet des objets qui font sortir de l'ombre les communaux sociaux : elles leur offrent une plate-forme technologique de pointe pour devenir le paradigme économique dominant du XXIe siècle.

L'Internet des objets permet à des milliards de personnes de s'engager dans des réseaux sociaux pair à pair et de collaborer à la création des multiples activités et pratiques économiques nouvelles dont est faite la vie sur les communaux collaboratifs émergents. La plate-forme transforme tout participant en prosommateur et toute activité en collaboration. L'Internet des objets connecte potentiellement chaque être humain à une communauté mondiale, ce qui permet au capital social de fructifier à une échelle sans précédent et rend possible une économie du partage. Sans la plate-forme Internet des objets, les communaux collaboratifs ne seraient ni réalisables ni imaginables.

Jusqu'à une date bien avancée du XXe siècle, l'adjectif *collaboratif* n'existait même pas. Consultons le « traqueur de mots » Google Ngram Viewer, et nous aurons une image saisissante du changement en cours. Le Ngram Viewer permet de chercher dans cinq millions de livres publiés de 1500 à 2008 – aujourd'hui numérisés – à quel moment un mot apparaît pour la première fois et comment son usage s'amplifie ou s'amoindrit au fil du temps. Le mot anglais *collaborative* émerge, très sporadiquement, dans les années 1940 et 1950 ; puis son usage explose de la fin des années 1960 à nos jours, parallèlement à l'émergence des technologies informatiques et d'Internet comme moyens de communication interactifs pair à pair[27].

Les communaux collaboratifs modifient déjà profondément la vie économique. Les marchés commencent à céder la place aux réseaux, la propriété devient moins importante que l'accès, la quête de l'intérêt personnel est tempérée par l'attrait des intérêts collaboratifs, et le rêve traditionnel de l'enrichissement personnel est supplanté par le nouveau rêve de la qualité de vie durable.

À l'ère qui vient, capitalisme et socialisme perdront leur emprise naguère dominante sur la société, car une nouvelle génération s'identifie de plus en plus au collaboratisme. Les jeunes collaboratistes empruntent aux capitalistes et aux socialistes leurs vertus essentielles, mais ils éliminent la nature centralisatrice du marché libre et de l'État bureaucratique.

Puisque l'Internet des objets est par essence distribué et interconnecté, chacun est d'autant plus capable d'entreprendre que ses relations collaboratives dans l'économie sociale sont plus fortes et plus diversifiées. On voit bien pourquoi. La démocratisation de la communication, de l'énergie et de la logistique donne à des milliards de personnes un « pouvoir » individuel. Mais les gens ne peuvent acquérir ce pouvoir qu'en participant à des réseaux pair à pair qui fonctionnent sur la base du capital social. La nouvelle génération qui arrive à l'âge adulte s'oriente davantage vers la création d'entreprise parce qu'elle est plus engagée socialement. Ne soyons pas surpris que les éléments les meilleurs et les plus brillants de la génération du Millénaire* se conçoivent comme des « entrepreneurs sociaux ». Pour eux, avoir à la fois l'esprit d'entreprise et l'esprit social n'est plus un oxymore mais une tautologie.

Des centaines de millions de personnes transfèrent déjà des marchés capitalistes aux communaux collaboratifs mondiaux de petits fragments de leur vie économique. Les prosommateurs ne se contentent pas de produire et de partager leurs propres informations, divertissements, énergies vertes, produits imprimés en 3D et cours en ligne sur les communaux collaboratifs à un coût marginal quasi nul. Ils partagent aussi entre eux des voitures, des maisons et même des vêtements par l'intermédiaire de sites de réseaux sociaux, de systèmes de location, de clubs de redistribution et de coopératives, à un coût marginal faible ou proche de zéro. De plus en plus de gens collaborent aux réseaux de santé « pilotés par les patients », qui cherchent à améliorer les diagnostics et à trouver de nouveaux traitements et remèdes pour les maladies, là encore à un coût marginal quasi nul. De jeunes entrepreneurs sociaux lancent des activités à sensibilité écologique, financent de nouvelles entreprises par le *crowdfunding* et même créent des monnaies sociales dans l'économie nouvelle. Résultat : la « valeur d'échange » sur le marché tend à être détrônée par la « valeur partageable » sur les communaux collaboratifs. Quand les prosommateurs partagent

* On appelle ainsi la génération née dans les deux dernières décennies du XXe siècle.

leurs biens et services sur ces communaux, les lois qui gouvernent une économie de marché deviennent beaucoup moins pertinentes pour la vie de la société.

Le débat en cours entre économistes, chefs d'entreprise et responsables publics sur la nouvelle forme de stagnation économique prolongée qui, manifestement, émerge dans le monde entier est un signe de la grande transformation en cours, en un temps où l'économie bascule de la valeur échangeable sur le marché à la valeur partageable sur les communaux collaboratifs.

Le taux de croissance du PIB mondial ne cesse de se réduire depuis la Grande Récession. Les économistes évoquent, entre autres explications, le coût élevé de l'énergie, la démographie, la croissance plus lente de la main-d'œuvre, la dette des consommateurs et des États, une hausse de la part du revenu mondial allant aux très riches et l'aversion des consommateurs pour le risque, qui limite leurs dépenses. Mais il est possible qu'un facteur sous-jacent de bien plus grande portée, certes encore naissant, rende compte d'une partie au moins du ralentissement de la croissance du PIB. Quand, de secteur en secteur, le coût marginal de la production des biens et services se rapproche de zéro, les profits s'amenuisent et le PIB commence à s'évaporer. Lorsque davantage de biens et services deviennent presque gratuits, on fait moins d'achats sur le marché, et cela réduit encore le PIB. Même les articles qui s'achètent encore dans l'économie de l'échange se vendent moins, puisque davantage de gens redistribuent et recyclent dans l'économie du partage ceux qu'ils ont achetés antérieurement : la prolongation du cycle de vie utile de ces produits se traduit par une diminution du PIB. De plus, des consommateurs toujours plus nombreux choisissent l'accès plutôt que la propriété : quand ils décident de ne payer que le temps limité où ils utilisent une voiture, une bicyclette, un jouet, un outil ou un autre article, ils font baisser le PIB. Simultanément, puisque l'automatisation, la robotique et l'intelligence artificielle (IA) remplacent des dizaines de millions de travailleurs, le pouvoir d'achat des consommateurs sur le marché ne cesse de diminuer, ce qui réduit aussi le PIB. Et parallèlement, puisque les prosommateurs prolifèrent, la part de l'activité économique qui migre de l'économie de l'échange sur le marché à celle du partage sur les communaux collaboratifs grandit, et la croissance du PIB s'en trouve encore amoindrie.

Bref, même si la stagnation économique peut avoir bien d'autres causes, il est possible qu'elle s'explique en partie par un changement majeur qui commence à peine à se déployer : la lente agonie du système capitaliste et l'essor des communaux collaboratifs, où le bien-être économique se mesure moins à l'accumulation du capital financier qu'à la constitution du capital social. Le déclin régulier du PIB dans les années et les décennies qui viennent sera de plus en plus attribuable au passage à un nouveau paradigme économique d'une grande vitalité, qui mesure la valeur économique de façon entièrement neuve.

L'expression la plus flagrante de ce changement est le développement d'un débat planétaire sur la meilleure façon de juger le succès économique. La métrique traditionnelle du PIB qui mesure la performance de l'économie sur le marché capitaliste consiste exclusivement à compiler la somme des biens et services produits chaque année, sans le moindre effort pour distinguer le négatif du positif dans la croissance. Si l'on augmente les dépenses pour nettoyer les sites pollués par des déchets toxiques, renforcer la protection policière, construire de nouvelles prisons, acquérir du matériel militaire, etc., tout cela vient grossir le produit intérieur brut.

Aujourd'hui, la vie économique passe du capital financier et de l'échange des biens et services sur les marchés au capital social et au partage des biens et services sur les communaux collaboratifs, et cette transformation amène la société à repenser la façon dont elle évalue les résultats économiques. L'Union européenne, les Nations unies, l'Organisation de coopération et de développement économiques (OCDE) et plusieurs pays industrialisés et en développement ont introduit de nouvelles métriques pour mesurer les progrès de l'économie, en privilégiant des indicateurs de la « qualité de la vie » et non la simple quantité du produit. Les priorités sociales – niveau d'instruction de la population, accessibilité des services de santé, mortalité infantile, espérance de vie, entretien de l'environnement et développement durable, protection des droits humains, degré de participation démocratique dans la société, niveaux du bénévolat, durée du temps de loisir dont jouissent les citoyens, pourcentage de la population vivant au-dessous du seuil de pauvreté et équité dans la répartition de la fortune – comptent parmi les nombreuses catégories nouvelles utilisées par les États pour évaluer le bien-être économique général de la société. Puisque l'économie de marché s'affaiblira au cours des décennies qui viennent, la métrique du PIB perdra probablement son importance en tant qu'indicateur de la performance d'une économie. Au milieu du siècle, les indices de qualité de la vie sur les communaux collaboratifs constitueront probablement le principal critère de mesure de la santé économique d'un pays.

Dans la lutte en cours entre économie de l'échange et économie du partage, les économistes ont une dernière ligne de défense : ils prétendent que si tout était presque gratuit, il n'y aurait aucune incitation à innover et à proposer de nouveaux biens et services, puisque les inventeurs et entrepreneurs n'auraient aucun moyen de couvrir leurs coûts initiaux. Pourtant, des millions de prosommateurs qui collaborent gratuitement sur les communaux sociaux conçoivent de nouvelles technologies informatiques et de nouveaux logiciels, de nouvelles formes de divertissement, de nouveaux outils pédagogiques, de nouveaux médias, de nouvelles énergies vertes, de nouveaux produits fabriqués par impression 3D, de nouvelles initiatives pair à pair dans la recherche médicale et de nouvelles entreprises sociales à but non lucratif, en utilisant les formes juridiques de la source ouverte, affranchies des contraintes de la propriété intellectuelle. Il en résulte une poussée de la créativité au moins égale aux grandes vagues d'innovations qu'a connues l'économie de marché capitaliste au XXe siècle.

La démocratisation de l'innovation et de la créativité sur les communaux collaboratifs émergents engendre un nouveau type d'incitation, qui repose moins sur l'attente d'une récompense financière que sur le désir d'améliorer le bien-être social de l'humanité. Et ça marche.

Si le marché capitaliste ne va probablement pas disparaître, le programme économique de la civilisation ne se définira plus exclusivement par rapport à lui. Il restera des biens et services au coût marginal assez élevé pour justifier leur échange sur les marchés, et ils rapporteront un profit suffisant pour assurer le retour sur investissement. Mais, dans un monde où les biens potentiellement presque gratuits seront plus nombreux, le capital social jouera un rôle beaucoup plus important que le capital financier et la vie économique se déroulera de plus en plus sur des communaux collaboratifs.

Ce livre n'a pas pour objectif de présenter une longue liste d'initiatives collaboratives – il existe déjà des centaines d'articles et des dizaines d'ouvrages sur le monde collaboratif en gestation. Nous avons ici une autre visée : examiner comment ce changement du comportement humain rend obsolètes les valeurs cruciales qui structurent notre vie et les institutions que nous avons mises en place à l'époque capitaliste, et explorer les valeurs et institutions très différentes qui seront la force motrice de l'ère collaborative de demain.

Jusqu'à présent, les nombreux livres et articles consacrés à la culture collaborative en développement ont postulé que les nouveaux modes d'organisation de l'économie, certes perturbateurs, n'allaient pas pour autant menacer, en définitive, les postulats généraux qui fondent le capitalisme de marché – et son ennemi le socialisme d'État. Même chez bon nombre des prosélytes les plus ardents du nouveau modèle, le sentiment dominant va dans ce sens : l'avenir collaboratif élargira considérablement la participation et la créativité humaines dans toute la société, il « horizontalisera » notre mode d'organisation de la vie institutionnelle dans presque tous les domaines, mais, en dernière analyse, il restera intégrable à un marché capitaliste plus humain et plus efficace.

Il est certain qu'un bref regard sur la configuration actuelle du capitalisme mondial suggère qu'il est tout à fait capable de tenir bon. Les cinq cents premières compagnies mondiales recensées par la revue *Fortune* continuent à consolider leur contrôle sur les affaires économiques de la planète : leurs revenus de 2011 dépassent le tiers du PIB mondial[28]. Puisque le pouvoir du système capitaliste est colossal et son champ d'action gigantesque, il est difficile d'imaginer un monde où il joue un rôle très amoindri.

L'une des raisons pour lesquelles nous avons tant de mal à envisager la vie après le capitalisme est notre incompréhension de la façon dont il est apparu. Pour savoir comment nous en sommes arrivés là, faisons un pas en arrière : observons les changements cruciaux de paradigme économique dans l'histoire, et la façon dont ils ont modifié l'organisation de la société. Au fil de l'histoire, les grandes transformations économiques se sont produites quand les humains ont découvert de nouveaux régimes d'énergie et inventé des moyens de communication pour les organiser. La convergence entre régimes énergétiques et moyens de communication établit une nouvelle matrice qui réoriente la dynamique spatio-temporelle, ce qui permet à un plus grand nombre de gens de se fédérer dans des organisations sociales interdépendantes plus complexes. Les plates-formes technologiques qui les accompagnent constituent l'infrastructure, mais elles dictent aussi la façon d'organiser et de gérer l'économie. Au XIXe siècle, l'imprimerie à vapeur et le télégraphe ont été les moyens de communication capables de structurer et de gérer un système complexe de rails et d'usines alimenté au charbon, en connectant les zones urbaines à forte densité démographique sur des marchés nationaux. Au XXe siècle, le téléphone, puis la radio et la télévision, sont devenus les moyens de communication qui ont permis la gestion et la vitalité commerciale d'une époque caractérisée par le pétrole, l'automobile et les banlieues géographiquement dispersées, et d'une société de consommation de masse. Au XXIe siècle, Internet devient le moyen de communication qui permet de gérer les énergies renouvelables distribuées ainsi que la logistique et les transports automatisés sur des communaux mondiaux toujours plus interconnectés.

Les plates-formes technologiques des deux premières révolutions industrielles avaient été conçues pour être centralisées, commandées et contrôlées d'en haut. Pour une raison simple : les combustibles fossiles ne se trouvent qu'à certains endroits, et il faut une gestion centralisée pour les transférer du sous-sol à l'utilisateur final ; les énergies centralisées nécessitent elles-mêmes des moyens de communication centralisés, intégrés verticalement, pour maîtriser l'accélération prodigieuse des transactions commerciales qu'elles rendent possibles.

Avec l'énormité du coût en capital de la mise en place des matrices énergie / communication centralisées et intégrées verticalement, les nouvelles entreprises industrielles et commerciales qui dépendaient de ces plates-formes technologiques et y étaient insérées ont dû pratiquer, elles aussi, des opérations géantes verticalement intégrées sur l'ensemble de la chaîne de valeur. C'était la seule façon de réaliser des économies d'échelle suffisantes pour garantir un retour sur investissement. Puisque la création des entreprises verticalement intégrées des deux premières révolutions industrielles avait des coûts initiaux élevés, il fallait de très gros volumes de capitaux à investir.

Néanmoins, cet investissement massif de capitaux a été payant. Réunir l'ensemble de la chaîne de valeur sous un seul toit a permis aux entreprises de mettre hors circuit certains intermédiaires coûteux : elles ont ainsi réduit sensiblement leurs coûts marginaux et le prix de vente de leurs biens et services sur le marché. Mais – ironie de l'histoire – la même intégration verticale a favorisé l'émergence de quelques entreprises dominantes dans chaque secteur, et elles ont monopolisé leurs domaines respectifs, souvent en empêchant les nouveaux venus d'introduire des technologies encore plus récentes pour réduire le coût marginal et le prix des biens et services, et, ce faisant, établir une tête de pont, puis s'assurer une part de marché suffisante pour mener efficacement la concurrence.

L'émergence de l'infrastructure de la troisième révolution industrielle, l'Internet des objets, avec son architecture ouverte et ses caractéristiques distribuées, permet aux entreprises sociales des communaux collaboratifs de briser l'emprise monopoliste des compagnies géantes à intégration verticale qui opèrent sur les marchés capitalistes, car elle rend possible une production pair à pair dans des réseaux continentaux et mondiaux latéralisés à un coût marginal quasi nul.

D'abord, la plate-forme technologique Internet des objets s'appuie sur des énergies renouvelables qui se trouvent partout, même si c'est avec une fréquence ou une abondance variables. De plus, les technologies de collecte deviennent de moins en moins chères et seront aussi bon marché que les téléphones mobiles et les ordinateurs dans la décennie qui vient. Et le soleil sur votre toit, les ordures converties en biomasse dans votre cuisine ou le vent sur la façade de votre immeuble sont presque gratuits – une fois amorti l'investissement fixe dans la technologie de collecte –, exactement comme l'information que nous produisons et partageons aujourd'hui sur Internet est quasi gratuite. Néanmoins, il faut organiser ces énergies distribuées de façon collaborative et les partager en pair à pair entre les localités et les régions si l'on veut bénéficier d'économies d'échelle latérale suffisantes pour réduire leur coût marginal à zéro pour tout le monde dans la société. Parce qu'il est une plate-forme technologique distribuée, collaborative et pair à pair, l'Internet des objets est le seul mécanisme assez agile pour gérer les énergies renouvelables qui sont constituées et organisées comme lui.

Les coûts fixes de la mise en ligne d'une infrastructure distribuée d'Internet des objets, certes considérables, sont bien inférieurs à ceux qu'il a fallu supporter pour construire et entretenir les plates-formes technologiques centralisées des deux premières révolutions industrielles. Et non seulement ses coûts fixes sont moindres, mais l'Internet des objets réduit aussi le coût marginal des communications, de l'énergie et de la logistique dans la production et la distribution des biens et services. En éliminant la quasi-totalité des intermédiaires restants qui alourdissaient les coûts de transaction à toutes les étapes de la chaîne de valeur, les PME – notamment les coopératives et autres entreprises à but non lucratif – et les milliards de prosommateurs peuvent partager directement leurs biens et services entre eux sur les communaux collaboratifs, à un coût marginal quasi nul. La réduction simultanée des coûts fixes et des coûts marginaux abaisse considérablement les barrières à l'entrée – les coûts de création des nouvelles entreprises sur les réseaux pair à pair distribués. Et quand les coûts d'entrée sont faibles, plus de personnes sont incitées à devenir entrepreneurs et collaboratistes potentiels, à créer et à partager de l'information, de l'énergie et des biens et services sur les communaux.

Les changements provoqués par la mise en place d'une infrastructure Internet des objets et de communaux collaboratifs vont bien au-delà des étroites limites du commerce. Chaque matrice énergie / communication s'accompagne d'un ensemble de prescriptions très générales sur la façon dont il convient d'organiser la société et la vie économique. Ces prescriptions reflètent les possibilités et potentialités ouvertes par les nouvelles technologies dynamisantes. Elles finissent par être sacralisées au sein d'un système exhaustif de croyances, conçu pour suggérer que le nouveau paradigme économique de la société est le reflet pur et simple de l'ordre naturel des choses et constitue, par conséquent, la seule manière légitime d'organiser la vie sociale. Je ne connais dans l'histoire aucune société qui pensait l'ordre naturel en contradiction totale avec sa façon d'orchestrer son propre rapport à l'environnement. En élaborant une image de la nature qui reproduit sa propre façon d'agir sur le monde, toute société peut constater, rassurée, que sa structure est conforme à l'ordre naturel des choses. Une fois que ce processus inconscient d'autojustification collective s'est ancré fermement dans l'esprit public, toute critique contre le mode d'organisation de l'économie et de la société est perçue comme une hérésie ou une ineptie, puisqu'elle paraît contredire totalement les règles qui régissent la nature et le cosmos. En dernière analyse, pour garantir la stabilité sociale et défendre le *statu quo*, les cosmologies associées aux paradigmes économiques ont été plus efficaces que toutes les armées de l'histoire.

C'est pourquoi les changements de paradigme sont si perturbants et douloureux : ils remettent en cause à la fois les postulats opératoires qui sous-tendent les modèles économiques et sociaux existants, le système de croyances qui les accompagne et la vision du monde qui les justifie.

Pour prendre toute la mesure des immenses changements économiques, sociaux, politiques et psychologiques qui vont probablement accompagner la transition du marché capitaliste aux communaux collaboratifs, il est utile de resituer ce tournant du parcours humain dans le contexte des changements tout aussi perturbateurs qui ont entouré le passage de l'économie féodale à l'économie de marché à la fin du Moyen Âge, puis de l'économie de marché à l'économie capitaliste à l'époque moderne. Comprendre, dans chaque cas, comment le basculement dans une nouvelle matrice énergie / communication a déclenché le passage à un nouveau paradigme économique, en changeant radicalement la vision du monde d'une bonne partie de la société humaine, nous aidera à mieux cerner les mécanismes évolutionnistes qui guident l'histoire économique et qui nous ont menés à la situation présente. Cette compréhension nous donnera la perspective historique nécessaire pour affronter les changements tumultueux en cours actuellement dans toute l'économie mondiale, en ces temps où, à nouveau, le paradigme bascule, cette fois des marchés capitalistes aux communaux collaboratifs.

PREMIÈRE PARTIE

L'histoire méconnue du capitalisme

2

Les enclosures en Europe et la naissance de l'économie de marché

L'économie féodale en Europe était un complexe énergie / communication de subsistance : c'est sa meilleure définition possible. La force de travail des serfs, des bœufs et des chevaux constituait l'essentiel de la matrice énergétique. Les forêts d'Europe produisaient en abondance de l'énergie thermique pour le chauffage et la petite métallurgie. À l'exception du clergé et d'un petit nombre de propriétaires fonciers, maîtres des domaines seigneuriaux, la population était illettrée et la vie économique soumise aux contraintes spatio-temporelles de la culture orale. À cause de l'abandon et du délabrement des anciennes voies romaines, le commerce intérieur et extérieur avait presque disparu du VIIe au XIIe siècle, ramenant l'économie à l'échelon de milliers de localités isolées dont l'existence primitive reposait presque entièrement sur l'agriculture de subsistance[1]. La quasi-totalité de la production était immédiatement consommée et seuls les plus maigres surplus s'échangeaient dans les foires locales, pour apporter un complément à la vie quotidienne des domaines seigneuriaux et des petits villages dispersés dans les campagnes européennes.

Les communaux féodaux

En Angleterre, comme partout en Europe, la vie agricole était organisée autour des communaux. Les propriétaires féodaux louaient leurs terres aux paysans dans le cadre de divers systèmes de tenure. Si les *freeholders* (usufruitiers héréditaires) occupaient des terres garanties de génération en génération et ne pouvaient être chassés de leur foyer ancestral, les *leaseholders* (détenteurs d'un bail) n'avaient pas cette chance : leur statut ne leur assurait qu'une occupation limitée qui dépassait rarement trois générations, après quoi les propriétaires pouvaient soit imposer de nouvelles conditions, soit mettre fin au bail. Quant aux tenanciers coutumiers, ils n'avaient pratiquement aucun droit de tenure et occupaient la terre à la seule discrétion du propriétaire.

Les systèmes de tenure imposaient aux paysans soit de remettre au propriétaire un pourcentage de leur récolte, soit de cultiver ses champs en plus des leurs tout au long de l'année. Dans la dernière phase du Moyen Âge, avec l'introduction limitée d'une économie monétaire, l'une des conditions du bail imposait au tenancier de payer une rente ou des taxes au propriétaire.

L'agriculture féodale était structurée sur un mode communautaire. Les paysans unissaient leurs lopins individuels dans des champs ouverts et des pâturages communs qu'ils exploitaient collectivement. Les communaux ont impulsé la première pratique primitive de la prise de décision démocratique en Europe. Des conseils paysans étaient chargés de superviser l'activité économique : les semailles et la moisson, la rotation des cultures, l'usage des ressources en bois et en eau, et le nombre d'animaux qui pouvaient paître sur les pâturages communs.

La vision féodale des rapports de propriété différait du tout au tout de l'idée que nous en avons aujourd'hui. Nous pensons la propriété comme une possession personnelle exclusive que l'on peut détenir ou échanger sur le marché. Dans l'économie féodale, en revanche, tout ce qui existait sur terre constituait la création de Dieu, et lui seul pouvait en disposer. La création divine était conçue comme une « grande chaîne de l'être », une hiérarchie rigide des responsabilités qui, des plus viles créatures, montait jusqu'aux anges des cieux. Sur les barreaux de cette échelle spirituelle, chaque créature devait servir ceux qui étaient au-dessus et au-dessous d'elle en s'acquittant d'un ensemble d'obligations prescrites avec précision, pour assurer le bon fonctionnement de la création tout entière. Dans ce cadre théologique, la propriété était conçue comme une succession de fidéicommis en pyramide, se déployant du trône céleste aux paysans qui travaillaient les communaux. Il s'agissait donc d'un système où la propriété n'était jamais possédée à titre exclusif, mais divisée en sphères de responsabilité, conformément à un code fixe d'« obligations en matière de propriété ». Par exemple, quand le roi octroyait une terre à un seigneur ou à un vassal, « ses droits sur cette terre demeuraient, sauf pour l'intérêt particulier dont il s'était séparé ». Comme l'explique l'historien Richard Schlatter, de l'université Harvard, « on ne pouvait dire de personne : il possède la terre. Tout le monde, du roi aux tenanciers et sous-tenanciers et jusqu'aux paysans qui la labouraient, avait sur elle une certaine maîtrise, mais nul n'en avait la domination absolue[2] ».

L'économie féodale s'est perpétuée, à peu près sans changement, pendant plus de sept cents ans. Mais, dans les années 1500, de nouvelles forces économiques ont commencé à rogner le féodalisme, d'abord dans l'Angleterre des Tudor, puis dans d'autres régions d'Europe. Les terres détenues en commun ont été clôturées, transformées en propriétés privées et échangées sur le marché, parfois par autorisation du roi ou décision du parlement, parfois par consensus des communiers du village[3].

Le mouvement des enclosures, perçu par de nombreux historiens comme « une révolution des riches contre les pauvres », s'est déroulé en Angleterre du XVIe au début du XIXe siècle. Il a bouleversé le paysage économique et politique. Des millions de paysans ont été déracinés des terres de leurs ancêtres et contraints de se comporter en agents libres dont la force de travail serait désormais à louer sur le marché médiéval naissant[4].

La première vague des enclosures anglaises a été déclenchée par deux phénomènes conjoints, dont la synergie a miné l'ordre féodal. Au départ, la hausse de la demande de denrées alimentaires, due à l'essor d'une population urbaine, a déclenché une spirale inflationniste, ressentie de plus en plus durement par les propriétaires féodaux dont les rentes foncières étaient fixées aux niveaux d'avant l'inflation. Simultanément, l'industrie textile naissante faisait monter le prix de la laine : il devenait plus lucratif pour les propriétaires fonciers de clôturer les terres communes et de les reconvertir à l'élevage des moutons[5].

Des centaines de milliers de familles paysannes évincées ont donc regardé, impuissantes, les ovins paître sur des herbages qu'elles cultivaient quelques années plus tôt en avoine et en seigle pour nourrir leurs enfants. Partout, les populations se trouvaient réduites à la famine tandis que les moutons étaient engraissés et tondus, car on était pressé d'expédier leur laine aux nouvelles fabriques textiles en plein essor en Angleterre et sur le continent.

Sir Thomas More a saisi l'impitoyable esprit du temps dans *L'Utopie*, attaque cinglante contre la cupidité de la classe des propriétaires :

> [Des] troupeaux innombrables de moutons [...] couvrent aujourd'hui toute l'Angleterre. Ces bêtes, si douces, si sobres partout ailleurs, sont chez vous tellement voraces et féroces qu'elles mangent même les hommes, et dépeuplent les campagnes, les maisons et les villages[6].

Une seconde vague d'enclosures s'est produite, en gros, de 1760 aux années 1840[7]. La première révolution industrielle commençait alors à se répandre en Angleterre et dans le reste de l'Europe. La nouvelle économie provoquait l'accroissement continu de la population urbaine, qui exigeait davantage de denrées alimentaires. La hausse des prix a poussé les propriétaires à clôturer leurs terres restantes, ce qui a parachevé la longue transition de l'Europe d'une économie rurale de subsistance à une économie agricole moderne tournée vers le marché.

Les grandes enclosures et l'économie de marché qui les a suivies ont changé la nature même des rapports de propriété : ils ont cessé d'être des droits conditionnels pour devenir possession exclusive. Pendant des siècles, les gens avaient appartenu à la terre ; désormais, c'était la terre qui appartenait à des gens : elle s'était muée en biens fonciers négociables et échangeables sur le marché libre. Le foyer ancestral s'était métamorphosé en ressource commerciale, utilisable à la fois comme source de capital et comme source de crédit dans la recherche du gain économique. De même, le travail de chacun devenait une forme de propriété exclusive, que l'on pouvait vendre et acheter librement sur le marché dans un monde nouveau gouverné par des rapports contractuels et non par les obligations communautaires et le statut social.

La multiplication des clôtures dans la campagne anglaise a donné naissance à l'idée moderne de rapports de propriété privée opérant sur des marchés, mais aussi à un système juridique pour veiller sur elle. Dans l'économie féodale, les échanges économiques, très limités, s'étendaient rarement au-delà des relations familiales au sens étroit et des communautés où tout le monde était apparenté. Sans lois ni jurisprudence qu'ils pourraient faire respecter, les gens n'avaient guère envie de vendre et d'acheter des biens en dehors de leur sphère sociale immédiate. Dans les communautés soudées de parents, la fiabilité de l'échange entre voisins était garantie par la parole donnée.

Il est généralement admis que la propriété privée rend viables les marchés modernes. Mais il faut comprendre aussi qu'un marché anonyme sur lequel des étrangers échangent des biens et des services serait impossible sans code juridique imposable. Pour qu'un régime de propriété privée fonctionne pleinement sur des marchés, il faut qu'un système juridique soutenu par une police et des tribunaux garantisse que les vendeurs et les acheteurs respecteront leurs obligations contractuelles. La législation anglaise, qui a mûri parallèlement au passage des « obligations en matière de propriété » sur les communaux féodaux aux droits de propriété sur le marché moderne, a été cruciale pour assurer le passage de l'ordre ancien à l'ère nouvelle.

La plupart des historiens insistent sur l'importance qu'ont eue la croissance du marché de la laine et le développement d'un régime de propriété privée juridiquement imposable dans la transition de la vie féodale à l'économie de marché moderne. Mais d'autres forces économiques ont joué aussi. Les anthropologues invoquent les nouvelles technologies agricoles, comme la charrue à versoir en Europe du Nord, les nouvelles méthodes de travail, comme le remplacement des bœufs par les chevaux et le passage de l'assolement biennal à l'assolement triennal, dont l'usage a considérablement accru la productivité agricole aux XIIIe et XIVe siècles et provoqué une croissance spectaculaire de la population humaine – interrompue pour un temps seulement par la peste – et l'avènement de la vie urbaine. Les études historiques de la période s'intéressent également beaucoup aux innovations dans la métallurgie, et à une série d'inventions mécaniques nouvelles comme la came, le ressort et la pédale, les manivelles sophistiquées et les bielles qui ont contribué à stimuler la conversion du mouvement alternatif en mouvement rotatif continu[8].

Toutes ces nouveautés ont été remarquables, mais secondaires par rapport à un changement fondamental qui, pour reprendre l'expression forgée par quelques historiens, a donné le coup d'envoi de la révolution proto-industrielle douce de l'ère médiévale.

L'essor de l'économie de marché

C'est la jonction entre la révolution de l'imprimerie et les énergies hydraulique et éolienne à la fin du Moyen Âge qui a déclenché le passage de l'économie féodale à l'économie de marché, donc changé le paradigme économique et la construction sociale de l'Europe. Mais quelque chose échappe souvent aux historiens et aux théoriciens de l'économie : l'économie capitaliste, elle, a émergé de l'économie de marché proto-industrielle douce qui s'était installée dans une grande partie de l'Europe (puis de l'Amérique), et pas de l'économie féodale antérieure. Pour être juste avec Adam Smith et Karl Marx, tous deux ont au moins évoqué les énergies hydraulique et éolienne dans leurs écrits. Smith a cité les nouvelles sources de production d'énergie comme exemples de la division du travail, et Marx a opposé l'intermittence de l'énergie de l'eau et du vent à la continuité fiable de l'énergie de la vapeur, qui garantissait un cycle de production sûr et perpétuel. Mais Marx, comme les autres intellectuels de son temps, ne faisait pas la différence entre l'économie féodale et l'économie médiévale qui en était issue. À preuve cette remarque célèbre et erronée : « Le moulin à bras vous donnera la société avec le suzerain ; le moulin à vapeur, la société avec le capitalisme industriel[9]. » En fait, l'énergie éolienne a contribué à changer radicalement le rapport de forces au détriment du suzerain féodal et au profit des citadins et de la bourgeoisie montante de l'époque médiévale.

Marx a fait aussi allusion à l'importance de la presse à imprimer, mais seulement en tant que moyen de réveiller l'intérêt pour la science et la pratique de la recherche :

> *La poudre à canon, la boussole et la presse à imprimer* ont été les trois grandes inventions qui ont introduit la société bourgeoise. La poudre à canon a fait voler en éclats la classe des chevaliers. La boussole a découvert le marché mondial et fondé les colonies. Et la presse à imprimer a été l'instrument du protestantisme et de la régénération de la science en général ; le levier le plus puissant pour créer les conditions préalables intellectuelles[10].

Mais ni Smith ni Marx n'ont compris, semble-t-il, que la révolution de l'imprimerie et l'énergie de l'eau et du vent étaient indispensables l'une à l'autre, et qu'ensemble elles ont créé une plate-forme technologique générale pour un changement de paradigme économique qui a bouleversé le paysage social et politique européen.

Le moulin à eau était connu dans l'Antiquité et avait été expérimenté à Rome. Mais sa technologie ne s'était jamais développée suffisamment pour remettre en cause l'esclavage humain en tant que source d'énergie. Les innovations technologiques réalisées à partir des Xe et XIe siècles en Europe ont catapulté l'énergie hydraulique au cœur de la vie économique. À la fin du XIe siècle, il y avait plus de 5 600 moulins à eau en fonctionnement dans trente-quatre comtés en Angleterre, à en croire le recensement. La France s'enorgueillissait à l'époque de 20 000 moulins à eau, un pour 250 habitants[11]. Les retombées économiques ont été considérables. Un moulin à eau typique produisait une énergie égale à deux ou trois chevaux pendant la moitié environ du temps de fonctionnement du moulin. Il pouvait remplacer le travail de dix à vingt personnes. Dans le cas de la France, l'énergie hydraulique produite par les moulins à eau était égale à l'énergie du quart de la population adulte du royaume : c'était une augmentation prodigieuse de la capacité énergétique[12].

La plupart des premiers moulins à eau ont été financés par les seigneurs féodaux et installés sur les fleuves et cours d'eau qui traversaient leurs terres. Les petites et grandes villes qui apparaissaient en Europe ont construit les leurs, fournissant ainsi une source d'énergie rivale de celle du seigneur.

Quand il n'y avait pas d'eau, ou qu'elle était trop intermittente, ou encore qu'elle se trouvait dans les domaines seigneuriaux, les petites et grandes villes ont recouru à l'énergie éolienne. Le premier moulin à vent européen a été construit dans le Yorkshire, en Angleterre, en 1185[13]. Les moulins à vent se sont vite répandus dans les plaines d'Europe du Nord. Puisque le vent est omniprésent – nullement lié aux terres royales – et gratuit, c'était une source d'énergie que l'on pouvait exploiter n'importe où. Les petites et grandes villes se sont ruées tête baissée dans le nouveau régime énergétique : elles avaient là à leur disposition une source d'énergie qui leur permettait de faire jeu égal avec les seigneurs locaux. Parfaitement conscients que le vent leur amenait une nouvelle source d'énergie démocratique, les bourgeois des villes ont baptisé cette nouvelle invention le « moulin roturier[14] ».

On utilisait des moulins à eau et à vent pour moudre le grain, tanner, blanchir, actionner les soufflets des hauts fourneaux, extraire des pigments pour la peinture, écraser les olives, et pour mille autres activités économiques, mais l'usage le plus important du moulin à eau était le foulage. C'était la première étape pour transformer la laine en drap. Quand la laine quitte le métier à tisser, il faut la débarrasser des impuretés, la nettoyer et l'épaissir en la battant dans l'eau. Traditionnellement, ce travail était accompli par des hommes qui la piétinaient dans une cuve. Le moulin à eau a transformé le processus du foulage. On a remplacé les pieds humains par des maillets de bois que levait et abattait un mécanisme propulsé par le moulin à eau. Une batterie de maillets pouvait remplacer tout un groupe de foulons, et pour la faire fonctionner il suffisait d'une seule personne.

Avec les gains de productivité spectaculaires qu'apportait le moulin à foulon, il devenait économique et très lucratif de reconvertir les terres de l'agriculture de subsistance à l'élevage des moutons pour l'exportation et l'échange de marché. Il n'est pas surprenant que les moulins à foulon aient parfois été qualifiés de « révolution industrielle au XIIIe siècle[15] ». Selon l'historien E. M. Carus-Wilson, ce type de moulin a été une « révolution qui a apporté […] la fortune et la prospérité à tout le pays, et qui allait changer la face de l'Angleterre médiévale[16] ». De ce point de vue, ajoute-t-il, la mécanisation du foulage « a été un événement aussi décisif que la mécanisation du filage et du tissage au XVIIIe siècle[17] ».

Dans les années 1790, à la veille de l'introduction de l'énergie-vapeur et de la première révolution industrielle, il y avait en Europe plus d'un demi-million de moulins à eau en fonctionnement, soit l'équivalent de 2 250 000 chevaux. S'ils étaient moins nombreux, les milliers de moulins à vent en activité à l'époque produisaient encore plus d'énergie que les moulins à eau. Le moulin à vent moyen pouvait produire une énergie supérieure à celle de trente chevaux[18].

L'aristocratie féodale et la classe bourgeoise naissante des petites et grandes villes se sont disputé âprement les nouvelles sources d'énergie, mais celles-ci, abondantes et largement distribuées, ont fini par favoriser les intérêts de la seconde. Pour la première fois, l'énergie des artisans et marchands urbains a commencé à égaler et même à dépasser celle dont disposaient les seigneurs féodaux, ce qui a donné aux bourgeois l'avantage dont ils avaient besoin pour faire basculer le paradigme économique d'une économie féodale, organisée autour des « obligations en matière de propriété », à une économie de marché, structurée autour des droits de propriété. Le médiéviste Lynn White résume en ces termes l'importance économique de l'introduction des énergies hydraulique et éolienne et des technologies nouvelles qui les ont accompagnées :

> Vers la fin du XVe siècle, l'Europe possédait non seulement des sources d'énergie extrêmement diversifiées, mais aussi tout un ensemble de techniques qui lui permettaient de capter et d'utiliser cette énergie, qui était beaucoup plus variée et puissante que celle qu'avaient connue et utilisée les Anciens, ou que connaissaient d'autres peuples contemporains de l'ancien ou du nouveau monde. L'essor de l'Europe, à partir de 1492, résida en sa grande consommation d'énergie : d'où productivité croissante, importance économique et puissance militaire[19].

Le passage d'une économie de subsistance à une économie de marché, et de la production pour l'usage à la production pour l'échange, a été un tournant décisif dans le parcours humain. Mais il n'aurait pas été possible sans la présence concomitante d'une révolution des communications pour maîtriser le gonflement du flux d'activité économique engendré par ces nouvelles sources d'énergie. Cette révolution a pris la forme de l'imprimerie, inventée par l'Allemand Johannes Gutenberg en 1436.

L'effet de la nouvelle presse à imprimer sur la vie quotidienne a été immédiat, avec des conséquences tout aussi importantes que l'introduction d'Internet aujourd'hui. Le volume même des imprimés mis en circulation a été impressionnant :

> Un homme né en 1453, l'année de la chute de Constantinople, pouvait à cinquante ans se remémorer une vie au cours de laquelle près de huit millions de livres avaient été imprimés. Plus peut-être que la production de tous les copistes d'Europe depuis que Constantin avait fondé sa ville en 330 de notre ère[20].

Aujourd'hui, l'imprimé nous paraît aller de soi. Il fait tellement partie de notre vie quotidienne que nous prenons rarement conscience d'une vérité : avoir grandi parmi les mots imprimés influence la structure même de notre esprit. Si l'écriture manuelle médiévale était idiosyncrasique, et variait avec la contribution subjective de chaque copiste, l'imprimerie a supprimé l'élément subjectif, qu'elle a remplacé par une approche rationnelle, calculatrice et analytique du savoir. Et contrairement à la communication orale, qui reposait sur la mémoire, donc sur les formules stéréotypées, l'imprimerie a engrangé la mémoire et systématisé la recherche d'informations – par les tables des matières, les index, les notes de bas de page, les bibliographies. L'esprit a pu ainsi approfondir et étendre le vocabulaire, et se doter d'un langage bien plus nuancé, ajustable à la particularité du moment ou de l'expérience.

L'imprimerie a eu une influence profonde sur la façon dont on faisait des affaires. Elle a introduit des tableaux, listes et graphiques qui donnaient une image plus objective et plus précise du monde que le jugement personnel de quelqu'un. Non seulement elle a unifié les cartes de géographie, mais elle les a rendues bon marché et massivement reproductibles : le voyage par terre et par mer est ainsi devenu plus prévisible et plus propice aux échanges commerciaux.

L'imprimerie a aussi permis les contrats, élément crucial pour faire progresser le commerce au long cours et étendre les échanges. Nous oublions que dans l'économie féodale, l'interaction reposant sur l'oralité, l'activité économique était en grande partie limitée par la distance qu'on pouvait parcourir à pied et celle où portait la voix. Dans une culture orale, la « parole » donnée suffisait à conclure des affaires. Aujourd'hui encore, lorsque les comptables emploient le mot *audit* pour désigner le contrôle financier, c'est une survivance de la vie économique féodale d'avant l'imprimerie : les auditeurs se disaient à haute voix les uns aux autres les informations financières pour vérifier l'authenticité de la transaction. L'imprimerie a ouvert la voie à la comptabilité moderne. Ses documents standardisés – connaissements, barèmes, factures, chèques, billets à ordre – pouvaient être remis à distance et conservés pendant une longue période; ils fournissaient ainsi un outil de gestion polyvalent et extensible, capable de suivre le rythme, l'étendue et le champ d'action de la vie économique qu'avaient déchaînée les nouvelles sources d'énergie, l'eau et le vent. Avec l'imprimé, la « confiance » commerciale était scellée dans des documents écrits, accompagnés de signatures personnelles.

La convergence de l'imprimerie et des énergies renouvelables a démocratisé à la fois la culture et l'énergie. Elle a lancé un immense défi à l'organisation hiérarchique de la vie féodale. Les synergies induites par la révolution de l'imprimé et les énergies de l'eau et du vent, accompagnées d'améliorations régulières des transports routier et fluvial, ont stimulé les échanges et réduit les coûts de transaction, ce qui a rendu possible de commercer sur des marchés régionaux plus larges.

La nouvelle matrice énergie / communication n'a pas seulement raccourci les distances et accéléré le temps, ce qui a permis de réunir des populations très diverses dans des activités économiques communes après des siècles d'isolement ; ce faisant, elle a aussi encouragé une nouvelle ouverture aux autres et la naissance d'un état d'esprit plus cosmopolite. Des siècles d'abêtissement provincialiste et xénophobe ont commencé à fondre, et un nouveau sentiment du possible a saisi l'imagination humaine. Cette période a vu s'épanouir ce que les historiens appellent la Renaissance septentrionale – l'éveil des arts, de la littérature, de l'expérimentation scientifique et de l'exploration de mondes nouveaux.

À la fin du Moyen Âge, plus d'un millier de villes avaient jailli dans toute l'Europe, et toutes bourdonnaient d'activité économique. On y trouvait des greniers à blé, des logements et des boutiques, mais elles étaient aussi devenues le lieu de concentration des artisans en tout genre et de toute spécialité. On appelait souvent ces nouveaux territoires urbains des « villes franches », car on les tenait pour indépendantes du pouvoir des seigneurs locaux. Il était habituel, par exemple, qu'un serf échappé des communaux féodaux et réfugié dans une ville voisine pendant un an et un jour fût considéré comme libre : il avait clairement quitté un espace juridique pour s'installer dans un autre[21].

Dans les villes nouvelles, les artisans s'organisaient en corporations de métier – les métallurgistes, les tisserands et teinturiers, les armuriers, les maçons, les brodeurs, les vitriers, les copistes, les chapeliers, les tapissiers – afin d'établir les normes de qualité de leurs produits, de fixer leurs prix et de déterminer combien en produire. Sur la route qui menait aux marchés au sens plein du terme, les corporations s'étaient arrêtées à mi-chemin. Elles facturaient pour leurs articles ce qu'elles appelaient le juste prix, pas le prix du marché, car elles préféraient maintenir un mode de vie coutumier que faire un profit. Elles se tenaient bien à l'écart des marchés du travail libre et des prix concurrentiels – les caractéristiques cruciales de l'économie de marché – et privilégiaient le maintien du *statu quo*[22].

La destruction des communaux féodaux et la disponibilité soudaine de travailleurs salariés bon marché, associées au nouveau potentiel de productivité libéré par la convergence de l'imprimerie et des énergies hydraulique et éolienne, ont suffi à évincer les corporations au XVIIe siècle. Les marchands ont commencé à les contourner en confiant le travail à une main-d'œuvre rurale moins coûteuse. Ce système – qu'on appelait le *putting-out* – a desserré à bon rythme l'emprise naguère inébranlable des corporations sur la vie économique. Le *putting-out* a ouvert la voie à une économie de marché pleinement opérationnelle[23].

Tandis que les marchands affrontaient les corporations, une force nouvelle les attaquait aussi sur un autre front : de petits entrepreneurs industriels, dont beaucoup utilisaient les énergies hydraulique et éolienne pour faire fonctionner leurs mini-fabriques, s'efforçaient d'ouvrir les marchés intérieurs à leurs produits bon marché.

Ces nouveaux fabricants ont fait cause commune avec les marchands pour promouvoir la libéralisation des marchés nationaux : ils ont lutté ensemble pour le libre-échange intérieur, l'élimination des restrictions sur la mobilité de la main-d'œuvre, le recours à la loi pour faire respecter les contrats commerciaux, l'amélioration des transports pour élargir les marchés. Mais ils se séparaient sur une question : les exportations, le commerce extérieur. Les marchands soutenaient les monarchies, dont les politiques coloniales favorisaient le commerce extérieur aux dépens du commerce intérieur. C'était la logique du mercantilisme : on réglementait lourdement la production intérieure pour s'assurer des produits de haute qualité à bas prix, après quoi on les vendait à l'étranger à des prix très supérieurs, payables en métaux précieux. Les colonies d'outre-mer avaient l'interdiction de produire des produits finis : elles ne devaient produire que des matières premières bon marché exportées vers leur métropole, après quoi elles étaient contraintes d'acheter les biens manufacturés de la métropole à prix plus élevé.

Les politiques mercantilistes favorisaient les marchands exportateurs mais nuisaient aux industriels intérieurs, dans les métropoles comme dans les colonies. De plus, lorsqu'on restreignait le volume d'articles que l'on pouvait produire pour le marché intérieur, afin de maintenir les prix à l'exportation artificiellement élevés, cette politique ne désavantageait pas seulement les fabricants, mais aussi la classe moyenne montante et les travailleurs pauvres des villes, qui devaient payer au prix fort les produits du pays.

L'opposition aux politiques mercantilistes en Europe et dans les colonies n'a cessé de monter ; elle a conduit à la rupture des Treize Colonies d'Amérique avec l'Angleterre en 1776, puis à la Révolution de 1789 qui a abouti au renversement de la monarchie en France. À ces deux moments décisifs de l'histoire politique, la lutte visait tout autant à s'assurer la propriété privée par le libre-échange sur des marchés ouverts que la liberté politique et la représentation démocratique. S'il y avait le moindre doute à ce sujet, il a vite été dissipé quand les premiers États-nations modernes ont délibéré sur la question : qui doit avoir le droit de vote ? Les États-Unis, la Grande-Bretagne, la France et la plupart des autres États-nations des XVIIIe et XIXe siècles estimaient que la mission centrale de l'État consistait à protéger la propriété privée et l'économie de marché. En toute logique, ils n'ont octroyé le droit de vote qu'aux propriétaires : le nouvel État-nation s'est aligné sur l'économie de marché, fondée sur le libre-échange des propriétés privées.

3

Comment le capitalisme et l'intégration verticale ont séduit

On suppose assez souvent que libre échange des propriétés sur les marchés et capitalisme ne font qu'un. Ce n'est pas vrai. Si le capitalisme fonctionne en utilisant le marché libre, les marchés libres n'exigent pas le capitalisme.

LA NAISSANCE DU CAPITALISME

La révolution proto-industrielle douce de la fin du Moyen Âge a engendré le marché libre, mais le capitalisme, tel que nous le concevons aujourd'hui, n'a émergé qu'à la fin du XVIIIe siècle avec l'introduction de la machine à vapeur. Les tout premiers fabricants dirigeaient de petites entreprises familiales : ils employaient généralement des parents, plus quelques manœuvres itinérants. Ces entrepreneurs agissaient sur des marchés, mais le capitalisme ne faisait pas encore partie de l'équation. Le passage au capitalisme a commencé dans le textile. On a vu au chapitre 2 que les marchands, qui souhaitaient contourner les corporations, avaient inauguré le *putting-out* (une forme archaïque de sous-traitance) : ils externalisaient le travail en s'adressant à une main-d'œuvre rurale meilleur marché. Alors que les artisans des corporations des centres urbains avaient des moyens suffisants pour s'offrir leurs propres métiers à tisser, ces ruraux étaient des indigents, incapables d'en acheter. Les marchands leur fournissaient donc les métiers – généralement en location, contre un paiement régulier. Ce loyer était souvent si élevé que la main-d'œuvre rurale parvenait à peine à gagner suffisamment pour le payer, et qu'il ne lui restait pas grand-chose pour subsister[1]. En transférant des travailleurs aux marchands la propriété des outils, on avait créé un modèle qui allait changer le cours de l'histoire économique.

À la fin du XVIe siècle, une nouvelle génération de petits fabricants a commencé à réunir les travailleurs sous un seul toit, pour profiter d'économies d'échelle en exploitant des moulins à eau et à vent dans le processus de production. Les machines qu'utilisaient ces travailleurs appartenaient aussi aux fabricants. Les artisans, qui jusque-là possédaient leur propre matériel, ont donc été privés des outils de leur métier et transformés en ouvriers salariés travaillant pour un maître de type nouveau – le capitaliste.

Le textile est tombé aux mains des capitalistes, et d'autres secteurs ont vite suivi. Comme le souligne l'historien Maurice Dobb :

> La subordination de la production au capital et l'apparition de cette relation de classe entre le capitaliste et le producteur doivent donc être considérées comme constituant la ligne de partage entre l'ancien mode de production et le nouveau[2].

La concentration de la propriété des moyens de production chez les capitalistes et l'assujettissement du travail au capital allaient définir la lutte des classes à la fin du XVIIIe siècle. Adam Smith est allé droit au cœur de la contradiction qui serait le fléau du capitalisme jusqu'à la fin de son règne. Il a vu une corrélation entre l'enclosure de la terre et l'« enclosure » des outils des artisans. Les deux avaient fait perdre à des millions de personnes le contrôle des moyens de leur survie économique. La première avait expulsé les serfs et les paysans de leurs terres ancestrales, la seconde avait séparé les artisans des outils de leur métier. Par euphémisme, on appelait leur nouveau statut « main-d'œuvre libre », mais en réalité cette liberté avait un coût. Adam Smith l'avait bien compris :

Dans ce premier état informe de la société, qui précède l'accumulation des capitaux et l'appropriation du sol […] le produit du travail appartient tout entier au travailleur. […] [Mais] aussitôt qu'il y aura des capitaux accumulés dans les mains de quelques particuliers, certains d'entre eux emploieront naturellement ces capitaux à mettre en œuvre des gens industrieux, auxquels ils fourniront des matériaux et des substances, afin de faire un Profit sur la vente de leurs produits, ou sur ce que le travail de ces ouvriers ajoute de valeur aux matériaux[3].

Cela ne paraît pas juste, certes, mais Smith explique :

Il faut bien qu' […] il y ait […] quelque chose de donné pour les Profits de l'entrepreneur de l'ouvrage, qui hasarde ses capitaux dans cette affaire. Ainsi, la valeur que les ouvriers ajoutent à la matière se résout alors en deux parties, dont l'une paye leurs salaires, et l'autre les profits que fait l'entrepreneur sur la somme des fonds qui lui ont servi à avancer ces salaires et la matière à travailler[4].

Quand les terres ont été muées de communaux en biens fonciers, la même logique s'est appliquée. « Dès l'instant que le sol d'un pays est devenu propriété privée, suppose Adam Smith, les propriétaires, comme tous les autres hommes, aiment à recueillir où ils n'ont pas semé, et ils demandent une Rente, même pour le produit naturel de la terre[5]. »

Smith résume alors la logique opératoire qui anime tout le système capitaliste :

La masse totale de ce que chaque société recueille ou produit annuellement par son travail, ou, ce qui revient au même, le prix entier de cette masse, est primitivement distribuée de cette manière entre les différents membres de la société. *Salaire*, *profit* et *rente* sont les trois sources primitives de tout revenu, aussi bien que de toute valeur échangeable. Tout autre revenu dérive, en dernière analyse, de l'une ou de l'autre de ces trois sources[6].

Aux yeux de la plupart des économistes classiques et néoclassiques, les profits sont la juste récompense des capitalistes qui risquent leur capital. Mais des économistes socialistes pourraient penser, avec le jeune Karl Marx, que la part de la contribution de l'ouvrier qui est soustraite de son salaire et conservée comme profit – la plus-value – fait l'objet d'une appropriation injuste, et qu'il serait bien plus équitable de socialiser la production et de laisser les ouvriers jouir pleinement de l'apport de leur travail.

Le capitalisme n'a guère joué de rôle dans la révolution proto-industrielle douce du Moyen Âge. Comme on l'a vu, de petits fabricants sont effectivement apparus vers la fin de cette époque, et certains ont commencé à organiser la production sous un seul toit pour faire des économies sur leurs investissements en énergie hydraulique et éolienne ; mais, pour la plupart, ces précurseurs de l'entreprise capitaliste au sens plein travaillaient encore à toute petite échelle et les fonds qu'ils utilisaient venaient des coffres familiaux.

Ce que nous appelons aujourd'hui le capitalisme a émergé parallèlement au passage à une nouvelle matrice énergie / communication dans la dernière décennie du XVIIIe siècle et les premières du XIXe.

UNE INFRASTRUCTURE À VAPEUR ALIMENTÉE AU CHARBON

En 1769, James Watt a inventé et breveté la machine à vapeur moderne fonctionnant au charbon[7]. L'industrie cotonnière a été la première à déployer la nouvelle technologie. Ses gains de productivité ont été spectaculaires. De 1787 à 1840, la production de coton britannique a bondi « de 22 millions à 366 millions de livres-poids », tandis que les coûts de production plongeaient. En 1850, on pouvait trouver des machines à vapeur alimentées au charbon partout en Europe et en Amérique. Néanmoins, en 1848 encore – l'année des grandes révolutions européennes –, les équipements hydrauliques « représentaient environ deux fois et demie la puissance des machines à vapeur » en France. Dans ce pays, l'énergie hydraulique était toujours utilisée dans plus d'usines que la technologie de la vapeur et du charbon. Sur les 784 entreprises de la sidérurgie française, par exemple, 672 recevaient encore leur énergie des moulins à eau[8].

Le mix énergétique a vite changé dans la seconde moitié du XIXe siècle. L'énergie-vapeur est passée de 4 millions de chevaux en 1850 à environ 18,5 millions de chevaux en 1870[9].

C'est dans les pays disposant de grosses réserves de charbon qu'elle a progressé le plus vite. Le premier pays d'Europe à passer de l'eau et du vent au charbon a été l'Angleterre, suivie par l'Allemagne. Les États-Unis, avec leurs gisements abondants de charbon, ont vite rattrapé leurs voisins européens. Quand a éclaté la Première Guerre mondiale, ces trois pays dominaient la première révolution industrielle.

La technologie de la vapeur alimentée au charbon a introduit une nouvelle matrice énergie / communication – la presse à vapeur et la locomotive à vapeur – qui a fourni une plate-forme mégatechnologique généraliste à la première révolution industrielle.

Les locomotives à vapeur propulsées au charbon ont transformé la nature du commerce en réduisant l'espace et en abrégeant le temps des transactions. Dans les années 1830, les locomotives roulaient à près de 100 km/h. Il nous est difficile, au XXIe siècle, d'imaginer l'effet qu'a pu avoir à l'époque une machine capable de transporter des voyageurs et du fret à de telles vitesses.

Vers 1845, 48 millions de Britanniques voyageaient en chemin de fer chaque année[10]. Dans les seules années 1850, on a posé aux États-Unis plus de 33 000 kilomètres de voies ferrées, et intégré par ces liaisons ferroviaires une vaste partie du pays à l'est du Mississippi[11]. Si nous voulons nous faire une idée de la façon dont le train comprimait le sentiment du temps et de l'espace, songeons qu'en 1847 il fallait trois semaines, voire plus, pour se rendre de New York à Chicago en diligence. En 1857, le même voyage, en train, prenait 72 heures[12].

Outre sa vitesse, la locomotive à vapeur procurait une forme de transport fiable qui, à la différence des routes et de l'eau, n'était pas touchée par les variations météorologiques. Elle pouvait effectuer plusieurs allers-retours dans le temps que mettait une barge pour un aller, et porter trois plus de fret pour le même prix. L'association de la vitesse et de la fiabilité a permis une immense expansion de l'économie et du commerce à travers un vaste espace continental et à des coûts considérablement réduits.

Pendant la première moitié du XIXe siècle, la construction des chemins de fer en Amérique a été sporadique. Le boom du rail a commencé sérieusement à la fin des années 1840. En 1859, le total des capitaux investis dans les compagnies ferroviaires privées aux États-Unis avait dépassé le milliard de dollars, chiffre astronomique à l'époque. Ces fonds finançaient l'achèvement de trente importantes voies ferrées[13]. Les investissements ont continué à bon rythme jusqu'à la dépression des années 1870. À ce moment-là, 113 000 kilomètres de rails avaient été posés, et ils quadrillaient une large part des États-Unis. En 1900, les locomotives roulaient sur 320 000 kilomètres de voies qui desservaient les grandes agglomérations et les petites villes, et même des hameaux ruraux, d'un bout à l'autre de l'Amérique[14].

Le financement d'une infrastructure de transport à cette échelle a nécessité un modèle d'entreprise entièrement nouveau : la société par actions moderne. Certes, les sociétés par actions n'étaient pas inconnues avant cette époque, mais elles n'étaient pas très nombreuses et se limitaient en général à des expéditions commerciales à court terme. La Compagnie britannique des Indes orientales et son homologue néerlandaise étaient toutes deux des sociétés par actions, fondées par une charte de l'État[15]. La vente des titres des chemins de fer a transformé la petite bourse provinciale de New York en centre financier puissant. Peu d'Américains le savent, mais les actions des chemins de fer des États-Unis ont été en grande partie achetées par des investisseurs britanniques et, dans une moindre mesure, français et allemands.

Les chemins de fer sont devenus, de fait, les premières compagnies capitalistes modernes. Ils ont établi un nouveau modèle d'entreprise où la propriété est séparée de la gestion et du contrôle. Désormais, les sociétés géantes seront entièrement gérées par des directeurs professionnels salariés, qui auront pour responsabilité première de garantir un retour sur investissement à leurs actionnaires. Le capitalisme a une forme d'entreprise très particulière, unique : ceux qui y travaillent sont privés de la propriété des outils dont ils se servent pour fabriquer les produits, et les investisseurs qui la possèdent sont privés du pouvoir de gérer et de contrôler leurs affaires.

L'importance des capitaux qu'exigeait la création d'une infrastructure ferroviaire rendait nécessaire un modèle d'entreprise capable de s'organiser autour de l'intégration verticale – de réunir les fournisseurs en amont et les clients en aval dans un même système. Les grandes compagnies de chemin de fer ont acheté des concessions minières pour garantir l'approvisionnement en charbon de leurs locomotives. La Pennsylvania Railroad a même financé la Pennsylvania Steelworks Company parce qu'elle voulait être approvisionnée régulièrement en acier pour fabriquer ses rails. Le Canadien Pacifique a construit et géré des hôtels près de ses gares afin de loger ses passagers[16].

Pour administrer de grandes entreprises verticalement intégrées, le plus efficace était de recourir à des mécanismes de commandement et de contrôle centralisés et hiérarchiques. Les compagnies des chemins de fer ont été les premières à comprendre les exigences opératoires qui accompagnaient la nouvelle matrice d'énergie / communication. Poser et entretenir des milliers de kilomètres de voies ferrées, surveiller le trafic ferroviaire dans d'immenses régions, réparer et fabriquer des milliers de pièces détachées, d'équipements, coordonner l'embarquement et la livraison du fret, gérer les horaires du trafic voyageurs, assurer la ponctualité des trains et contrôler le travail de milliers d'employés était une tâche phénoménale. De plus, une défaillance ou une panne de n'importe quel élément du système pouvait avoir – et, souvent, avait – des retombées en cascade qui compromettaient l'ensemble de l'activité.

Pour diriger ces entreprises colossales, il fallait réussir à rationaliser tous les aspects de leurs opérations. Le grand sociologue du XIXe siècle Max Weber a bien décrit ce qu'impliquait cette rationalisation. Pour commencer, l'entreprise moderne est structurée en pyramide : toutes les prises de décision coulent automatiquement de haut en bas. Des règles et procédures officielles dictent le flux d'activité, la définition des tâches, la façon d'effectuer le travail et les critères d'évaluation des résultats à chaque étape des activités et à tous les niveaux de participation : tout est méticuleusement planifié et laisse peu de place à l'improvisation. Les tâches sont parcellisées par la division du travail et chaque ouvrier reçoit des instructions précises sur la manière dont il doit accomplir la sienne. Les promotions dans la compagnie ont lieu au mérite et sur la base de critères objectifs et calculables.

L'historien des entreprises Alfred Chandler a montré comment les sociétés ferroviaires ont intégré le processus de rationalisation à leur structure de gestion. Les compagnies de chemin de fer, observe-t-il,

> furent les premières à exiger l'emploi d'un grand nombre de cadres salariés ; les premières à avoir un bureau central pourvu de cadres moyens et dirigé par des cadres supérieurs qui rendaient compte de leur activité à un conseil d'administration. Elles furent les premières entreprises américaines à mettre en place une vaste structure d'organisation interne avec des voies hiérarchiques soigneusement définies reliant le bureau central aux responsables des services et aux divers postes établis sur le terrain ; et elles furent les premières à développer un flux de données financières et statistiques pour contrôler et évaluer le travail de nombreux responsables[17].

Aux yeux de Weber et d'autres penseurs, il allait de soi qu'un capitalisme parvenu à maturité exigeait des compagnies verticalement intégrées pour générer des économies d'échelle, et des bureaucraties d'entreprise très rationalisées – avec gestion centralisée et mécanismes hiérarchiques de commandement et de contrôle – pour organiser la vie économique[18]. L'entreprise capitaliste idéale, selon Weber, est une organisation bureaucratique qui rationalise sous un seul toit tous les aspects de la vie économique. La levée du capital d'investissement par la vente d'actions, la mobilisation de la main-d'œuvre libre, la mise en place de processus de production en série et les échanges concurrentiels sur le marché, étayés par des codes juridiques formalistes, tout cela est soumis à la calculabilité et à la gestion bureaucratique rationnelle, conçues pour faciliter la centralisation du pouvoir de prise de décision au sein d'une structure de commandement hiérarchisée. Weber avait raison, mais il y avait un non-dit : les mêmes mécanismes centralisés et hiérarchiques de commandement et de contrôle étaient nécessaires aussi dans un système économique socialiste.

Il eût été impossible de faire face à l'accélération et à l'expansion de l'économie et du commerce sur des marchés nationaux sans une révolution concomitante des communications. En 1814, les presses à vapeur de Friedrich Koenig ont commencé à débiter des pages du *Times* de Londres à la vitesse de l'éclair – elles pouvaient imprimer 1 000 exemplaires du journal à l'heure, contre seulement 250 pour les anciennes presses à bras[19]. En 1832, les presses de ce journal avaient plus que doublé le rendement horaire[20].

Rapide et bon marché, la presse à vapeur a encouragé une vague d'alphabétisation massive en Europe et en Amérique. On a créé des systèmes scolaires publics et rendu l'éducation obligatoire dans les nouvelles villes industrialisées, afin de doter la future main-d'œuvre des compétences en communication dont elle aurait besoin pour accomplir les activités économiques plus complexes qui accompagnaient la première révolution industrielle.

Au cours des décennies suivantes, une série de progrès dans l'imprimerie à vapeur, notamment les machines à papier, la stéréotypie et les rotatives, ont réduit considérablement les coûts du travail tout en augmentant la production : la révolution de la presse à vapeur a pu ainsi tenir le rythme des gains de productivité effectués dans le transport ferroviaire propulsé au charbon.

Quand les services postaux nationaux sont passés des diligences au rail, l'imprimerie rapide et bon marché s'est associée au transport rapide et bon marché pour accélérer les transactions économiques. Contrats urgents, factures, déclarations d'expédition, journaux, publicités, modes d'emploi, livres, catalogues, etc., ont pu être expédiés par le train : la liaison entre les entreprises le long de la chaîne de l'offre, et aussi entre vendeurs et consommateurs, ne prenait plus que quelques heures ou quelques jours au lieu de demander des semaines, voire des mois. L'économie tournait ainsi beaucoup plus vite.

Financièrement, la nouvelle révolution de la communication imprimée n'était pas donnée. Comme pour les chemins de fer, lancer sur le marché l'imprimerie à vapeur demandait de gros investissements. Ses premières presses étaient complexes et pouvaient coûter jusqu'à 500 livres pièce ou davantage (l'équivalent de 26 500 dollars dans l'économie d'aujourd'hui)[21]. Les coûts de l'imprimerie à vapeur ont poursuivi leur ascension avec l'apparition de nouvelles presses plus chères. En 1846, la rotative à double cylindre de Hoe débitait 12 000 feuilles à l'heure ; en 1865, la rotative alimentée par des bobines de papier produisait 12 000 journaux à l'heure. Le coût initial de la fondation d'un journal avait aussi terriblement augmenté : il avait atteint 100 000 dollars, soit environ 2,38 millions de dollars 2005[22].

Aux États-Unis, des imprimeries géantes ont jailli à Chicago après le grand incendie de 1871. R. R. Donnelley & Sons, Rand McNally et M. A. Donohue and Company comptaient parmi les principales entreprises du secteur. Leurs imprimeries pouvaient profiter d'économies d'échelle en traitant dans un site central une grande partie du matériel imprimé de tout le pays. Ces compagnies étaient entourées de fonderies de caractères typographiques et de fabricants de presses, ce qui formait un complexe industriel intégré à proximité des ateliers ferroviaires de Chicago – le nœud central des réseaux ferrés du pays. La livraison postale rapide des manuels scolaires, revues et catalogues partout aux États-Unis était donc assurée[23].

Le coût de construction et de gestion de ces énormes installations était hors de portée de la plupart des entreprises familiales. R. R. Donnelley a vite compris que, s'il voulait établir sa domination sur le secteur, il lui faudrait lever des capitaux considérables. Il a donc pris la décision de se constituer en société par actions en 1890[24].

En 1900, ces activités d'impression très centralisées débitaient des millions de catalogues pour des compagnies de vente massive par correspondance comme Montgomery Ward et Sears, Roebuck and Company. Dans son catalogue de 540 pages, Montgomery Ward énumérait plus de 24 000 articles : denrées alimentaires, médicaments, bijoux, sacs à main, chaussures, vêtements pour homme, fourneaux, meubles, voitures d'enfant, articles de chasse, instruments de musique… Sears vendait même par la poste des maisons préfabriquées. Elles étaient expédiées par le train, en pièces détachées dans des caisses, et assemblées sur site[25]. On peut encore voir des bungalows de Sears dans le quartier de Washington, D.C., où j'habite avec mon épouse.

Des millions d'Américains des petites villes et des campagnes achetaient la quasi-totalité de leurs outils de travail, de leur mobilier et de leurs vêtements sur les catalogues réalisés dans les grandes imprimeries de Chicago. Ces articles étaient alors transportés par rail et directement livrés, *via* le service postal des États-Unis, à leur entreprise ou chez eux. Le revenu des ventes par correspondance de Sears en 1905 atteignait le chiffre ahurissant de 2 868 000 dollars, l'équivalent de 75 473 680 dollars 2013[26].

La convergence de la presse à vapeur et du transport par rail, tous deux alimentés au charbon, a créé une infrastructure pour la première révolution industrielle. La composante « communication » de cette infrastructure a été améliorée dans les années 1860 par la construction d'un réseau télégraphique national, qui a permis aux entreprises de communiquer instantanément avec tout le monde sur leurs chaînes d'approvisionnement et sur leurs canaux de distribution.

La conjonction de la presse à vapeur, du télégraphe et de la locomotive à vapeur a considérablement accru la vitesse et la fiabilité avec lesquelles on pouvait réunir, transporter et traiter les ressources économiques, les transformer en produits et distribuer ceux-ci aux consommateurs. Chandler souligne qu'une « énergie et […] chaleur à bon marché » et des « transports et […] communication rapides et sûrs » ont été les facteurs clés de l'expansion rapide des usines centralisées dans les années 1840 et 1850[27].

En permettant d'accomplir une activité économique sans précédent par sa vitesse et son volume, la nouvelle matrice énergie / communication a obligé tous les autres secteurs à repenser entièrement leur modèle d'entreprise. Jusque-là, la production et la distribution des biens manufacturés avaient été maintenues séparées. Les industriels comptaient sur des grossistes, des distributeurs et des détaillants indépendants, répartis dans tout le pays, pour mettre leurs produits sur le marché. Or, ces canaux de distribution archaïques se révélaient trop lents, trop peu fiables et bien trop provinciaux pour prendre en charge la déferlante de biens fabriqués en série qui sortait des usines équipées des premières machines automatisées à processus continu. En outre, bon nombre des nouveaux produits manufacturés, comme la machine à coudre Singer et la moissonneuse McCormick, avaient besoin d'un personnel qualifié qui pouvait en montrer le fonctionnement aux clients. De plus en plus de produits fabriqués en série exigeaient aussi un service après vente spécialisé, donc le maintien d'une relation permanente avec les acheteurs. Le système de distribution traditionnelle était bien incapable de s'adapter aux nouvelles pratiques commerciales.

La solution a été de réunir la production et la distribution dans la même compagnie, sous une direction centralisée. L'entreprise verticalement intégrée a décollé dans le dernier quart du XIXe siècle et a été le modèle dominant tout au long du XXe siècle.

On voit bien l'immense intérêt des compagnies à intégration verticale : en éliminant bon nombre des intermédiaires sur la chaîne de valeur, ces nouvelles mégacompagnies pouvaient réduire sensiblement leurs coûts de transaction tout en augmentant considérablement la productivité. Pour le dire en peu de mots, les compagnies verticalement intégrées ont introduit de nouvelles sources d'efficacité de grande ampleur, et réalisé ainsi des économies d'échelle qui ont réduit leurs coûts marginaux ; cela leur a permis de vendre des volumes toujours plus importants de biens bon marché produits en série à un public très désireux de les acheter. Ces produits bon marché ont stimulé une demande massive des consommateurs, qui a elle-même créé de nouvelles occasions d'affaires et dynamisé l'embauche, améliorant ainsi le niveau de vie de millions de personnes dans les économies en voie d'industrialisation.

Le modèle moderne d'entreprise s'est vite répandu, car les compagnies ont vu combien il était avantageux de réunir la production et la distribution sous un seul toit et d'élargir leurs activités à l'échelle d'un continent. La Diamond Match Company, W. Duke and Sons Tobacco, Pillsbury, H. J. Heinz, Procter & Gamble, Eastman Kodak et I. M. Singer and Company ont compté parmi les centaines d'entreprises qui ont adopté l'intégration verticale pour accroître l'efficacité grâce aux économies d'échelle.

La quasi-totalité des entrepreneurs qui ont prospéré pendant la phase de décollage de la première révolution industrielle, dans la seconde moitié du XIXe siècle, ont réussi parce qu'ils ont pu lever des capitaux suffisants en se constituant en société par actions qu'ils ont fait coter en bourse. Ces capitaux leur ont permis de saisir les chances offertes par le marché vertical et de devenir les porte-drapeaux de leurs secteurs respectifs.

LA SECONDE RÉVOLUTION INDUSTRIELLE

Au moment même où la première révolution industrielle parvenait à son apogée, dans les deux dernières décennies du XIXe siècle, une seconde révolution industrielle était en train de naître en Amérique et en Europe. La découverte du pétrole, l'invention du moteur à combustion interne et l'introduction du téléphone ont constitué un nouveau complexe énergie / communication, qui allait dominer le XXe siècle.

Sur le pétrole, voici le plus important à comprendre : pour parvenir jusqu'au marché, il a besoin de plus de capital financier que toute autre ressource dans l'économie mondiale. De plus, les investissements dans les multiples étapes nécessaires pour acheminer le brut et ses dérivés jusqu'aux utilisateurs finaux ne peuvent être récupérés que si tout le processus – la découverte, le forage, le transport, le raffinage et la commercialisation – est organisé sous l'égide de compagnies verticalement intégrées et gérées de façon extrêmement centralisée.

Aujourd'hui, découvrir et mettre en activité de nouveaux champs pétrolifères demande quantité de temps et d'argent – et, dans la majorité des cas, l'entreprise n'aboutit pas. L'*activation index* (taux de mise en production), qui mesure l'investissement total nécessaire pour accéder à de nouvelles découvertes pétrolières, suffit à décourager les tièdes. Il n'est pas inhabituel que les géants de l'énergie investissent plusieurs milliards de dollars dans de nouveaux projets pétroliers. Quand l'Irak a décidé qu'il allait tripler sa production pétrolière dans la première décennie du XXIe siècle, le financement de l'investissement a été évalué aux alentours de 30 milliards de dollars[28]. De 2000 à 2011, le coût total des investissements en capital dans l'exploration et la production mondiales de pétrole et de gaz naturel a été de 2 400 milliards de dollars environ[29].

L'exploration pétrolière exige des analyses sophistiquées de données satellitaires et une connaissance de la géologie, de la géophysique et de la géochimie. Il faut recourir aux ordinateurs et aux logiciels les plus avancés pour collecter et interpréter des données tridimensionnelles de sismique réflexion et réaliser des images tridimensionnelles de l'intérieur de la Terre. Le forage des puits à des profondeurs de 6000 mètres ou davantage exige un équipement pétrolier de pointe coûteux et complexe. La construction de plates-formes massives de forage pétrolier sur le plancher océanique est un exploit technique majeur. La pose des pipelines, souvent sur des centaines, voire des milliers de kilomètres de terrain difficile et inaccessible, est un redoutable défi.

Le processus de raffinage est tout aussi ardu. Le géologue Robert Anderson décrit ce jeu complexe d'opérations. Les chimistes organiques doivent décomposer le mélange d'hydrocarbures que constitue le pétrole brut et le reconstruire en une série de produits, de l'essence au polyuréthane. Comme les propriétés du brut varient considérablement d'une région pétrolifère à l'autre, il faut bâtir des raffineries adaptées aux spécificités des flux pétroliers à traiter.

La commercialisation du pétrole n'est pas moins problématique. Les ventes de produits pétroliers varient considérablement d'une saison à l'autre. Les prix de l'essence sont plus élevés en été ; le fuel domestique coûte plus cher en hiver. Les compagnies de l'énergie doivent donc se fier aux prévisions météorologiques et aux projections et scénarios de croissance économique, et même intégrer à leurs calculs les événements politiques potentiels qui pourraient perturber ou favoriser leurs opérations. C'est ainsi qu'elles déterminent les besoins futurs en pétrole – au moins six mois à l'avance – et font en sorte que les bons bruts aillent aux raffineries adaptées, afin d'être prêtes pour les saisons prochaines.

Ce qui complique encore le processus, explique Anderson, c'est que les services marketing des compagnies énergétiques sont divisés en sections « industrie », « gros » et « détail », puis redivisés par produits spécialisés : asphalte, kérosène, gaz naturel, composés pétrochimiques liquides, engrais et pesticides agricoles, coke de pétrole pour la métallurgie et l'industrie du caoutchouc. 50 % du pétrole vendu aux États-Unis est raffiné en essence pour le transport[30].

Même au tout début de l'ère du pétrole, certains entrepreneurs avaient compris qu'il n'y avait qu'un seul moyen de rendre financièrement lucratif le processus requis pour apporter le pétrole aux utilisateurs finaux, avec sa complexité et ses multiples étapes : prendre le contrôle de l'ensemble des opérations. Seule cette unification permettrait aux compagnies de mettre en œuvre les méthodes rationalisées de la gestion centralisée et de s'assurer le profit optimal.

C'est exactement ce que John D. Rockefeller avait à l'esprit quand il a fondé la Standard Oil Company en 1868. Il a acheté massivement les puits de pétrole et les raffineries des États-Unis et a conclu des accords spéciaux avec les compagnies ferroviaires pour qu'elles accordent un traitement de faveur à ses cargaisons de pétrole. À l'aube de l'ère de l'automobile, dans la première décennie du XXe siècle, la Standard Oil a été la première compagnie à ouvrir des stations d'essence dans tout le pays : elle a mis sur pied une activité économique complexe et verticalement intégrée qui associait production et distribution, de la tête du puits à l'utilisateur final. En 1910, Rockefeller contrôlait l'essentiel de l'industrie pétrolière aux États-Unis. Ses concurrents et l'opinion publique ont crié au scandale, et l'État fédéral a porté plainte contre sa compagnie au titre de la loi antitrust, le Sherman Antitrust Act. En 1911, la Cour suprême a ordonné le démantèlement de la Standard Oil. L'effort de l'État pour freiner le géant du pétrole a été bref. Dans les années 1930, 26 compagnies pétrolières, parmi lesquelles la Standard Oil du New Jersey, la Standard Oil de l'Indiana, Texaco, Gulf Oil, Sinclair, Phillips 66, Union 76 et Sunoco, possédaient les deux tiers de la structure du capital de la branche,

60 % des forages, 90 % des pipelines, 70 % des raffineries et 80 % de la commercialisation[31].

Aujourd'hui, la concentration de l'industrie pétrolière est certes moins prononcée, mais elle reste colossale. Aux États-Unis, cinq compagnies – Chevron, BP, Royal Dutch Shell, ExxonMobil et Conoco Philips – contrôlent 34 % de l'exploration et de la production pétrolières sur le territoire national[32].

À peu près à l'époque où Rockefeller s'affairait à placer sous son seul contrôle toute l'activité économique liée à la nouvelle source d'énergie de la seconde révolution industrielle, Alexander Graham Bell faisait des expériences sur l'électricité. En 1876, il inventa le téléphone, appareil qui allait jouer un rôle majeur dans la gestion de l'économie nouvelle et plus étendue du pétrole, de l'automobile et de la banlieue, et la culture de consommation de masse du XXe siècle.

L'ambition de Bell était de créer un vaste réseau national qui pourrait relier tous les téléphones au sein d'un seul et même système. Pour être efficaces, se disait-il, les télécommunications avaient besoin d'une forme extrême du modèle de la compagnie verticalement intégrée : un réseau unique sous le contrôle centralisé d'une seule entité. En 1885, Bell créa une filiale, l'American Telephone and Telegraph Company, pour connecter entre elles l'ensemble des compagnies locales de Bell Telephone et, en 1899, il transféra les actifs de Bell à cette filiale – faisant ainsi d'AT&T un synonyme de « service téléphonique[33] ». Un service du téléphone reliant toutes les localités du pays allait développer un réseau de communications continental pour gérer et servir une économie nationale intégrée.

Au départ, AT&T avait une longueur d'avance sur toute concurrence potentielle, puisque Bell possédait les brevets du téléphone. Mais lorsqu'ils ont expiré au début des années 1890, les concurrents se sont rués sur le marché. En 1900, environ 3 000 compagnies du téléphone étaient actives aux États-Unis[34]. Malgré cette concurrence robuste, un certain nombre d'observateurs, parmi lesquels des élus, tant à Washington, D.C., que dans les instances de gouvernement des États, s'inquiétaient de l'agressivité avec laquelle

AT&T cherchait à éliminer ses rivaux. Theodore Newton Vail, le président d'AT&T, ne cachait pas son intention de contrôler le service national du téléphone; il était même allé jusqu'à doter son entreprise de ce nouveau slogan publicitaire : « Une seule politique, un seul réseau, service universel ». Il narguait ouvertement les autorités fédérales en s'exclamant : « La concurrence efficace, agressive, et la réglementation, le contrôle, sont incompatibles : on ne peut avoir les deux à la fois[35] ! »

Dans la première décennie du XXe siècle, inquiet de voir AT&T dévorer prestement ses concurrents – la compagnie avait même acquis un intérêt majoritaire dans Western Union –, l'État fédéral commença à envisager de passer à l'action pour démanteler le groupe géant[36].

S'ils craignaient de voir AT&T devenir un monopole, les dirigeants fédéraux comprenaient aussi qu'un service téléphonique universel était si important dans la vie de chaque Américain et pour le bien-être de la société américaine qu'il ressemblait davantage à un droit qu'à un privilège abusif. Les régulateurs de l'État ont fini par conclure que le secteur du téléphone fonctionnerait plus efficacement s'il constituait une seule entité unifiée : il éviterait ainsi les « redondances », les « destructions » et les « gaspillages ». En 1921, le comité du commerce du Sénat déclara publiquement : « Le téléphone est un monopole naturel[37]. » En raison de l'énormité des capitaux nécessaires pour mettre en place une infrastructure nationale des communications et réaliser des économies d'échelle, expliquait le comité, il serait difficile, voire impossible, d'imaginer des infrastructures concurrentes dans tout le pays. Les économistes ont commencé à qualifier le service téléphonique de « bien public ».

Vail vit qu'il y avait une contradiction flagrante dans l'analyse de l'État fédéral sur l'industrie du téléphone, et il s'en saisit pour conclure un marché avec Washington. Sachant bien que l'État fédéral allait peut-être passer à l'action contre AT&T, il changea radicalement de position : au lieu d'appeler de ses vœux un marché concurrentiel déréglementé, il se mit à préconiser une réglementation publique, en espérant qu'elle ferait de sa propre compagnie le « monopole naturel » que cherchait l'État. Analysant cette nouvelle stratégie audacieuse et paradoxale, Richard H. K. Vietor, professeur d'administration des entreprises à Harvard, observe :

> Vail a choisi à cette époque de mettre carrément AT&T derrière la réglementation publique : c'était du donnant-donnant pour éviter la concurrence. Il s'agissait du seul moyen politiquement acceptable dont disposait AT&T pour monopoliser le téléphone. [...] Cela paraissait un compromis nécessaire pour parvenir au service universel[38].

Finalement, la manœuvre a été payante, mais il a fallu une guerre mondiale pour que Vail réalise son rêve. En 1918, l'État américain nationalisa l'industrie des télécommunications pour des raisons de sécurité nationale et la confia à Albert S. Burleson, directeur général des Postes et partisan de longue date d'une nationalisation des industries du téléphone et du télégraphe. Burleson chargea aussitôt Vail de gérer le secteur du téléphone dans le cadre de l'effort de guerre. Vail passa donc de l'autre côté de la barrière et accepta immédiatement les termes d'un contrat rédigé par sa propre compagnie, AT&T, qui précisait les conditions de la nouvelle propriété de l'État. Jamais on ne vit d'accord entre l'État fédéral et une compagnie privée aussi généreux pour cette dernière. Voici certaines de ses dispositions :

> L'État fédéral [...] acceptait de payer à AT&T 4,5 % des revenus bruts d'exploitation des compagnies du téléphone à titre de commission pour le service ; de faire des provisions pour dépréciation et obsolescence au taux élevé de 5,72 % par usine ; de faire des provisions pour l'amortissement du capital immatériel ; de régler tous les versements nécessaires d'intérêts et de dividendes ; et, en plus, de maintenir les installations en aussi bon état qu'avant[39].

À peine l'encre de ce contrat était-elle sèche qu'AT&T a demandé et obtenu d'importantes hausses de tarifs pour les frais de connexion au service. Après quoi, profitant de sa nouvelle position d'entité publique, il a commencé à faire des demandes semblables aux États. Cinq mois et demi après être passée « sous le contrôle » du gouvernement fédéral, la compagnie s'était assuré 20 %

d'augmentation de ses tarifs longue distance, soit un profit bien supérieur à celui dont elle jouissait quand elle devait encore lutter sur le libre marché concurrentiel. Même lorsque AT&T a été rendu à des intérêts privés après la guerre, les tarifs établis par l'État fédéral pendant la brève période où il avait pris en charge l'entreprise sont restés en vigueur. Gerald Brock, professeur de télécommunications et d'administration et politiques publiques à l'université George Washington, résume en ces termes ce qu'a gagné AT&T en se ralliant à la réglementation du pouvoir fédéral et des États pour édifier une infrastructure nationale des télécommunications :

> L'acceptation de la réglementation a été une décision de réduction du risque. Elle lui a substitué un rendement limité mais garanti du capital, et elle a libéré les dirigeants du groupe des incertitudes du marché. Elle a donné au réseau Bell une arme puissante pour exclure ses concurrents et une bonne raison de rechercher le monopole, tout en réduisant les risques de nationalisation totale ou d'action antitrust sérieuse[40].

AT&T est resté un monopole virtuel jusque dans les années 1980 ; à ce moment-là, comme avec la Standard Oil, l'État fédéral est intervenu pour le démanteler. Mais en 2011 AT&T avait retrouvé sa position dominante : il détenait 39,5 % du marché des télécommunications aux États-Unis. Verizon, son principal concurrent, a une part de marché de 24,7 %. À elles deux, ces compagnies contrôlent 64,2 % du marché américain des télécommunications – autant dire qu'elles constituent un quasi-oligopole[41].

Le téléphone procurait un moyen de communication permettant de gérer en souplesse une activité économique bien plus dispersée sur un vaste paysage villes / banlieues. Lorsque le mode de transport est passé des locomotives alimentées au charbon et se déplaçant entre des points fixes aux voitures, autobus et camions roulant à l'essence et capables de rayonner, l'espace géographique de l'économie s'est élargi. À la différence de l'imprimé et du télégraphe, le téléphone pouvait être partout à tout instant, et coordonner la vie économique largement déployée de l'ère de l'automobile. Grâce au téléphone, les entreprises pouvaient superviser de nouvelles activités verticalement intégrées plus vastes en exerçant sur elles un contrôle centralisé encore plus étroit, en « temps réel ». Le nouveau moyen de communication apportait des gains d'efficacité et de productivité spectaculaires.

Évidemment, pas de téléphone sans électricité. En 1896, il y avait environ 2 500 compagnies d'éclairage électrique et près de 200 centrales électriques municipales en activité dans tous les États-Unis, plus 7 500 centrales électriques isolées. L'investissement total était de 500 millions de dollars – un financement colossal[42]. Outre qu'elles fournissaient du courant aux communications téléphoniques, les centrales électriques en produisaient pour l'éclairage et pour le fonctionnement des machines à l'usine et des appareils ménagers à la maison.

Le nouvel éclairage électrique a illuminé les entreprises, donc permis d'allonger la durée du travail en soirée, d'où une croissance économique supplémentaire. Aux États-Unis, un logement sur dix avait l'électricité en 1910, et en 1929 la plupart des logements urbains étaient reliés au réseau électrique[43].

Les usines ont été plus lentes à adopter l'électricité. En 1900, seules 5 % l'utilisaient[44]. Cela a vite changé avec l'introduction de l'automobile et des chaînes de montage de la production en série. Henry Ford a été l'un des premiers à percevoir le potentiel de l'électricité pour développer la production de voitures. Comme il l'a confié par la suite, son ambitieux projet de construire un Model T que chaque famille ouvrière pourrait s'offrir eût été irréalisable sans l'électrification des usines et l'introduction des moteurs électriques. Il écrit :

> L'établissement de tout un nouveau système de production électrique a délivré l'industrie de la courroie de transmission et de l'arbre de couche, car il devenait dès lors possible de doter chaque outil de son propre moteur électrique. [...] Le moteur a permis de disposer les machines conformément à l'ordre de succession du travail et ce seul fait a probablement doublé l'efficacité et le rendement de l'industrie. [...] Sans machines-outils à grande vitesse, [...] ce que nous appelons l'industrie moderne ne pourrait pas exister[45].

Le passage de l'énergie vapeur à l'électrification des usines a provoqué une croissance de la productivité ahurissante : 300 % dans la première moitié du XXe siècle[46].

L'électrification des usines automobiles a déchaîné la puissance de la production en série et mis des millions de personnes au volant d'une voiture. En 1916, 3,4 millions d'automobiles immatriculées circulaient sur les routes américaines. Quatorze ans plus tard, il y avait 23 millions de véhicules immatriculés aux États-Unis[47]. L'automobile allait être le « moteur » de la croissance économique pendant toute la seconde révolution industrielle.

D'autres industries essentielles se sont intégrées au complexe géant qu'on appellerait plus tard l'« âge de l'auto ». Les automobiles consommaient « 20 % de l'acier, 12 % de l'aluminium, 10 % du cuivre, 51 % du plomb, 95 % du nickel, 35 % du zinc et 60 % du caoutchouc utilisés aux États-Unis » en 1933[48]. Enthousiasmé par un tel impact sur l'économie, un observateur s'était écrié l'année précédente : « En tant que consommatrice de matières premières, l'automobile est sans égale dans l'histoire du monde[49]. »

La production en série des voitures a mis l'industrie pétrolière en surchauffe. De nouveaux champs pétrolifères entraient en activité chaque semaine aux États-Unis et les stations d'essence devenaient omniprésentes dans le paysage américain. À la fin des années 1930, le pétrole avait dépassé le charbon comme première source d'énergie en Amérique. Les puits de pétrole du Texas faisaient figure de symbole de la puissance américaine dans le monde entier, car les États-Unis étaient devenus le premier pays producteur de brut. Et l'homme d'État britannique Ernest Bevin avait dit avec humour : « Le royaume des cieux fonctionne peut-être à la vertu mais le royaume de la terre fonctionne au pétrole[50]. »

Comme la pose des voies ferrées pour le transport par rail, la construction des routes et la production en série des automobiles coûtaient fort cher. Si le financement des réseaux routiers a été assuré par l'État en Amérique et ailleurs, celui de l'industrie automobile – du moins aux États-Unis – a été entièrement pris en charge par le capital privé. Au départ, des dizaines de petits constructeurs sont entrés en scène. Mais il fallait de grandes entreprises à intégration verticale pour produire en série et mettre en vente les automobiles, donc, avant longtemps, l'ampleur de leurs coûts de création a rétréci le champ à une demi-douzaine de géants, avec à leur tête les « trois grands » qui dominent encore le marché à ce jour : Ford, General Motors et Chrysler.

Comme les compagnies ferroviaires, l'industrie automobile a vite compris que, pour superviser efficacement les activités nombreuses et variées qui concouraient à la production et à la vente des voitures, il fallait une gestion centrale rationalisée et un contrôle bureaucratique hiérarchisé. Des opérations de cette envergure ne pouvaient non plus être financées par une seule personne ou une seule famille. Tous les grands constructeurs automobiles des États-Unis ont fini par devenir des sociétés par actions.

Mettre l'économie sur roues, c'était aussi transformer radicalement l'orientation spatiale de la société. L'imprimerie à vapeur et le transport ferroviaire alimenté au charbon avaient encouragé l'urbanisation. Puisque la communication imprimée et le fret voyageaient par le rail jusqu'à des destinations finales fixes, ils avaient défini, pour l'essentiel, les sites où s'était agglutinée la vie économique et résidentielle. De petites villes étaient devenues de grandes métropoles, et des villes neuves avaient surgi le long des voies ferrées. Les entreprises qui dépendaient de la communication imprimée et du fret expédié par rail choisissaient, naturellement, de s'installer à proximité des nœuds d'énergie / communication.

L'avènement de l'automobile et la construction d'un réseau routier national, capable de transporter des passagers et du fret dans des zones rurales hors de portée de la connectivité ferroviaire, ont engendré dans la première moitié du XXe siècle le développement des banlieues. La construction du réseau des autoroutes inter-États, des années 1950 aux années 1980 – le projet de travaux publics le plus colossal et le plus coûteux de l'histoire –, a provoqué une frénésie de développement suburbain, commercial et résidentiel, autour des sorties de ces autoroutes. Les usines ont commencé à quitter les centres urbains à forte densité, où les coûts de l'immobilier et du travail étaient élevés, pour se relocaliser dans des zones rurales, en confiant leur fret non plus au rail mais aux camions. La main-d'œuvre a suivi. Soixante-cinq millions de logements, la plupart dans les nouveaux lotissements de banlieue, ont été construits aux États-Unis depuis 1945, ainsi que 48 000 alignements de magasins et centres commerciaux, tandis que la population s'éparpillait dans des milliers d'enclaves[51]. La dispersion des sites commerciaux et résidentiels s'est accompagnée d'une expansion de l'infrastructure électrique et des câbles téléphoniques, puis, plus tard, des moyens de transmission de la radio et de la télévision dans les nouvelles localités suburbaines.

Avec la croissance spectaculaire des banlieues pavillonnaires et la logistique toujours plus complexe que nécessitent l'organisation et l'intégration de l'activité économique à travers des dizaines de milliers de localités, il faut centraliser toujours davantage le système de commandement et de contrôle entre les mains d'un nombre de plus en plus réduit d'entreprises dominantes dans chaque secteur, puisque ces géants s'efforcent de réaliser toujours plus d'économies d'échelle par intégration verticale. Quand la seconde révolution industrielle atteint son pic et s'effondre en juillet 2008 – lorsque le prix du brut monte au niveau record de 147 dollars le baril sur les marchés mondiaux –, la concentration du pouvoir économique entre les mains d'un petit nombre d'acteurs dans chaque secteur parvient elle aussi à son apogée aux États-Unis. Trois compagnies énergétiques – ExxonMobil, Chevron et Conoco Phillips – comptent parmi les quatre plus grandes sociétés américaines et contrôlent une large part du marché pétrolier intérieur. J'ai déjà signalé que, à eux deux, AT&T et Verizon dominent 64 % du marché des télécommunications. Une étude publiée en 2010 par le gouvernement fédéral révèle que, dans la plupart des États américains, une seule compagnie d'électricité possède 25 à 50 % des installations ; en tout, 38 compagnies seulement – 5 % des 699 identifiées – contrôlent 40 % de la production nationale d'électricité[52]. Quatre constructeurs automobiles – General Motors, Ford, Chrysler et Toyota – détiennent 60 % du marché[53]. Cinq groupes de médias – News Corp., Google, Garnett, Yahoo et Viacom – contrôlent 54 % du marché[54]. Dans le secteur « salles de jeux vidéo et centres de loisir avec vente de denrées et de boissons »,

CEC (Chuck E. Cheese's) Entertainment, Dave & Busters, Sega Entertainment et Namco Bandai Holdings ont conjointement une part de marché de 96 %. Dans la production des appareils ménagers, les quatre premières compagnies – Whirlpool, AB Electrolux, General Electric et LG Electronics – contrôlent 90 % du marché[55]. On trouve des structures de concentration comparables dans tous les autres grands secteurs de l'économie des États-Unis.

Aujourd'hui, au crépuscule de l'ère de l'énergie fossile, l'industrie pétrolière reste le secteur le plus concentré du monde, suivie de près par les télécommunications et la production et distribution d'électricité. La quasi-totalité des autres secteurs qui dépendent de la matrice énergie fossile / télécommunications doivent, de toute nécessité, dépenser énormément s'ils veulent se doter d'une intégration verticale suffisante et des économies d'échelle qui l'accompagnent, afin de couvrir leurs investissements ; ils sont donc obligés de gérer leurs propres activités, très dispersées dans l'espace, par des procédures de commandement et de contrôle ultrarationalisées.

Actuellement, trois des quatre plus grandes sociétés par actions du monde sont des compagnies pétrolières : Royal Dutch Shell, ExxonMobil et BP. Après les géants du pétrole viennent dix banques – JP Morgan Chase, Goldman Sachs, BOA Merrill Lynch, Morgan Stanley, Citigroup, Deutsche Bank, Credit Suisse, Barclays Capital, UBS et Wells Fargo Securities – qui contrôlent près de 60 % du marché mondial de la banque d'affaires[56]. Et, comme je l'ai dit au chapitre 1, après ces investisseurs financiers viennent cinq cents compagnies par actions cotées au niveau mondial – avec un revenu conjoint de 22 500 milliards de dollars, égal au tiers du PIB mondial de 62 000 milliards de dollars –, qui sont inextricablement liées à l'énergie fossile, aux télécommunications planétaires et au réseau électrique mondial, dont leur existence même dépend[57]. À aucune autre période de l'histoire, un si petit nombre d'institutions n'a exercé un tel pouvoir économique sur la vie de tant de gens.

Cette concentration du pouvoir économique, sans précédent et inimaginable, n'est pas un simple effet du hasard ou de l'insatiable cupidité de l'homme. On ne saurait non plus l'expliquer en fustigeant simplement la déréglementation, ni en blâmant l'incapacité ou, pire encore, la collusion et la complicité du pouvoir politique – bien que tous ces facteurs aient effectivement contribué à sa croissance. Elle est, fondamentalement, la conséquence inexorable des matrices énergie / communication qui ont constitué le socle des deux premières révolutions industrielles.

Que cela nous plaise ou non, les entreprises géantes à intégration verticale sont le moyen le plus efficace d'organiser la production et la distribution des biens fabriqués en série. En réunissant sous une direction centralisée, dans ces compagnies verticalement intégrées, les chaînes d'approvisionnement, les processus de production et les canaux de distribution, on a réduit considérablement les coûts de transaction, fait des gains d'efficacité et de productivité, abaissé le coût marginal de la production et de la distribution et, dans la plupart des cas, réduit les prix des biens et services à la consommation, ce qui a permis à l'économie de se développer. Ceux qui étaient au sommet de la pyramide ont profité démesurément des retours croissants sur l'investissement. Mais il faut reconnaître aussi, pour être juste, que la vie de millions de consommateurs s'est sensiblement améliorée dans les pays industrialisés.

4

La nature humaine vue par le capitalisme

Il est clair que la concentration du pouvoir économique entre les mains d'une poignée d'entreprises géantes de chaque secteur n'a guère tourmenté l'opinion publique – du moins aux États-Unis – au fil des XIXe et XXe siècles. Certes, les syndicats ont combattu la puissance patronale avec acharnement, mais sans jamais rallier à leur cause la majorité des travailleurs. S'il y a eu aussi, à l'occasion, des soulèvements populistes contestant la mainmise absolue des grandes entreprises sur la vie économique de la société – le plus récent est le mouvement Occupy, avec son slogan des 99 % contre les 1 % –, ces explosions ont été rares, très espacées dans le temps, et n'ont abouti qu'à de timides réformes de la réglementation qui n'ont pas vraiment freiné la concentration du pouvoir.

La discrétion des critiques s'explique en partie par le succès de ces grandes entreprises verticalement intégrées à mettre sur le marché des biens et services toujours moins chers, à créer des millions d'emplois et à relever le niveau de vie des travailleurs dans tout le monde industriel.

Mais un facteur supplémentaire et plus subtil a joué, et il s'est révélé tout aussi efficace pour atténuer l'opposition potentielle de la population. Les première et seconde révolutions industrielles ont apporté une vision globale du monde qui légitime le système économique, en suggérant que ses mécanismes reflètent le mode d'organisation de la nature et sont par conséquent irrécusables.

Comment on a repensé le salut

Légitimer des paradigmes économiques en imaginant de grands récits cosmologiques pour les accompagner est une pratique immémoriale. À l'époque féodale, saint Thomas d'Aquin décrit la création comme une grande chaîne de l'être : les historiens actuels y voient un bel exemple de cadrage cosmologique qui justifie l'ordre social existant. Les mécanismes mêmes de la nature, soutenait Thomas d'Aquin, reposent sur un labyrinthe d'obligations entre les créatures de Dieu. Chacune est différente par son intelligence et ses capacités, mais cette diversité et cette inégalité sont essentielles au bon fonctionnement du système global. Si toutes les créatures étaient égales, raisonnait saint Thomas, elles ne pourraient pas rendre service à d'autres. En les créant toutes différentes, Dieu a établi dans la nature une hiérarchie d'obligations qui, si l'on s'en acquitte loyalement, permettent à la Création de prospérer.

La description de la création divine par saint Thomas a une ressemblance frappante avec la structure de la société féodale : pour assurer sa survie personnelle, chacun devait faire son devoir loyalement au sein d'une hiérarchie sociale rigide. Les serfs, les chevaliers, les seigneurs et le pape étaient inégaux par importance et par nature, mais tenus de servir les autres par les liens féodaux de la vassalité. En s'acquittant de leurs devoirs respectifs selon leur place dans la hiérarchie, ils rendaient hommage à la perfection de la création de Dieu.

L'historien Robert Hoyt, de l'université du Minnesota, a résumé en ces termes la relation en miroir entre l'organisation de la société féodale et la grande chaîne de l'être :

> L'idée fondamentale de l'univers créé comme hiérarchie, dans laquelle tous les êtres créés s'étaient vu assigner le rang et la place qui leur convenaient, était en harmonie avec la notion de statut dans la

hiérarchie féodale, où chacun avait son rang propre, avec les droits et les devoirs y afférents[1].

La cosmologie de la Réforme protestante, qui a accompagné la révolution proto-industrielle douce de la fin du Moyen Âge, a joué un rôle de légitimation comparable. Martin Luther a attaqué de front l'idée de la grande chaîne de l'être, avancée par l'Église catholique : selon lui, elle légitimait la domination hiérarchique et corrompue du pape et de son administration sur la vie des fidèles. Le théologien protestant a remplacé la cosmologie féodale de l'Église par une vision du monde fondée sur la relation personnelle de chaque croyant avec le Christ. La démocratisation du culte convenait bien à la nouvelle matrice énergie / communication, qui renforçait la nouvelle classe bourgeoise.

Aux yeux de Luther, le pape était l'Antéchrist et l'Église catholique n'était pas l'émissaire de Dieu sur terre, ni la sainte médiatrice permettant au fidèle de communiquer avec le Seigneur. Les chefs de l'Église ne pouvaient pas non plus revendiquer légitimement le pouvoir d'intercéder pour leurs paroissiens auprès de Dieu et d'assurer leur salut dans l'au-delà.

Luther préconisait que tous les croyants soient des prêtres. Chaque homme, chaque femme se tient seul devant Dieu, soutenait-il. Armé de la Bible, chaque chrétien a la responsabilité personnelle d'interpréter la parole de Dieu, sans s'en remettre à l'autorité de l'Église pour déchiffrer le sens du texte et pour jouer le rôle de gardien des portes du paradis. Les sermons de Luther ont suscité la première campagne d'alphabétisation massive dans l'histoire du monde : les convertis au protestantisme apprenaient vite à lire pour pouvoir interpréter la parole de Dieu dans la Bible.

Luther a aussi changé les règles du salut. L'Église enseignait depuis longtemps qu'accomplir de bonnes œuvres et recevoir ses sacrements aidait les croyants à s'assurer une place au paradis. En revanche, Luther soutenait que nul ne peut gagner sa place au ciel en accumulant les bonnes œuvres sur terre. À ses yeux, le destin ultime de chacun est scellé dès le départ : à la naissance, on est soit élu par Dieu et sauvé, soit damné. Mais la question devient alors : comment vivre avec la terrible angoisse de ne pas savoir ce qui nous attend ? Accepter sa vocation professionnelle dans la vie et jouer son rôle pleinement et sans faillir, répondait Luther, peut être un signe d'élection et de salut.

Jean Calvin a fait un pas de plus. Il a appelé les fidèles à travailler sans relâche pour améliorer leur sort dans la vie : ce serait un signe d'élection possible. En soutenant que chacun avait le devoir de faire mieux professionnellement, les penseurs protestants donnaient sans le vouloir une base théologique au nouvel esprit d'entreprise. Implicitement, cela revenait à postuler qu'une situation économique en progrès reflétait les bonnes relations de l'intéressé avec Dieu et avec l'ordre naturel.

Ni Luther ni Calvin n'avaient la moindre intention de déspiritualiser les fidèles et de créer l'*homo œconomicus*, mais l'idée d'améliorer son travail et celle d'améliorer sa situation économique ont fini par devenir indistinguables. L'insistance sur l'application, l'effort acharné et la frugalité s'est métamorphosée au fil des XVIe et XVIIe siècles en un terme plus lourd de sens économique : il fallait être « plus productif ». Désormais, on prouvait sa valeur personnelle moins par son bon caractère aux yeux de Dieu que par sa productivité dans la nouvelle économie de l'échange sur le marché.

Avec le temps, l'idée « chacun est seul face au Seigneur » s'est effacée derrière une autre : « chacun est seul sur le marché ». À présent, la valeur personnelle se mesurait à la satisfaction de l'intérêt privé, autrement dit à l'accumulation de biens et de richesses par d'habiles transactions dans la nouvelle économie. C'est ce processus, à l'origine de nouveaux personnages historiques, l'homme et la femme du marché, que Max Weber a baptisé « l'éthique protestante [du travail][2] ».

Le nouveau zèle économique a débordé : des effectifs croissants de catholiques et d'autres se sont joints au mouvement. Jadis, à l'époque féodale, c'était la place de chacun sur les échelons de la création divine, la grande chaîne de l'être, qui définissait le cours de sa vie ; pour le nouvel individu autonome de l'économie de marché « douce », ce serait, en fin de compte, l'accumulation de propriétés privées sur le marché.

La nature humaine vue par les Lumières

À la fin de l'ère de l'économie de marché « douce », dans les dernières décennies du XVIIIe siècle, une cosmologie inédite avait commencé à émerger, et elle allait munir l'homme et la femme du marché, ces figures nouvelles, d'un récit global assez puissant pour réduire encore l'ascendant de la cosmologie chrétienne.

Le grand philosophe des Lumières John Locke a mené la charge. Il a défendu avec fougue la propriété privée. L'aspiration à posséder, a-t-il dit, reflète plus exactement la « nature intrinsèque » de l'homme que la gestion collective des communaux féodaux. À l'en croire, chacun crée sa propriété en ajoutant son travail à la matière première de la nature, ce qui la transforme en objets de valeur. Locke ne conteste pas qu'initialement, à l'état de nature, toute la Terre était détenue en commun par les êtres humains et les autres créatures vivantes ; mais, observe-t-il dans *Deux traités du gouvernement*, « chacun garde la *propriété* de sa propre personne. Sur celle-ci, nul n'a de droit que lui-même[3] ». Locke en conclut que la propriété privée est un droit naturel. La rejeter serait donc refuser l'ordre naturel des choses et nier les lois de la nature.

Le philosophe poursuit :

> Toutes les fois qu'il fait sortir un objet de l'état où la Nature l'a mis et l'a laissé, il y mêle son *travail*, il y joint quelque chose qui lui appartient et, par là, il fait de lui sa *propriété*. Cet objet, soustrait par lui à l'état commun dans lequel la Nature l'avait placé, se voit adjoindre par ce *travail* quelque chose qui exclut le droit commun des autres hommes. Sans aucun doute, ce travail appartient à l'ouvrier, nul autre que l'ouvrier ne saurait avoir de droit sur ce à quoi le travail s'attache, dès lors que ce qui reste commun suffit aux autres, en quantité et en qualité[4].

Locke utilise alors sa théorie du droit naturel à la propriété privée pour tailler en pièces le régime de propriété féodale, avec ses « obligations en matière de propriété » sur les communaux :

> Quiconque s'approprie des terres par son travail ne diminue pas les ressources communes de l'humanité, mais les accroît. En effet, les

> provisions qui servent à l'entretien de la vie humaine et que produit une acre de terre enclose et cultivée atteignent dix fois [...] la quantité produite par une acre d'une terre aussi riche, mais commune et restée en friche. Quand quelqu'un enclôt des terres et tire de dix acres une plus grande abondance de commodités de la vie qu'il ne ferait de cent acres laissées à la nature, on peut dire de lui qu'il donne réellement quatre-vingt-dix acres à l'humanité[5].

Dans ce bref essai, Locke formule le récit cosmologique émergent qui va accompagner l'économie de marché moderne. Il ne faut plus chercher l'ordre naturel des choses dans la grande chaîne de l'être du christianisme ; il se trouve dans le droit naturel de créer de la propriété privée à la sueur de son front.

Adam Smith suit Locke à la trace. Pour donner l'estocade à la vie collective qui se pratiquait sur les communaux féodaux, il proclame que le comportement de marché représente la vraie nature de l'être humain :

> Chaque individu met sans cesse tous ses efforts à chercher, pour tout le capital dont il peut disposer, l'emploi le plus avantageux ; il est bien vrai que c'est son propre bénéfice qu'il a en vue, et non celui de la société ; mais les soins qu'il se donne pour trouver son avantage personnel le conduisent naturellement, ou plutôt nécessairement, à préférer précisément ce genre d'emploi même qui se trouve être le plus avantageux à la société[6].

Bien des années plus tard, quand le penseur critique R. H. Tawney évoquerait le bouleversement historique par lequel la société européenne a basculé de l'économie féodale à l'économie de marché et d'une vision du monde théocratique à une vision du monde économique, il observerait qu'après la chute de l'univers christiano-centrique il n'est plus resté que « des droits privés et des intérêts privés, la matière d'une société et non une société proprement dite ». À partir de là, la propriété privée échangée dans l'économie de marché a été tenue « pour le fondement évident sur lequel devait reposer l'organisation sociale et contre lequel aucune contestation ne serait admise[7] ». Max Weber s'est montré encore plus dur : le remplacement des valeurs spirituelles par des valeurs économiques dans le basculement d'un univers christianocentrique à un univers matérialiste a représenté, a-t-il dit, « le désenchantement du monde[8] ».

En toute justice, il faut dire que, malgré les terribles souffrances humaines infligées par la clôture des communaux et par le vagabondage forcé de millions de paysans chassés de leurs terres ancestrales et contraints de se tirer d'affaire tout seuls dans un nouveau monde urbain qui n'était pas encore prêt à absorber leur travail, le passage à une économie de marché a bel et bien amélioré, en fin de compte, la condition de l'individu moyen, par des transformations que les familles de communiers féodaux n'auraient même pas pu imaginer.

Le basculement de la pure économie de marché du Moyen Âge tardif à l'économie capitaliste du milieu du XIXe siècle a posé de sérieux problèmes pour la notion de propriété. Souvenons-nous : selon la théorie de Locke sur le droit naturel, ce que quelqu'un ajoute à la nature par son travail personnel n'appartient qu'à lui, sous forme de propriété privée. Cette théorie s'adaptait à merveille à l'économie de marché simple de la fin de l'époque médiévale, où la quasi-totalité de ce qui se vendait et s'achetait était le produit du travail d'une personne ou d'une famille.

Mais l'avènement du capitalisme a changé radicalement le modèle économique. Les artisans, nous l'avons vu, ont été privés de leurs outils par les capitalistes et transformés en ouvriers, qui ne récupéraient sous forme de salaire qu'une partie du travail qu'ils effectuaient. Le reste de la valeur travail dans le produit allait à l'entreprise, sous forme de profit. La propriété aussi s'était transformée. Les nouveaux propriétaires étaient des investisseurs actionnaires dont le travail personnel n'entrait absolument pas dans le produit et qui n'avaient rien à dire, ou fort peu, sur la gestion de l'entreprise, mais qui n'en recevaient pas moins des dividendes issus des profits, c'est-à-dire du surplus de travail ouvrier que l'entreprise s'appropriait. De toute évidence, il y avait un problème. Privait-on les ouvriers de leur droit naturel à la pleine propriété et à la libre disposition des produits de leur travail ? On a bien fait de timides tentatives pour justifier l'appropriation de la plus-value des ouvriers en faisant valoir que le capital est du travail accumulé ; les investisseurs « ajoutaient » donc, indirectement, leur travail passé au processus de production. Cet argument était manifestement des plus fragiles, et il n'a pas tenu. Comme l'observe avec perspicacité Richard Schlatter,

> l'école classique, qui partait du postulat que le travail était le créateur de la propriété, était incapable de construire une théorie économique cohérente sans conclure que quiconque recevait un profit sans travailler volait nécessairement le travailleur[9].

Les militants socialistes, dont la voix collective s'élevait de plus en plus puissamment partout en Europe dans les années 1840, se sont emparés de cette contradiction, qui menaçait de couper le capitalisme de la théorie économique classique. Ils ont fustigé le capitalisme en le présentant comme une aberration, et chanté les louanges des thèses de la théorie classique, qui conféraient à chacun le droit naturel de posséder pleinement les fruits de son travail.

Déterminés à éviter la rupture entre la théorie économique classique et le capitalisme naissant, les économistes ont alors décidé d'abandonner aux socialistes la théorie de la propriété privée fondée sur les droits naturels – celle qu'avait défendue Locke – et d'en chercher fiévreusement une autre pour combler le vide. Ils en ont trouvé une qui apportait une solution à leur problème : la théorie de la valeur utilitariste, proposée par David Hume et Jeremy Bentham. Hume soutenait que la propriété est une convention humaine née de l'intérêt commun qui conduit chacun, « avec la participation des autres, à un plan ou système général d'action tendant à l'utilité publique[10] ». Autrement dit, les lois de la propriété sont des codes que les humains conviennent de suivre parce que c'est dans leur intérêt collectif.

Hume ne cachait pas sa sympathie pour l'idée de Locke – ce qu'un homme fabrique à partir de la nature est à lui. Mais, selon lui, il fallait encourager les droits de propriété privée, non parce qu'ils étaient fondés sur les droits naturels, mais parce qu'ils incitaient à des « pratiques [...] *utiles* ». Les propriétés devaient pouvoir s'échanger librement sur le marché parce que cela créait des relations « *bénéfiques* à la société humaine »[11].

En soutenant que le bien-être général de la société, défini comme la recherche du plaisir et le rejet de la douleur, était au fondement de tous les accords de propriété, les utilitaristes pouvaient justifier leur défense simultanée de la propriété privée du travailleur et des droits de propriété inhérents au capital : les deux formes de propriété, expliquaient-ils, font progresser le bien-être général, donc elles sont utiles. Dans les deux cas, seule l'utilité justifie la pratique.

Bentham était un peu plus disposé à attaquer de front la théorie de la propriété fondée sur les droits naturels, en soutenant que la propriété naturelle n'existe pas :

> Les droits sont [...] les fruits de la loi et de la loi seule. Il n'y a aucun droit sans loi – aucun droit contraire à la loi – aucun droit antérieur à la loi. [...] La propriété et la loi sont nées ensemble et mourront ensemble[12].

La doctrine utilitariste a donné aux capitalistes, force dominante dans la nouvelle économie industrielle, la bouée de sauvetage dont ils avaient besoin pour justifier leur montée en puissance. La théorie de la propriété fondée sur les droits naturels n'en a pas moins conservé son influence, notamment sur les masses salariées qui affluaient dans les usines et les bureaux de l'économie industrielle et sur les petits patrons et les artisans dont le poids s'était certes réduit, mais restait tout de même déterminant à l'ère du grand capital.

Bien qu'elle fût ostensiblement ancrée dans la convention sociale et non dans la loi naturelle, la doctrine utilitariste a reçu un sérieux coup de main involontaire de Charles Darwin. Dans son deuxième livre, *La Descendance de l'homme*, celui-ci a soutenu que les facultés mentales acquises par les humains au cours de l'évolution avaient engendré le développement de la conscience, qui les avait prédisposés à adhérer de plus en plus au principe utilitariste « privilégier le plus grand bien du plus grand nombre ». Ces méditations de Darwin ont armé les économistes d'un argument fort rassurant : un « soutien de la nature » à leur utilitarisme.

Darwin n'a guère apprécié ce détournement de sa théorie de l'évolution. Après tout, l'utilitarisme naturel qu'il avait attribué à notre espèce était d'un ordre plus élevé – c'était un facteur qui favorisait l'élargissement empathique et la coopération entre les personnes –, et voir ses idées réduites à l'objectif strictement économique de légitimer un égoïsme matériel collectif lui inspirait une irritation bien compréhensible. Dans ses derniers écrits, Darwin défie donc John Stuart Mill et les autres économistes utilitaristes en vogue en précisant : « Nos impulsions ne procèdent pas toujours de l'attente d'un plaisir immédiat ou futur[13]. » Il le prouve en donnant l'exemple d'une personne qui se jette dans un incendie pour sauver un étranger, au mépris du danger qu'elle court et sans en attendre aucune récompense. Ce qui l'incite à secourir l'autre, conclut Darwin, c'est une pulsion humaine plus profonde que le plaisir ; il l'appelle « l'instinct social »[14].

Le recours abusif à la théorie de Darwin pour étayer la théorie utilitariste de la propriété a eu des effets mesurables. Mais il y a eu bien plus indigne, et bien plus lourd de conséquences : la confiscation globale de la théorie de Darwin sur la sélection naturelle par le sociologue et philosophe Herbert Spencer, pour promouvoir ce qu'on appellerait plus tard le « darwinisme social » – mouvement d'inspiration idéologique conçu pour justifier les pires excès d'un capitalisme déchaîné dans les dernières décennies du XIXe siècle. Spencer s'est emparé de la description de la sélection naturelle par Darwin pour légitimer sa propre théorie de l'évolution économique. « La survie des plus aptes, que j'ai cherché à exprimer en termes de mécanique, est ce que Darwin a appelé "sélection naturelle ou conservation des races favorisées dans la lutte pour la vie"[15] », écrit-il. Si l'on attribue couramment à Darwin l'invention de la formule *la survie du plus apte*, elle a été en réalité forgée par Spencer après sa lecture de Darwin. Mais ce dernier a malheureusement inséré la formulation de Spencer dans la 5e édition de *L'Origine des espèces*, publiée en 1869 : « C'est cette conservation, pendant la lutte pour l'existence, des variétés jouissant d'un avantage quelconque au point de vue de la structure, de la constitution ou de l'instinct, que j'ai désignée sous le nom de *sélection naturelle*. M. Herbert Spencer a heureusement résumé la même idée par l'expression *la persistance du plus apte*[16]. » Darwin prenait « le plus apte » comme une métaphore signifiant : « le mieux adapté à l'environnement local immédiat[17] ». Mais Spencer donnait à ces mots un tout autre sens : « celui qui jouit de la meilleure forme physique ».

Entre les mains de Spencer, *la survie du plus apte* a fini par signifier : seuls les organismes les plus forts survivront. Spencer martelait l'expression pour bien l'implanter dans le discours public, en se réclamant sans vergogne de Darwin, même si ses propres idées sur l'évolution étaient en fait beaucoup plus lamarckiennes.

Par la suite, Darwin s'est beaucoup dépensé pour se dissocier de l'expression *la survie du plus apte*, allant jusqu'à s'excuser de l'avoir utilisée, mais rien n'y a fait[18]. La formule est restée gravée dans la conscience publique et a fini par incarner la théorie darwinienne dans l'esprit des générations suivantes.

Spencer pensait que toutes les structures dans l'univers se développent en passant d'un état simple et indifférencié à des états toujours plus complexes et différenciés que caractérise une intégration plus poussée des divers éléments. Ce processus lui paraissait aussi applicable aux étoiles dans les galaxies qu'à l'évolution biologique sur terre et à l'organisation sociale humaine.

Spencer voyait dans la concurrence des entreprises sur le marché l'expression du développement naturel, évolutionniste, de la société. Il estimait qu'il fallait laisser jouer la concurrence sans interférence de l'État – ce qui garantirait que seules les compagnies les plus complexes et verticalement intégrées allaient survivre et prospérer.

Les idées de Spencer ont aidé à légitimer les intérêts d'affaires de son temps. En trouvant dans la nature un fondement logique à la stratégie des compagnies qui cherchaient à étendre de plus en plus leurs activités et à les intégrer verticalement sous le contrôle de directions toujours plus rationalisées et centralisées, Spencer et les économistes libéraux qui l'ont suivi ont réussi à modérer toute opposition publique sérieuse aux structures économiques existantes.

Spencer et ses compatriotes ont eu tort de croire qu'en se faisant de plus en plus complexe, la société exigerait invariablement l'intégration verticale des entreprises et leur gestion toujours plus centralisée par un nombre de plus en plus réduit d'institutions et de dirigeants. Complexité n'est pas toujours synonyme d'intégration verticale et de centralisation. Dans le cas des première et seconde révolutions industrielles, la nature des matrices énergie / communication favorisait l'intégration verticale de l'activité économique : il fallait réduire les coûts marginaux et réaliser des économies d'échelle suffisantes pour récupérer les investissements et générer un profit. Cette logique valait tout autant, ajouterais-je, sous le capitalisme que sous le socialisme : nous l'avons constaté en Union soviétique comme en Chine, et même dans le modèle mixte des économies sociales de marché en Europe. Ne confondons pas propriété des moyens de production et organisation du mode de production. Les régimes capitaliste et socialiste organisaient tous deux la production dans des entreprises verticalement intégrées parce que c'était plus efficace, même si leurs structures de propriété et de répartition des gains étaient différentes.

Mais comment allons-nous organiser une économie où les coûts d'entrée, de création d'une matrice énergie / communication, sont nettement inférieurs et payés en grande partie par des centaines de millions d'individus dans des réseaux pair à pair, et où les coûts marginaux de la production, du stockage et du partage de l'information, de l'énergie et d'un nombre croissant de biens et services tendent vers zéro ?

Nous assistons à l'émergence d'une nouvelle matrice énergie / communication, et avec elle d'une nouvelle infrastructure publique « intelligente ». L'Internet des objets va connecter tout et tout le monde dans un nouveau paradigme économique qui est infiniment plus complexe que les première et seconde révolutions industrielles, mais dont l'architecture est distribuée et non centralisée. Et surtout, la nouvelle économie va optimiser le bien-être général en passant par des réseaux à intégration latérale sur les communaux collaboratifs et non par des entreprises à intégration verticale sur le marché capitaliste.

L'effet de tout cela est clair : les monopoles du XXe siècle sont aujourd'hui confrontés à une menace de déstabilisation d'une puissance incalculable, portée par l'infrastructure émergente de l'Internet des objets. Des entreprises sociales de type nouveau peuvent se connecter à l'Internet des objets et entrer en jeu – tirer parti de son architecture ouverte, distribuée et collaborative pour réaliser des économies d'échelle latérales pair à pair qui éliminent la quasi-totalité des intermédiaires restants. Cette compression accroît considérablement l'efficacité et la productivité, tout en rapprochant les coûts marginaux de zéro, ce qui permet de produire et de distribuer des biens et services presque gratuits.

Les monopoles verticalement intégrés qui ont dominé la seconde révolution industrielle du XXe siècle se battent pour repousser l'assaut, mais on voit bien que leurs efforts sont vains. Les compagnies géantes qui dominaient l'industrie du disque, l'édition, les médias imprimés et électroniques et de vastes pans du secteur des loisirs ont déjà vécu, en première ligne, « le choc et l'effroi » de la production par les pairs dans des réseaux où les économies d'échelle se font par intégration latérale et réduisent les coûts marginaux à pratiquement rien. Quand l'infrastructure Internet des objets parviendra à maturité, attendons-nous à la débâcle de nombreux géants dans bien des secteurs, de la production d'électricité et d'énergie aux communications, à l'industrie manufacturière et aux services.

Ces bouleversements économiques de grande portée inspirent une transformation encore plus profonde dans la conscience humaine elle-même. Le nouveau paradigme s'accompagne d'un réexamen global de la nature humaine, qui change radicalement la façon dont nous percevons notre rapport à la Terre. Le grand révolutionnaire américain Thomas Paine a écrit : « Chaque siècle, chaque génération doit avoir la même liberté d'agir, dans tous les cas, que les siècles et générations qui l'ont précédée[19]. » La nouvelle génération est en train d'alimenter l'embryon d'une société du coût marginal quasi nul, de modifier sa vision du monde et de conférer au parcours humain un sens inédit.

DEUXIÈME PARTIE

La société du coût marginal quasi nul

5

La productivité extrême, l'Internet des objets et l'énergie gratuite

Et si je vous avais dit, il y a vingt-cinq ans : dans un quart de siècle, un tiers de l'humanité communiquera sur d'immenses réseaux mondiaux regroupant des centaines de millions de personnes – en échangeant des fichiers audio, vidéo et texte –, toutes les connaissances du monde seront accessibles à partir d'un téléphone portable, n'importe quel individu isolé pourra envoyer une idée neuve, présenter un produit original ou transmettre une réflexion à un milliard de personnes simultanément, le tout à un coût proche de zéro ? Vous n'y auriez pas cru une seconde. Pourtant, tout cela, c'est maintenant la réalité.

Mais si je vous disais : dans vingt-cinq ans, l'essentiel de l'énergie nécessaire pour chauffer votre domicile et alimenter vos appareils, faire tourner votre entreprise, conduire votre véhicule et faire fonctionner toutes les composantes de l'économie mondiale sera probablement presque gratuit ? C'est déjà vrai pour plusieurs millions de précurseurs, qui ont transformé leurs lieux d'habitation et de travail en microcentrales électriques afin de collecter sur site de l'énergie renouvelable. Même quand aucun des coûts fixes de l'installation des panneaux solaires et des éoliennes n'a encore été couvert – ce qui demande en moyenne deux à sept ans seulement –, le coût marginal de l'énergie collectée est presque gratuit[1]. Si l'on produit l'énergie de manière traditionnelle, la matière première elle-même, c'est-à-dire les combustibles fossiles et l'uranium nécessaire à l'énergie nucléaire, a un coût ; mais le soleil qui réchauffe votre toit, le vent qui souffle sur votre façade, la chaleur qui monte de la terre sous votre bureau et les ordures que la décomposition anaérobie mue en énergie de biomasse dans votre cuisine sont pratiquement gratuits.

Et si l'information quasi gratuite commençait à gérer l'énergie verte quasi gratuite en créant une matrice et une infrastructure intelligente énergie / communication, si bien que toute entreprise dans le monde pourrait se connecter, partager l'énergie sur un Internet continental de l'énergie, et produire et vendre des biens à une petite fraction du prix que nous facturent aujourd'hui les géants de l'industrie mondiale ? Cette réalité aussi commence à se dessiner à petite échelle, puisque des centaines de start-up créent des activités par impression 3D : elles infofabriquent des produits à un coût marginal quasi nul, alimentent leurs fab labs* avec leur propre énergie verte, commercialisent leurs produits gratuitement ou presque sur des centaines de sites Internet mondiaux et les livrent dans des véhicules électriques et à pile à combustible alimentés par leur énergie verte. (Nous évoquerons bientôt les coûts initiaux en capital fixe de la création de l'infrastructure collaborative.)

Et si des millions d'élèves du monde entier, qui n'ont jamais eu accès jusqu'ici à l'enseignement supérieur, étaient soudain en mesure de suivre des cours donnés par les plus éminents spécialistes de la planète et de recevoir une reconnaissance officielle de leur travail, le tout sans rien débourser ? C'est ce qui est en train d'arriver aujourd'hui.

Et si, pour terminer, le coût marginal de la main-d'œuvre humaine dans la production et la distribution des biens et services s'effondrait à zéro ou presque, parce qu'une technologie intelligente la remplacerait dans tous les secteurs et domaines professionnels et techniques, ce qui permettrait aux entreprises d'effectuer une large part de l'activité économique de la civilisation de façon plus

* « Laboratoires de fabrication ». Voir *infra*, chap. 6, p. 143.

intelligente, plus efficace et moins chère qu'avec les personnels traditionnels ? C'est aussi ce qui est en train de se passer, puisque, dans le monde entier, des dizaines de millions de salariés ont déjà été remplacés par une technologie intelligente dans quantité de secteurs et de corps de métiers. Que ferait l'humanité, et surtout comment définirait-elle son avenir sur la Terre, si le travail non qualifié et qualifié disparaissait de la vie économique dans les deux prochaines générations ? Pour la première fois, on se pose aujourd'hui sérieusement la question dans les cercles intellectuels et les débats de politique publique.

LA PRODUCTIVITÉ EXTRÊME

On parvient au coût marginal quasi nul et aux biens et services quasi gratuits grâce aux gains de productivité. La productivité est « une mesure de l'efficacité de la production, calculée comme le rapport entre ce qui est produit et ce qu'il faut pour le produire[2] ». Quand produire une unité additionnelle d'un bien ou d'un service ne coûte pratiquement rien, c'est que la productivité est à son niveau optimal.

Là encore, nous voici directement confrontés à la contradiction ultime qui se trouve au cœur du capitalisme. La force motrice du système, ce sont les gains de productivité, dus à la croissance de l'efficacité énergétique. C'est un processus implacable : les concurrents font la course pour introduire de nouvelles technologies plus productives qui réduiront leurs coûts de production et les prix de vente de leurs biens et services afin d'attirer les acheteurs. La course va de plus en plus vite et finit par approcher de la ligne d'arrivée, où l'efficacité optimale est atteinte et où la productivité est au plus haut. Cette ligne d'arrivée, c'est l'endroit où le coût marginal de production de chaque unité supplémentaire est quasi nul. Quand elle est franchie, les biens et services deviennent quasi gratuits, les profits se tarissent, l'échange de propriétés sur les marchés s'arrête et le système capitaliste meurt.

Encore tout récemment, les économistes se contentaient de mesurer la productivité par deux facteurs : le capital-machine et l'efficacité de la main-d'œuvre. Mais quand Robert Solow – qui a reçu en 1987 le prix Nobel d'économie pour sa théorie de la croissance – a étudié l'évolution de l'ère industrielle, il a découvert que le capital-machine et l'efficacité de la main-d'œuvre n'expliquaient qu'environ 14 % de la croissance économique totale. D'où la question : quelle est la cause des 86 % restants ? Face à ce mystère, Moses Abramovitz, ancien président de l'American Economic Association, a reconnu ce que d'autres économistes craignaient d'avouer : les 86 % restants, a-t-il dit, constituent une « mesure de notre ignorance[3] ».

Dans les vingt-cinq dernières années, plusieurs théoriciens, parmi lesquels le physicien Reiner Kümmel de l'université de Wurtzbourg (Allemagne) et l'économiste Robert Ayres de l'INSEAD, une école d'affaires de Fontainebleau en France, ont réexaminé la croissance économique de la période industrielle en fondant leur analyse sur trois facteurs : le capital-machine, l'efficacité de la main-d'œuvre et l'efficacité de l'utilisation de l'énergie. Ils ont conclu que c'est « l'efficacité croissante avec laquelle l'énergie et les matières premières sont converties en travail utile » qui explique, dans les économies industrielles, l'essentiel des gains de productivité et de croissance restants. Autrement dit, le facteur manquant est l'« énergie[4] ».

Un examen plus approfondi des première et seconde révolutions industrielles révèle que les bonds de productivité et de croissance ont été rendus possibles par la matrice énergie / communication et l'infrastructure qui l'a accompagnée, notamment la plate-forme technologique généraliste à laquelle se reliaient les entreprises. Henry Ford, par exemple, n'aurait pas pu jouir des gains d'efficacité et de productivité spectaculaires que les outils électriques ont apportés dans les usines s'il n'y avait pas eu de réseau électrique. Les entreprises n'auraient pas pu non plus engranger les gains d'efficacité et de productivité des vastes activités verticalement intégrées s'il n'y avait pas eu le télégraphe, puis le téléphone, pour leur permettre de communiquer instantanément tant avec leurs fournisseurs en amont qu'avec leurs distributeurs en aval, et d'accéder immédiatement aux chaînes de commandement de leurs propres opérations internes et externes. Et elles n'auraient pas pu réduire sensiblement leurs coûts logistiques s'il n'y avait pas eu de réseau routier pleinement développé couvrant le marché national. De même, le réseau électrique, les réseaux de télécommunication et les voitures et camions empruntant le réseau routier national fonctionnaient tous à l'énergie fossile, qui avait besoin, elle aussi, d'une infrastructure énergétique verticalement intégrée pour transférer la ressource naturelle des têtes de puits aux raffineries et aux stations d'essence.

C'est ce qu'a essayé de dire le président Barack Obama quand il a prononcé pendant la campagne présidentielle de 2012 cette phrase aujourd'hui célèbre : *« You didn't build that! »*, « Vous n'avez pas construit ça ! » Si le Parti républicain a sauté sur l'occasion en sortant la citation de son contexte, Obama voulait souligner que, pour être productives, les entreprises qui réussissent ont besoin d'une infrastructure – de lignes électriques, de pipelines de pétrole et de gaz, de réseaux de communication, de routes, d'écoles[5]… Dans une économie de marché intégrée, aucune entreprise ne peut réussir sans infrastructure. Les infrastructures sont des biens publics qui ont besoin de l'initiative de l'État autant que de l'aide du marché. Simple bon sens, oui, mais on l'a perdu de vue au milieu de l'explosion de fureur qui a suivi la remarque du président Obama, dans un pays où le mythe en vigueur veut que tout succès économique naisse du seul esprit d'entreprise et que l'action de l'État soit toujours dissuasive pour la croissance.

Les infrastructures publiques sont, pour l'essentiel, financées ou subventionnées par l'impôt et supervisées et réglementées par l'État, que ce soit au niveau local, régional ou national. L'infrastructure technologique générale de la seconde révolution industrielle a fourni le potentiel de productivité qui a permis l'ascension spectaculaire de la croissance au XXe siècle. De 1900 à 1929, les États-Unis ont mis en place les premiers éléments d'une infrastructure de seconde révolution industrielle – le réseau électrique, le réseau des télécommunications, le réseau routier, les pipelines de pétrole et de gaz, les canalisations d'eau et d'assainissement et les systèmes scolaires publics. La Grande Dépression et la Seconde Guerre mondiale ont ralenti cet effort, mais après guerre la construction du réseau des autoroutes inter-États et l'achèvement du réseau électrique et du réseau des télécommunications sur l'ensemble du territoire national ont apporté une infrastructure mûre, pleinement intégrée. Cette infrastructure de seconde révolution industrielle a stimulé la productivité dans tous les secteurs, de la construction automobile à l'immobilier résidentiel et professionnel autour des sorties d'autoroutes.

Aux États-Unis, dans la période 1900-1980, l'efficacité énergétique globale – le rapport entre le travail physique utile qu'on peut extraire des matériaux et son niveau potentiel – s'est accrue régulièrement au fil du développement de l'infrastructure du pays : elle est passée de 2,48 % à 12,3 %. Avec l'achèvement de l'infrastructure de la seconde révolution industrielle, elle a plafonné à la fin des années 1990 aux environs de 13 %[6]. Malgré une hausse importante de l'efficacité, qui a valu aux États-Unis une croissance et une productivité extraordinaires, près de 87 % de l'énergie que nous avons utilisée dans la seconde révolution industrielle a été gaspillée pendant la transmission[7].

Même si nous améliorions l'infrastructure de seconde révolution industrielle, il est peu probable que cet effort aurait un effet mesurable sur l'efficacité, la productivité et la croissance. Les énergies fossiles sont parvenues à maturité, et les acheminer jusqu'au marché devient plus coûteux. De plus, les technologies conçues et organisées pour fonctionner avec ces énergies, comme le moteur à combustion interne et le réseau électrique centralisé, ont épuisé leur productivité et ne laissent qu'un faible potentiel à exploiter.

Il va sans dire qu'une efficacité énergétique à 100 % est impossible. Cependant, de nouvelles études, dont l'une a été menée par mon groupe mondial de conseil, montrent qu'avec le passage à une infrastructure de troisième révolution industrielle il est concevable de porter l'efficacité énergétique globale à 40 % ou davantage dans les quarante prochaines années : ce serait une ascension spectaculaire de la productivité, au-delà de ce qu'a connu l'économie au XX^e^siècle[8].

L'Internet des objets

Si cet énorme bond de la productivité est possible, c'est parce que l'Internet des objets émergent constitue la première révolution de l'infrastructure intelligente dans l'histoire – une révolution qui va connecter l'ensemble des machines, des entreprises, des domiciles et des véhicules dans un réseau intelligent composé d'un Internet des communications, d'un Internet de l'énergie et d'un Internet de la logistique, le tout intégré à un seul et même système d'exploitation. Aux États-Unis, 37 millions de compteurs numériques intelligents donnent aujourd'hui une information en temps réel sur l'usage de l'électricité[9]. Dans les dix ans, toutes les structures bâties seront équipées de compteurs intelligents en Amérique, en Europe et dans d'autres pays du monde. Et tous les dispositifs et appareils – thermostats, chaînes de montage, équipements de stockage, téléviseurs, machines à laver, ordinateurs – auront des capteurs connectés au compteur intelligent et à la plate-forme Internet des objets. En 2007, 10 millions de capteurs reliaient toutes sortes d'équipements humains à l'Internet des objets. En 2013, ce chiffre devait dépasser les 3,5 milliards. Et les projections sont plus impressionnantes encore : en 2030, indiquent-elles, 100 000 milliards de capteurs seront connectés à l'Internet des objets[10]. D'autres dispositifs de captage, notamment les technologies de télédétection aérienne, les fichiers-journaux, les lecteurs d'identifications par radiofréquence et les réseaux de capteurs sans fil, contribueront à la collecte du Big Data sur une large gamme de sujets – de l'évolution du prix du courant sur le réseau au trafic logistique sur les chaînes d'approvisionnement, des flux de production sur les chaînes de montage aux services dans les agences locales et les sièges sociaux ou au suivi en temps réel des activités des consommateurs[11]. Comme on l'a vu au chapitre 1, l'infrastructure intelligente enverra un flux continu de Big Data à toute entreprise connectée au réseau, qui, en le traitant par l'analytique avancée, pourra créer des algorithmes prédictifs et des systèmes automatisés pour améliorer son efficacité énergétique, accroître considérablement sa productivité et réduire ses coûts marginaux sur toute la chaîne de valeur à un niveau proche de zéro.

Cisco systems prévoit qu'en 2022 l'« Internet de tout » rapportera 14 400 milliards de dollars, en économies de coûts et en revenus[12]. Dans une étude publiée en novembre 2012, General Electric conclut qu'en 2025 les gains d'efficacité et les progrès de productivité rendus possibles par un « Internet industriel » intelligent pourraient avoir des retombées sur la presque totalité des secteurs économiques et influencer « environ la moitié de l'économie mondiale ». Mais c'est lorsque nous examinons séparément chaque secteur que nous commençons à comprendre le potentiel de productivité que représente la création de la première infrastructure intelligente de l'histoire. Dans la seule industrie aéronautique, par exemple, une simple amélioration de 1 % de l'efficacité énergétique, réalisée en utilisant l'analytique du Big Data pour mieux orienter le trafic aérien, mieux surveiller l'équipement et faire les réparations, ferait économiser 30 milliards de dollars en quinze ans[13].

Le domaine de la santé offre un autre exemple impressionnant du potentiel de productivité qu'apporte l'insertion dans l'Internet des objets. Ce secteur a représenté 10 % du PIB mondial en 2011, soit 7 100 milliards de dollars, et 10 % de ces dépenses « sont du gaspillage dû à des sources d'inefficacité dans le système », à hauteur de 731 milliards de dollars par an au moins. Or, selon l'étude de General Electric, 59 % des dépenses inefficaces en matière de santé, soit 429 milliards de dollars, pourraient être directement ciblées par le déploiement d'un « Internet industriel ». Les retours du Big Data, l'analytique avancée, les algorithmes prédictifs et les systèmes d'automatisation pourraient, toujours selon cette étude, réduire de 25 % cette partie des coûts inefficaces du secteur mondial de la santé, donc faire économiser 100 milliards de dollars par an. Une simple réduction de 1 % de ces coûts ferait économiser 4,2 milliards de dollars par an, donc 63 milliards de dollars sur quinze ans[14]. Poussons ces gains d'efficacité de 1 % à 2 %, puis 5 %, puis 10 %, dans les secteurs de l'aéronautique et de la santé et dans tous les autres secteurs, et l'ordre de grandeur du changement économique devient tout à fait clair.

L'expression « Internet des objets » a été forgée par Kevin Ashton, l'un des fondateurs de l'Auto-ID Center du MIT*, en 1995. Dans les années qui ont suivi, l'Internet des objets a stagné, notamment parce que les capteurs et les actionneurs insérés dans les « objets » étaient encore assez coûteux. Mais en l'espace de dix-huit mois, en 2012 et 2013, le coût des puces d'identification par radiofréquence (RFID), que l'on utilise pour surveiller et suivre les objets, a chuté de 40 %. Ces étiquettes électroniques coûtent à présent moins de dix cents pièce[15]. De plus, elles n'ont pas besoin de source d'alimentation, car elles peuvent transmettre leurs données en utilisant l'énergie des signaux radio qui les interrogent. Le prix des microsystèmes électromécaniques (MEMS), qui comprennent les gyroscopes, les accéléromètres et les capteurs de pression, s'est aussi effondré de 80 à 90 % au cours des cinq dernières années[16].

L'autre obstacle qui a ralenti le déploiement de l'Internet des objets est le protocole Internet, IPv4, qui n'autorise que 4,3 milliards d'adresses uniques sur Internet (tout appareil connecté à Internet doit se voir attribuer une adresse IP). Puisque la majorité des adresses IP avaient déjà été happées par les internautes actuels, qui sont plus de deux milliards, il en restait peu de disponibles pour connecter des millions et finalement des milliards d'objets à Internet. Aujourd'hui, l'Internet Engineering Task Force a élaboré une nouvelle version du protocole Internet, IPv6 ; elle permet un nombre d'adresses époustouflant : 340 milliards de milliards de milliards de milliards – plus qu'assez pour accueillir les 2 000 milliards d'appareils qui, selon les projections, devraient se connecter à Internet dans les dix prochaines années[17].

Nick Valery, chroniqueur à *The Economist*, divise ces grands nombres incompréhensibles afin de leur donner un sens pour le lecteur moyen. Pour atteindre le seuil de 2 000 milliards d'appareils connectés à Internet en moins de dix ans, il suffirait que

* Le groupe de recherche qui a lancé les étiquettes électroniques. Il avait été fondé en 1999 par le MIT et de grandes entreprises. En 2003, il a cessé ses activités et ses partenaires initiaux se sont séparés : les industriels ont poursuivi les travaux sur les applications commerciales de l'étiquetage au sein d'un nouvel organisme, EPCglobal, tandis que les universitaires ont continué leurs recherches dans un réseau de laboratoires animé par le MIT, les Auto-ID Labs.

chacun ait « 1 000 objets personnels dialoguant avec Internet[18] ». Dans les économies développées, la plupart des gens ont, en gros, de 1 000 à 5 000 objets personnels[19]. Le chiffre paraît peut-être incroyablement élevé, mais quand on commence à faire le tour de la maison, du garage, de la voiture et du bureau et à compter tous les objets, des brosses à dents électriques aux livres et des ouvre-portes motorisés de garage aux badges électroniques d'entrée dans les immeubles, on est surpris du nombre d'appareils qu'on possède. Nombre d'entre eux porteront une étiquette électronique dans la prochaine décennie : on utilisera Internet pour connecter ses objets à d'autres objets.

Valery attire d'emblée l'attention sur plusieurs grandes questions non réglées qui commencent à gêner sérieusement l'élargissement de l'Internet des objets et pourraient empêcher son déploiement rapide et son acceptation par le public :

> Les questions deviennent alors : qui attribue l'identifiant ? Où et comment l'information qui se trouve dans la base de données est-elle accessible ? Comment les renseignements, tant sur la puce que dans la base de données, sont-ils protégés ? Dans quel cadre juridique peut-on demander des comptes aux gestionnaires du système ?

Valéry nous met en garde :

> Au cas où l'on esquiverait ces questions, toute information personnelle ou d'entreprise associée aux appareils connectés à l'Internet pourrait être gravement compromise. Si l'on agit ainsi par ignorance ou négligence, l'Internet des objets risque de souffrir d'un lourd handicap avant même d'avoir été lancé[20].

Connecter tout et tout le monde à un système nerveux planétaire, c'est faire passer l'humanité de l'ère de la vie privée – l'une des caractéristiques essentielles de la modernité – à l'ère de la transparence. Si la vie privée est depuis longtemps tenue pour un droit fondamental, elle n'a jamais été un droit naturel. De fait, pendant toute l'histoire de l'humanité jusqu'à l'époque moderne, on a vécu plus ou moins en public, comme il convenait à l'espèce la plus sociale de la Terre. Au XVIe siècle encore, si quelqu'un errait seul de jour pendant des heures ou se cachait la nuit, il allait très probablement passer pour un possédé. Dans la quasi-totalité des sociétés que nous connaissons avant l'époque moderne, les gens se baignaient ensemble en public, urinaient et déféquaient fréquemment en public, mangeaient à des tables communes, avaient souvent des rapports sexuels en public et dormaient en groupe, serrés les uns contre les autres.

Ce n'est qu'au début de l'ère capitaliste qu'on a commencé à se retirer derrière des portes closes. La vie bourgeoise était une affaire privée. Chacun avait une personnalité publique mais passait l'essentiel de son existence quotidienne à huis clos. À la maison, la vie était scindée en autant de chambres que d'occupations – boudoir, salon de musique, bibliothèque, etc. Les gens ont même commencé à dormir seuls dans des chambres à coucher et des lits séparés, pour la toute première fois.

L'enfermement et la privatisation de la vie humaine sont allés de pair avec les enclosures – l'enfermement et la privatisation des communaux. Dans le monde nouveau des rapports de propriété privée, où tout se ramenait à l'opposition du « mien » et du « tien », la notion d'agent autonome, entouré de ses biens personnels et isolé du reste par une clôture, a pris une forme concrète et s'est développée en toute indépendance. Le droit à la vie privée est devenu le droit d'exclure. Le principe « charbonnier est maître chez soi » a accompagné la privatisation de l'existence. Les générations successives ont fini par penser la vie privée comme une qualité inhérente à l'être humain, un don de la nature, et non comme une pure convention sociale adaptée à un moment particulier du parcours humain.

Aujourd'hui, l'Internet des objets en gestation est en train de faire disparaître, couche par couche, les enclosures qui ont rendu la vie privée sacro-sainte et ont fait d'elle un droit jugé tout aussi important que le droit à la vie, à la liberté et à la poursuite du bonheur. Pour une jeune génération qui grandit dans un monde entièrement connecté, où, à chaque instant, sa vie est allègrement mise en ligne et partagée avec tous sur Facebook, Twitter, YouTube,

Instagram et d'innombrables autres sites de réseaux sociaux, la vie privée a beaucoup perdu de son attrait. Aux yeux de ces jeunes, la liberté n'est pas l'enfermement dans un quant-à-soi qui s'autonomise et exclut ; elle consiste à jouir de l'accès aux autres et à être inclus sur une place publique virtuelle mondiale. Le maître mot de la jeune génération est « transparence », son mode opératoire est collaboratif et son expression personnelle se déploie dans la coproduction entre pairs au sein de réseaux latéraux.

Les générations futures qui vivront dans un monde toujours plus interconnecté – où chaque personne, chaque objet sera inséré dans l'Internet des objets – se soucieront-elles beaucoup de la vie privée ? La question reste ouverte.

Néanmoins, dans la longue période intermédiaire entre l'ère capitaliste et l'âge collaboratif, les questions de vie privée resteront une préoccupation majeure, qui déterminera dans une large mesure la rapidité de la transition et les chemins que nous prendrons pour entrer dans la prochaine période de l'histoire.

Quand tout être humain, tout objet sera connecté, quelles limites faudra-t-il instaurer pour garantir que le droit de chacun à la vie privée sera protégé ? Telle est la question centrale. Le problème, c'est que des tiers ayant accès aux flux de données sur tout l'Internet des objets et armés de compétences logicielles sophistiquées pourront pénétrer toutes les couches du système nerveux planétaire pour chercher de nouvelles façons d'exploiter le support à leurs propres fins. Des cyberdélinquants pourront voler des identités personnelles pour gagner de l'argent ; des réseaux sociaux, faire des profits en vendant des données à des publicitaires et à des commerciaux ; des agents politiques, transmettre des renseignements vitaux à des États étrangers. Dans ces conditions, comment assurer un flux de données ouvert et transparent, potentiellement bénéfique à tous, tout en garantissant à chacun que l'information sur tous les aspects de sa vie personnelle ne sera pas utilisée, sans son consentement et contre son gré, à des fins qui compromettent et dégradent son bien-être ?

La Commission européenne a commencé à se pencher sur ces questions. En 2012, elle a organisé une consultation intensive de trois mois, qui a réuni plus de six cents universitaires, dirigeants d'associations patronales et représentants d'organisations de la société civile, pour définir une politique de nature à « encourager un développement dynamique de l'Internet des objets dans le marché unique numérique tout en assurant la protection appropriée des citoyens de l'Union européenne et en leur inspirant confiance[21] ».

La Commission a fixé un principe général qui doit guider l'ensemble des développements futurs de l'Internet des objets :

> Globalement, nous considérons que la protection des données et de la vie privée et la sécurité de l'information sont des exigences complémentaires pour les services de l'Internet des objets. En particulier, la sécurité de l'information doit préserver la confidentialité, l'intégrité et l'accessibilité (CIA) de l'information. Nous considérons aussi que la sécurité de l'information est perçue comme une exigence de base dans la fourniture des services de l'Internet des objets à l'industrie, en vue de garantir la sécurité de l'information pour l'organisation elle-même, mais aussi dans l'intérêt des citoyens[22].

Pour promouvoir ces protections et garanties, la Commission propose la mise en place de mécanismes

> assurant qu'aucun traitement indésirable de données personnelles n'aura lieu, et que les particuliers seront informés du traitement, de ses objectifs, de l'identité de son auteur et de la façon d'exercer leurs droits. En même temps, les auteurs du traitement devront respecter les principes de la protection des données[23].

La Commission suggère ensuite des moyens techniques précis pour protéger la vie privée de l'utilisateur, notamment des technologies assurant la protection des données. « Il faut garantir, conclut-elle, que les particuliers garderont le contrôle de leurs données personnelles et que les systèmes d'Internet des objets seront assez transparents pour leur permettre d'exercer efficacement leurs droits sur les données qui les concernent[24]. »

Nul ne sous-estime naïvement la difficulté de passer de la théorie à la pratique quand il s'agit, à l'ère de la transparence, de la collaboration et de l'inclusion, de garantir à chacun le droit de contrôler ses données personnelles et d'en disposer. Mais il est clair pour tout le monde que si l'on ne trouve pas le juste équilibre entre transparence et droit à la vie privée, la gestation de l'Internet des objets sera probablement ralentie, voire irrémédiablement compromise et interrompue, ce qui détruirait toute perspective d'un âge collaboratif. (Ces questions de vie privée, de sécurité, d'accès et de gouvernance seront examinées en détail au fil de cet ouvrage.)

Si le spectre de la connexion de tout et de tous dans un système nerveux mondial est un peu effrayant, il est aussi excitant et libérateur : il ouvre au vivre-ensemble sur terre des possibilités inédites, que nous pouvons à peine imaginer à l'aube de cette nouvelle saga de l'histoire de l'humanité.

Les milieux d'affaires mobilisent vite leurs ressources, bien décidés à extraire de la valeur d'une révolution technologique dont les effets vont probablement égaler et même surpasser l'avènement de l'électricité à l'aube de la seconde révolution industrielle. En 2013, l'Economist Intelligence Unit* a inauguré la publication d'un indice mondial de l'engagement des entreprises dans la « révolution tranquille » qui commence à changer la société. *The Economist* a interrogé des chefs d'entreprise dans le monde entier, en se concentrant sur les secteurs clés : services financiers, industrie manufacturière, santé, produits pharmaceutiques, biotechnologie, technologies de l'information, énergie et ressources naturelles, et enfin bâtiment et immobilier.

Son rapport observe d'abord que la chute rapide des coûts de la technologie et certains développements nouveaux sur des terrains complémentaires, comme la communication mobile et l'informatique en nuage (le *cloud computing*), assortis d'une augmentation des aides publiques, propulsent l'Internet des objets sur le devant de la scène de l'économie mondiale. 38 % des chefs d'entreprise interrogés prévoient que l'Internet des objets aura « un effet majeur sur la plupart des marchés et la plupart des secteurs » au cours des trois prochaines années, et 40 % pensent qu'il aura « un certain effet sur quelques marchés ou secteurs ». Seuls 15 % des chefs d'entreprise

* Société d'enquête et d'analyse appartenant au groupe de presse *The Economist*.

estiment que l'Internet des objets n'aura « un gros effet que pour un petit nombre d'acteurs mondiaux seulement »[25]. Plus de 75 % des compagnies d'envergure mondiale explorent ou utilisent déjà jusqu'à un certain point l'Internet des objets dans leurs activités, et, chez les P.D.G., directeurs financiers et autres hauts dirigeants, deux sur cinq disent qu'ils ont « une réunion ou un entretien officiel sur l'Internet des objets au moins une fois par mois[26] ».

Tout aussi intéressant : 30 % des chefs d'entreprise interrogés pensent que l'Internet des objets va « débloquer de nouvelles possibilités de revenus pour des produits et services existants ». 29 % disent qu'il va « inspirer de nouvelles pratiques de travail ou d'affaires ». 23 % estiment qu'il va « changer le modèle d'entreprise ou la stratégie d'entreprise en vigueur » dans leur compagnie. Enfin, pour 23 % des dirigeants interrogés, l'Internet des objets va « déclencher une nouvelle vague d'innovations ». Et surtout – c'est la réponse la plus significative –, plus de 60 % des chefs d'entreprise « conviennent que les compagnies qui sont lentes à intégrer l'Internet des objets perdront du terrain par rapport à leurs concurrentes[27] ».

Le message central de l'enquête de *The Economist* est clair. La majorité des chefs d'entreprise sont persuadés que les gains de productivité rendus possibles par l'Internet des objets sur toute la chaîne de valeur sont si impressionnants et vont tant perturber les anciennes façons de travailler qu'ils n'ont pas le choix : ils doivent tenter de faire la course en tête en insérant les activités de leur compagnie dans cette plate-forme.

Mais l'Internet des objets est une épée à double tranchant. La pression pour accroître l'efficacité énergétique et la productivité et réduire les coûts marginaux va être irrésistible. Les entreprises qui ne fonceront pas, qui ne profiteront pas pleinement du potentiel de productivité, seront distancées. Or, cette course effrénée à la productivité, déchaînée par une force intelligente active sur tous les liens et tous les nœuds d'une infrastructure de troisième révolution industrielle, va conduire le coût marginal de la production d'électricité verte comme de la fabrication et de la livraison d'un large éventail de biens et services à zéro ou presque dans les vingt-cinq ans. Pour y parvenir, l'Internet des objets mettra probablement un temps plus ou moins comparable au World Wide Web, qui, de son décollage en 1990 à aujourd'hui, a suivi une courbe exponentielle dont le résultat a été l'effondrement des coûts de production et d'expédition de l'information.

Courbes exponentielles

J'admets que mes assertions peuvent paraître exagérées. Jusqu'au moment où l'on examine de plus près le sens du mot *exponentiel.* Je me souviens que dans mon enfance – je devais avoir treize ans – un ami m'avait proposé un choix hypothétique intéressant. Il m'avait demandé si je préférais un million de dollars tout de suite ou un dollar le premier jour, puis un doublement de la somme chaque jour pendant un mois. « Tu veux rire », lui ai-je dit. « N'importe qui, s'il est sain d'esprit, prendra le million. » Il m'a répondu : « Attends, fais le calcul ! » J'ai donc pris papier et crayon et je me suis mis à doubler le dollar. Au bout de 31 jours, j'en étais à plus d'un milliard. Mille millions. J'étais ahuri.

La croissance exponentielle, ça trompe ; elle s'approche à pas de loup. Le quinzième jour, le doublement n'avait atteint que 16 384 dollars, et j'étais donc sûr d'avoir bien choisi en préférant le million immédiat. Les six jours suivants ont été un choc. Six doublements de plus seulement et l'on avait déjà dépassé le million. Les dix derniers jours m'en ont mis plein la vue. Le trente et unième jour du mois, le doublement de cet unique dollar avait dépassé le milliard. On venait de m'initier à la croissance exponentielle.

Nous avons souvent du mal à la comprendre, tant nous avons l'habitude de réfléchir en termes linéaires. Le concept lui-même a très peu retenu l'attention publique, jusqu'au jour où Gordon Moore, cofondateur d'Intel, le plus grand fabricant mondial de semi-conducteurs, a remarqué un phénomène curieux et l'a décrit dans un article aujourd'hui célèbre, publié en 1965. Il a observé que, depuis l'invention du circuit intégré en 1958, le nombre de composants que l'on y mettait doublait chaque année :

> La complexité au coût minimum par composant* s'est accrue à un rythme d'environ un facteur deux tous les ans. Il est certain qu'à court terme on peut s'attendre à voir ce rythme se poursuivre, voire augmenter[28].

Moore a légèrement modifié sa projection initiale en 1975 : il a dit que le doublement se produisait tous les deux ans. Le chiffre a continué à doubler pendant les trente-sept ans qui ont suivi – mais, dernièrement, des scientifiques ont commencé à prédire un ralentissement dans la croissance du nombre de transistors que l'on peut mettre sur une puce informatique. Selon le physicien Michio Kaku, nous commençons déjà à constater l'infléchissement, et la loi de Moore, du moins en ce qui concerne les puces, va devenir inopérante dans les dix prochaines années d'utilisation de la technologie traditionnelle du silicium. Anticipant le ralentissement, la compagnie Intel introduit actuellement ses processeurs 3D : elle estime qu'ils pourront maintenir le doublement un peu plus longtemps.

Kaku souligne qu'il existe une limite supérieure à la puissance de calcul qu'on peut tirer du silicium. Mais il ajoute que des technologies plus récentes, comme les puces 3D, les puces optiques, le traitement parallèle et finalement l'informatique moléculaire et même l'informatique quantique, feront probablement en sorte que la puissance de calcul conserve pour longtemps encore une courbe de croissance exponentielle[29].

Depuis, la loi de Moore a été observée dans un large éventail de technologies de l'information. La capacité de stockage sur disque dur connaît une courbe de croissance exponentielle du même ordre. La capacité des réseaux – le volume des données qui passent dans une fibre optique – a eu une courbe exponentielle encore plus

* La « complexité » est le nombre de composants sur le circuit. Lorsqu'on en ajoute à un circuit, chaque nouveau composant rapporte d'abord plus qu'il ne coûte, donc le coût par composant diminue progressivement jusqu'à un coût minimum, qui correspond à un nombre précis de composants sur le circuit ; après quoi, si on continue à en ajouter, chaque nouveau composant rapporte moins qu'il ne coûte, donc le coût par composant remonte. C'est le nombre précis de composants correspondant au coût moyen minimum qui double chaque année.

abrupte : le volume des données transmises sur un réseau optique double tous les neuf mois environ[30].

C'est le facteur exponentiel qui a permis l'effondrement des coûts du calcul informatique pendant plus de cinquante ans. À l'époque où l'on a développé les premiers ordinateurs centraux géants, ces coûts étaient énormes, hors de portée du secteur commercial. Il était admis que, dans le meilleur des cas, seules l'armée et quelques institutions de recherche pourraient un jour les couvrir. Ce que les experts n'avaient pas pris en compte, c'était la croissance exponentielle de la capacité et la chute des coûts de production. L'invention du circuit intégré (la puce) a changé l'équation. Alors qu'il y a cinquante ans un ordinateur pouvait coûter des millions de dollars, aujourd'hui des centaines de millions de personnes disposent de smartphones relativement bon marché dont la puissance de calcul représente des milliers de fois celle des plus puissants ordinateurs centraux des années 1960[31]. En l'an 2000, un gigabyte d'espace de disque dur coûtait dans les 44 dollars. En 2012, son coût avait plongé à 7 cents. En 2000, recevoir une vidéo en streaming coûtait 193 dollars le gigabyte. Dix ans plus tard, c'était 3 cents[32].

Pour prendre la mesure de la courbe exponentielle dans la puissance de calcul et la réduction des coûts, lisez ceci. Le premier ordinateur pour entreprise produit en série qui a eu un succès commercial, l'IBM 1401, qu'on appelle souvent le Model T de l'informatique, a été lancé en 1959. Cette machine faisait 1,50 m de haut sur 90 cm de large et comportait 4 096 caractères de mémoire. Elle pouvait effectuer 193 000 additions de nombres à huit chiffres en 60 secondes. Et elle se louait 30 000 dollars par an[33]. En 2012, le Raspberry Pi, l'ordinateur le moins cher du monde, a été mis en vente à 25 dollars[34]. La fondation Raspberry Pi est actuellement submergée de commandes venues d'acheteurs des pays en développement comme des pays développés.

Les téléphones portables d'aujourd'hui pèsent quelques dizaines de grammes, tiennent dans la poche d'une veste et coûtent quelques centaines de dollars. Parfois, on les offre même gratuitement, si le client souscrit l'abonnement de l'opérateur. Pourtant, ils ont une mémoire des milliers de fois supérieure à celle du tout premier ordinateur, le Cray-1A de la fin des années 1970, qui coûtait près de neuf millions de dollars et pesait 5,5 tonnes[35]. Le coût marginal de la puissance de calcul informatique tend vers zéro.

La courbe exponentielle de la production d'informations a changé radicalement notre mode de vie. Une grande partie des humains, on l'a dit, sont connectés entre eux sur Internet et partagent informations, divertissements, nouvelles et savoirs presque gratuitement. Ils sont déjà entrés dans la société du coût marginal zéro.

La courbe exponentielle a migré du monde de l'informatique pour devenir une norme de mesure du succès économique dans toute une série de technologies : c'est un nouveau point de repère pour les résultats commerciaux et pour les retours sur investissement.

L'énergie gratuite

Le secteur à propos duquel on parle le plus d'exponentialité aujourd'hui est celui de l'énergie renouvelable. Beaucoup de ses acteurs clés sont venus des technologies de l'information et d'Internet pour appliquer au nouveau paradigme énergétique l'expérience qu'ils y ont acquise. Ils voient, à juste titre, deux parallèles troublants.

D'abord, la puissance de collecte de la technologie de l'énergie renouvelable vit sa propre courbe de croissance exponentielle dans le solaire et l'éolien – le géothermique, la biomasse et l'hydroélectricité devraient suivre. Comme ceux de l'informatique, les professionnels de l'énergie renouvelable ont dû prendre en compte des coûts d'investissement initiaux élevés dans la recherche, le développement et le déploiement commercial de chaque nouvelle génération de la technologie. En outre, leurs entreprises sont obligées de garder une avance de deux ou trois générations sur leurs concurrents quand elles prévoient le moment où elles introduiront les nouveautés, faute de quoi elles risqueraient d'être écrasées par la puissance de la courbe exponentielle. Plusieurs sociétés qui dominaient le marché sont mortes ces dernières années parce qu'elles avaient lié leur sort à des technologies anciennes : elles ont été balayées par le rythme de l'innovation. Les observateurs du secteur prévoient que la technologie de collecte du solaire et du petit éolien deviendra aussi bon marché que les téléphones mobiles et les ordinateurs portables dans les quinze ans.

Deuxièmement, comme pour l'Internet des communications, dont les coûts initiaux de création ont été considérables mais sur lequel le coût marginal de production et de distribution de l'information est négligeable, les coûts initiaux de création d'un Internet de l'énergie sont importants mais le coût marginal de production de chaque unité d'énergie solaire et éolienne est presque nul. Une fois financés les coûts fixes de recherche-développement et de déploiement, l'énergie renouvelable, comme l'information, est presque gratuite.

La technologie d'Internet et les énergies renouvelables commencent à fusionner dans l'Internet de l'énergie, qui va changer la façon de produire et distribuer le courant dans la société. Prochainement, des centaines de millions de personnes produiront leur propre énergie renouvelable à la maison, au bureau, à l'usine, et partageront l'électricité verte sur un Internet de l'énergie, exactement comme nous produisons et partageons aujourd'hui l'information en ligne. Quand les communications par Internet gèrent l'énergie verte, chaque être humain sur terre devient sa propre source d'énergie au double sens du terme : l'électricité et le pouvoir d'agir. La création d'un régime d'énergie renouvelable, chargée par les bâtiments, en partie stockée sous forme d'hydrogène, distribuée sur un Internet de l'électricité verte et connectée à des moyens de transport branchables à émission zéro, établit le mécanisme à cinq piliers qui permettra à des milliards de personnes de partager le courant à un coût marginal quasi nul dans un univers Internet des objets.

Les courbes exponentielles dans la production d'énergie renouvelable mettent la communauté scientifique en effervescence. Dans un article publié en 2011, la revue *Scientific American* s'interroge : la loi de Moore s'applique-t-elle à l'énergie solaire ? Et, si oui, serait-il possible qu'un changement de paradigme soit déjà en cours dans le secteur de l'énergie, comparable à ce qui s'est passé en informatique ? La réponse est un oui sans réserves.

L'effet sur la société est encore plus prononcé quand nous pensons à l'immense potentiel du solaire comme future source d'énergie. Les rayons du soleil envoient sur terre 470 exajoules toutes les 88 minutes – c'est l'ensemble de la consommation énergétique de l'humanité en un an. Si nous pouvions mettre la main sur 0,1 % de l'énergie que la terre reçoit du soleil, nous aurions six fois celle que nous utilisons aujourd'hui dans l'économie mondiale[36].

Bien que le soleil soit clairement la source d'énergie universelle dont dérivent toutes les autres, énergies fossiles comprises, il représente moins de 0,2 % du bouquet énergétique actuel, essentiellement parce que, jusqu'à une date récente, collecter et distribuer l'énergie solaire coûtait fort cher. Ce n'est plus le cas.

Richard Swanson, le fondateur de SunPower Corporation, a observé pour le solaire le même phénomène de doublement que Moore pour les puces d'ordinateur. La loi de Swanson stipule que le prix des cellules photovoltaïques (PV) tend à baisser de 20 % à chaque doublement de la capacité de production du secteur. Le prix des cellules photovoltaïques en silicium cristallin a fait une chute spectaculaire : il est passé de 60 dollars le watt en 1976 à 0,66 dollar le watt en 2013[37].

Les cellules solaires capturent en plus grande quantité l'énergie qui les frappe tout en réduisant le coût de la collecte. L'efficacité solaire des cellules triple jonction a atteint en laboratoire 41 %. Les cellules solaires en pellicules fines ont atteint en laboratoire une efficacité de 20 %[38].

Si cette tendance se poursuit au rythme actuel – la plupart des études montrent qu'en fait l'exponentialité s'accélère –, l'énergie solaire sera en 2020 au niveau du prix moyen actuel de vente au détail de l'électricité, et en 2030 à la moitié du prix actuel de l'électricité des centrales au charbon[39].

Le marché allemand de l'énergie commence à faire l'expérience de l'impact commercial d'une énergie renouvelable à coût marginal presque nul. En 2013, l'Allemagne devait déjà 23 % de son électricité aux énergies renouvelables, et les projections indiquent que ce sera 35 % en 2020[40]. Le problème est qu'à certains moments de la journée, l'afflux massif d'énergie solaire et éolienne dans le réseau dépasse la demande d'électricité, donc les prix deviennent négatifs. Et l'Allemagne n'est pas la seule. On voit jaillir des prix négatifs du courant en des lieux aussi divers que la Sicile et le Texas[41].

C'est une réalité entièrement neuve sur le marché de l'électricité et un signe précurseur de l'avenir, car l'énergie renouvelable constituera une part croissante de la production d'électricité. Les prix négatifs perturbent tout le secteur énergétique. Les compagnies d'électricité doivent renoncer à investir dans des centrales « de secours » au gaz et au charbon parce qu'elles ne peuvent plus garantir un retour fiable sur leurs investissements. En Allemagne, une centrale électrique au gaz ou au charbon – dont la construction peut coûter un million de dollars mais qui ne tournera plus à pleine capacité à cause de la déferlante des énergies renouvelables sur le réseau – ne pourra s'autofinancer que les jours sans vent, ou très nuageux. Dans ces conditions, l'amortissement financier de la construction de nouvelles centrales de ce type serait beaucoup plus long, ce qui rend ces investissements irréalisables. Autant dire que l'énergie renouvelable commence déjà à chasser du réseau les centrales alimentées à l'énergie fossile, même à ce stade initial de la troisième révolution industrielle[42].

L'exponentialité de l'énergie renouvelable bat en brèche les compagnies énergétiques mondiales. Dans une étude sur l'énergie mondiale publiée en 2011, BP relève que la capacité de production du solaire a augmenté cette année-là de 73,3 %, pour atteindre 63,4 gigawatts : c'est dix fois plus que cinq ans plus tôt seulement[43]. La capacité solaire installée a doublé tous les deux ans depuis vingt ans, et on n'est pas près d'en voir la fin[44].

Même aux États-Unis, où le passage aux énergies vertes a été plus tiède qu'en Europe, le secteur de l'énergie est sous le choc. David Crane, président et P.D.G. de NGR Energy, a déclaré en novembre 2011 : « Dans les deux dernières années, le coût de l'énergie photovoltaïque pour l'usager s'est réduit de moitié. NGR pense qu'il va à nouveau diminuer de moitié dans les deux années qui viennent, auquel cas l'énergie solaire deviendrait moins chère que le prix de vente au détail de l'électricité dans une vingtaine d'États », ce qui va révolutionner le secteur énergétique[45].

Comme les rayons du soleil, le vent est omniprésent et souffle partout dans le monde, même si sa puissance et sa fréquence varient. Selon une étude de l'université de Stanford sur la capacité éolienne mondiale, si 20 % du vent disponible dans le monde était collecté, il produirait sept fois plus d'électricité que nous n'en utilisons aujourd'hui pour alimenter l'ensemble de l'économie mondiale[46]. La capacité éolienne est en croissance exponentielle depuis le début des années 1990, et elle a déjà atteint la parité avec l'électricité traditionnelle d'origine fossile et nucléaire dans de nombreuses régions du monde. Dans le dernier quart de siècle, la productivité des éoliennes a été multipliée par cent et la capacité moyenne par éolienne a augmenté de plus de 1 000 %. Cette croissance des performances et de la productivité a sensiblement réduit les coûts de production, d'installation et de maintenance, ce qui a valu à l'éolien un taux de croissance annuel de plus de 30 % de 1998 à 2007, soit un doublement de capacité tous les deux ans et demi[47].

Les sceptiques rétorquent que la courbe de croissance de l'énergie verte a été dopée artificiellement par les subventions, sous la forme des tarifs de rachat. En réalité, les aides ont seulement accéléré son adoption et son expansion, encouragé la concurrence et stimulé l'innovation, qui ne cesse d'améliorer les technologies de collecte des énergies renouvelables et de réduire leurs coûts de production et d'installation. Dans un pays après l'autre, nous voyons les énergies solaire et éolienne approcher de la parité avec les énergies traditionnelles d'origine fossile et nucléaire, ce qui permet à l'État de commencer à supprimer les tarifs préférentiels. Quant aux anciennes énergies fossiles et nucléaires parvenues à maturité, qui ont passé depuis longtemps la fleur de l'âge, elles n'en continuent pas moins à recevoir des subventions d'une tout autre ampleur que celles qui vont aux énergies renouvelables.

Une étude préparée par l'Energy Watch Group* envisage quatre scénarios différents pour les nouvelles installations de centrales solaires et éoliennes, et conclut qu'elles permettront d'élargir la part

* Groupe d'étude sur l'énergie fondé par le député vert allemand Hans-Josef Fell et des parlementaires d'autres pays. Il se propose de fournir une « information objective » sur la pénurie des ressources énergétiques fossiles et nucléaires et sur les scénarios de développement des énergies renouvelables.

de marché de ces énergies à 50 % en 2033, avec une estimation plus optimiste qui voit cet objectif atteint dès 2017[48]. Si le solaire et l'éolien sont lancés sur une courbe exponentielle apparemment irréversible vers des coûts marginaux pour ainsi dire nuls, l'énergie géothermique, la biomasse et les énergies houlomotrice et marémotrice connaîtront probablement leur décollage exponentiel dans la prochaine décennie, ce qui mettra toute la gamme des énergies renouvelables sur une courbe de croissance exponentielle dans la première moitié du XXIe siècle.

Malgré tout, les puissants du jour continuent à minorer leurs projections de la part future des énergies renouvelables sur le marché énergétique mondial, en partie parce que, comme les industriels des télécommunications et des technologies de l'information dans les années 1970, ils n'anticipent pas la transformation qualitative qu'apportent les courbes exponentielles, même lorsqu'ils ont sous les yeux des preuves de doublements cumulés sur plusieurs décennies.

L'inventeur et entrepreneur du MIT Ray Kurzweil, qui est aujourd'hui directeur de l'ingénierie chez Google et qui a passé sa vie à observer le puissant effet perturbateur de la croissance exponentielle dans le secteur des technologies de l'information, a fait le calcul dans le seul cas du solaire. En se fondant sur les vingt dernières années de doublement, il conclut : « Lorsque, après huit doublements de plus, nous satisferons l'ensemble des besoins énergétiques mondiaux par le solaire, nous n'utiliserons qu'un dix-millième du rayonnement solaire qui atteint la Terre[49]. » Huit doublements de plus, cela veut dire seize ans seulement, ce qui nous propulse dans l'âge solaire en 2028.

Peut-être Kurzweil est-il légèrement optimiste. Ma propre lecture est que nous atteindrons environ 80 % d'électricité produite par les énergies renouvelables bien avant 2040, sauf circonstances imprévues.

On se rapproche du quasi nul

Les sceptiques soutiennent à juste titre que rien de ce que nous échangeons n'est vraiment gratuit, jamais. Même lorsque l'Internet des objets aura été totalement financé et mis en marche, produire et distribuer de l'information et de l'énergie coûtera toujours quelque chose. C'est pour cette raison que nous écrivons sans cesse *quasi nul* ou *proche de zéro* à propos du coût marginal de l'apport d'information, d'énergie verte et de biens et services.

Même si les coûts marginaux de l'apport d'information sont déjà minuscules, un effort considérable est en cours pour les réduire encore plus, et parvenir le plus près possible du coût marginal zéro. On estime que les fournisseurs d'accès à Internet (FAI) qui connectent les usagers ont engrangé des revenus de 196 milliards de dollars en 2011[50]. À tout prendre, c'est un coût étonnamment faible pour connecter près de 40 % de l'humanité et toute l'économie mondiale[51]. Outre le fournisseur d'accès, tout internaute paie aussi l'électricité qu'il consomme pour envoyer et obtenir l'information. On estime que la transmission en ligne d'un fichier d'un mégabyte ne coûte que 0,001 dollar[52]. Mais les mégabytes s'accumulent. Internet consomme jusqu'à 1,5 % de l'électricité mondiale, ce qui coûte 8,5 milliards de dollars – bien peu, là encore, pour jouir d'un système de communication planétaire[53]. C'est le prix de construction de quatre ou cinq casinos neufs à Las Vegas. Néanmoins, avec une interconnectivité qui ne cesse de croître et des équipements informatiques toujours plus puissants, la consommation d'électricité grimpe. L'énergie qu'utilise Google pourrait alimenter 200 000 logements[54].

Une bonne partie de l'électricité produite est consommée par les serveurs et les centres de traitement de données dans le monde. En 2011, dans le seul cas des États-Unis, le coût de l'électricité nécessaire à leur fonctionnement a été de 7,5 milliards de dollars environ[55]. Le nombre des centres fédéraux de traitement de données est passé de 432 en 1998 à 2 094 en 2010[56]. En 2011, il y avait sur la planète plus de 509 000 centres de traitement de données, qui occupaient 26,5 kilomètres carrés, soit l'équivalent de 5 955 terrains de football[57]. Puisque l'essentiel du courant électrique consommé par les équipements technologiques dans ces centres de traitement de données est converti en chaleur, il faut encore de l'électricité pour rafraîchir les installations. Souvent, 25 à 50 % de l'énergie servent à refroidir le matériel[58].

On gaspille aussi énormément de courant à seule fin de garder des serveurs inactifs et prêts à servir, au cas où une forte poussée d'activité ralentirait ou paralyserait le système. Le cabinet-conseil McKinsey a découvert qu'en moyenne, les centres de traitement de données n'utilisent que 6 à 12 % de leur électricité pour alimenter leurs serveurs pendant les calculs – le reste sert à les maintenir fin prêts[59]. De nouvelles applications de gestion du courant sont mises en place pour passer en mode économique dans les périodes d'inaction, ou pour faire tourner les serveurs en basse fréquence et basse tension. Ralentir le calcul lui-même économise aussi de l'électricité. Une autre approche de l'« informatique économe en énergie » – *energy-adaptive computing* – consiste à réduire les besoins énergétiques en s'attaquant à la « sursophistication » et au gaspillage dans la façon de construire et de faire fonctionner le matériel lui-même[60].

En dernière analyse, c'est en alimentant les centres de traitement de données en énergie renouvelable que l'on réduira leurs coûts énergétiques. Les coûts fixes initiaux de cette entreprise seront importants, mais la durée d'amortissement ne cessera de diminuer puisque les coûts de construction des installations à énergie positive continueront à chuter. Et une fois que les installations et les technologies de collecte fonctionneront, le coût marginal de production de l'énergie solaire et éolienne et des autres énergies renouvelables sera quasi nul, ce qui rendra l'électricité presque gratuite. Cette réalité n'a pas échappé aux grands acteurs dans le champ du stockage des données.

En 2012, Apple a annoncé que son nouveau centre géant de traitement de données en Caroline du Nord sera alimenté par une grande centrale photovoltaïque de 20 mégawatts, et comprendra une installation de piles à combustible de 5 mégawatts exploitant les biogaz pour stocker l'énergie solaire intermittente, afin de garantir une alimentation fiable en électricité, vingt-quatre heures sur vingt-quatre et sept jours sur sept[61]. Le centre de traitement de données de McGraw-Hill à East Windsor (New Jersey) sera servi par un réseau de panneaux solaires de 14 mégawatts. D'autres compagnies prévoient de construire pour leurs centres des locaux semblables, qui fonctionneront à l'énergie renouvelable[62].

Dans son centre de traitement des données, Apple installe aussi un système de « rafraîchissement libre » : la nuit, l'air extérieur est intégré à un échangeur de chaleur pour fournir de l'eau froide au circuit de refroidissement du centre[63]. En procurant aux centres de traitement de données une énergie renouvelable sur site, énergie dont le coût marginal est pratiquement gratuit, on va réduire considérablement les coûts d'alimentation électrique d'un Internet des objets planétaire, ce qui nous rapproche encore de l'électricité quasi gratuite pour organiser l'activité économique.

La réduction des coûts d'électricité dans les centres de traitement de données s'accompagne d'un autre effort d'économie : il porte sur le coût du stockage des données, qui tient toujours plus de place dans leur gestion. Et le volume des données grossit bien plus vite que la capacité des disques durs à les enregistrer.

Les chercheurs commencent à peine à expérimenter un nouveau moyen de les stocker qui pourrait finir par rendre le coût marginal de l'opération quasi nul. En janvier 2013, des scientifiques de l'Institut européen de bio-informatique à Cambridge (Grande-Bretagne) ont annoncé une nouvelle méthode révolutionnaire : le stockage de données électroniques massives en les insérant dans de l'ADN synthétique. Deux chercheurs, Nick Goldman et Ewan Birney, ont converti le texte de cinq fichiers informatiques – parmi lesquels un enregistrement mp3 du discours de Martin Luther King Jr « J'ai fait un rêve », un article de James Watson et Francis Crick sur la structure de l'ADN et l'ensemble des sonnets et des pièces de Shakespeare – en remplaçant les 1 et 0 de leur version numérique par les lettres qui constituent l'alphabet du code ADN. Sur la base de ce codage, ils ont alors fabriqué des filaments d'ADN synthétique. Des machines ont lu les molécules d'ADN et décodé l'information[64].

Cette méthode innovante rend possible un stockage d'information pratiquement illimité. Selon le chercheur de Harvard George Church, l'information entreposée aujourd'hui dans l'ensemble des disques durs du monde pourrait tenir dans un petit morceau d'ADN grand comme la paume de la main. Les scientifiques ajoutent que l'information ADN peut se conserver pendant des siècles, du moment qu'on l'entrepose dans un lieu obscur et frais[65].

À ce stade précoce du développement, le coût de lecture du code est élevé et le temps nécessaire pour décoder l'information est long. Mais les chercheurs sont assez confiants : avec le rythme exponentiel du changement en bio-informatique, on devrait aboutir à un coût marginal proche de zéro dans les quelques décennies qui viennent.

Aujourd'hui, une infrastructure énergie / communication à coût marginal quasi nul pour l'âge collaboratif est en vue. Le déploiement de la technologie nécessaire à son avènement est déjà en cours. Il faut à présent passer à la vitesse supérieure et construire : tout est là. Quand nous voyons s'alourdir nos dépenses pour maintenir en état une vieille matrice énergie / communication de seconde révolution industrielle dont les coûts augmentent chaque jour, faite de télécommunications centralisées et de production centralisée d'énergie fossile, et que nous la comparons à une matrice énergie / communication de troisième révolution industrielle dont les coûts plongent radicalement, il est clair que l'avenir appartient à cette dernière. La communication par Internet est déjà produite et partagée à un coût marginal quasi nul, ce qui est aussi le cas de l'énergie solaire et éolienne pour les millions de gens qui l'ont adoptée tôt.

Les partisans acharnés de l'énergie fossile répondent que les sables bitumineux et le gaz de schiste sont là, prêts à servir, et qu'il n'est donc pas nécessaire de développer massivement les énergies renouvelables, du moins à court terme. Mais sans la diminution des réserves de pétrole brut qui fait monter les cours sur les marchés mondiaux, l'introduction de ces autres énergies fossiles plus coûteuses ne serait même pas possible. Extraire le pétrole du sable et de la roche est bien plus onéreux que forer un trou et laisser le brut jaillir du sous-sol. Les sables bitumineux ne sont même pas commercialement viables quand les cours du brut descendent au-dessous de 80 dollars le baril, et n'oublions pas qu'il y a quelques années seulement 80 dollars le baril paraissait être un prix prohibitif. Quant au gaz de schiste, ses prix sont actuellement bas, mais de nouveaux rapports, venus du terrain, sont troublants : ils suggèrent que la promesse de l'indépendance par ce gaz a été exagérée par les marchés financiers et par les industriels de l'énergie. Les observateurs du secteur craignent de plus en plus que la ruée vers le schiste, comme les ruées vers l'or du XIXe siècle, n'ait déjà créé une bulle dangereuse, aux effets potentiellement préjudiciables pour l'économie américaine, car trop d'investissement, trop vite, est passé dans les gisements de gaz de schiste[66].

Le négociant en pétrole Andy Hall, qu'on appelle « Dieu » dans le secteur en raison de la remarquable exactitude de ses prévisions sur l'évolution des marchés à terme, a ébranlé la profession quand il a déclaré, en mai 2013, que le gaz de schiste n'allait stimuler que « temporairement » la production d'énergie. Voici pourquoi, a-t-il expliqué aux investisseurs de son fonds spéculatif Astenbeck, qui pèse 4,5 milliards de dollars : au début, le gaz de schiste jaillit puissamment, mais la production décline vite parce que chaque puits ne touche qu'un seul groupe de roches dans un vaste réservoir. L'épuisement rapide des réservoirs existants contraint les producteurs à trouver continuellement de nouveaux gisements de gaz de schiste et à creuser de nouveaux puits, ce qui fait monter en flèche les coûts d'exploitation. Par conséquent, conclut Hall, il est « impossible de maintenir la production [...] sans forer constamment de nouveaux puits, [ce qui nécessite que] les cours du pétrole soient élevés ». Hall est persuadé que l'euphorie du gaz de schiste ne durera pas[67]. L'Agence internationale de l'énergie [AIE] est d'accord avec lui. Dans l'édition de 2013 de son rapport annuel *World Energy Outlook* (Perspectives énergétiques mondiales), l'AIE prévoit que la production de *light tight oil*, désignation courante du gaz de schiste, va culminer vers 2020, puis stagner, et enfin diminuer à partir du milieu des années 2020. Les perspectives du gaz de schiste aux États-Unis sont encore plus sombres. L'Energy Information Administration du département de l'Énergie estime que sa production s'accélérera jusqu'à la fin de la période 2015-2019 seulement (donc pendant encore cinq ans), puis ralentira[68].

Ce qui n'a pas encore pénétré dans les têtes, c'est que les énergies fossiles ne parviendront jamais à atteindre un coût marginal proche de zéro, ni même à s'en approcher. Mais les énergies renouvelables ont déjà un coût marginal quasi nul pour les millions de personnes qui s'y sont ralliées tôt. Les faire passer à l'échelle supérieure pour que tout le monde sur terre puisse produire de l'énergie verte et la partager sur l'Internet des objets, là encore à un coût marginal presque nul, est la grande tâche immédiate d'une civilisation qui effectue sa transition du marché capitaliste aux communaux collaboratifs.

6

L'impression 3D : de la production de masse à la production par les masses

La nature distribuée, collaborative et latérale de l'Internet des objets va changer fondamentalement notre façon de fabriquer, de commercialiser et de livrer les produits à l'ère qui vient. Souvenons-nous que les matrices énergie / communication des première et seconde révolutions industrielles se caractérisaient par une extrême intensité en capital ; elles avaient besoin de l'intégration verticale pour réaliser des économies d'échelle, et de la gestion centralisée pour assurer leurs marges de profits et garantir des retours sur investissement suffisants. Dans le dernier demi-siècle de la seconde révolution industrielle, les sites de production sont même devenus gigantesques. En Chine et dans l'ensemble du monde en développement, des usines géantes débitent des produits à des vitesses et dans des quantités qui auraient paru inouïes il y a cinquante ans.

LA MICRO-INFOFABRICATION

Néanmoins, le mode de production manufacturière de la seconde révolution industrielle, longtemps dominant, va probablement céder la place, au moins en partie, dans les trois décennies qui viennent. Un nouveau modèle de fabrication de troisième révolution industrielle est entré en scène, et il suit une courbe de croissance exponentielle, comme les autres composantes de l'infrastructure Internet des objets. Des centaines d'entreprises produisent aujourd'hui des biens physiques à la façon dont un logiciel produit de l'information dans les formats vidéo, audio et texte. Cela s'appelle l'impression 3D et c'est le modèle de «production manufacturière» qui accompagne une économie d'Internet des objets.

Le logiciel – souvent en source ouverte – dirige la matière plastique fondue, le métal fondu ou d'autres matériaux à l'intérieur d'une imprimante, pour construire un produit physique couche par couche : il crée un objet pleinement formé, même avec des éléments mobiles, et celui-ci jaillit de l'appareil. Comme le «réplicateur» de la série télévisée *Star Trek*, les imprimantes peuvent être programmées pour fabriquer une infinie diversité de produits. Elles en produisent déjà beaucoup, des bijoux aux pièces d'avion et aux prothèses humaines. Les amateurs intéressés par l'impression de leurs propres pièces détachées et produits peuvent acquérir des imprimantes bon marché. Le consommateur commence à céder la place au «prosommateur» : de plus en plus de gens deviennent à la fois le producteur et le consommateur de leurs produits.

L'impression tridimensionnelle se distingue de la fabrication centralisée traditionnelle par plusieurs traits importants :

Premièrement, il y a peu de participation humaine en dehors de la création du logiciel. C'est le logiciel qui fait tout le travail, et il est donc plus exact de voir dans ce procédé une activité «infofacturière» que manufacturière.

Deuxièmement, les pionniers de l'impression 3D se sont beaucoup dépensés pour que le logiciel de programmation et d'impression des produits physiques reste en source ouverte, ce qui permet aux prosommateurs de partager entre eux les idées novatrices dans des réseaux d'amateurs adeptes du «faire soi-même*». Grâce au principe de conception ouverte, la production des biens est un processus dynamique au cours duquel des milliers – voire

* La vaste mouvance dite du DIY (*Do It Yourself*, «faites-le vous-même»), qui regroupe toutes sortes de bricoleurs.

des millions – d'acteurs apprennent les uns des autres en fabriquant ensemble des objets. Toute protection de propriété intellectuelle est éliminée, ce qui contribue aussi à réduire considérablement le coût des produits d'impression et avantage la société d'impression 3D par rapport aux entreprises manufacturières traditionnelles, qui doivent comptabiliser les coûts de milliers de brevets. Le modèle de production en source ouverte a encouragé la croissance exponentielle.

L'ascension abrupte de la courbe de croissance a été facilitée par le plongeon des coûts des imprimantes 3D. En 2002, Stratasys a mis sur le marché la première imprimante *low cost*. Son prix : 30 000 dollars[1]. Aujourd'hui, on peut acheter des imprimantes 3D « haute qualité » pour 1 500 dollars seulement[2]. C'est une réduction de la courbe des coûts du même ordre que pour les ordinateurs, les téléphones portables et les technologies solaires et éoliennes. Les observateurs du secteur prévoient que, dans les trois prochaines décennies, les imprimantes 3D seront équipées pour fabriquer des produits bien plus raffinés et complexes à des prix toujours plus bas – et le procédé d'infofabrication parviendra ainsi au coût marginal quasi nul.

Troisièmement, l'organisation du processus de production est totalement différente de celle des première et seconde révolutions industrielles. Dans l'usine traditionnelle, fabriquer, c'est soustraire. On coupe dans les matières premières, on sépare le bon du mauvais, puis on assemble pour constituer le produit définitif. Au cours du processus, on gaspille une part substantielle du matériau qui n'entrera jamais dans le produit fini. L'impression tridimensionnelle, en revanche, infofabrique par addition. Le logiciel donne instruction à la matière première fondue d'ajouter couche sur couche : le produit créé est donc d'une seule pièce. L'infofabrication additive utilise un dixième du matériau de la fabrication soustractive, ce qui donne à l'impression 3D une avance substantielle en efficacité et en productivité. En 2011, la fabrication additive a connu un taux de croissance stupéfiant de 29,4 % : en un an seulement, elle a fait mieux que les 26,4 % du taux de croissance annuel historique du secteur[3].

Quatrièmement, les imprimantes 3D peuvent imprimer leurs propres pièces détachées sans qu'il soit nécessaire d'investir dans un réoutillage coûteux, donc sans être tributaire des délais qui l'accompagnent. Avec elles, on peut aussi personnaliser les produits pour confectionner un article unique ou de petits lots conçus à la commande, à coût minimal. Les usines centralisées, avec leurs économies d'échelle à forte intensité en capital et leurs chaînes de montage coûteuses et conçues pour la production en série, n'ont pas l'agilité requise pour concurrencer un processus de production en 3D qui peut créer un produit unique personnalisé au même coût unitaire, ou presque, que 100 000 exemplaires du même article.

Cinquièmement, le mouvement de l'impression 3D s'engage à fond pour la production durable. Il met l'accent sur la durabilité et la recyclabilité et sur l'emploi de matériaux non polluants. L'approche de William McDonough et Michael Braungart, le « recyclage valorisant » *(upcycling)* – l'ajout de valeur au produit à chaque étape de son cycle de vie –, est intégrée à l'écologie de la production[4].

Sixièmement, puisque l'Internet des objets est distribué, collaboratif et latéral, les imprimeurs en 3D peuvent ouvrir un atelier et se connecter partout où existe une infrastructure de troisième révolution industrielle; ils jouissent alors d'une efficacité énergétique très supérieure à celle des usines centralisées, et leurs gains de productivité dépassent tout ce qui était réalisable dans la première comme dans la seconde révolution industrielle.

Par exemple, un imprimeur local en 3D peut alimenter son infofabrique avec de l'électricité verte, avec des énergies renouvelables collectées sur site ou produites par des coopératives locales. En Europe et ailleurs, des PME commencent déjà à collaborer dans des coopératives régionales d'électricité verte pour profiter d'économies d'échelle latérales. Comme les coûts de l'électricité centralisée fossile et nucléaire augmentent constamment, les PME capables d'alimenter leurs usines avec de l'énergie renouvelable au coût marginal quasi gratuit prennent l'avantage.

Dans une économie d'Internet des objets, les coûts de commercialisation s'effondrent aussi. Dans les première et seconde révolutions industrielles, les communications centralisées – revues, journaux, stations de radio, chaînes de télévision – étaient coûteuses; seuls les géants de l'industrie, dont les activités étaient intégrées au niveau national, pouvaient donc s'offrir le luxe de faire de la publicité à grande échelle, et cette situation limitait considérablement la présence des petites entreprises sur le marché.

Dans la troisième révolution industrielle, une petite entreprise d'impression 3D, n'importe où dans le monde, peut faire de la publicité pour ses produits infofabriqués sur les sites Internet mondiaux de commercialisation, de plus en plus nombreux, à un coût marginal quasi nul. La société Etsy est l'un de ces nouveaux sites de marketing distribué qui mettent en contact fournisseurs et utilisateurs sur un espace mondial à un faible coût marginal. Elle a été lancée il y a huit ans par un jeune entrepreneur social américain nommé Rob Kalin. Aujourd'hui, 900 000 petits fabricants font leur publicité sans frais sur son site web. Près de 60 millions de consommateurs du monde entier naviguent chaque mois sur Etsy, et ils engagent souvent un dialogue personnel avec les fournisseurs[5]. Lorsque l'un d'eux fait un achat, Etsy ne reçoit du producteur qu'une commission minuscule. Cette forme de commercialisation à vaste échelle latérale met la petite entreprise à égalité avec les grandes : elle peut toucher un marché de consommation mondial à très faible coût.

Septièmement, se brancher sur une infrastructure Internet des objets au niveau local assure aux petits infofabricants un dernier avantage, crucial, sur les entreprises centralisées et intégrées verticalement des XIXe et XXe siècles. Ils peuvent alimenter leurs véhicules avec une énergie renouvelable au coût marginal presque gratuit, ce qui réduit considérablement leurs coûts logistiques sur la chaîne d'approvisionnement comme dans la livraison des produits finis aux utilisateurs.

Avec un processus d'impression 3D inséré dans une infrastructure Internet des objets, pratiquement n'importe qui dans le monde peut devenir un prosommateur qui, à l'aide d'un logiciel en source ouverte, fabrique ses propres produits pour s'en servir lui-même ou pour les distribuer. Ce procédé de production n'utilise qu'un dixième de la matière première nécessaire à l'industrie traditionnelle et exige très peu de travail humain dans la fabrication du produit. L'énergie consommée dans la production est une énergie renouvelable collectée sur site ou localement, à un coût marginal quasi nul. Le produit est mis en vente sur des sites Internet de commercialisation mondiale, là encore à un coût marginal presque nul. Enfin, le bien vendu est livré à l'utilisateur dans un véhicule d'e-mobilité alimenté par une énergie renouvelable d'origine locale, là aussi à coût marginal quasi nul.

La possibilité de produire, mettre en vente et distribuer des biens physiques partout où il est possible de se connecter à une infrastructure Internet des objets va changer radicalement l'organisation spatiale de la société. La première révolution industrielle a favorisé le développement de centres urbains très denses. Usines et réseaux logistiques devaient s'agglutiner à l'intérieur ou autour des villes où se trouvaient les grandes liaisons ferroviaires, en mesure d'apporter l'énergie et les matériaux venus des fournisseurs d'amont et de conditionner et livrer les produits finis aux grossistes et détaillants d'aval. Les salariés devaient habiter à proximité immédiate de leurs usines et de leurs bureaux, ou avoir accès aux trains de banlieue et aux tramways. Avec la seconde révolution industrielle, la production a migré de ces centres urbains à forte densité aux parcs industriels de banlieue, accessibles à partir des sorties d'autoroute. Le camion l'a emporté sur le rail et les salariés ont dû faire de plus longs trajets pour se rendre en voiture sur leurs lieux de travail.

L'impression tridimensionnelle est à la fois locale et mondiale ; elle est aussi très mobile : les infofabricants sont partout et peuvent se rendre vite partout où existe une infrastructure Internet des objets à laquelle se connecter. Les prosommateurs, toujours plus nombreux, fabriqueront et utiliseront les produits simples chez eux. Les PME de la 3D, qui vont infofabriquer les produits plus complexes, s'agglutineront probablement dans des parcs technologiques locaux pour opérer à une échelle latérale optimale. Domiciles et lieux de travail ne seront plus séparés par de longs trajets. Puisque les travailleurs vont devenir progressivement propriétaires et les consommateurs, producteurs, il est même imaginable que la circulation baisse sur les réseaux routiers aujourd'hui surchargés et que les sommes consacrées à construire de nouvelles routes diminuent. À l'ère de l'économie distribuée et collaborative, de petits centres urbains de 150 000 à 250 000 personnes, entourés d'espaces verts rendus à la nature, pourraient bien remplacer lentement les centres-villes à forte densité et les banlieues tentaculaires.

DÉMOCRATISER LE RÉPLICATEUR

La nouvelle révolution de l'impression 3D est un exemple de « productivité extrême ». Elle ne s'est pas encore entièrement concrétisée, mais, quand elle fera irruption, elle finira inévitablement par réduire les coûts marginaux à zéro ou presque, éliminer le profit et rendre superflu pour de nombreux produits (pas tous, certes) l'échange de biens sur des marchés.

Grâce à la démocratisation de l'industrie, n'importe qui, et finalement tout le monde, aura accès aux moyens de production ; la question de la propriété et du contrôle des moyens de production perdra donc son sens et le capitalisme aussi.

Comme tant d'inventions, l'impression tridimensionnelle a été inspirée par les auteurs de science-fiction. Assise devant le petit écran, toute une génération de génies de l'informatique a regardé, captivée, les épisodes de *Star Trek*. Dans ses longues traversées de l'univers, l'équipage devait pouvoir réparer et remplacer des éléments de son vaisseau spatial et rester approvisionné en tout, des pièces détachées aux médicaments. Le réplicateur était programmé pour restructurer en objets – denrées alimentaires et eau comprises – les particules subatomiques omniprésentes dans l'univers. Son sens profond est clair : il élimine la notion même de rareté, de pénurie – nous y reviendrons dans la cinquième partie.

La révolution de l'impression 3D a commencé dans les années 1980. Les premières imprimantes étaient très coûteuses et servaient essentiellement à créer des prototypes. Architectes et constructeurs automobiles et aéronautiques ont été parmi les premiers à mettre en œuvre la nouvelle technologie de duplication[6].

Ce processus innovant est passé de la réalisation de prototypes à la fabrication de produits personnalisés quand des hackers et amateurs d'informatique ont commencé à s'y intéresser. (Le mot « *hacker* » a des connotations positives et négatives. Certains définissent les hackers comme des criminels, qui accèdent illégalement à une information privée et secrète; d'autres voient en eux d'habiles programmeurs dont les apports profitent à tous. Ici et tout au long de cet ouvrage, j'utiliserai le terme *«hacker»* dans ce second sens[7].) Les hackers ont immédiatement compris l'intérêt de concevoir «les atomes comme les nouveaux bits». Ces pionniers ont eu une vision : faire passer le format «source ouverte» du domaine de l'informatique et des technologies de l'information à la production d'«objets». «Du matériel en source ouverte» : tel est devenu le cri de ralliement d'un groupe disparate d'inventeurs et de passionnés qui se réclamaient du mouvement assez informel des Makers*. Ils collaboraient sur Internet, échangeaient des idées d'innovation et apprenaient les uns des autres tout en faisant progresser l'impression 3D[8].

L'impression 3D en source ouverte est entrée dans une nouvelle phase quand Adrian Bowyer et une équipe de chercheurs de l'université de Bath (Grande-Bretagne) ont inventé le RepRap, la première imprimante 3D en source ouverte qu'il est possible de fabriquer avec des outils faciles à trouver et qui peut s'autoreproduire – autrement dit, cette machine est en mesure de fabriquer ses propres pièces. Le RepRap peut déjà fabriquer 48 % des pièces qui le composent, et il est en passe de devenir une machine capable de s'autoreproduire intégralement[9].

MakerBot Industries, financé par Bowyer, a été l'une des premières entreprises à émerger du mouvement des Makers avec l'introduction sur le marché, en 2009, de son imprimante 3D, nommée Cupcake. Une série d'imprimantes 3D plus polyvalentes, plus simples à utiliser et moins coûteuses ont suivi, comme le Thing-O-Matic en 2010 et le Replicator en 2012. MakerBot Industries met les instructions de montage de la machine en accès libre à l'intention de ceux qui souhaitent s'en fabriquer une, et la vend aussi aux clients qui jugent plus commode de l'acheter.

Deux autres pionniers, Zach «Hoken» Smith et Bre Pettis, ont créé en 2008 un site Internet nommé Thingiverse – qui appartient à

* Au sein de la communauté DIY – les bricoleurs du «faire soi-même» –, la sous-culture des Makers a pour particularité de recourir à la technologie informatique.

MakerBot Industries. C'est le lieu de rencontre de la communauté de l'impression 3D. On y trouve des fichiers de conception numérique en source ouverte, créés par l'utilisateur, à la fois sous licence General Public Licences (GPL) et sous licence Creative Commons. (Nous procéderons à une analyse plus détaillée de ces licences dans la troisième partie.) La communauté du « faire soi-même » compte beaucoup sur ce site Internet : elle l'utilise comme une sorte de bibliothèque vers laquelle on télécharge des fichiers de conception en source ouverte pour les partager, et comme un espace où l'on s'engage dans de nouveaux projets collaboratifs d'impression 3D.

En 2005, le mouvement des Makers a fait un grand pas vers la démocratisation des objets produits numériquement : l'introduction du fab lab. Ce « laboratoire de fabrication » a été conçu par le physicien Neil Gershenfeld, professeur au MIT. L'idée est venue d'un cours qui avait un grand succès au MIT, « Comment fabriquer (presque) n'importe quoi ».

Le fab lab est né au Center for Bits and Atoms du MIT, un rejeton du laboratoire des médias du MIT. La mission de ce centre était de mettre au point un laboratoire où chacun pourrait venir utiliser des outils pour réaliser ses propres projets d'impression 3D. La charte de la Fab Foundation de Gershenfeld souligne l'attachement de l'organisation à l'accès libre et à l'apprentissage pair à pair. Les laboratoires sont équipés de divers types de matériel de fabrication flexible : découpeuses laser, détoureuses, imprimantes 3D, mini-fraiseuses, avec les logiciels en source ouverte qui les accompagnent. Installer le laboratoire complet coûte dans les 50 000 dollars[10]. Il existe à présent plus de 70 fab labs, la plupart étant installés dans des zones urbaines de pays très industrialisés, mais on en trouve beaucoup aussi dans des pays en développement, où cet accès aux équipements et outils de fabrication établit une tête de pont qui permet de créer une communauté de l'impression 3D[11]. Dans des régions isolées, déconnectées de la chaîne de l'offre mondiale, être en mesure de fabriquer ne serait-ce que des outils et objets simples peut améliorer considérablement le bien-être économique. La grande majorité des fab lab sont des initiatives publiques ou associatives locales, gérées par des universités et des organisations à but non lucratif, bien que quelques commerçants commencent à envisager de joindre un fab lab à leurs magasins : l'amateur pourrait ainsi leur acheter les fournitures dont il a besoin, puis se servir du fab lab pour fabriquer le produit[12]. Le projet, confie Gershenfeld, consiste à fournir à chacun les outils et les matériaux nécessaires pour produire tous les objets qu'il pourra concevoir. Son objectif ultime « est de créer un réplicateur style *Star Trek* dans les vingt ans[13] ».

Dans la troisième révolution industrielle, le fab lab est « le laboratoire de recherche-développement du peuple ». Il fait sortir la recherche-développement, l'innovation, des laboratoires élitistes des universités prestigieuses et des firmes mondialisées pour la répartir dans les quartiers et les localités, où elle se mue en activité collaborative et en expression puissante du pouvoir latéral pair à pair à pied d'œuvre.

La démocratisation de la production bouleverse radicalement les pratiques de fabrication centralisées de la seconde révolution industrielle à intégration verticale. Installer des fab labs dans le monde entier pour permettre à chacun d'être un prosommateur a des conséquences révolutionnaires, ce qui n'a pas échappé à certains. Là encore, les auteurs de science-fiction ont été parmi les premiers à en imaginer les répercussions.

Dans une nouvelle publiée en 2006, « Printcrime » [Crime d'impression], Cory Doctorow décrit une société future où les imprimantes 3D peuvent copier les biens physiques. Dans cette société dystopique, un puissant régime autoritaire a prohibé l'impression 3D de copies des produits matériels. Pour l'avoir pratiquée, le héros de la nouvelle de Doctorow, un prosommateur de la première heure, a été condamné à dix ans de prison. Après avoir purgé sa peine, il comprend que la meilleure façon de renverser l'ordre établi n'est pas d'imprimer quelques produits, mais d'imprimer des imprimantes : « Je vais imprimer plus d'imprimantes. Beaucoup plus d'imprimantes. Une pour chacun. Ce projet vaut la peine de risquer la prison ! Ce projet vaut tout[14] ! » Les fab labs sont les nouveaux arsenaux ultratechnologiques où les hackers s'arment des outils nécessaires pour éclipser l'ordre économique existant.

Les hackers commencent à envisager l'impression 3D de certains composants de l'infrastructure Internet des objets. Les technologies de collecte de l'énergie renouvelable constituent leur premier centre d'intérêt. Xerox est en train d'élaborer une encre conductrice spéciale à base d'argent : elle pourrait remplacer le silicium qui sert actuellement de semi-conducteur dans les cellules solaires photovoltaïques. L'encre à base d'argent fond à plus basse température que le plastique, ce qui pourrait permettre aux utilisateurs d'imprimer des circuits intégrés sur matière plastique, sur tissu et sur film. Si l'on pouvait imprimer chez soi des bandes solaires photovoltaïques fines comme du papier, chacun pourrait produire sa propre technologie de collecte de l'énergie solaire à un coût en diminution constante, et l'énergie solaire ferait ainsi un pas de plus en direction du coût marginal quasi nul. Le procedé Xerox de l'encre à base d'argent en est encore au stade expérimental, mais il est révélateur des nouvelles possibilités d'infofabrication ouvertes par l'impression 3D[15].

Pour faire de l'impression 3D un processus vraiment local et autosuffisant, il faut que la matière première qui sert à créer le filament soit abondante et disponible localement. La société de fournitures de bureau Staples a introduit dans son magasin d'Almere (Pays-Bas) une imprimante 3D, fabriquée par Mcor Technologies, qui utilise comme matériau du papier bon marché. Le procédé, dit « laminage par dépôt sélectif » (ou SDL, *selective deposition lamination*), imprime en 3D des objets durs polychromes qui ont la consistance du bois. On se sert de ces imprimantes 3D pour infofabriquer des produits artisanaux, des maquettes d'architecte et même des modèles chirurgicaux de reconstruction du visage. Le papier utilisé comme matériau ne coûte que 5 % du prix des matières premières antérieures[16].

D'autres matériaux en cours d'introduction sont encore moins chers, ce qui va réduire le coût des matières premières à un niveau proche de zéro. Marcus Kayser, étudiant de second cycle du Royal College of Art à Londres, a inventé une imprimante 3D, le Solar Sinter, qui imprime des objets en verre avec du soleil et du sable. Mis à l'épreuve avec succès dans le désert du Sahara en 2011, le

Solar Sinter est alimenté par deux panneaux photovoltaïques. Il est aussi équipé d'une grande lentille qui concentre les rayons du soleil pour chauffer le sable jusqu'au point de fusion. Le logiciel dirige alors le sable fondu pour former chaque couche et produit ainsi un objet en verre pleinement constitué[17].

Le Filabot est un nouvel appareil ingénieux, de la taille d'une boîte à chaussures, qui broie et fond de vieux objets en plastique : seaux, DVD, bouteilles, tuyaux d'arrosage, lunettes de soleil, pots à lait, etc. Après broyage, le plastique est introduit dans une trémie et un baril où il est fondu par un serpentin de chauffage. La matière plastique fondue parcourt ensuite diverses buses, puis passe à travers des rouleaux de dimensionnement : cela crée des filaments de plastique, qui s'enroulent sur une bobine pour l'impression. Un Filabot déjà monté coûte 649 dollars[18].

Un étudiant néerlandais, Dirk Vander Kooij, a reprogrammé un robot industriel pour qu'il imprime en continu des meubles personnalisés avec la matière plastique de vieux réfrigérateurs. Le robot peut imprimer une chaise à couleurs et dessins multiples en moins de trois heures. Son imprimante 3D peut produire 4 000 chaises personnalisées par an[19]. D'autres imprimantes de meubles transforment divers matériaux de base recyclés – verre, bois, tissu, céramique et même acier inoxydable –, ce qui prouve la polyvalence du nouveau procédé d'infofabrication quant aux matières recyclées utilisables.

Si les infofabricants vont imprimer des meubles, pourquoi ne pas en faire autant pour le logement où on les mettra ? Ingénieurs, architectes et concepteurs travaillent fiévreusement à introduire sur le marché des structures bâties imprimées en 3D. La technologie en est encore au stade de la recherche-développement, mais il est déjà très clair que, dans les décennies qui viennent, l'impression 3D va réinventer la façon de construire.

Le docteur Behrokh Khoshnevis est professeur d'ingénierie des systèmes industriels, et directeur du Centre des technologies de fabrication rapide automatisée à l'université de Californie du Sud. Avec le soutien financier du Département de la défense des États-Unis, de la National Science Foundation et de la National Aeronautics and Space Administration (NASA), il expérimente l'utilisation d'un procédé d'impression 3D appelé l'« élaboration de contour » *(contour crafting)* pour imprimer des maisons. Il a créé un béton renforcé par des fibres composites, de forme libre, qui peut être extrudé, et qui est assez solide pour permettre à un mur imprimé de s'autosoutenir pendant la construction. Son équipe a déjà réussi à construire un mur de 1,50 m de long, 90 cm de haut et 15 cm d'épaisseur avec une imprimante 3D. Précisons, car c'est important, que le matériau visqueux n'encrasse pas la buse de la machine avec du sable et des particules pendant l'injection.

Ce n'est qu'un premier pas, reconnaît Khoshnevis. Mais il ne dissimule pas son enthousiasme. Le mur imprimé est pour lui « le mur le plus historique depuis la Grande Muraille de Chine » : après vingt mille ans de constructions humaines, « la façon dont on bâtit va bientôt être révolutionnée »[20].

Les imprimantes géantes, souligne Khoshnevis, coûteront quelques centaines de milliers de dollars chacune – un prix modique pour un engin de chantier. Selon lui, le coût potentiel d'impression d'une maison neuve serait très inférieur à celui de sa construction traditionnelle, parce qu'on utiliserait des matériaux composites bon marché et que le processus d'infofabrication additive nécessite beaucoup moins de matériaux et de main-d'œuvre. Il estime que la construction par impression 3D sera la norme dominante du secteur du bâtiment dans le monde vers 2025.

Khoshnevis n'est pas seul. À l'aide de l'impression 3D, le laboratoire de recherche du MIT cherche comment construire en une journée la charpente d'une maison, presque sans travail humain. Pour monter la même charpente, il faudrait au moins un mois à toute une équipe d'ouvriers du bâtiment[21].

L'architecte néerlandais Janjaap Ruijssenaars collabore avec Enrico Dini, président de Monolite, une compagnie d'impression 3D basée en Grande-Bretagne. Les deux Européens ont fait savoir qu'ils allaient imprimer des charpentes de 2,75 m sur 1,80 m en sable et en liant inorganique, puis les remplir de béton fibré. Ils espèrent disposer d'un bâtiment de deux étages en 2014[22].

Dini et Foster + Partners, l'un des plus grands cabinets d'architectes du monde, font équipe avec l'Agence spatiale européenne afin d'explorer un possible recours à l'impression 3D pour construire une base permanente sur la Lune. On imprimerait les bâtiments en prenant comme matière première le sol lunaire. L'objectif est de construire les habitats lunaires avec des matériaux durables localement et trouvés sur la Lune, pour éviter d'avoir à en importer de la Terre à grands frais. « Nous sommes habitués à concevoir pour les climats extrêmes sur terre et à exploiter les avantages environnementaux de l'utilisation de matériaux locaux et durables », explique Xavier de Kestelier de Foster + Partners. « Notre habitation lunaire s'inscrit dans une logique similaire[23]. »

Le plan consiste à utiliser l'imprimante D-Shape de Dini pour produire chaque bâtiment lunaire, dont la construction prendrait environ une semaine. Il s'agit de structures creuses à cellules fermées, qui ressemblent un peu à un squelette d'oiseau. Le dôme caténaire et les murs cellulaires sont conçus pour résister aux micrométéorites et au rayonnement spatial. La base du bâtiment et le dôme gonflable viendraient de la Terre et seraient livrés par vaisseau spatial. Des couches de régolithe – la poussière lunaire – seraient imprimées par la D-Shape et bâties autour de la charpente, explique le cabinet Foster. Ses architectes ont déjà utilisé du matériau simulé pour construire un prototype : un bloc de construction d'une tonne et demie. Le premier bâtiment lunaire serait imprimé au pôle Sud de la Lune, très ensoleillé[24].

Bien que l'impression 3D des bâtiments soit aux tout premiers stades de son développement, elle devrait connaître une croissance exponentielle dans les deux décennies qui viennent, car le procédé va devenir de plus en plus efficace et toujours moins cher. Avec les techniques de construction traditionnelle, le dessin des plans d'architecte est coûteux, les matériaux de construction onéreux, les coûts du travail élevés et le temps nécessaire pour ériger les structures très long ; rien de tout cela n'est vrai de l'impression 3D.

L'impression tridimensionnelle peut utiliser les matériaux de construction les moins chers de la Terre : le sable et la roche, plus la quasi-totalité des matériaux mis au rebut, le tout d'origine intégralement locale. Elle évite ainsi les coûts élevés des matériaux traditionnels et les frais logistiques, tout aussi lourds, de leur livraison jusqu'au chantier. Le processus additif, qui construit une structure couche par couche, fait faire des économies supplémentaires sur les matériaux de construction. Les programmes en source ouverte sont pratiquement gratuits, alors qu'obtenir un plan d'architecte demande un temps et des dépenses considérables. Comparée à l'ancienne méthode, la nouvelle permet d'ériger la charpente du bâtiment avec très peu de travail humain et en beaucoup moins de temps. Enfin, le coût marginal de la production d'électricité pour alimenter l'imprimante 3D peut être proche de zéro si l'on utilise une énergie renouvelable collectée localement. Il est donc imaginable – du moins dans un avenir pas trop lointain – que la construction d'un petit immeuble ne coûte guère plus que les frais de collecte des roches, du sable, des matériaux recyclables et des autres matériaux de base situés à proximité.

Que ce soit sur la Lune ou ici sur terre, les humains auront besoin de moyens de transport pour circuler. La première automobile imprimée en 3D, l'Urbee, en est déjà au stade des essais de terrain. Elle a été développée par KOR EcoLogic, une société de Winnipeg (Canada). C'est un véhicule électrique hybride pour deux passagers (Urbee est un abrégé d'*urban electric*), conçu pour fonctionner avec l'énergie solaire et éolienne que l'on peut collecter chaque jour dans un garage pour une seule voiture. Cette automobile peut atteindre une vitesse de 65 km/h[25]. S'il doit conduire sur longue distance, l'utilisateur peut basculer sur le moteur de secours alimenté à l'éthanol[26]. Certes, l'Urbee n'est que le premier prototype fonctionnel de la nouvelle automobile de l'ère de la troisième révolution industrielle. Mais c'est comme lorsque Henry Ford a introduit la première automobile produite en série avec un moteur à combustion interne fonctionnant à l'essence : le mode de construction du véhicule et sa source d'énergie sont très révélateurs du type d'avenir qu'il annonce pour l'économie et la société.

L'automobile de Ford exigeait la construction d'immenses usines centralisées, adaptées à la livraison et au stockage des matériaux nécessaires à son assemblage. Outiller une chaîne de montage demandait énormément de capitaux, et il fallait produire de longues séries de véhicules parfaitement identiques pour assurer un retour sur investissement convenable. On connaît la réponse de Ford aux clients qui demandaient quelle couleur ils pouvaient choisir : « Tout client pourra avoir sa voiture de la couleur qu'il voudra, pourvu qu'il la veuille noire[27]. »

Le processus de fabrication soustractive causait beaucoup de gaspillage sur les chaînes de Ford, puisqu'il fallait découper et fraiser les matériaux bruts avant de monter l'automobile. La voiture elle-même se composait de centaines de pièces dont l'assemblage demandait du temps et de la main-d'œuvre. Il fallait ensuite l'expédier aux négociants dans tout le pays, ce qui ajoutait encore des coûts logistiques. Même si Ford a pu exploiter les nouvelles sources d'efficacité rendues possibles par la seconde révolution industrielle – en créant des activités verticalement intégrées et en réalisant des économies d'échelles suffisantes pour fournir un véhicule relativement bon marché qui a mis des millions de gens au volant –, le coût marginal de production et d'utilisation de chaque véhicule ne s'est jamais rapproché de zéro, notamment lorsqu'on tient compte du prix de l'essence.

Une automobile imprimée en 3D est produite selon une tout autre logique. On peut la fabriquer à partir de matières premières presque gratuites et disponibles localement, ce qui supprime des coûts élevés : l'acquisition de matériaux rares, leur transport jusqu'à l'usine et leur stockage sur site. La plupart des pièces de la voiture sont faites d'une matière plastique imprimée en 3D, sauf le châssis et le moteur[28]. Quant au reste de la voiture, on ne le produit plus par assemblage de pièces séparées, mais sous forme de couches qui se « surajoutent » en flux continu : il faut donc moins de matériaux, moins de temps et moins de main-d'œuvre. Une imprimante 3D de 1,80 m de haut a « tiré » la carrosserie de l'Urbee en dix pièces seulement et sans le moindre gaspillage de matériau[29].

L'impression tridimensionnelle n'exige pas d'investissements gigantesques pour équiper l'usine, ni de longs délais pour changer de modèles de production. Par simple changement de logiciel en source ouverte, on pourra produire et imprimer chaque véhicule conformément à des instructions personnalisées pour un seul utilisateur, ou un petit groupe, sans grande dépense supplémentaire.

Puisqu'une entreprise d'impression 3D peut se situer partout où il est possible de se connecter à une infrastructure Internet des objets, on pourra produire les véhicules au niveau local ou régional, ce qui reviendra moins cher que de leur faire traverser des pays entiers en les expédiant à partir d'usines centralisées.

Enfin, conduire une automobile imprimée en 3D qu'on alimente avec une énergie renouvelable collectée localement est une activité pour ainsi dire gratuite. En carburant, l'Urbee ne coûte que 0,02 dollar au mile – un tiers de ce que coûte une Prius Toyota[30].

Une infrastructure pour Makers

Jusqu'à présent, le mouvement des Makers a surtout été une affaire de hackers, de bricoleurs et d'entrepreneurs sociaux jouant avec de nouvelles façons d'imprimer des objets précis à usage personnel ou collectif. Il a été animé par quatre principes : le partage en source ouverte des nouvelles inventions, la promotion d'une culture de l'apprentissage collaboratif, la croyance à l'autosuffisance locale et l'attachement aux pratiques de production durables. Mais, derrière cette façade, un programme encore plus radical commence à se déployer, bien qu'il reste informulé et en grande partie inconscient. Si nous réunissons toutes les pièces du puzzle de la culture de l'impression 3D, ce qui se dessine est un puissant récit en gestation, qui pourrait changer le mode d'organisation de la civilisation au XXIe siècle.

Voyons cela. La culture du « faire soi-même » se développe dans le monde entier, dynamisée par l'idée d'utiliser les bits pour redisposer les atomes. Comme les premiers hackers du logiciel de la génération précédente, qui voulaient concevoir leur propre logiciel pour partager l'information nouvelle, les acteurs du « faire soi-même » cherchent ardemment à créer leur propre logiciel pour imprimer et partager des objets. Or, nombre des objets que créent ces amateurs de la 3D constituent, si on les réunit, les nœuds essentiels d'une infrastructure « faire soi-même » de troisième révolution industrielle.

L'aspect vraiment révolutionnaire de l'impression 3D, celui qui va muer cette sous-culture de bricoleurs en nouveau paradigme économique, est l'apparition imminente d'une « infrastructure pour Makers ». Cette innovation va engendrer des pratiques d'entreprise inédites dont les gains d'efficacité et de productivité nous conduiront aux coûts marginaux quasi nuls dans la production et la distribution des biens et services – ce qui nous fera sortir de la période capitaliste et entrer dans l'ère collaborative.

Certains militants locaux ont été parmi les premiers à saisir l'importance historique d'une « infrastructure pour Makers » : ceux du Mouvement de la technologie appropriée. Apparu dans les années 1970, ce mouvement avait été inspiré par les écrits du Mahatma Gandhi, par les livres postérieurs de E. F. Schumacher et d'Ivan Illich, et – s'il n'est pas trop présomptueux de le mentionner – par un de mes ouvrages, intitulé *Entropy : A New World View* (Entropie : une nouvelle vision du monde). Une nouvelle génération d'amateurs du faire soi-même, dont la plupart étaient des vétérans du mouvement contre la guerre du Vietnam et du mouvement des droits civiques, s'est rassemblée informellement sous la bannière de la technologie appropriée. Certains ont prêché une éthique du « retour à la terre » et sont allés s'installer à la campagne. D'autres sont restés dans les quartiers pauvres des grandes villes, souvent en squattant des immeubles abandonnés. Leur mission autoproclamée était de créer des « technologies appropriées », autrement dit des outils et machines réalisables avec des ressources disponibles localement, calibrés pour entretenir et non exploiter l'environnement écologique, et partageables dans une culture collaborative. Leur cri de ralliement était : « Penser mondial, agir local » – ils entendaient par là : prendre soin de la planète en vivant de façon « durable » dans sa localité.

Né dans les pays industrialisés du Nord, le mouvement est vite devenu encore plus puissant dans les pays en développement du Sud, où les pauvres luttaient pour organiser leurs propres communautés locales autosuffisantes sur les marges de l'économie mondiale capitaliste.

Une décennie après l'émergence du Mouvement de la technologie appropriée s'est produit un phénomène particulièrement remarquable, du moins avec le recul : un mouvement nettement différent de jeunes amateurs des technologies de pointe est entré en scène. C'étaient les *geeks*, les férus de culture informatique, qui partageaient l'amour de la programmation et la passion du partage de logiciels au sein des communautés de l'apprentissage collaboratif. Ils ont fondé le Mouvement du logiciel libre, qui avait pour objectif de former des communaux collaboratifs mondiaux (nous examinerons ce mouvement de plus près dans la troisième partie). Leur slogan était : « L'information veut être libre* ». Il avait été lancé par Stewart Brand, l'une des rares personnalités à faire la jonction entre le Mouvement de la technologie appropriée et la culture hacker. (*The Whole Earth Catalog***, qu'il a publié, a aidé le Mouvement de la technologie appropriée à sortir du statut de sous-culture spécialisée pour devenir un phénomène culturel plus large.) Lorsqu'on cite Brand sur la révolution du logiciel, on oublie souvent la suite du passage, qui fait partie d'un discours prononcé à la première conférence des hackers en 1984 :

> D'un côté, l'information veut être chère, parce qu'elle est très précieuse. Avoir la bonne information au bon endroit, ça change la vie. De l'autre, l'information veut être libre et gratuite, parce qu'on l'obtient à un coût qui diminue en permanence. On a donc ces deux tendances qui se combattent[31].

Brand a perçu très tôt la contradiction à venir entre droits de propriété intellectuelle et accès en source ouverte. Cette contradiction a fini par structurer l'affrontement entre capitalistes et collaboratistes quand les coûts marginaux du partage de l'information ont approché de zéro.

Le Mouvement de la technologie appropriée était résolument *low tech*, « basse technologie ». Ce qui l'intéressait, c'était de redécouvrir et d'améliorer des techniques traditionnelles efficaces qu'on avait abandonnées ou oubliées dans la ruée vers l'âge industriel, et de développer certaines technologies plus récentes – notamment celles des énergies renouvelables. Ses membres préféraient le simple

* Ou « gratuite », puisque l'adjectif anglais *free* a les deux sens. Voir *infra*, p. 263 *sq.* et 275 *sq.*, les débats internes du mouvement sur la polysémie du mot *free*.
** Il a inspiré un équivalent en Europe, le *Catalogue des ressources*.

au complexe et privilégiaient les technologies entièrement reproductibles avec les ressources et savoir-faire locaux, pour rester fidèles au principe de l'autosuffisance locale.

Les hackers avaient un tout autre profil. C'étaient de jeunes ingénieurs et scientifiques, souvent brillants, à la pointe de la révolution informatique – l'essence même de la culture *high tech*, celle des « technologies de pointe ». Leur champ de vision était mondial plus que local, et leur communauté a pris forme dans les espaces sociaux d'Internet.

Ce qui était commun aux deux mouvements, c'était un sens de la communauté et du partage, et le choix éthique d'accorder plus de valeur à la coopération qu'au droit d'exclure et à l'accès qu'à la propriété.

Aujourd'hui, l'impression 3D réunit ces deux mouvements cruciaux, puisqu'elle est à la fois extrêmement *high tech* et « technologie appropriée ». Pour l'essentiel, elle est mise en œuvre en source ouverte. Les instructions logicielles pour imprimer les objets ne sont pas privées, elles sont partagées mondialement, mais les matériaux de base sont disponibles localement : cette technologie est donc universellement applicable. Et si l'impression 3D renforce les communautés locales autosuffisantes, ses produits peuvent être mis en vente à coût marginal quasi nul sur des sites Internet où ils sont accessibles à une base mondiale d'utilisateurs. L'impression tridimensionnelle transcende aussi les frontières idéologiques, puisqu'elle séduit libertariens, amateurs du « faire soi-même », entrepreneurs sociaux et localistes : tous préfèrent une conception distribuée, transparente et collaborative de la vie économique et sociale à une approche centralisée et propriétaire. L'impression 3D réunit ces diverses sensibilités. Le lien social est leur haine profonde du pouvoir hiérarchique et leur attachement inébranlable au pouvoir latéral pair à pair.

Il est normal que l'impression 3D progresse dans les économies industrielles les plus avancées. Si les compagnies américaines ont vite pris la tête du mouvement, l'Allemagne semble bien placée pour les rattraper dans les prochaines années, car sa technologie 3D est conçue comme un modèle d'infofabrication adapté à une infrastructure distribuée, collaborative et latérale de troisième révolution industrielle.

L'Allemagne est très en avance sur les autres grands pays industrialisés dans la mise en place d'une plate-forme technologique Internet des objets, à laquelle le matériel d'impression 3D pourra se connecter pour exécuter sa tâche. J'ai déjà signalé que ce pays a dépassé son objectif de 20 % d'énergie renouvelable distribuée dans sa production d'électricité, et les projections indiquent qu'il en sera à 35 % en 2020[32]. Dans les dix dernières années, l'Allemagne a aussi converti un million de bâtiments en microcentrales électriques vertes à temps partiel. E.ON et d'autres compagnies de production et distribution d'énergie installent actuellement des technologies de stockage, notamment mais pas seulement à hydrogène, sur tout le réseau électrique. Deutsche Telekom met aujourd'hui à l'essai l'Internet de l'énergie dans six régions, et Daimler installe un réseau de stations-services d'hydrogène dans toute l'Allemagne pour préparer le lancement de ses véhicules à pile à combustible en 2017[33].

Puisqu'elles peuvent se connecter à une infrastructure Internet des objets dans toute l'Allemagne, les imprimantes 3D peuvent tirer pleinement profit du potentiel d'efficacité et de productivité qu'offre la nouvelle plate-forme. Cela devrait permettre aux info-fabricants allemands de dépasser les États-Unis, où les entreprises d'impression 3D vont à vau-l'eau dans une infrastructure inefficace et surannée de seconde révolution industrielle dont le potentiel de productivité a depuis longtemps atteint son pic.

De longue date, les PME allemandes du génie mécanique ont la réputation d'être les meilleures du monde pour la mécanique de précision, ce qui les met en position idéale pour prendre la tête de la promotion de l'impression 3D. Dix sociétés allemandes sont déjà engagées à fond dans son développement. EOS et Concept Laser, tous deux basés en Bavière, comptent parmi les acteurs d'envergure mondiale[34]. La conception allemande du passage à une infrastructure de troisième révolution industrielle est à la fois traditionnelle, puisqu'elle compte sur la mise en œuvre par le haut de l'Internet des objets, et latérale, puisque des communautés locales transforment leurs bâtiments en microcentrales électriques, installent des microréseaux électriques et introduisent les formes de transport de l'e-mobilité.

Mais c'est dans le monde en développement qu'une infrastructure pour Makers se constitue sous sa forme la plus pure. Dans les banlieues urbaines pauvres, les petites villes isolées et les campagnes – où l'infrastructure est rare, l'accès au capital au mieux sporadique et les compétences techniques, les machines et les outils pratiquement inexistants –, l'impression 3D offre une occasion inespérée de construire une infrastructure pour Makers de troisième révolution industrielle.

Marcin Jakubowski, diplômé de l'université de Princeton et docteur en énergie de fusion de l'université du Wisconsin, est l'un de ces jeunes inventeurs à l'esprit social, toujours plus nombreux, qui commencent à réunir des plans 3D en vue de mettre en place partout dans le monde une infrastructure pour Makers de troisième révolution industrielle. Jakubowski est parti d'une question assez simple : de quels matériaux et de quelles machines chaque communauté locale a-t-elle besoin pour s'assurer une qualité de vie décente et durable ? Avec son équipe composée de passionnés de la technologie appropriée en source ouverte, il a « identifié cinquante des machines les plus importantes qui permettent à la vie moderne d'exister : les outils dont nous nous servons tous les jours, du tracteur au four à pain et au matériel de fabrication des circuits », pour cultiver, bâtir et fabriquer des objets[35].

Ce groupe de chercheurs concentre son action sur les moyens de production. Il se propose de créer un logiciel en source ouverte qui permette d'utiliser des matériaux disponibles localement – surtout du métal de récupération – pour imprimer la série complète des cinquante machines : cela donnerait à chaque localité un « kit de construction du village mondial » pour fabriquer sa propre société de troisième révolution industrielle.

À cette date, le réseau d'écologie en source ouverte animé par Jakubowski, composé d'agriculteurs et d'ingénieurs, a utilisé l'impression 3D pour réaliser des prototypes de huit des cinquante machines : « le bulldozer, le motoculteur, le "microtracteur", la tractopelle, le moteur universel, la perceuse à colonne, un outil polyvalent de "travail du fer" […] et un établi à chalumeau à commande numérique par calculateur pour la découpe de précision des feuilles de métal[36] ». Tous les dessins et toutes les notices de montage de ces machines imprimées en 3D sont en source ouverte sur le site Internet du groupe, afin que chacun puisse les reproduire. L'équipe travaille actuellement sur les huit prototypes suivants.

Il y a une génération, construire une civilisation moderne à partir de rien eût été impensable. Si l'écologie en source ouverte adopte une approche intégrée, systémique, qui se propose de constituer un ensemble complet de machines pour créer une économie moderne, d'autres associations, comme Appropedia, Howtopedia et Practical Action, servent de dépôts de plans d'impression 3D en source ouverte qui permettront aux tenants du « faire soi-même » d'imprimer toute une série de machines essentielles pour construire une économie de Makers de troisième révolution industrielle[37].

En soi, l'impression tridimensionnelle de machines et d'outils cruciaux pour l'agriculture, le bâtiment et l'industrie ne sert pas à grand-chose. Pour que ces outils soient utiles, il faut les brancher à une infrastructure électrique. La vraie révolution a lieu quand le mouvement des Makers 3D connecte tous les « objets » d'une économie de Makers 3D à un Internet de l'énergie. Dès cet instant, le paradigme économique change. Connecter les objets imprimés en 3D *via* un Internet de l'énergie, c'est donner à chaque communauté locale une mini-infrastructure Internet des objets qui peut s'étendre par nœuds et relier des localités contiguës à travers les régions.

On est déjà en train d'installer des microréseaux électriques – des Internet de l'énergie locaux – dans certaines localités des régions les plus reculées de la planète, et cela change instantanément les données du développement économique. En Inde, où 400 millions de personnes, des ruraux pour la plupart, n'ont toujours pas l'électricité, les microréseaux ont commencé à se multiplier en juillet 2012, quand le pays a connu la pire panne de son histoire, qui a privé de courant 700 millions de personnes. Dans une grande partie de l'Inde, ce fut la panique. Mais dans un minuscule village du Rajasthan rural, la vie a continué comme d'habitude, sans même que la lumière vacille. Les téléviseurs fraîchement acquis par les villageois fonctionnaient, leurs magnétoscopes aussi, leurs barattes et leurs ventilateurs tournaient toujours, le tout grâce au microréseau vert.

Quelques mois plus tôt, une petite start-up nommée Gram Power, dirigée par un entrepreneur social de vingt-deux ans, Yashraj Khaitan, diplômé de l'université de Californie, et son collaborateur Jacob Dickinson, a installé le premier microréseau intelligent en Inde dans un tout petit village, Khareda Lakshmipura. Ce microréseau local est alimenté par un alignement de panneaux solaires connecté à un convertisseur dans un local en brique. Dans ce local, des batteries permettent au village de stocker l'énergie pendant la nuit ou quand le temps est couvert. Un petit ordinateur envoie les données vers les bureaux de la société à Jaipur. Des fils électriques sur des poteaux de bois transmettent le courant du local aux quelques dizaines de maisons du village : ils apportent l'électricité verte à plus de deux cents habitants. Chaque maison est équipée d'un compteur intelligent qui informe l'usager de la quantité de courant qu'il utilise et de son coût à différentes heures de la journée[38]. L'électricité verte est bien moins chère que celle du réseau national indien, et elle élimine la combustion du kérosène, très polluant, qui est à l'origine de maladies cardiaques et respiratoires répandues dans toute l'Inde.

Comme l'explique une mère interviewée par le *Guardian*, l'électricité a changé la vie du village : « Maintenant, les enfants peuvent étudier la nuit. Avant, vivre ici, c'était comme être dans la jungle. À présent, nous nous sentons faire vraiment partie de la société[39]. »

Gram Power, qui a été choisi en 2011 par la NASA comme l'un des dix premiers innovateurs du monde en technologie propre, a travaillé depuis avec dix autres villages, où il a installé des microréseaux, et il prévoit d'apporter l'électricité verte à 40 000 autres villageois en 2014[40]. Il se tourne aussi vers d'autres sources d'énergie renouvelable disponibles localement, notamment la géothermie et la biomasse. Il négocie actuellement avec le gouvernement indien pour étendre les microréseaux à 120 villages de plus, ce qui apporterait le courant à plus de 100 000 foyers[41].

Gram Power est l'une des nombreuses start-up qui se déploient dans toute l'Inde rurale pour aider les villages à installer des microréseaux verts et répandre ainsi le courant électrique. Husk Power Systems est une start-up de l'État de Bihar, où 85 % de la population n'a pas l'électricité. Cette compagnie alimente 90 centrales électriques locales en brûlant de la biomasse à base de balles de riz. L'électricité qu'elles produisent est transmise par des microréseaux à 45 000 foyers ruraux. Pour un village d'une centaine de maisons ou davantage, le coût d'installation moyen d'un microréseau ne dépasse pas 2 500 dollars : la localité peut donc couvrir les frais d'investissement en quelques années seulement, après quoi le coût marginal de production et de transmission de chaque kilowatt additionnel sera quasi nul[42].

Quand les microréseaux locaux entrent en fonctionnement, ils se connectent aussi entre eux, et forment ainsi des réseaux régionaux qui finiront par se lier aux réseaux nationaux : cela transformera la structure centralisée de l'électricité en une structure distribuée, collaborative et latérale. On prévoit que les microréseaux représenteront au niveau mondial plus de 75 % des revenus de la production d'énergie renouvelable en 2018[43].

La prolifération, dans les régions les plus pauvres du monde en développement, de microréseaux alimentés par une énergie renouvelable produite localement fournit l'électricité indispensable au fonctionnement des imprimantes 3D, qui peuvent produire les outils et les machines nécessaires à la création de communautés locales du XXIe siècle, autosuffisantes et durables.

UN MONDE NÉOGANDHIEN

En observant la mutation en cours en Inde et dans le monde entier, je ne peux m'empêcher de méditer sur l'idée-force avancée il y a plus de soixante-dix ans par le Mahatma Gandhi. Interrogé sur sa vision économique, Gandhi a répondu : « Une production de masse, sûrement, mais pas fondée sur la force. […] C'est la production de masse, mais la production de masse dans les maisons mêmes des gens[44]. » E. F. Schumacher a résumé ce principe de

Gandhi par la formule : « Non pas production de masse mais production par les masses[45] ». Gandhi esquissait ensuite un modèle économique qui est encore plus pertinent pour l'Inde et le reste du monde aujourd'hui qu'à la date où il a été formulé pour la première fois.

Les idées gandhiennes allaient à contre-courant de la pensée de l'époque. Alors que les politiques, les chefs d'entreprise, les économistes, les universitaires et l'opinion publique en général exaltaient les vertus de la production industrielle, Gandhi les niait, en suggérant l'existence d'« un sophisme colossal derrière le raisonnement de Henry Ford ». Gandhi croyait que la *mass production* – la production en série –, avec ses entreprises intégrées verticalement et sa tendance intrinsèque à centraliser le pouvoir économique et à monopoliser les marchés, aurait de sinistres conséquences pour l'humanité[46]. D'où sa mise en garde contre une telle situation, qui

> se révélerait désastreuse. […] Parce que s'il est vrai que vous produirez des choses dans d'innombrables endroits, le pouvoir viendra d'un point choisi comme centre. […] Ce qui donnerait une puissance si absolue à une seule source d'action humaine que je n'ose même pas y penser. Avec une telle mainmise sur le pouvoir, par exemple, je dépendrais de ce pouvoir pour la lumière, pour l'eau et même pour l'air, etc. Ce qui, je crois, serait terrible[47].

Gandhi comprenait que la production en série était conçue pour produire toujours plus et à moindre coût à l'aide de machines toujours plus complexes et avec toujours moins de main-d'œuvre. Mais il voyait dans la logique organisationnelle de ce type de production une contradiction interne qui limitait ses promesses. « Si tous les pays adoptaient le système de la production en série, soulignait-il, il n'y aurait pas de marché assez grand pour leurs produits. La production en série devrait alors s'arrêter[48]. » Comme Karl Marx, John Maynard Keynes, Wassily Leontief, Robert Heilbroner et d'autres éminents économistes, Gandhi soutenait que le désir d'efficacité et de productivité des capitalistes se traduirait par un effort inlassable pour remplacer le travail humain par l'automatisation, et que, dans ces conditions, il y aurait de plus en plus de gens sans emploi, donc sans pouvoir d'achat suffisant pour acheter les produits.

Gandhi proposait une autre solution : la production locale par les masses, dans leurs maisons, dans leurs quartiers – ce qu'il appelait le *swadeshi*. Le principe du *swadeshi* était d'« apporter le travail aux gens et non les gens au travail[49] », ce qui lui inspirait cette question rhétorique : « Si l'on multiplie une production individuelle des millions de fois, n'aura-t-on pas une production de masse à une échelle prodigieuse[50] ? » Il le croyait avec ferveur : il fallait « réunir production et consommation » (ce que font aujourd'hui les prosommateurs), et on n'y parviendrait que si la production s'effectuait pour l'essentiel localement et si elle était consommée localement, sinon en totalité, du moins en grande partie[51].

Gandhi était un fin observateur des rapports de pouvoir qui régissaient les première et seconde révolutions industrielles. Il avait vu la machine industrielle britannique s'abattre sur le sous-continent indien, dévorer ses riches ressources naturelles et appauvrir ses habitants pour nourrir les appétits de consommation d'une élite prospère et d'une classe moyenne en plein essor en Grande-Bretagne. Il avait vu des millions de ses compatriotes languir tout en bas d'une pyramide industrielle mondiale où le pouvoir s'exerçait d'en haut. Il est bien normal de l'entendre critiquer durement un système capitaliste centralisé.

Gandhi était également déçu par l'expérience communiste en Union soviétique, qui rendait un hommage verbal aux principes de solidarité communautaire tout en contrôlant le processus d'industrialisation de façon encore plus centralisée que ses adversaires capitalistes.

Gandhi n'a jamais dit expressément, consciemment, que les matrices énergie / communication déterminent la façon dont le pouvoir économique s'organise et se distribue dans toute civilisation. Mais il a eu l'intuition que l'organisation industrielle de la société – que ce soit sous l'égide d'un régime capitaliste ou socialiste – était porteuse d'un ensemble de principes directeurs, notamment ceux-ci : soumettre à un contrôle centralisé les processus de production et de distribution ; promouvoir une conception utilitariste de la nature humaine ; et faire de la recherche d'une ascension constante de la consommation matérielle une fin en soi. Sa propre philosophie, en revanche, privilégiait une production économique décentralisée dans des communautés locales autosuffisantes ; la recherche du travail artisanal plus que du travail sur machine en usine ; et la vision de la vie économique comme quête morale et spirituelle et non comme projet matérialiste. Pour Gandhi, l'antidote à l'exploitation économique et à la cupidité sans frein est l'attachement désintéressé à la communauté.

L'économie idéale de Gandhi commence dans le village local et gagne le monde en s'étendant vers l'extérieur. Il précise :

> Voici l'idée que je me fais du *swaraj* de village : c'est une république complète, indépendante de ses voisins pour ses propres besoins vitaux, mais interdépendante pour beaucoup d'autres où la dépendance est une nécessité[52].

Il écartait l'idée d'une société organisée en pyramide et lui préférait des « cercles océaniques », comme il disait, composés de communautés d'individus insérées dans des communautés plus larges, qui finissaient de proche en proche par englober l'ensemble de l'humanité. Gandhi raisonnait ainsi :

> L'indépendance doit commencer tout en bas. [...] Chaque village doit s'autoalimenter et pouvoir gérer ses affaires, et même se défendre contre le monde entier. [...] Cela n'exclut pas la dépendance de l'aide bien intentionnée des voisins ou du monde. Ce sera un jeu libre et volontaire de forces mutuelles. [...] Dans cette structure composée d'innombrables villages, il y aura des cercles toujours plus larges mais jamais ascendants. La vie ne sera pas une pyramide où la pointe est soutenue par la base. Elle sera un cercle océanique dont le centre est l'individu. [...] La circonférence extrême n'exercera donc pas un pouvoir qui écrase le cercle intérieur, mais donnera force à tout ce qui se trouve en elle et en tirera sa propre force[53].

En défendant cette vision, Gandhi prenait aussi ses distances avec la théorie économique classique. Lorsque Adam Smith affirme que poursuivre son intérêt personnel sur le marché est dans la nature même de l'être humain et qu'« il est bien vrai que c'est son propre bénéfice qu'il a en vue, et non celui de la société », il tient des propos scandaleux aux yeux de Gandhi[54]. Celui-ci croyait à une économie vertueuse où l'intérêt collectif l'emportait sur l'égoïsme individuel : rien de moins n'est acceptable, soutenait-il, sans déprécier le bonheur de l'humanité.

Pour Gandhi, on ne trouve pas le bonheur en amassant une fortune personnelle mais en menant une vie d'empathie et de compassion. Il allait jusqu'à suggérer que « le bonheur et la satisfaction réelle […] ne sont pas dans la multiplication de ses besoins mais dans leur réduction délibérée et volontaire », pour être libre de vivre une vie plus engagée, dans la camaraderie avec les autres[55]. Il liait aussi sa théorie du bonheur à une responsabilité envers la planète. Près d'un demi-siècle avant que la durabilité ne devienne un thème à la mode, Gandhi déclarait : « La Terre fournit assez pour les besoins de tous mais pas assez pour la cupidité de tous[56]. »

L'économie idéale de Gandhi présente une ressemblance philosophique frappante avec la troisième révolution industrielle et l'âge collaboratif qui l'accompagne. Sa vision des communautés villageoises autosuffisantes qui s'unissent en émettant vers l'extérieur des cercles océaniques toujours plus larges jusqu'à englober l'ensemble de l'humanité est identique aux microréseaux des communautés locales qui se connectent au sein de réseaux latéraux de plus en plus distribués et collaboratifs dans le paradigme économique de la troisième révolution industrielle. Son concept du bonheur comme optimisation des relations que l'on a au sein de communautés partagées et non comme recherche autonome de son intérêt personnel sur le marché est le pendant du nouveau rêve de la qualité de la vie qui est le signe distinctif de l'âge collaboratif. Enfin, la conception gandhienne de la nature, ressource finie qui a une valeur intrinsèque et qu'il faut entretenir et non piller, correspond parfaitement à cette prise de conscience récente : la vie de chaque être humain se juge en dernière analyse à son empreinte écologique sur la biosphère que nous habitons tous.

Si Gandhi embrassait l'idée de pouvoir économique latéral et comprenait que l'environnement de la Terre est lui-même la communauté suprême qui soutient toute vie sur la planète, il a été obligé de défendre sa philosophie localiste à une époque industrielle dont la matrice énergie / communication favorisait la gestion centralisée et hiérarchique des pratiques d'entreprise et l'intégration verticale de l'activité économique. Ce qui l'a laissé dans la position intenable de se faire le champion des métiers traditionnels au sein des communautés locales de subsistance qui maintenaient les masses populaires indiennes enlisées dans la pauvreté et l'isolement depuis des millénaires.

Ce que Gandhi n'avait pas vu, c'est qu'une contradiction encore plus profonde est à l'œuvre au cœur du système capitaliste, et qu'elle allait rendre possible cette économie distribuée, collaborative et latérale qu'il appelait de ses vœux : la quête inlassable du système capitaliste pour les technologies nouvelles, dont les gains d'efficacité et de productivité réduisent les coûts marginaux à presque rien, ce qui rend de nombreux biens et services potentiellement gratuits et une économie d'abondance vraiment possible.

Nul doute que Gandhi eût été tout aussi surpris d'apprendre que le point optimal de productivité idéale du capitalisme, le coût marginal quasi nul, serait atteint par l'introduction d'une nouvelle technologie des communications, d'un nouveau régime énergétique et du modèle de production et distribution qui allait les accompagner. Organisé sur un mode distribué et collaboratif, réalisant ses économies d'échelle latéralement en pair à pair, ce modèle allait permettre à des millions de personnes de devenir des prosommateurs – ce qui n'est pas sans ressembler au concept gandhien de « production par les masses ».

Aujourd'hui, l'infrastructure Internet des objets donne les moyens de réaliser la vision économique de Gandhi en permettant à des centaines de millions d'Indiens de sortir de l'extrême pauvreté pour accéder à une qualité de vie durable. La quête gandhienne de la bonne économie, promue et hébergée par l'Internet des objets, peut servir de nouveau récit puissant, non seulement pour l'Inde, mais aussi pour les pays émergents du monde entier en quête d'un avenir juste et durable.

7

Les MOOC et l'enseignement à coût marginal zéro

Une société du coût marginal zéro, où la pénurie a été remplacée par l'abondance, est un monde bien différent de celui auquel nous sommes habitués. La nécessité de préparer les étudiants à une ère où les marchés capitalistes joueront les seconds rôles derrière les communaux collaboratifs commence à imposer un réexamen du système éducatif lui-même. La pédagogie connaît un bouleversement radical. Le mode de financement et de transmission de l'éducation aussi. Depuis deux ans, le phénomène du coût marginal quasi nul a pénétré en profondeur le tissu de l'enseignement supérieur, avec des « cours de masse » ouverts en ligne qui, pour des millions d'étudiants, réduisent à pratiquement rien le coût marginal d'obtention d'unités de valeur universitaires.

L'ère capitaliste avait consacré un modèle d'enseignement conçu pour préparer les étudiants à devenir des travailleurs qualifiés dans l'industrie. La salle de classe s'était muée en microcosme de l'usine. On pensait les étudiants à l'image des machines. On les conditionnait à obéir aux ordres, à apprendre par la répétition et à fonctionner efficacement. L'enseignant jouait le rôle du contremaître : les devoirs qu'il donnait étaient des tâches standardisées qui exigeaient des réponses bien précises dans un laps de temps donné. L'enseignement était compartimenté. L'éducation se voulait utilitaire et pragmatique. On analysait moins le « pourquoi » que le « comment ». L'objectif était de débiter des salariés productifs.

L'ÉCOLE À CLASSE UNIQUE DE DEUX MILLIARDS D'ÉLÈVES

La transition de l'ère capitaliste à l'ère collaborative modifie la pédagogie en salle de classe. Le modèle d'enseignement autoritaire et hiérarchique commence à céder la place à une expérience plus coopérative. Les enseignants ne font plus de cours magistral, ils facilitent le débat. Dispenser des connaissances devient moins important que rendre capable d'apprentissage critique. On encourage les élèves à penser globalement. On valorise la curiosité intellectuelle plus que la mémorisation.

Dans la salle de classe industrielle traditionnelle, remettre en cause l'autorité de l'enseignant est strictement interdit ; partager des informations et des idées entre élèves, c'est tricher. Les enfants apprennent vite que le savoir est du pouvoir, une ressource précieuse qu'on acquiert pour l'emporter sur les autres, grâce à son diplôme, sur un marché où la concurrence est féroce.

À l'ère collaborative, les élèves vont considérer le savoir comme une expérience partagée dans une collectivité de pairs. Ils apprennent ensemble, en cohorte, dans une communauté de partage des connaissances. L'enseignant sert de guide : il organise la recherche et laisse les élèves travailler en petits groupes. L'objectif est de stimuler leur créativité collaborative, du type de celle qu'ils pratiquent dans de nombreux espaces sociaux d'Internet. Passer du pouvoir hiérarchique détenu par le professeur au pouvoir latéral réparti dans toute une communauté d'étude, c'est faire une révolution en pédagogie.

Si la classe traditionnelle considérait les connaissances comme des faits isolés, objectifs, la classe collaborative les perçoit comme les significations collectives que nous attachons à nos expériences. Les élèves sont incités à abattre les murs entre les disciplines et à penser en associant les différents savoirs. Les études interdisciplinaires et multiculturelles les mettent à l'aise pour envisager des perspectives différentes et les rendent plus aptes à chercher les synergies entre les phénomènes.

Voir dans les études une expérience autonome privée et dans le savoir une acquisition à traiter comme une forme de propriété exclusive avait un sens dans un contexte capitaliste qui définissait le comportement humain de la même façon. À l'ère collaborative, l'éducation est perçue comme un processus issu de la créativité des foules et le savoir est traité en bien partagé publiquement, accessible à tous, ce qui correspond à la définition émergente du comportement humain : profondément social et interactif par nature. Passer d'un style d'enseignement autoritaire à un cadre pédagogique latéral, c'est mieux préparer les élèves d'aujourd'hui à travailler, à vivre et à s'épanouir dans l'économie collaborative de demain.

La nouvelle pédagogie collaborative est appliquée et pratiquée dans des écoles et des localités du monde entier. Les modèles pédagogiques sont conçus pour affranchir les étudiants de l'espace clos et privé de la salle de classe traditionnelle et leur permettre d'apprendre sur les multiples communaux ouverts de l'espace virtuel, de la place publique et de la biosphère.

Partout dans le monde, des classes se connectent entre elles en temps réel, *via* Skype et d'autres programmes, et préparent des devoirs communs. Des élèves séparés par des milliers de kilomètres forment des équipes virtuelles, étudient ensemble, font des exposés et débattent entre eux ; chaque équipe reçoit même une note commune. La classe collaborative mondiale devient vite une réalité. Skype in the Classroom [Skype en classe], une communauté en ligne gratuite, a déjà reçu l'adhésion de 60 447 enseignants à son projet de salle de classe mondiale, et s'est donné pour objectif de connecter un million de classes dans le monde[1].

Collaborative Classrooms, autre environnement éducatif sur Internet, permet à des milliers d'enseignants de créer ensemble des cours en ligne et de partager entre eux – gratuitement – les meilleurs plans de leçon sur un communal pédagogique mondial. Plus de 117 000 enseignants partagent actuellement des cours en source ouverte, et rassemblent ainsi des communautés d'étude dans une classe mondiale sans frontière[2].

L'expérience pédagogique ne sort pas seulement de la classe fermée pour rayonner dans les espaces virtuels d'Internet; elle s'insinue aussi dans les quartiers environnants, qui constituent la place publique. Aujourd'hui, aux États-Unis, des millions d'élèves des établissements primaires et secondaires et d'étudiants des universités de premier et second cycles pratiquent l'« acquisition des connaissances par le service civil » au sein de la communauté locale. Cette démarche associe un enseignement en bonne et due forme à un engagement direct dans la société civile.

L'acquisition des connaissances par le service civil repose sur un postulat : apprendre n'est jamais une activité solitaire, c'est en dernière analyse une expérience partagée et un projet collaboratif, dont le meilleur cadre est la collectivité locale réelle où les gens vivent et travaillent. La plupart du temps, les élèves participent sur la base du bénévolat à des organisations à but non lucratif : ils s'instruisent en servant l'intérêt général de la communauté dont ils font partie. Cet enseignement fondé sur l'expérience élargit leur champ de vision. Il leur fait comprendre que l'acquisition de connaissances relève plus de la quête de la communauté que d'une simple accumulation de savoir privé pour promouvoir ses propres intérêts.

Les élèves peuvent apprendre une langue étrangère en servant dans un quartier où elle est parlée par une importante population immigrée. S'ils examinent la dynamique de la pauvreté dans leur cours de sociologie, ils peuvent devenir bénévoles dans une banque alimentaire où un foyer de sans-abri. À l'Einstein Middle School de Shoreline, dans l'État du Washington, quatre professeurs enseignant des matières primordiales, la sociologie, l'anglais, les mathématiques et les sciences, ont réuni 120 élèves de quatrième dans un projet collaboratif interdisciplinaire d'étude de la pauvreté et des sans-abri par le service civil. Le professeur de sociologie a demandé aux élèves d'organiser un « banquet de la faim Oxfam* » et, pour

* Les invités d'un *Oxfam Hunger Banquet* commencent par tirer au sort un numéro (qui représente le hasard de la naissance) ; ils sont ainsi répartis en trois groupes. On sert alors à 15 % d'entre eux un menu somptueux sur des tables magnifiques dans une partie de la salle, tandis qu'on demande à 25 % d'aller chercher un simple plat de riz ou

les familiariser avec la problématique complexe de l'indigence, il a fait venir des orateurs de plusieurs services sociaux de la ville, qui aident les habitants vivant au-dessous du seuil de pauvreté. Puis les élèves se sont portés volontaires pour se rendre une fois par semaine, pendant cinq semaines, sur huit sites du centre-ville de Seattle qui servent des populations défavorisées. Ils ont aidé à préparer les repas, ont collecté des aliments et autres articles de première nécessité, les ont distribués aux sans-abri et ont engagé la conversation avec eux, en établissant des relations personnelles. En cours d'anglais, les élèves ont lu *Le Robinson du métro**, récit dont le héros, un jeune garçon qui s'est enfui de chez lui, vit dans les tunnels du métro de New York, où il apprend ce que c'est qu'être sans toit et affamé. En cours de mathématiques, ils ont étudié l'économie de la pauvreté. Par la suite, ils ont rédigé des rapports écrits sur un aspect local et mondial précis de la pauvreté, publié des journaux scolaires et organisé une exposition sur les problèmes liés à la pauvreté, à l'intention des autres élèves et des habitants de la ville[3].

Lorsqu'on élargit l'environnement pédagogique à la place publique, les élèves comprennent que l'expérience collaborative est le cœur, l'âme même de ce que veut dire être une créature sociale douée d'une capacité empathique innée et aspirant à faire partie d'une vaste communauté.

On est en train d'étendre la notion de communauté pédagogique non seulement aux extrêmes limites du cyberespace et aux quartiers proches de l'établissement scolaire, mais aussi aux zones les plus reculées de la biosphère. Les élèves apprennent que la biosphère constitue l'espace commun indivisible dans lequel sont insérées toutes nos autres communautés. Après deux siècles ou

de haricots et de s'installer à des tables rudimentaires de l'autre côté ; quant aux 60 % restants, la majorité, ils devront faire longuement la queue pour recevoir une minuscule ration d'eau et de riz qu'ils mangeront assis par terre entre les deux groupes précédents. Au terme du repas, un débat est organisé sur les impressions des convives et le problème de la faim dans le monde. L'ONG Oxfam, initiatrice de la démarche, fournit la marche à suivre et les informations, mais ce sont des associations locales qui, de leur propre initiative, organisent les « banquets de la faim ».

* Felice Holman, *Le Robinson du métro*, trad. fr. de Jean La Gravière, Paris, Casterman Poche, 2010 (titre original : *Slake's Limbo*).

presque de scolarisation industrielle qui présentait la Terre comme un réservoir passif de ressources utiles à mettre en œuvre, exploiter, manufacturer et transformer en capital productif et en propriété privée pour le gain individuel, un nouveau programme scolaire collaboratif commence à redéfinir la biosphère tout autrement : un communal fait d'innombrables relations qui agissent en symbiose pour permettre à la vie tout entière de s'épanouir sur la planète.

Des étudiants de l'université du Wisconsin à Green Bay passent deux semaines du semestre universitaire à faire du travail de terrain en conservation tropicale dans le parc national Carara au Costa Rica. Ils aident les biologistes et les employés du parc à inventorier la flore et la faune locales et à surveiller les conditions écologiques ambiantes. Parallèlement à leurs études techniques, ils effectuent aussi des tâches non qualifiées : ils remettent en état des « parcours nature », construisent des ponts, édifient des stations biologiques de terrain et plantent des arbres dans la ville qui jouxte le parc.

Cette expérience d'acquisition des connaissances par le service civil vise à la fois à immerger les élèves dans la dynamique biologique complexe d'un écosystème tropical et à leur donner la possibilité d'aider à l'entretenir et à le préserver[4].

De nombreux lycées américains sont engagés dans des programmes où l'on apprend par le service civil à protéger l'environnement. Au lycée d'Exeter, dans le New Hampshire, les étudiants qui surveillaient la qualité de l'air dans la cour de l'établissement et dans les quartiers adjacents ont découvert que les voitures et les autobus qui laissaient tourner leur moteur au ralenti aggravaient beaucoup la pollution de l'air. Ils ont alors incité la communauté locale à mettre en œuvre une politique « arrêtons le moteur », qui a amélioré la qualité de l'air au lycée et dans ses environs[5].

Dans ces exemples, et dans d'innombrables autres programmes de service environnemental, les élèves apprennent à la fois les mille façons dont l'activité humaine dégrade l'environnement et les remèdes nécessaires pour réparer les dégâts et restaurer la santé des écosystèmes locaux. Après ces travaux, beaucoup gardent fortement conscience de leur responsabilité personnelle envers l'entretien de la communauté biosphérique. Un étudiant du programme d'acquisition de connaissances par le service au Costa Rica a évoqué l'influence profonde qu'a eue cette expérience sur sa vision du monde et sur son comportement :

> Il est extrêmement important de protéger la forêt vierge du Costa Rica, de préserver la richesse de la biodiversité de cette région et de faire en sorte que les ressources de la Terre restent pures et abondantes. Chaque jour, je pense à ce que mes actes sont en train de compromettre dans le monde et j'essaie de limiter mon impact sur l'environnement[6].

La vision réductionniste de l'acquisition du savoir, typique d'une ère industrielle fondée sur l'isolement et la privatisation des phénomènes, cède la place à une expérience pédagogique systémique, où il s'agit de comprendre les rapports subtils qui unissent les phénomènes en vastes totalités. Dans des milieux scolaires du monde entier, on prépare les élèves à vivre sur le communal d'une « biosphère ouverte ». Des programmes scolaires toujours plus nombreux soulignent la relation biophilique profonde de notre espèce avec la nature, en montrant aux élèves les diverses formes de vie qui habitent les grandes masses océaniques et terrestres, en leur enseignant la dynamique des écosystèmes et en les aidant à trouver comment recadrer l'expérience humaine de manière à vivre de façon durable dans les limites requises par la biosphère.

Ces initiatives pédagogiques et quelques autres sont en voie de transformer la nature même de l'expérience scolaire : au lieu de leur apprendre à vivre dans un monde clos de rapports de propriété privée, on va préparer les élèves à la vie sur les communaux ouverts de l'espace virtuel, de la place publique et de la biosphère.

Activité marginale d'une poignée d'établissements il y a vingt-cinq ans, l'acquisition des connaissances par le service civil s'est développée jusqu'à devenir un élément central du cursus scolaire aux États-Unis. Un récent rapport de Campus Compact* sur la façon dont on la pratique dans les universités américaines donne une idée tant du niveau d'engagement des établissements

* Cette association nationale, regroupant plus de 1 100 universités américaines, se consacre exclusivement aux initiatives d'engagement civique sur les campus.

supérieurs dans cet enseignement sur des communaux ouverts que des effets qu'il a sur les localités dans lesquelles servent les étudiants. Cette étude, menée sur 1 100 universités de premier et second cycle, a établi que 35 % des étudiants participaient aux programmes d'acquisition de connaissances par le service civil. La moitié des universités examinées en avaient fait une composante obligatoire du programme de base dans une discipline principale au moins, et 93 % donnaient des cours fondés sur le service civil. À eux seuls, les étudiants du premier cycle du supérieur ont effectué en 2009 pour 7,96 milliards de dollars d'heures de services bénévoles à la communauté[7]. Un autre constat est tout aussi impressionnant : selon des études menées dans diverses régions du pays sur les écoles primaires et secondaires, les élèves qui ont pris part à ces programmes ont amélioré leurs aptitudes à résoudre des problèmes et leur compréhension de la complexité cognitive, ainsi que leurs résultats en classe et à des épreuves standardisées, comparés à ceux qui n'ont pas pratiqué le service civil[8].

LE DÉCLIN DE LA CLASSE « EN DUR »

Comme les routes et les transports en commun, les services postaux et le système de santé, l'éducation est restée, pour l'essentiel, au sein du domaine public dans les pays industrialisés : on la considère comme un bien public géré par l'État.

Les États-Unis font en partie exception. Si, dans l'enseignement primaire et secondaire, les établissements publics sont la règle, des écoles privées à but non lucratif sont présentes aussi depuis longtemps. Récemment, des écoles à but lucratif, notamment les *charter schools**, sont entrées sur le marché. Dans le supérieur, les universités publiques et privées à but non lucratif n'ont cessé de dominer le paysage : les établissements à but lucratif ne jouent qu'un rôle insignifiant.

Mais aujourd'hui l'enseignement supérieur coûte de plus en plus cher, et la situation est devenue critique : des millions d'étudiants

* Écoles privées qui jouissent d'une large autonomie pédagogique mais bénéficient d'un financement public. Les premières sont apparues dans les années 1990.

ne peuvent plus s'offrir un diplôme universitaire nécessitant quatre ans d'études, qui peuvent coûter jusqu'à 50 000 dollars par an dans les universités d'élite à but non lucratif et jusqu'à 10 000 dollars par an dans les établissements supérieurs publics[9]. Ceux qui parviennent à obtenir un prêt études – même avec l'aide de l'État – n'ont d'autre perspective que de continuer à ployer sous une dette massive longtemps après être entré dans l'âge mûr.

À court d'argent face à leurs coûts en hausse constante, les universités ont sollicité de plus en plus le parrainage des entreprises pour obtenir des dotations et des recettes de fonctionnement. En échange, le secteur commercial a rogné leur « indépendance » en exigeant la privatisation d'une plus large part de leurs activités, des restaurants universitaires aux cités universitaires ou à l'entretien général des locaux. La publicité est partout, et les logos des cinq cents compagnies figurant sur la liste de la revue *Fortune* ornent les stades et les amphithéâtres. De plus en plus de centres de recherche des universités, notamment en sciences physiques et naturelles, sont gérés conjointement : les entreprises louent les laboratoires et signent des contrats avec les sections universitaires pour des recherches qui resteront leur propriété exclusive grâce à diverses clauses de non-divulgation.

Le savoir a été enclos derrière les murs des universités, dont les frais d'inscription excluent tout le monde sauf les plus riches. Cela va changer. La révolution d'Internet, dont le pouvoir distribué, collaboratif et pair à pair a commencé à raser des remparts qui paraissaient inexpugnables dans l'ensemble du champ social, a déchaîné toute sa fureur sur la communauté universitaire. Le fer de lance de l'offensive vient de l'intérieur même de l'université, et la mèche a été allumée par la même flamme qui fait aujourd'hui exploser l'un après l'autre tous les secteurs : l'implacable logique d'une révolution technologique multiforme qui réduit le coût marginal à un niveau proche de zéro partout où il y a une vulnérabilité à exploiter.

Le coup d'envoi de la révolution a eu lieu en 2011, quand un professeur de l'université de Stanford, Sebastian Thrun, a proposé un cours en ligne « gratuit » sur l'intelligence artificielle (IA), semblable à celui qu'il donnait à l'université. En temps normal, environ 200 étudiants y assistaient, et il n'avait donc prévu que quelques milliers d'inscrits. Mais quand il a pris la parole, 160 000 étudiants de tous les pays du monde – à l'exception de la Corée du Nord – étaient là, assis devant leur ordinateur : c'était la plus grande classe jamais réunie dans l'histoire pour un même cours. « J'ai été effaré », confie Thrun. 23 000 de ces étudiants ont suivi le cours jusqu'au bout et obtenu le diplôme[10].

Malgré son exaltation à l'idée de pouvoir former plus d'étudiants dans un seul cours virtuel qu'en plusieurs vies de professeur, Thrun voyait bien l'ironie de la situation. Les étudiants de Stanford payaient 50 000 dollars par an ou davantage pour assister à des cours de premier ordre comme les siens, mais mettre les mêmes cours à la disposition de n'importe quel autre étudiant potentiel dans le monde ne coûtait pratiquement rien. Poursuivant sa démarche, Thrun a lancé une université en ligne nommée Udacity, dont le but était d'apporter un enseignement de la plus haute qualité à tous les jeunes du monde, notamment les pauvres des pays en développement, qui sans cela n'auraient jamais eu la possibilité d'avoir accès à des cours de ce niveau. C'est ainsi que la ruée vers l'enseignement en ligne a commencé.

Deux collègues de Thrun, Andrew Ng et Daphne Koller, qui enseignaient aussi les sciences informatiques et participaient avec lui à l'expérience des cours en ligne, ont créé sur Internet une université concurrente à but lucratif nommée Coursera. Alors qu'Udacity élaborait ses propres cours, les fondateurs de Coursera ont pris un chemin différent : ils ont rassemblé des universités parmi les plus prestigieuses dans un consortium collaboratif, en vue de proposer un cursus complet, dispensé par certains des meilleurs professeurs de la planète.

Les fondateurs de Coursera ont réuni pour commencer l'université de Pennsylvanie, Stanford, Princeton et l'université du Michigan, ce qui leur a donné le poids scientifique nécessaire pour concrétiser leur vision. Puis est venu edX, consortium à but non lucratif monté par Harvard et le MIT. À l'heure où j'écris, Coursera compte 97 universités participantes. EdX s'est également étendu à plus de trente universités. Ce nouveau phénomène pédagogique s'appelle les MOOC : ce sigle, on l'a vu au chapitre 1, signifie *Massive Open Online Courses*, « cours en ligne ouverts et massifs ».

Le modèle Coursera, qui est représentatif des autres, repose sur trois piliers. D'abord le cours se compose de séquences vidéo de cinq à dix minutes, présentées par le professeur et accompagnées de divers effets visuels et graphiques, et même de courtes interviews et d'éléments d'actualité pour illustrer le propos et rendre l'exposé plus attrayant et intéressant. Les étudiants peuvent mettre en pause et réécouter ces vidéos, ce qui leur permet d'analyser ce qui est dit et de l'assimiler à leur propre rythme. Ils disposent aussi de documents préparatoires qui leur sont fournis avant chaque cours de la classe virtuelle, et de documents optionnels pour ceux qui souhaitent approfondir leur connaissance du problème.

Second pilier : les exercices et la maîtrise du sujet. Après chaque séquence vidéo, les étudiants doivent répondre à des questions. Le système note automatiquement leurs réponses aux questionnaires, ce qui leur donne immédiatement une indication sur leur degré d'assimilation du cours. On a constaté que ces interrogations surprises incitent fortement à rester attentif – elles font du cours un jeu intellectuel plus qu'une corvée à subir. Il y a des devoirs à la maison après chaque cours et les étudiants sont notés toutes les semaines. Lorsque la notation nécessite une intervention humaine, les devoirs sont évalués par d'autres étudiants dans un processus pair à pair, ce qui rend les étudiants mutuellement responsables de leurs productions.

Les élèves s'instruisent en jugeant ce qu'écrivent leurs camarades de classe : cette idée s'est imposée dans la communauté universitaire en ligne. Pour évaluer l'exactitude de la notation pair à pair comparée aux notes qu'aurait pu attribuer l'enseignant, Mitchell Duneier, professeur de Princeton qui assure un cours « Initiation à la sociologie » à l'université en ligne Coursera, a fait un test. Ses assistants et lui-même ont noté des milliers de partiels et d'examens finaux, comparé leurs notes avec la notation pair à pair et constaté une corrélation de 0,88. La note moyenne pair à pair se situait à 16,94 sur 24, celle des professeurs était à 15,64 – donc très proche[11].

Le troisième et dernier pilier est la constitution de groupes d'étude, virtuels ou concrets ; ils traversent les frontières politiques et les territoires géographiques et recadrent l'éducation dans une salle de classe mondiale où les étudiants s'instruisent mutuellement autant qu'ils reçoivent l'enseignement d'un professeur. Les universités qui participent à edX enrichissent leurs groupes d'étude en demandant à leurs propres étudiants d'aider bénévolement ceux qui apprennent en ligne et d'animer leurs cercles de discussion. Gregory Nagy, professeur à Harvard, a recruté dix de ses anciens collègues pour participer, en tant que facilitateurs de groupes d'étude en ligne, au MOOC issu de son cours très apprécié, « Conceptions du héros grec antique[12] ». Lorsqu'ils terminent avec succès un cours de Coursera ou d'edX, les étudiants reçoivent un certificat de fin d'études.

L'enseignement en ligne par la méthode du *crowdsourcing** se propose d'encourager une expérience pédagogique distribuée, collaborative, pair à pair sur les communaux – de nature à préparer les étudiants à l'ère qui vient. En février 2013, Coursera avait environ 2,7 millions d'étudiants, issus de 196 pays, inscrits dans des centaines de cours[13].

Au premier cours d'edX, en 2012, il y a eu 155 000 inscrits. Anant Agarwal, président d'edX et ancien directeur du laboratoire d'intelligence artificielle du MIT, relève que cet effectif du premier cours virtuel est presque égal au nombre total d'étudiants qu'a formés le MIT pendant ses cent cinquante ans d'existence. Et il ajoute qu'il espère attirer un milliard d'étudiants en une décennie[14].

Comme d'autres universitaires engagés dans le développement des MOOC, Agarwal est persuadé que ce n'est qu'un début, l'aube d'une révolution pédagogique qui va balayer la planète :

* Pratiquer le *crowdsourcing*, c'est faire appel à la créativité, aux compétences et à l'intelligence du plus grand nombre. On traduit parfois le terme en français par « externalisation ouverte », mais en perdant l'allusion à la « sagesse des foules ».

> C'est la plus grande innovation qui a lieu dans l'enseignement depuis deux cents ans. [...] Elle va le réinventer, [...] transformer les universités [et] démocratiser l'éducation à l'échelon mondial[15].

Comment cette expérience d'enseignement virtuel se compare-t-elle à l'ardeur intellectuelle suscitée dans la « classe en dur » traditionnelle ? Carole Cadwalladr, journaliste au *Guardian*, relate sa propre expérience quand elle a préparé un article sur les MOOC. Elle s'est inscrite à un cours de Coursera, « Introduction à la génétique et à l'évolution », avec 36 000 camarades de classe virtuels venus de tous les coins du monde. Les vidéos des cours, dit-elle, ne l'ont pas enthousiasmée tant que cela. C'est quand elle s'est rendue sur le forum en ligne qu'elle a vécu son « moment d'effarement ». Elle écrit :

> Le trafic est ahurissant. Il y a des milliers de personnes qui posent des questions – et répondent – sur les mutations dominantes et la recombinaison. Des groupes d'études se sont spontanément constitués : un colombien, un brésilien, un russe. Il y en a un sur Skype, et même quelques-uns dans la vie réelle. Et qu'ils travaillent dur !

Carole Cadwalladr conclut : « Vous êtes un enseignant vaguement désenchanté ? Ou vous en connaissez un ? Envoyez-le sur Coursera – ce sont des étudiants qui n'ont qu'un but : apprendre[16]. »

Si l'enthousiasme des étudiants pour les MOOC est très élevé, les enseignants constatent que le pourcentage de participants qui suivent réellement les cours jusqu'au bout et passent les examens est souvent nettement inférieur à celui de leurs homologues des classes « en dur ». Selon une étude récente, 32 % des étudiants en ligne ont échoué ou abandonné, contre 19 % seulement de leurs condisciples qui suivaient les mêmes cours dans une classe traditionnelle. Les enseignants ont cerné plusieurs causes de ces moindres taux de succès. La plus importante est le sentiment d'isolement. Être en contact avec d'autres étudiants en salle de classe crée un esprit communautaire et incite à tenir le rythme du groupe. Les étudiants non seulement s'entraident pour comprendre le cours, mais s'encouragent mutuellement à rester attentifs. Les enquêtes révèlent aussi que la plupart des étudiants des MOOC regardent les cours en ligne entre minuit et deux heures du matin, plage horaire où ils sont souvent fatigués et moins aptes à concentrer leur attention. Et comme ils étudient chez eux, ils se laissent facilement distraire : il leur arrive plus souvent de s'éloigner de l'écran pour aller chercher quelque chose à grignoter dans la cuisine, ou de voir soudain plus amusant à faire dans la maison.

Les universités qui participent aux MOOC commencent à s'attaquer au sentiment d'isolement en proposant ce qu'elles appellent des « classes mixtes », où les étudiants qui s'inscrivent en ligne participent aussi à des projets en salle de classe avec les autres étudiants et les enseignants. De nouveaux travaux ont révélé que lorsque les MOOC sont personnalisés par l'ajout de quelques séances de cours sur le campus, les résultats des étudiants sont nettement meilleurs que ceux de leurs condisciples qui n'ont pas bénéficié de la composante « en ligne ».

Une autre raison du manque de motivation était qu'au départ les MOOC ne donnaient qu'une « attestation de réussite » et une note, mais en 2013 ils ont commencé à donner droit également à des unités de valeur. Coursera a conclu avec dix des principaux réseaux d'universités publiques des États-Unis des partenariats pour donner gratuitement des cours en ligne permettant d'acquérir des unités de valeur : l'enseignement en ligne s'ouvre ainsi aux étudiants des établissements publics, qui sont plus de 1,25 million. Certaines universités participantes exigent aussi le passage d'un examen surveillé sur le campus pour obtenir l'unité de valeur. Les enseignants de ces universités auront également la possibilité de personnaliser le MOOC en y ajoutant leurs propres séances de cours. L'offre d'unités de valeur officiellement reconnues pour les cours en ligne suivis avec succès a été cruciale pour améliorer la qualité du travail et l'achèvement des formations.

Les cours de l'université de Stanford coûtent environ 10 000 à 15 000 dollars à mettre en ligne. Ceux qui ont un contenu vidéo peuvent coûter le double. Mais le coût marginal de la transmission des cours aux étudiants n'est que celui de la bande passante, qui est pratiquement gratuite. (Le coût marginal se situe entre 3 et

7 dollars par personne – l'équivalent d'un grand café et d'un cookie au Starbucks[17].)

Donc, comment les universités en ligne financent-elles les coûts fixes des MOOC ? Les universités participantes paient à Coursera environ 8 dollars par étudiant pour l'utilisation de sa plate-forme, plus 30 à 60 dollars par étudiant pour suivre le cours – autant dire que c'est presque gratuit[18]. Quel contraste avec l'établissement moyen de l'enseignement supérieur public, par exemple l'université du Maryland, qui facture un cours environ 870 dollars aux étudiants de l'État et dans les 3 000 dollars aux étudiants non originaires de l'État[19] ! Les enseignants ont fait un constat intéressant : si l'on demande aux étudiants des MOOC de payer une petite redevance, même symbolique, pour vérifier qu'ils participent aux cours et qu'ils passent l'examen, il y a beaucoup plus de chances qu'ils suivent le cours jusqu'au bout[20]. Les consortiums d'universités des MOOC projettent aussi de fournir des « services de haute qualité » payants. Il est même question de « facturer aux recruteurs des entreprises l'accès aux meilleurs étudiants »[21].

Les universités de premier ordre font un pari : le rayon d'action et la visibilité planétaires que les MOOC confèrent à leurs enseignants « vedettes » vont décider les meilleurs et les plus brillants des étudiants à se présenter dans leurs bureaux des inscriptions. Comme leurs homologues les grandes entreprises, elles espèrent mettre la main sur la longue traîne* et tirer profit de l'offre gratuite de cours en ligne à des millions d'étudiants en attirant par ce moyen un tout petit pourcentage de ces jeunes dans leurs campus. Elles supputent qu'en distribuant gratuitement leurs présents intellectuels, elles vont aider des millions d'étudiants en ligne qui d'ordinaire ne peuvent payer un tel enseignement, tout en captant suffisamment d'éléments très doués pour maintenir leurs propres activités « en dur ».

Mais il y a un problème : quand on peut donner le meilleur enseignement du monde à un coût marginal quasi nul et le proposer en

* Dans une répartition où un petit nombre d'éléments rapportent beaucoup et un grand nombre d'éléments presque rien parce que la demande pour chacun d'eux est faible et qu'ils sont donc difficiles à trouver, cette « longue traîne » de la courbe, si on la rend d'accès facile, peut collectivement rapporter davantage que le petit nombre d'éléments privilégiés.

ligne presque gratuitement, qu'est-ce qui empêche une université reconnue d'accepter, moyennant une redevance minime, une attestation de MOOC pour des unités de valeur, afin que les étudiants en ligne puissent avoir un diplôme officiel de l'enseignement supérieur ? Il est possible qu'au départ les employeurs se méfient des unités de valeur acquises au titre d'un MOOC, mais, quand ils verront toujours plus d'universités se joindre au mouvement, leurs doutes vont probablement s'apaiser. En fait, les unités de valeur obtenues en suivant des MOOC dispensés par certains des meilleurs universitaires du monde finiront peut-être par leur faire meilleure impression que les unités de valeur traditionnelles acquises aux cours d'enseignants moins célèbres dans des établissements supérieurs sans éclat.

Dans un article de la *Chronicle of Higher Education**, Kevin Carey, directeur de la politique éducative à l'institut de réflexion Education Sector, basé à Washington, D.C., est allé au cœur du dilemme auquel sont confrontées les universités. Il écrit :

> Tout cela annonce un monde dans lequel les économies de l'enseignement supérieur se brisent et se restructurent autour du coût marginal. Fondamentalement, le coût du service rendu au 100 000e étudiant qui s'inscrit à un MOOC est zéro, c'est pourquoi le prix est aussi zéro. Les manuels en source ouverte et autres ressources en ligne gratuites vont également entraîner les prix des livres scolaires vers le zéro absolu[22].

Carey énonce ici une évidence. Quelle que puisse être la « valeur marginale » que les universités d'élite parviendront à tirer de la « longue traîne » en offrant l'enseignement gratuitement à des centaines de millions d'étudiants, ce ne sera que broutille comparée à la perte de revenus que subira l'ensemble du supérieur « en dur » dans un contexte où le coût marginal de l'enseignement en ligne sera quasi nul et les cours presque gratuits. Y a-t-il un seul universitaire ou entrepreneur social qui croie vraiment que l'éducation « en dur » traditionnelle, centralisée, va survivre telle que nous la

* Le principal quotidien d'information (et site Internet) consacré à l'enseignement supérieur aux États-Unis.

connaissons, dans un monde où le meilleur enseignement qu'on puisse acheter sera gratuit en ligne ?

Je ne dis pas que les universités traditionnelles vont disparaître. Je dis seulement que leur mission va changer radicalement et leur rôle diminuer avec la déferlante des MOOC. Pour l'instant, leurs administrateurs et leurs corps enseignants s'accrochent encore à un espoir : ils croient que les cours en ligne d'excellent niveau vont attirer des étudiants vers l'enseignement traditionnel, générateur de revenus. Ils n'ont pas encore vraiment pris conscience de la réalité : le coût marginal quasi nul des études sur un communal virtuel planétaire qu'ils ont eux-mêmes créé deviendra, de plus en plus, le nouveau paradigme pédagogique de l'enseignement supérieur, tandis que les cours dans l'université « en dur » finiront par jouer un rôle complémentaire toujours plus étroit et circonscrit.

Mais alors, pourquoi tant d'universités sont-elles si désireuses d'aller de l'avant ? Disons d'abord, pour leur défense, qu'il y a dans leur attitude une forte dose d'idéalisme. Apporter tout le savoir du monde à chaque être humain est depuis longtemps le rêve des pédagogues. S'abstenir de le faire maintenant que nous en avons les moyens paraîtrait immoral à beaucoup d'universitaires. Mais il y a une seconde raison : ils comprennent que s'ils s'abstiennent, d'autres se rueront dans la brèche – et le font déjà. Comme leurs homologues dans tant de secteurs où les nouvelles technologies rendent possible une société à coût marginal quasi nul et des biens et services presque gratuits, ils constatent que la logique d'optimisation du bien-être de l'humanité sur des communaux collaboratifs en réseau est si convaincante qu'il est impossible de l'étouffer ou de la rejeter. Les universités traditionnelles devront, de plus en plus, s'adapter à la conception de l'enseignement que représentent les MOOC, et trouver leur place sur des communaux collaboratifs en pleine ascension.

8

Le dernier des travailleurs

Les mêmes technologies de l'information et d'Internet qui emportent les communications, l'énergie, l'industrie manufacturière et l'enseignement supérieur vers le coût marginal quasi nul en font autant pour le travail humain. Le Big Data, l'analytique avancée, les algorithmes, l'intelligence artificielle (IA) et la robotique le remplacent dans tous les secteurs de l'industrie, des services, du savoir et du divertissement, ce qui ouvre une perspective très concrète : libérer du travail dans l'économie de marché des centaines de millions de personnes dans la première moitié du XXIe siècle.

LA FIN DU TRAVAIL

En 1995, j'ai publié un livre intitulé *La Fin du travail*, où j'écrivais : « Des logiciels nouveaux et toujours plus complexes vont [...] rapprocher davantage encore la civilisation d'un monde à peu près dépourvu de travailleurs[1]. » *The Economist* a fait sa couverture sur la fin du travail, et sa rédaction, se demandant si mes prévisions se révéleraient prémonitoires, a suggéré que cela restait à voir. Dans les années qui se sont écoulées depuis, mes projections de 1995 – selon lesquelles l'automatisation née des technologies de l'information allait provoquer une éviction technologique dans la quasi-totalité des secteurs de l'économie – sont devenues une réalité perturbante qui a laissé des millions de personnes sans emploi ou sous-employées dans tous les pays du monde. S'il y a une critique à faire à mes prévisions initiales, c'est qu'elles étaient un peu trop modérées.

Aujourd'hui aux États-Unis, 21,9 millions d'adultes sont au chômage, employés à temps partiel involontaire ou « travailleurs découragés » qui n'apparaissent plus dans les statistiques officielles[2]. En 2011, 25 % de la population active adulte mondiale était privée d'emploi, sous-employée ou découragée et ne cherchant plus de travail[3]. Les projections de l'Organisation internationale du travail pour 2013 prévoyaient plus de 202 millions de sans-emploi[4].

Bien que le chômage s'explique par de multiples facteurs, les économistes commencent à peine à comprendre que l'éviction par la technologie est l'une des grandes coupables. *The Economist,* entre autres, a réexaminé le problème de la fin du travail seize ans après la sortie de mon livre. « Que se passe-t-il [...] quand les machines sont assez intelligentes pour devenir les ouvriers ? Autrement dit quand le capital devient le travail[5] ? » se demande-t-il. Sa rédaction écrit dans un éditorial :

> C'est ce que Jeremy Rifkin, un penseur critique de la société, envisageait dans son livre *La Fin du travail*, publié en 1995. [...] M. Rifkin y soutenait une idée prophétique : la société entrait dans une nouvelle phase – où l'on aurait besoin de toujours moins de travailleurs pour produire l'ensemble des biens et services consommés. [...] Il est clair que le processus est engagé[6].

Je n'étais pas un voyant. Les signes étaient partout, mais, dans les années de croissance, la plupart des économistes restaient très attachés à la théorie traditionnelle : l'offre crée la demande, et les nouvelles technologies, certes perturbatrices, réduisent les coûts, stimulent la consommation, aiguillonnent la production, développent l'innovation et créent des occasions d'emplois de type nouveau. Ils sont donc restés sourds à mon message. Aujourd'hui, il retient leur attention.

Pendant la Grande Récession, les économistes ont fait une découverte : alors que des millions d'emplois étaient irréversiblement perdus, la productivité atteignait de nouveaux sommets et la production s'accélérait dans le monde entier, mais avec moins de travailleurs à leur poste. L'industrie manufacturière américaine en offre un bel exemple. Dès avant la Grande Récession, elle accumulait les statistiques déconcertantes. Aux États-Unis, la production industrielle s'est accrue de 60 % de 1997 à 2005, alors que 3,9 millions d'emplois industriels ont été éliminés à peu près dans la même période, de 2000 à 2008. Les économistes attribuent cette dichotomie à une croissance spectaculaire de la productivité – 30 % de 1993 à 2005 – qui a permis aux industriels de produire plus avec moins d'ouvriers. Ces gains de productivité ont été dus à « l'introduction de technologies nouvelles dans les usines, comme la robotique et l'usage de l'ordinateur et du logiciel ; [...] [elles] ont amélioré la qualité et fait baisser les prix, mais aussi provoqué un flux continu de licenciements[7] ». En 2007, les industriels avaient multiplié par plus de six l'équipement – ordinateurs et logiciels – dont ils se servaient vingt ans plus tôt, et le montant du capital utilisé par heure de travail salarié* avait doublé[8].

De 2008 à 2012, tandis que la Grande Récession saignait à blanc les salariés, l'industrie a accumulé les logiciels neufs et les innovations récentes pour stimuler la productivité et rester rentable avec des effectifs réduits. Ces efforts ont eu des résultats impressionnants. Mark J. Perry, professeur d'économie à l'université du Michigan et chercheur invité à l'American Enterprise Institute – un institut de réflexion conservateur basé à Washington, D.C. –, a fait le calcul. Fin 2012, à l'en croire, l'économie américaine s'était entièrement relevée de la récession de 2007-2009, car le produit intérieur brut atteignait 13 600 milliards de dollars (en dollars 2005). C'était 2,2 % de plus, ou 290 milliards de dollars de produit réel de plus, qu'en 2007, juste avant la récession : cette année-là, le PIB était de 13 320 milliards de dollars. Mais si en 2012 le produit réel dépassait de 2,2 % le niveau atteint en 2007 à la veille de la récession, souligne Perry, l'industrie réalisait cette production

* Cette mesure concerne les *capital services*, « services tirés du capital », lesquels ne se résument pas au matériel et aux logiciels mais comprennent aussi l'usine elle-même, son terrain et ses stocks.

supérieure de biens et services avec 142,4 millions de salariés seulement – soit 3,84 millions de moins qu'en 2007. Il conclut donc : « La Grande Récession a stimulé d'énormes gains de productivité et d'efficacité parce que les entreprises ont licencié les travailleurs marginaux et appris à faire "plus avec moins [de salariés]"[9]. »

Même si Perry et d'autres chercheurs découvrent à peine l'inquiétante relation entre hausse de la productivité et baisse des effectifs – jusqu'ici, répétons-le, les économistes avaient toujours vu dans les gains de productivité une force motrice de la croissance et de l'emploi –, les preuves de ce découplage s'accumulaient depuis plus de cinquante ans.

Les premiers indices du paradoxe sont apparus aux premières heures de la révolution des technologies de l'information, au début des années 1960, avec l'introduction de l'ordinateur à l'usine. À l'époque, on appelait cette technologie la « machine-outil à commande numérique ». Un programme informatique stocke des instructions sur la façon dont il faut laminer, tourner, souder, fixer ou peindre un élément métallique. Ce programme indique à une machine comment produire une pièce, et dirige des robots dans l'usine pour qu'ils la façonnent, ou qu'ils assemblent plusieurs pièces afin de fabriquer le produit. La commande numérique est vite apparue comme « l'innovation probablement la plus importante en technologie industrielle depuis que Henry Ford a introduit le concept de chaîne de montage[10] ».

Les machines-outils à commande numérique ont donné un élan spectaculaire à la productivité, et elles ont été la première étape d'un long processus : la substitution incessante au travail humain d'une technologie informatisée, programmée et gérée par de petits effectifs de techniciens et de spécialistes. Le cabinet de conseil en gestion Cox and Cox, de Chicago, a mesuré toute la portée du remplacement des travailleurs par les ordinateurs et les technologies informatiques : avec les machines-outils à commande numérique, a-t-il proclamé, « une révolution du management est là […] : la gestion des machines au lieu de la gestion des hommes[11] ». Alan Smith, du cabinet de conseil Arthur D. Little, a été plus franc et brutal : les outils à commande numérique, a-t-il dit, signifient l'émancipation du patronat, qui est « libéré des travailleurs humains[12] ».

Bond en avant de cinquante ans : aujourd'hui, et de plus en plus, les usines pratiquement sans ouvrier dirigées par des programmes informatiques sont la norme, dans les pays très industrialisés comme dans le monde en développement. La sidérurgie en est un exemple typique. Comme l'industrie automobile et d'autres secteurs cruciaux de la seconde révolution industrielle qui étaient les piliers de l'emploi des cols-bleus, elle vit une révolution qui élimine à vive allure les ouvriers. Les programmes informatisés et la robotique ont permis à la sidérurgie de sabrer dans ses effectifs au fil des dernières décennies. Aux États-Unis, si la production d'acier a augmenté de 1982 à 2012 en passant de 75 à 120 millions de tonnes, le nombre de sidérurgistes a chuté de 289 000 à 74 000[13].

En Europe et en Amérique, les responsables politiques, et l'opinion publique en général, accusent de ces pertes d'emplois ouvriers la délocalisation de l'industrie vers des pays à bas salaires comme la Chine. En fait, ce qui s'est passé est bien plus grave. De 1995 à 2002, 22 millions d'emplois industriels ont été supprimés dans l'économie mondiale, alors que la production mondiale a augmenté de plus de 30 %. Les États-Unis ont perdu 11 % de leurs emplois industriels à cause de l'automatisation. Même la Chine a licencié 16 millions d'ouvriers, tout en augmentant sa productivité grâce aux technologies de l'information et à la robotique, qui lui permettent de produire plus, moins cher, avec des effectifs réduits[14].

Des industriels qui ont longtemps compté sur la main-d'œuvre bon marché de leurs usines chinoises rapatrient la production dans leur pays pour la confier à une robotique avancée, moins chère et plus efficace que leurs ouvriers chinois. Dans la nouvelle usine électronique de Philips aux Pays-Bas, les 128 bras robotiques travaillent à un tel rythme qu'il faut les placer derrière des vitrines pour qu'ils ne blessent pas les quelques employés qui surveillent leur fonctionnement. L'usine néerlandaise robotisée de Philips produit autant d'appareils électroniques que son usine chinoise, avec dix fois moins d'ouvriers[15].

Ne voulant surtout pas se faire distancer, beaucoup de grands industriels chinois se hâtent de remplacer leur main-d'œuvre bon marché par des robots encore moins chers. Foxconn, le géant industriel chinois qui fabrique les iPhones, a l'intention d'installer un million de robots dans les prochaines années, en se séparant d'une grande partie de son personnel. Terry Gou, P.D.G. de cette entreprise dont les effectifs mondiaux se montent à plus d'un million de personnes, a expliqué non sans humour qu'il préférait un million de robots : « Les êtres humains sont aussi des animaux, et gérer un million d'animaux me donne le tournis[16]. »

La main-d'œuvre robotisée est en expansion dans le monde entier. Les ventes de robots se sont accrues de 43 % aux États-Unis comme dans l'Union européenne en 2011, ce qui rapproche toujours plus l'industrie d'une production pratiquement sans ouvrier ou, comme disent les industriels, de la « fabrication dans le noir[17] ». La Chine, l'Inde, le Mexique et autres pays émergents apprennent vite que les travailleurs les moins chers du monde ne sont pas aussi bon marché, efficaces et productifs que la technologie de l'information, la robotique et l'intelligence artificielle qui les remplacent.

Même des secteurs industriels autrefois jugés trop complexes pour être automatisés succombent à l'informatisation. Le textile a été la première activité industrielle. Si la technologie de la vapeur, puis l'électrification et l'outillage électrique ont accru la productivité, une grande partie de la confection des vêtements se faisait à la main. Les nouvelles technologies de l'information, l'informatisation et la robotique ont commencé à prendre en charge un nombre croissant de processus qui jusqu'à présent exigeaient du travail humain. La conception assistée par ordinateur (CAO) a réduit le temps nécessaire pour dessiner un vêtement : il ne se mesure plus en semaines mais en minutes. Pour le séchage et la finition également, des systèmes informatisés ont remplacé le travail manuel traditionnel. L'informatisation du stockage, de la manutention, de l'emballage et de l'expédition des vêtements a aussi beaucoup accru l'efficacité et la productivité.

La fabrication du vêtement lui-même est assurée par un personnel moins nombreux, assisté par des programmes informatiques. Il y a cinquante ans, un ouvrier du textile faisait fonctionner à lui seul cinq métiers, et sur chacun d'eux le fil de trame passait entre les fils de chaîne cent fois par minute. Aujourd'hui, les métiers vont six fois plus vite et un agent en surveille cent : la production par ouvrier a été multipliée par 120[18].

Et voici que la Defense Advanced Research Projects Agency (DARPA), l'organisme du département de la Défense des États-Unis qui a inventé Internet, s'intéresse à l'automatisation de la couture elle-même – depuis longtemps perçue comme le saint graal de l'innovation dans le textile. Avec son budget annuel de 4 milliards de dollars pour les tenues militaires, le département de la Défense désire vivement réduire les coûts de main-d'œuvre de la confection d'uniformes à un travail direct quasi nul, et il a accordé à SoftWear Automation Inc. une subvention pour automatiser totalement le dernier élément restant de travail manuel dans la réalisation d'un vêtement, en lui substituant des robots dirigés par ordinateur qui entreprendront la tâche délicate. S'il est efficace, le nouveau système automatisé éliminera les quelque cinquante mille personnes employées par des sous-traitants pour confectionner les tenues militaires : il pourra les produire à des coûts marginaux de main-d'œuvre pratiquement nuls[19].

Pendant des années, le coût initial de l'automatisation a été lourd, hors de portée des entreprises industrielles sauf des plus grandes. Mais il a considérablement baissé ces dernières années, ce qui permet aux PME de faire de jolis gains de productivité tout en réduisant leurs effectifs. Webb Wheel Products est une société américaine qui fabrique des pièces pour les freins des camions. Sa dernière recrue, un robot Doosan V550M, a débité 300 000 tambours de freins de plus par an en trois ans seulement – une augmentation de la production de 25 % – sans un ouvrier de plus dans l'usine[20].

Si l'éviction technologique dans l'industrie manufacturière se poursuit à son rythme actuel – et les observateurs ne s'attendent qu'à une accélération –, l'emploi industriel, qui représentait 163 millions de postes en 2003, n'en comptera probablement que quelques millions en 2040, ce qui marquera la fin du travail industriel de masse dans le monde[21]. Certes, il faudra un peu de travail humain pour fabriquer les robots, concevoir de nouvelles applications logicielles qui géreront les flux de production, entretenir et mettre à jour les programmes et les systèmes, mais même ce travail technique et spécialisé diminuera, puisque, de plus en plus, la technologie intelligente devient capable de se reprogrammer. Si on laisse les coûts initiaux de côté, le coût marginal de main-d'œuvre de la production automatisée d'unités additionnelles d'un produit se rapproche chaque jour davantage de zéro.

La logistique est l'un des secteurs qui, comme le textile, a pu automatiser une grande partie de ses activités mais est restée très dépendante du travail humain pour l'une d'elles – dans son cas, l'enlèvement et la livraison des articles. L'envoi d'e-mails en quelques secondes dans le monde entier, à coût marginal de main-d'œuvre quasi nul, a porté un coup très dur aux services postaux de tous les pays. Celui des États-Unis était il y a dix ans à peine la plus grande entreprise américaine, avec plus de 700 000 salariés. Il est passé sous la barre des 500 000 en 2013. Et même s'il était fier de l'automatisation de ses systèmes de tri et de manutention, naguère exaltés comme les plus avancés du monde, il est aujourd'hui pratiquement menacé d'extinction car son activité « courrier » est de plus en plus captée par l'e-mail[22].

L'automatisation remplace le travail humain dans tout le secteur logistique. Amazon, qui est autant une société de logistique qu'un détaillant virtuel, se dote de véhicules intelligents automatisés et guidés, de robots automatisés et de systèmes de stockage automatisés dans ses entrepôts, et peut ainsi éliminer un travail manuel moins efficace à toutes les étapes de la chaîne de valeur logistique, pour s'approcher le plus près possible des coûts marginaux de main-d'œuvre quasi nuls.

Cet objectif est désormais en vue avec l'introduction des véhicules sans conducteur. La perspective d'éliminer la conduite humaine en lui substituant des véhicules sans chauffeur opérant sur des routes intelligentes, autrefois reléguée dans la sphère de la science-fiction, va bientôt se concrétiser. À eux seuls, les États-Unis comptent aujourd'hui plus de 2,7 millions de chauffeurs routiers[23]. Il est fort possible qu'en 2040, les véhicules sans conducteur, fonctionnant à des coûts marginaux de main-d'œuvre quasi nuls, aient éliminé une bonne partie des camionneurs du pays. (Nous procéderons à une analyse plus détaillée des véhicules sans chauffeur au chapitre 13.)

L'automatisation, la robotique et l'intelligence artificielle éliminent le travail humain aussi rapidement dans les services, chez les cols-blancs, que dans l'industrie et la logistique. Secrétaires, documentalistes, standardistes, agents de voyages, guichetiers de banques, caissiers et d'innombrables autres employés des services ont pratiquement disparu dans les vingt-cinq dernières années, car l'automatisation a réduit le coût marginal du travail à pratiquement rien.

Deux millions des emplois perdus aux États-Unis et dans l'Union européenne depuis le début de la Grande Récession, estime le Hackett Group, cabinet-conseil sur l'emploi de bureau, l'ont été dans les ressources humaines, les services financiers, les technologies de l'information et les services achats, dont plus de la moitié à cause de l'automatisation[24].

L'automatisation pénètre aussi en profondeur le commerce de détail, qui emploie un Américain sur dix. Si les emplois de bureau, d'entrepôt et d'expédition paraissaient voués sans appel à être automatisés, les observateurs du secteur ont longtemps supposé que les vendeurs au moins échapperaient au massacre, en raison de la nature très sociale de leurs relations avec les clients. On peut toujours rêver.

Les distributeurs automatiques vendent aujourd'hui de tout, des maillots de bain aux iPods et même aux pièces d'or. En 2010, 740 milliards de dollars de ventes au détail sont passées par des machines en libre-service. Les observateurs du secteur pensent que ce chiffre aura bondi à 1 100 milliards de dollars en 2014[25].

Walmart a déjà des caisses automatiques en libre-service, et prévoit d'en avoir installé 10 000 autres dans plus de 1 200 magasins à la fin de l'année 2013. Le géant de la distribution déploie aussi ses systèmes de caisses en libre-service « Scan and Go » dans quarante de ses magasins de la région de Denver (Colorado). Lorsqu'ils prennent des produits sur les gondoles, les acheteurs scannent leur code-barre sur une application iPhone avant de les mettre dans leur caddie. Quand ils ont fini leurs courses, ils appuient sur le bouton « terminé » et l'application leur donne un « QR code » personnalisé (QR signifie *quick response*, réaction rapide). La caisse automatique scanne le QR code sur le smartphone, fait l'addition et demande au client de choisir un mode de paiement[26].

Malgré les efforts des commerçants « en dur » pour automatiser de plus en plus leurs activités afin de réduire leurs coûts de main-d'œuvre, ils continuent à perdre du terrain par rapport aux commerçants en ligne dont les coûts marginaux de main-d'œuvre se rapprochent de zéro. En apparence, les ventes « en dur » semblent saines, voire robustes. Elles constituaient 92 % des ventes au détail en 2011, contre 8 % seulement pour le commerce en ligne[27]. Ce n'est qu'en sondant un peu plus profond et en regardant les taux de croissance que l'on commence à comprendre qu'elles sont condamnées. Selon la National Retail Federation (Fédération nationale du commerce de détail), les ventes « en dur » n'augmentent que de 2,8 % par an, alors que le commerce en ligne enregistre une croissance de 15 % par an. Dans ces conditions, on peut se demander pendant combien de temps la vente physique, avec ses coûts fixes importants et ses effectifs de bonne taille, pourra tenir face à des concurrents en ligne aux coûts marginaux de main-d'œuvre bien inférieurs[28]. Déjà la liste des victimes s'allonge. Borders books et Circuit City, anciens géants du commerce « en dur », ont déjà été mis hors jeu par les faibles coûts marginaux de main-d'œuvre de la vente en ligne. Puisqu'on prévoit que les boutiques en ligne auront doublé en 2020, bien d'autres détaillants « en dur », déjà éprouvés par la chute de leurs marges de profit, vont probablement capituler face au commerce virtuel[29].

Les commerces de détail « en dur » sont pris au piège, transformés contre leur gré en espaces d'exposition gratuits où le client vient regarder et manier produits et vêtements qu'il va ensuite acheter en ligne. Certaines applications iPhone lui permettent de scanner un produit dans un magasin et de comparer immédiatement les prix – et il est sûr de le trouver moins cher chez Amazon ou d'autres détaillants virtuels, souvent avec expédition gratuite.

Certains commerçants combattent les « voleurs à l'essayage » qui viennent au magasin enfiler vêtements et chaussures pour connaître leur taille exacte, puis les commandent en ligne. Gary Weiner, propriétaire de Saxon Shoes en Virginie et membre du bureau de la National Shoe Retailers Association (Association nationale des marchands de chaussures), partage les inquiétudes d'un nombre croissant de détaillants, outrés de ce qu'ils appellent le *showrooming* – l'habitude prise par les clients du commerce en ligne d'utiliser les magasins comme un *showroom*, une salle d'exposition, pour essayer ce qu'ils achèteront ensuite sur Internet. Il est courant, explique-t-il, que des enfants viennent au magasin et disent : « Ma mère m'a envoyé voir quelle taille il me faut pour qu'elle puisse les acheter en ligne[30]. » Quelques magasins commencent à faire payer le droit de flâner et de regarder les articles pour décourager le « vol à l'essayage ». D'autres commerçants craignent, probablement à juste titre, que, s'ils font payer l'entrée et l'essayage, les clients ne viennent plus du tout dans leur magasin[31].

Plusieurs détaillants tentent de trouver un compromis avec la vente sur Internet : ils encouragent leurs clients à acheter sur leur propre boutique en ligne, puis à venir chercher la marchandise dans leur magasin « en dur » – qui devient ainsi, de fait, un mini-centre de distribution. Mais ces efforts ne seront probablement qu'un expédient temporaire, en raison des frais généraux considérables qu'implique le maintien des activités « réelles ».

De nombreux gros détaillants, comme Best Buy, Target et Walmart, vont probablement essayer d'anticiper la tendance en faisant passer en ligne une plus large part de leurs activités. D'autres – notamment les grands magasins traditionnels comme Macy's, Nordstrom et Neiman Marcus – vont rétrécir ou même mourir quand le commerce de détail passera de plus en plus sur Internet. Les vendeurs de vêtements en ligne proposent déjà l'essayage virtuel. Leurs clients peuvent créer un modèle virtuel d'eux-mêmes en donnant des informations sur leur taille, leur sexe, leur âge, leur poitrine, leur tour de taille et leur tour de hanches. Avec sa souris, le client peut même vérifier sous différents angles si le vêtement lui va.

Les observateurs du secteur sont de plus en plus nombreux à prévoir la mort imminente de vastes pans du commerce de détail « en dur ». Jason Perlow, spécialiste des technologies à la rédaction de ZDNet, estime que des supérettes comme 7-Eleven, des drugstores comme Walgreens et des chaînes de supermarché comme Kroger n'auront pas à fermer leurs portes, de même que des boutiques de luxe et de spécialités haut de gamme comme Crabtree & Evelyn et une poignée de très grandes surfaces comme Walmart. Mais une grande partie du commerce de détail « en dur » va se ratatiner, notamment quand la jeune génération habituée à l'achat en ligne deviendra adulte.

Si ce type de commerce ne disparaîtra pas, conclut Perlow, « dans dix ans, il sera l'ombre de lui-même, et seuls les vendeurs "en dur" les plus puissants pourront survivre à la concurrence massive venue d'Internet[32] ».

Comme dans les autres secteurs où l'automatisation réduit vite le travail humain, le commerce de détail virtuel poursuit le mouvement. Au mieux, disons que l'avenir ne paraît guère propice aux 4,3 millions d'actifs employés dans la vente au détail « en dur », en ces temps où nous nous rapprochons des coûts marginaux de main-d'œuvre quasi nuls et d'un monde à peu près dépourvu de travailleurs[33].

MÊME LES TRAVAILLEURS DU SAVOIR SONT JETABLES

En 2005, nul ne s'étonnait plus des exemples anecdotiques de remplacement d'ouvriers d'industrie et d'employés des services par l'automatisation. Désormais, elle était partout. On aurait dit que de tous côtés les travailleurs avaient disparu, et que nous étions entourés de substituts – des machines intelligentes qui nous parlaient, nous écoutaient, nous guidaient, nous conseillaient, faisaient affaire avec nous, nous amusaient et veillaient sur nous. Au départ, l'expérience d'une présence sans travailleur était souvent drôle, parfois irritante, voire angoissante. Aujourd'hui, elle est banale. Mais ce n'est que vers 2010 qu'on a vu une avalanche de nouveaux livres aux titres alarmants, comme *Race Against the*

Machine (La Course contre la machine), *The Lights in the Tunnel* (Les Lumières dans le tunnel) et *Automate This* (Automatisez-moi ça)*, qui mettaient en garde contre les effets de l'automatisation sur l'emploi. Leurs auteurs ont été invités à des débats télévisés. Leur message sur l'imminence d'un monde sans travailleurs a commencé à retenir l'attention des réseaux sociaux, et a même inspiré quelques commentaires à des décideurs, à des chercheurs d'instituts de réflexion, à des économistes et au président Barack Obama.

Nous commençons à entendre les premières rumeurs de ce qui va probablement devenir un débat mondial sur l'automatisation et l'avenir de l'emploi. S'il commence, c'est en partie à cause de la reprise sans emploi qui a suivi la Grande Récession. La déconnexion entre le PIB qui augmente et l'emploi qui diminue devient si nette qu'il est difficile de persister à l'ignorer, quoique je reste passablement stupéfait de constater combien les économistes sont rares, même à ce stade, à bien vouloir reconnaître enfin publiquement que le postulat implicite de la théorie économique classique – la productivité crée plus d'emplois qu'elle n'en supprime – n'est plus crédible.

J'ai une autre raison de penser que le grand débat sur l'automatisation va peut-être s'ouvrir : pour la première fois, les innovations récentes dans l'usage du Big Data, le raffinement croissant des algorithmes et les progrès de l'intelligence artificielle remontent subrepticement l'échelle des qualifications et touchent le travail intellectuel qualifié lui-même, que l'on avait longtemps cru à l'abri des forces de l'automatisation et des progrès de l'éviction technologique. On programme à présent des ordinateurs pour reconnaître des structures, avancer des hypothèses, autoprogrammer des réactions, appliquer des solutions et même déchiffrer des communications et traduire en temps réel d'une langue à une autre des

* Erik Brynjolfsson et Andrew McAfee, *Race Against the Machine : How the Digital Revolution is Accelerating Innovation, Driving Productivity and Irreversibly Transforming Employment and the Economy*, Lexington, MA, Digital Frontier Press, 2011 ; Martin Ford, *The Lights in the Tunnel : Automation, Accelerating Technology and the Economy of the Future*, CreateSpace Independent Publishing Platform, 2009 ; Christopher Steiner, *Automate This : How Algorithms Took Over Our Markets, Our Jobs and the World*, Londres, Portfolio/Penguin, 2013.

métaphores complexes avec une exactitude approchant celle des meilleurs traducteurs du monde.

Les avancées de l'intelligence artificielle sont aujourd'hui appliquées à toute une série de spécialités intellectuelles pour accroître l'efficacité et la productivité et réduire le travail humain. L'eDiscovery est une procédure logicielle de recherche électronique capable de naviguer dans des millions de documents juridiques en y cherchant des structures de comportement, des modes de pensée, des concepts, etc., et ce, à une vitesse qui dépasse de loin celle des meilleurs avocats formés à Harvard et avec une rigueur d'analyse que même les juristes les plus chevronnés n'ont peut-être pas. Les économies en coûts de personnel sont également impressionnantes.

Le journaliste du *New York Times* John Markoff cite l'exemple d'un procès retentissant en 1978 entre cinq chaînes de télévision, le département de la Justice et CBS. Les avocats et les assistants juridiques des chaînes ont eu la tâche peu enviable de lire plus de six millions de documents pendant des mois : leur temps de travail a coûté 2,2 millions de dollars. En janvier 2011, BlackStone Discovery, une entreprise de Palo Alto (Californie), a analysé 1,5 million de documents juridiques avec un logiciel d'eDiscovery – pour moins de 100 000 dollars. Bill Herr, directeur juridique d'une société chimique américaine qui avait coutume d'enfermer dans un auditorium pendant des semaines toute une armée de juristes pour lire des documents, en a tiré les conclusions : « Du point de vue du recrutement juridique, cela signifie qu'un très grand nombre de personnes que l'on payait à l'heure pour passer en revue des documents ne sont plus employables[34]. » Mike Lynch, le fondateur d'Autonomy, une autre société d'eDiscovery, a calculé que, grâce au nouveau logiciel de recherche, le travail de 500 avocats peut être accompli par un seul, et avec plus d'exactitude. Ayant constaté, avec un logiciel d'eDiscovery, que dans les recherches faites par les juristes les résultats n'étaient justes qu'à 60 %, Herr a soupiré : « Pensez à tout l'argent que l'on a dépensé pour faire légèrement mieux qu'à pile ou face[35] ! »

Les technologies de l'information et le traitement du Big Data par les algorithmes s'insinuent dans tous les domaines : très peu de compétences professionnelles sont épargnées. Des travailleurs intellectuels en tout genre et de toute nature – radiologues, comptables, cadres moyens, graphistes et même commerciaux – sont déjà sous pression en ces temps où les logiciels de reconnaissance de formes commencent à pénétrer tous les métiers. Mike McCready dirige une start-up nommée Music Xray, qui utilise le Big Data et les algorithmes pour identifier les tubes musicaux potentiels. Cette société, qui a passé des contrats d'enregistrement avec plus de cinq mille artistes en moins de trois ans, utilise un logiciel raffiné pour comparer la structure d'une chanson à d'autres chansons enregistrées antérieurement, afin d'évaluer ses chances de percer et de faire un tabac. La société a déjà un bilan impressionnant de prévisions exactes : elle a repéré de nombreuses chansons écrites par des inconnus dont elle a prédit le succès. Un logiciel du même type, développé par Epagogix, analyse les scripts de films afin de prévoir pour l'industrie cinématographique ceux qui vont briller au box-office[36]. Puisqu'elle réussit à identifier les gagnants, l'évaluation par algorithme est devenue courante dans le secteur. À l'avenir, avec des outils de prévision de ce genre, on n'aura plus besoin de recruter des spécialistes du marketing fort bien payés pour organiser de coûteuses rencontres de « groupes de discussion » et autres initiatives de recherche marketing, d'autant plus que leur exactitude risque de faire pâle figure par rapport à celle de la méthode fondée sur le *crowdsourcing* : le Big Data filtré par les algorithmes.

On utilise même Big Data et algorithmes pour produire des articles sportifs captivants, écrits dans une langue populaire, pleins à craquer d'informations. Big Ten Network* se sert des algorithmes pour créer ces textes originaux mis en ligne quelques secondes seulement après le match, ce qui élimine les rédacteurs humains[37].

L'intelligence artificielle a fait un grand bond dans le futur en 2011. Dans un jeu télévisé très populaire, *Jeopardy*, un ordinateur d'IBM nommé Watson (comme l'ancien président d'IBM) a affronté Ken Jennings, qui détenait le record de 74 victoires consécutives, et l'a battu. Les téléspectateurs ont été abasourdis par ce duel, qui a valu à IBM un prix d'un million de dollars : ils ont

* Une grande chaîne de télévision sportive aux États-Unis.

vu leur héros de *Jeopardy* s'effondrer face à Watson l'« omniscient ». Watson est un système cognitif capable d'intégrer « le traitement automatique du langage naturel, l'apprentissage automatique et la production et l'évaluation d'hypothèses », explique fièrement IBM, ce qui lui permet de réfléchir, de répondre à des questions et de résoudre des problèmes[38].

On met déjà Watson au travail. IBM Healthcare Analytics va l'utiliser pour aider les médecins à faire des diagnostics rapides et exacts en analysant le Big Data stocké dans les dossiers médicaux électroniques de millions de patients et dans les revues médicales[39].

IBM a de grands projets pour Watson. Ils sont loin de se limiter à ses services pour les besoins spécialisés de la recherche et le travail de bureau dans la gestion du Big Data. Watson va être mis sur le marché en tant qu'assistant personnel, avec lequel les entreprises et même les particuliers pourront converser par texte dactylographié, ou oralement en temps réel. C'est la première fois, souligne IBM, que l'intelligence artificielle passe de la simple question-réponse au mode de la conversation, qui permet des interactions plus personnelles et des réponses sur mesure à des questions individuelles[40].

Les spécialistes de l'intelligence artificielle vous le diront : l'obstacle le plus redoutable dans leur métier, c'est de percer la barrière de la langue. Comprendre toute la richesse signifiante de métaphores et de formulations complexes dans une langue et la restituer simultanément dans une autre est peut-être la plus difficile de toutes les tâches cognitives et la plus exceptionnelle de toutes les aptitudes humaines. J'ai passé pas mal de temps, au fil des ans, avec des traducteurs, dans des conférences, des réunions publiques et même, quand c'était nécessaire, dans des réceptions. J'admire leur aptitude à saisir ce que je dis – pas seulement mon propos, mais les sous-entendus subtils dans mon intonation, la façon dont je mets l'accent sur certains mots, et même mes expressions faciales et mon langage corporel – et à transmettre à d'autres sans hésitation ces diverses couches de sens dans des termes où résonne l'intention précise que j'ai exprimée. Les traducteurs médiocres sont des littéralistes, qui s'efforcent simplement de faire correspondre les mots et les phrases dans deux langues différentes. Leurs traductions paraissent mécaniques et les significations y sont brouillées et confuses. Les meilleurs traducteurs sont des artistes qui sont capables de vivre simultanément dans deux personnalités cognitives différentes.

J'ai longtemps douté que l'intelligence artificielle puisse faire mieux que les traducteurs de premier ordre. Néanmoins, ses progrès récents nous rapprochent constamment de cette situation. Lionbridge est une société qui assure une traduction en temps réel pour les services d'aide en ligne aux clients : elle permet à ceux-ci de s'exprimer dans des langues différentes grâce à une traduction instantanée du contenu produit par l'usager. Sa solution GeoFluent, module externe qui utilise la technologie de traduction de Microsoft et constitue un « logiciel en tant que service* », effectue des traductions entre trente-neuf langues. Sans être encore aussi bonnes que celles des meilleurs traducteurs, elles le sont assez pour briser la barrière de la langue et réunir le tiers de l'humanité déjà en ligne dans la première conversation mondiale vraiment partagée de l'histoire, ce qui accélère le passage à un espace commun universel et à l'âge collaboratif[41].

Dans une dizaine d'années, hommes d'affaires, travailleurs et voyageurs seront équipés d'applications pour téléphone portable qui leur permettront de converser sans effort, en ligne ou face à face, avec des locuteurs d'une autre langue. La plupart des 150 000 à 300 000 traducteurs très instruits et coûteux connaîtront le sort des caissiers, documentalistes et secrétaires : l'intelligence artificielle assurera les services de traduction à un coût de main-d'œuvre marginal quasi nul, ce qui ôtera tout avenir à une profession très qualifiée de plus[42].

Nous vivons un changement épique dans la nature du travail. La première révolution industrielle a mis fin à l'esclavage et au servage. La seconde a réduit considérablement le travail agricole et artisanal. La troisième est en train d'éteindre le travail salarié

* Le « logiciel en tant que service », aussi nommé SaaS (*Software as a Service*), est une méthode commerciale d'exploitation d'un logiciel : au lieu de le vendre à l'utilisateur, on l'installe sur un serveur distant pour qu'il soit accessible en ligne par abonnement.

de masse dans l'industrie et les services, et le travail intellectuel et technique dans de vastes pans de l'économie du savoir.

Technologies de l'information, informatisation, automatisation, Big Data, algorithmes et intelligence artificielle insérés dans l'Internet des objets : tout cela réduit rapidement à presque rien les coûts marginaux de main-d'œuvre dans la production et la distribution d'un large éventail de biens et services. Sauf choc en retour imprévu, une grande partie de l'activité économique productive de la société passera de plus en plus entre les « mains » d'une technologie intelligente, supervisée par de petits groupes de travailleurs techniques et intellectuels ultra-qualifiés, au fil de notre avancée dans le XXIe siècle.

Le remplacement général du travail salarié de masse et du travail intellectuel qualifié par la technologie intelligente commence à gripper les rouages du système capitaliste. Qu'arrive-t-il au capitalisme de marché quand les gains de productivité qu'apporte la technologie intelligente réduisent constamment les besoins en travail humain ? C'est la question que les économistes ont si peur de se poser. Nous assistons au découplage de la productivité et de l'emploi. Aujourd'hui la première, loin de stimuler le second, l'élimine. Mais puisque sur les marchés capitalistes le capital et le travail s'entre-alimentent, que se passe-t-il quand ceux qui disposent d'un emploi rémunérateur sont si peu nombreux qu'il n'y a pas assez d'acheteurs pour acquérir les biens et services des vendeurs ?

D'abord, l'économie du coût marginal zéro qui se dessine change radicalement notre idée du processus économique. Le vieux paradigme du propriétaire du capital et du travailleur et celui du vendeur et du consommateur commencent à s'effondrer. Des consommateurs deviennent leurs propres producteurs, ce qui supprime la distinction. Les prosommateurs seront de plus en plus à même de produire, de consommer et de partager entre eux leurs propres biens et services sur les communaux collaboratifs à des coûts marginaux décroissants jusqu'à approcher de zéro, ce qui va mettre sur le devant de la scène de nouveaux modes d'organisation de la vie économique, au-delà du modèle traditionnel du marché capitaliste.

Deuxièmement, l'automatisation du travail dans tous les secteurs de l'économie de marché commence déjà à libérer un personnel humain qui migre vers l'économie sociale en gestation. À l'ère qui vient, le jeu profond sur les communaux collaboratifs devient aussi important que le travail acharné dans l'économie de marché a pu l'être. Amasser du capital social sera aussi précieux demain qu'accumuler du capital financier l'a été hier. Ce ne sera plus la prospérité matérielle mais l'attachement à la communauté et la quête de transcendance et de sens qui donneront la mesure d'une vie.

Pour ceux qui jugeraient ces propos fantaisistes et irréalistes, précisons que des millions de jeunes commencent à passer de l'ordre ancien au nouveau. Les membres de la génération Internet se perçoivent en joueurs plus qu'en travailleurs, voient dans leurs atouts personnels des talents plus que des qualifications, et préfèrent exprimer leur créativité sur les réseaux sociaux que s'échiner dans des missions formatées en effectuant des tâches autonomes sur les marchés. Aux yeux d'un nombre croissant de ces jeunes, l'économie sociale qui émerge sur les communaux offre plus d'occasions de s'épanouir et promet des satisfactions psychiques plus intenses que l'emploi traditionnel sur le marché capitaliste. (La migration de l'emploi, de l'économie de marché capitaliste à l'économie sociale sur les communaux collaboratifs, sera traitée plus complètement au chapitre 14).

Si la machine à vapeur a libéré les êtres humains des chaînes du féodalisme et leur a permis de servir leurs intérêts privés matériels sur le marché capitaliste, l'Internet des objets les libère de l'économie de marché et leur permet de servir des intérêts communs non matériels sur les communaux collaboratifs. Beaucoup de nos besoins matériels fondamentaux – pas tous, certes – seront satisfaits pour presque rien dans une économie à coût marginal quasi nul. La technologie intelligente fera le gros du travail dans une économie centrée sur l'abondance et non sur la pénurie. Il est probable que, dans un demi-siècle, nos petits-enfants regarderont l'époque du plein-emploi sur le marché avec le même sentiment d'incrédulité totale que nous inspirent l'esclavage et le servage d'autrefois. L'idée même que la valeur d'un être humain se mesurait presque exclusivement à sa production de biens et services et à sa fortune matérielle leur paraîtra primitive et même barbare : elle sera perçue comme une effroyable perte de richesse humaine par nos descendants qui, dans un monde ultra-automatisé, vivront le plus clair de leur vie sur les communaux collaboratifs.

9

L'ascension du prosommateur et la construction de l'économie intelligente

Sur les communaux collaboratifs, les vendeurs et les acheteurs cèdent la place aux prosommateurs, les droits de propriété s'effacent devant le partage en source ouverte, la propriété est moins importante que l'accès, les marchés sont supplantés par les réseaux, et le coût marginal de production de l'information, de l'énergie, des biens industriels et de l'enseignement est quasi nul. Donc une question cruciale se pose : comment va-t-on financer la nouvelle infrastructure Internet des objets qui rend tout cela possible ? (La façon dont sera gouvernée et gérée une société du coût marginal quasi nul est un autre problème, qui sera traité séparément au chapitre 12.)

LA CONTROVERSE DU COÛT MARGINAL

Cette question du financement des infrastructures s'est déjà posée, dans les années 1930 et 1940. On l'a baptisée à l'époque la « controverse du coût marginal », et elle a suscité un débat passionné entre économistes, chefs d'entreprise et responsables publics. C'était alors un problème assez abstrait. Aujourd'hui, c'est l'une des questions politiques les plus importantes qui se posent à la société. La façon dont nous choisirons de financer la société à coût marginal quasi nul déterminera probablement le mode d'organisation de notre vie économique, sociale et politique tout au long du XXIe siècle.

En décembre 1937, l'économiste Harold Hotelling, président sortant de l'Econometric Society, prononce à l'assemblée générale annuelle de cette association une communication au titre ésotérique : « The General Welfare in Relation to Problems of Taxation and of Railway and Utility Rates » (Le bien-être général dans ses rapports avec les problèmes de la fiscalité et des tarifs des chemins de fer, du gaz, de l'eau et de l'électricité).

« L'optimum du bien-être général », observe d'abord Hotelling, « correspond à la vente de tous les articles au coût marginal[1]. » Évidemment, si les entreprises vendaient leurs produits au coût marginal, elles feraient vite faillite parce qu'elles ne pourraient pas récupérer les capitaux qu'elles ont investis. Tout entrepreneur intègre donc les coûts initiaux dans le prix de vente de chaque unité.

Toutefois, souligne Hotelling, il existe certains types de biens – les biens publics – qui sont « non rivaux* », car il faut que tout le monde y ait accès : par exemple, les ponts et chaussées, les canalisations d'eau, les réseaux d'égouts, les lignes de chemins de fer, les réseaux électriques, etc. Ce qui caractérise en général ces biens publics, c'est qu'ils établissent les infrastructures nécessaires à la bonne marche de toutes les autres activités économiques et qu'ils exigent d'importants investissements en capitaux. Et, puisque ce sont des biens non rivaux, ils favorisent les monopoles naturels. S'il y avait des réseaux concurrents pour les routes, les ponts, l'eau, les égouts et l'électricité, ce serait un gâchis colossal de ressources.

Donc, quelle est la bonne façon de financer les infrastructures et les biens publics ? Hotelling répond : puisqu'il est très bénéfique à l'ensemble de la population de n'avoir à payer que le coût marginal de ce qu'elle utilise, la meilleure façon de financer les coûts fixes de la création des biens publics est de passer par la fiscalité générale. Pour payer les biens publics, il privilégie l'impôt sur le revenu, les

* Les biens « non rivaux » sont ceux que l'on peut consommer sans restreindre leur consommation par les autres.

droits de succession et les impôts fonciers. Si l'État finançait par l'impôt les frais généraux du développement initial des infrastructures non rivales, raisonne-t-il, « tout le monde y gagnerait[2] ».

Pour le prouver, Hotelling prend l'exemple d'un pont :

> Un pont gratuit n'est pas plus cher à construire qu'un pont à péage, et il est moins coûteux en frais de fonctionnement ; mais la société, qui doit en financer le coût d'une façon ou d'une autre, profitera beaucoup plus du pont s'il est gratuit, car dans ce cas il sera plus utilisé. Si l'on fait payer un péage, même modeste, certains perdront du temps et de l'argent en prenant des itinéraires de contournement plus longs mais moins chers, et d'autres ne pourront pas passer du tout[3].

Recourir à l'impôt pour financer les frais généraux des biens publics peut avoir des conséquences négatives sur certains contribuables – selon le type d'impôt –, notamment sur les milieux aisés dans le cas des droits de succession et des taxes foncières, admet l'économiste, mais ce serait un faible fardeau à supporter pour les éléments les plus riches du pays au regard des gains de bien-être général.

Par conséquent, conclut Hotelling, il est bon que les recettes générales de l'État « servent à couvrir les coûts fixes des centrales électriques, usines d'épuration des eaux, voies ferrées et autres activités industrielles où les coûts fixes sont importants, afin de réduire au niveau du coût marginal les prix facturés pour les services et les biens de ces industries[4] ». Parmi les économistes en vue de l'époque, beaucoup se sont déclarés d'accord avec ce raisonnement ; ils étaient sûrs que c'était le moyen le plus rationnel de servir l'intérêt général.

Mais le plaidoyer de Hotelling ne les a pas tous convaincus. Des champions traditionnels de la libre entreprise ont fait valoir que les biens publics – notamment ceux qui constituent les infrastructures – sont non rivaux, et que, dans ces cas-là, le coût moyen de mise sur le marché d'unités additionnelles baisse continuellement avec la prolongation de la demande. Il leur paraissait donc plus raisonnable de faire payer à l'usager ce « coût moyen décroissant » : cela permettrait aux entreprises de récupérer leur investissement tout en évitant une intervention de l'État dans la vie économique de la nation.

En 1946, l'économiste Ronald Coase s'est jeté dans la mêlée : il a attaqué la thèse de Hotelling en soutenant que le subventionnement social préconisé par celui-ci « engendrerait une mauvaise distribution des moyens de production, une mauvaise répartition du revenu et probablement une perte comparable à celle que la combinaison avait pour but d'éviter[5] ».

Coase ne contestait pas que le prix devait être égal au coût marginal : sur ce point, il n'était pas en désaccord avec Hotelling. Mais il croyait aussi qu'il fallait que le coût total fût couvert. Il suggérait donc un système de tarification différenciée : les usagers du bien public paieraient, en plus du prix au coût marginal, une redevance supplémentaire pour les « frais de port ». Ainsi, le petit plus pour le « port » serait payé par les usagers du service, et non par les contribuables dont certains ne l'utilisaient même pas. La tarification différenciée, estimait Coase, permettrait de couvrir à la fois le coût marginal et le coût total[6].

Sans entrer dans des détails fastidieux sur les nuances de la controverse du coût marginal, limitons-nous à dire que Coase a retourné l'opinion en faveur du libre marché. En 1946, la pensée admise était redevenue entièrement favorable aux champions du marché sans entrave, qui soutenaient que les monopoles naturels devaient rester aux mains du secteur privé et que, en lieu et place des subventions publiques, il fallait autoriser ces firmes privées à fixer leurs prix au-dessus du coût marginal pour récupérer leurs investissements. Ce type d'argumentation reste dominant aujourd'hui. John Duffy, professeur à la faculté de droit de l'université George Washington, résume : « Bref, les théoriciens modernes de l'utilité publique ne préconisent pas, en général, de recourir à des subventions publiques généralisées dans la quête du saint graal de la fixation du prix global au coût marginal[7]. »

En réalité, lorsqu'on prétend que ce n'est pas à l'État de financer les infrastructures qui produisent des biens et services publics, et que les monopoles naturels doivent pouvoir fixer leurs prix au-dessus du coût marginal pour couvrir leurs coûts fixes, on fait preuve de mauvaise foi, et plus qu'un peu. Les mêmes économistes libéraux qui condamnent les aides de l'État ferment les yeux sur un fait avéré : les entreprises privées qui ont un caractère de service public et qui jouissent d'un statut de quasi-monopole sont les plus lourdement subventionnées par les impôts de l'État.

Aux États-Unis, plus de la moitié des subventions versées sur l'impôt fédéral vont à quatre secteurs seulement : la finance, la distribution d'eau-gaz-électricité, les télécommunications et le secteur pétrole-gaz-pipelines. À l'exception de la finance, tous arborent les signes distinctifs des sociétés d'utilité publique. De 2008 à 2010, les compagnies de distribution du gaz et de l'électricité ont reçu plus de 31 milliards de dollars d'aides publiques, les télécommunications plus de 30 milliards de dollars et le secteur pétrole-gaz-pipelines 24 milliards de dollars[8].

Avant la déréglementation et la privatisation des années 1980, ces trois secteurs étaient de fait, dans la plupart des pays industrialisés, sous le régime de la propriété publique et financés par l'État – ce qui permettait au consommateur de jouir de prix assez bas. Toutefois, aux États-Unis, ils étaient restés pour l'essentiel dans le secteur privé. Les compagnies du gaz et de l'électricité étaient réglementées par l'État mais autorisées à fixer leurs prix au-dessus du coût marginal : elles pouvaient donc faire des profits tout en bénéficiant de généreuses subventions des pouvoirs publics.

Et il faut ajouter à ces subventions la protection de la propriété intellectuelle, assurée par l'État sous la forme des brevets. Bien qu'elle ait été conçue à l'origine pour encourager l'invention et permettre aux entrepreneurs de récupérer leurs investissements, la propriété intellectuelle sert depuis longtemps une tout autre fonction : elle confère aux monopoles naturels un second monopole sur les biens et services qu'ils procurent, ce qui leur donne le pouvoir de facturer des prix très supérieurs à leurs coûts marginaux.

Tout cela serait peut-être passé inaperçu sans l'essor météorique d'Internet, qui a fait chuter le coût marginal de l'acquisition d'information à un niveau proche de zéro. Puis il y a eu une succession rapide de plongées du coût marginal dans d'autres secteurs : la collecte du solaire, de l'éolien et d'autres énergies abondantes et renouvelables, l'impression 3D des « objets » et les cours en ligne dans l'enseignement supérieur.

L'Internet des objets est la première plate-forme technologique généraliste de l'histoire qui est capable de conduire de vastes pans de l'économie aux coûts marginaux quasi nuls. Et c'est ce qui rend la controverse du coût marginal déterminante pour l'avenir de l'humanité. Le nouveau potentiel inhérent à l'infrastructure Internet des objets va-t-il se concrétiser ou non ? La réponse dépendra d'une autre question : qui finance la plate-forme ? La lutte pour la contrôler est déjà bien engagée, pour l'essentiel en coulisse, dans des commissions de réglementation, des tribunaux, des assemblées législatives, des conseils d'administration de grandes entreprises, des organisations de la société civile et des cercles universitaires du monde entier. Pour l'instant, seules quelques bribes de ce débat ont émergé dans la conscience publique. Cela va probablement changer dans les années qui viennent, car la jeune génération se prépare à s'expliquer avec elle-même sur le type d'avenir économique qu'elle veut.

L'ÉNERGIE AU PEUPLE, C'EST LE POUVOIR AU PEUPLE

Les prosommateurs qui ont grandi avec l'accès en source ouverte et la collaboration pair à pair trouveront-ils un modèle de financement capable d'optimiser le potentiel qu'a la nouvelle infrastructure de faire advenir une société du coût marginal quasi nul ? Ou les intérêts d'affaires qui ont partie liée au vieux modèle capitaliste parviendront-ils à utiliser la protection de la propriété intellectuelle, la politique de réglementation et d'autres législations pour distordre l'infrastructure dans leur sens, en maintenant les prix bien au-dessus des coûts marginaux quasi nuls pour que les profits continuent à couler à flots ? C'est toute la question.

Pour tenter de déterminer laquelle de ces deux forces a le plus de chances de l'emporter, suivons l'argent. Dans les première et seconde révolutions industrielles, l'accumulation de capital privé a permis à une classe d'entrepreneurs en ascension de financer l'infrastructure vitale et d'en prendre le contrôle – et de contrôler aussi les pouvoirs exécutif, législatif et judiciaire qui allaient la réglementer. Certes, l'État subventionnait une grande partie du développement des infrastructures et des industries cruciales qui se développaient autour d'elles, mais c'est le capital privé qui menait le jeu, du moins aux États-Unis. En Europe et ailleurs, je l'ai dit, une vaste composante des secteurs infrastructurels cruciaux, notamment ceux qui assuraient la distribution des biens publics non rivaux, appartenait à l'État – du moins jusqu'à la grande offensive Reagan/Thatcher de vente des entreprises publiques au secteur privé dans le grand redéploiement de la déréglementation. Braderie que l'on a poursuivie près de trente ans, sous prétexte d'encourager les marchés libres.

Mais le financement de l'infrastructure Internet des objets vient moins de riches capitalistes ou actionnaires que de centaines de millions de consommateurs et contribuables. Commençons par Internet, le moyen de communication de l'infrastructure Internet des objets. À qui appartient-il ? À tout le monde et à personne. Internet est un système organisé par un ensemble convenu de protocoles qui permet aux réseaux d'ordinateurs de communiquer entre eux. S'il y a un réseau physique – une ossature d'Internet – composé des grandes compagnies qui posent les câbles, assurent les connexions avec et sans fil, acheminent le trafic et stockent les données, ces entreprises n'ont qu'un simple rôle de fournisseur et de facilitateur. Il y a aussi des cyberentreprises et des cyberassociations à but non lucratif qui habitent Internet et coordonnent le contenu. Mais Internet lui-même est une place publique virtuelle où quiconque paie sa connexion peut être admis et se joindre à la conversation. Internet a déjà fait entrer 2,7 milliards de personnes dans l'espace convoité où le coût marginal d'accès et de participation à diverses formes de communication est quasi nul[9].

Aujourd'hui, Internet converge avec les énergies renouvelables distribuées pour créer le système nerveux d'un nouveau paradigme économique. La question devient donc : qui finance l'Internet des objets ? Globalement, l'infrastructure intelligente en gestation – et en particulier l'Internet de l'énergie – est financée par les consommateurs, avec quelques fonds publics, moins importants, avancés par les États, essentiellement pour stimuler la recherche et le développement de nouvelles technologies dynamisantes.

Le tarif de rachat vert est devenu l'outil principal de promotion des énergies renouvelables distribuées. Des autorités locales, régionales et nationales leur garantissent un prix d'achat supérieur à la valeur de marché des autres énergies pendant une période déterminée, généralement quinze à vingt ans, afin d'inciter les primoadoptants à se doter d'un équipement de production d'énergie renouvelable – l'éolien, le solaire, le géothermique, la biomasse et la petite hydroélectricité – et à renvoyer cette électricité verte vers le réseau général. Plus les particuliers qui envoient de l'énergie renouvelable sont nombreux, plus le secteur se développe, ce qui encourage les fabricants à investir pour innover dans leurs technologies de collecte, accroître leur efficacité et leur productivité et réduire leurs coûts. Ces dynamiques stimulent un marché en croissance.

Grâce aux gains d'efficacité et de productivité, les coûts de production de l'électricité renouvelable diminuent, ce qui permet au nouveau courant d'origine verte d'évoluer progressivement vers la parité avec le prix de marché de l'électricité traditionnelle fossile ou nucléaire. Quand la nouvelle électricité renouvelable parvient à un coût proche de la parité, les États peuvent commencer à réduire la prime du tarif de rachat, et finalement, lorsque la parité sera atteinte, ils pourront supprimer entièrement le tarif.

Soixante-cinq pays ont institué des tarifs de rachat, et plus de la moitié sont dans le monde en développement[10]. Ces tarifs ont prouvé qu'ils étaient un instrument puissant pour promouvoir l'usage de l'énergie renouvelable. Ils ont stimulé près des deux tiers de la capacité mondiale de production pour l'éolien et 87 % pour le photovoltaïque[11].

Les tarifs de rachat sont financés, en général, par une légère hausse du prix du courant sur la facture d'électricité mensuelle de tous les usagers, ou par l'impôt. Autrement dit, soit les compagnies d'électricité font payer le surcoût aux consommateurs, qui financent le passage aux énergies renouvelables, soit ce sont les contribuables qui paient, par le biais des subventions publiques aux tarifs de rachat. Dans les premières années de ce système, les grandes sociétés du solaire et de l'éolien étaient les mieux placées pour tirer profit de la prime : elles ont créé de vastes parcs solaires et éoliens concentrés dont elles moissonnaient les profits, en finançant le tout par les hausses de tarif imposées aux millions de petits consommateurs d'électricité. Parfois, les compagnies d'électricité ont même fondé leurs propres filiales de production éolienne et solaire, afin que la filiale revende son courant au prix fort à sa société mère, le tout aux frais des clients de celle-ci : la compagnie pouvait ainsi engranger des profits aux dépens des millions d'usagers qui payaient leurs factures.

Mais la population a pris progressivement conscience de l'« arnaque » des grandes compagnies et de la possibilité de devenir prosommateur – producteur et consommateur de sa propre électricité verte –, et il y a eu un retournement de situation en faveur de millions de résidents et de petits entrepreneurs qui sont devenus la principale force motrice du passage aux énergies renouvelables distribuées. Sur les millions de consommateurs d'électricité qui paient la facture des tarifs de rachat, ceux qui commencent aussi à en toucher les bénéfices sont toujours plus nombreux. Ils investissent leur propre capital pour installer des technologies de collecte d'énergie renouvelable sur site. Le montant de l'investissement initial est certes élevé, mais ils commencent à obtenir des prêts verts à faible taux d'intérêt auprès des banques et des coopératives de crédit. Ces établissements sont tout à fait disposés à prêter à taux réduit pour cet usage, car, avec la revente de l'électricité verte au réseau à prix supérieur, ils sont pratiquement certains que le prêt sera remboursé.

La métamorphose du consommateur d'énergie en prosommateur marque un tournant dans la façon de produire et d'utiliser l'électricité. Les géants du pétrole, du charbon et du gaz du XXe siècle, souvent en collusion avec les banques et autres institutions financières et avec la complicité de l'État qui les subventionnait généreusement, ont pu accumuler un gigantesque capital financier et s'en servir pour prendre le contrôle de l'approvisionnement des pays en électricité. Aujourd'hui, des millions de petits acteurs paient leur propre révolution de l'énergie renouvelable en profitant des tarifs de rachat financés par la légère augmentation du montant mensuel de leur facture d'électricité.

En Allemagne, pays qui fixe l'allure du passage à l'électricité verte en Europe, les grandes compagnies d'électricité traditionnelles – E.ON, RWE, EnBW, Vattenfall Europe – ne possédaient à la fin de l'année 2011 que 7 % de la capacité installée de production des énergies renouvelables. En revanche, les particuliers « possédaient 40 % de [cette] capacité [...], les acteurs de niche du secteur de l'énergie 14 %, les agriculteurs 11 %, diverses entreprises industrielles à haute intensité en énergie 9 % et les compagnies financières 11 %. Enfin, 7 % appartenaient aux petites compagnies régionales ou aux compagnies internationales de distribution d'électricité[12] ». Près de la moitié des éoliennes allemandes appartiennent aux habitants des régions[13]. Dans les autres pays de l'Union européenne, le profil est le même. Les consommateurs deviennent prosommateurs et produisent leur propre électricité verte.

Gérard Mestrallet, P.D.G. de GDF-Suez – la compagnie française du gaz –, rappelle qu'il y a seulement dix ans le marché européen de l'énergie était presque exclusivement dominé par une poignée de monopoles régionaux. « Cette époque est définitivement révolue », souligne-t-il, car à présent « certains consommateurs sont devenus producteurs[14] ». Peter Terium, P.D.G. de RWE, compagnie de l'énergie basée en Allemagne, admet qu'un immense tournant du courant centralisé au courant distribué se dessine en Europe, et conclut que les grandes compagnies de production et de distribution d'électricité « doivent s'adapter à une réalité : à long terme, la rentabilité de la production d'électricité traditionnelle sera nettement inférieure à ce que nous avons connu ces dernières années[15] ».

Si quelqu'un avait suggéré, il y a dix ans, que les géants européens de l'électricité allaient commencer à s'effondrer parce que des millions de petits acteurs, équipés de micro-installations d'énergie renouvelable distribuée, se mettraient à produire leur propre électricité verte pour le réseau, les pouvoirs établis auraient rejeté d'emblée son analyse comme pure extravagance. Plus maintenant. « C'est une vraie révolution », dit Mestrallet[16].

Les consommateurs et les petits entrepreneurs ne paient pas seulement l'essentiel des coûts d'introduction de l'électricité verte par le biais des hausses de tarif sur leur facture d'électricité et des augmentations d'impôts. Ils paient aussi la part du lion des coûts de construction de l'Internet de l'énergie. Tout récemment, le gouvernement américain a avancé 3,4 milliards de dollars sur les fonds du Federal Recovery Act, qui serviront à lever un montant égal ou supérieur de ressources du secteur privé, pour un investissement total de 7,8 milliards de dollars dans la modernisation du réseau électrique[17]. Si cela paraît beaucoup, examinons un instant ce que coûtent chaque année aux entreprises et aux consommateurs les coupures, baisses de tension et pannes totales de courant dues à l'inefficacité du réseau électrique. « Les pannes et coupures d'électricité […] coûtent aux Américains au moins 150 milliards de dollars par an, soit environ 500 dollars chacun – hommes, femmes et enfants[18]. »

La plupart des coupures de courant aux États-Unis sont dues au fait que les vieilles lignes électriques sont encore aériennes : des fils tendus sur des poteaux de bois branlants. Avec les événements météorologiques extrêmes que provoque le changement climatique – les tempêtes de neige en hiver, les pluies torrentielles et les inondations au printemps, les ouragans, etc. –, elles sont beaucoup plus souvent abattues, ce qui provoque baisses de tension et pannes totales sur des zones très étendues. Les pertes de puissance électrique, qui n'arrivaient autrefois qu'épisodiquement, sont devenues la norme dans de vastes régions des États-Unis, car les phénomènes météos extrêmes sont sans merci pour ces vieilles lignes épuisées qui auraient dû être enterrées depuis longtemps. Et, comme si cela ne suffisait pas, « plus de 10 % de l'électricité utilisée est perdue à cause de l'inefficacité des transformateurs[19] ». Installer un réseau souterrain du XXIe siècle, intelligent, distribué, numérisé et sûr, réduirait considérablement les chutes de tension et les pannes de courant tout en améliorant l'efficacité de la transmission d'électricité sur les lignes.

Une étude réalisée par l'Electric Power Research Institute (EPRI), l'institut de réflexion à but non lucratif de l'industrie électrique américaine, estime que mettre en activité un Internet national de l'énergie coûtera 17 à 24 milliards de dollars par an au cours des vingt prochaines années, soit 476 milliards de dollars environ[20]. Ce n'est pas rien, mais pas non plus exagérément coûteux, là encore, notamment quand on pense à ce que l'opération rapporterait. En dépense annuelle, c'est à peu près ce que coûte au département de la Défense la construction de deux nouveaux porte-avions. Ou disons, pour rester dans le domaine énergétique, que le revenu de la compagnie Royal Dutch Shell en 2011, 470 milliards de dollars gagnés en un an, équivaut à peu près au coût de construction d'un Internet national de l'énergie sur vingt ans[21].

Le chiffre calculé par l'EPRI est probablement sous-évalué. Il reflète une vision basique, en solde, de la modernisation du réseau énergétique, réduite à l'installation de compteurs intelligents et à la pose de lignes supplémentaires. D'autres études suggèrent que le prix pourrait grimper jusqu'à 2 500 milliards de dollars si l'on prenait en compte le stockage de l'énergie, le raccordement de toutes les machines, appareils et thermostats au réseau, et le coût de la gestion informatique du Big Data renvoyé par des milliards de nœuds sur l'ensemble de l'Internet de l'énergie. Et Vaclav Smil, l'un des principaux observateurs du secteur, nous rappelle que même ce chiffre ne comprend pas le démantèlement des centrales électriques fossiles et nucléaires existantes, dont la valeur de remplacement se monte à 1 500 milliards de dollars au moins[22].

En réalité, il est probable que les coûts se situeront aux alentours de 1 200 milliards de dollars, étalés sur trois décennies. Les compagnies d'électricité répercuteront une partie des dépenses de construction d'un Internet de l'énergie sur leurs clients, en augmentant leurs factures. Mais ces hausses seront très réduites et faciles à supporter. Le reste des coûts sera absorbé par les pouvoirs publics, aux niveaux des localités, des États et du pays, sous forme de dépenses directes, de subventions, d'incitations et d'abattements fiscaux. C'est ainsi que l'infrastructure d'énergie / communication des première et seconde révolutions industrielles a été financée : en combinant des investissements publics et privés.

L'étude de l'EPRI indique qu'avec l'installation d'un Internet continental de l'énergie, les gains des clients en « économies d'énergie » se situeraient autour de 2 000 milliards de dollars, ce qui vaut bien les coûts initiaux de l'infrastructure[23]. Mais ces 2 000 milliards de dollars ne prennent absolument pas en compte la hausse spectaculaire du potentiel de productivité que provoquera l'insertion de toute activité économique dans une infrastructure Internet des objets, intelligente et en réseau, utilisant en permanence le Big Data reçu en retour et l'analytique et les algorithmes les plus avancés pour accroître l'efficacité énergétique et la productivité aux quatre coins de la société. Nous l'avons vu : c'est la montée en flèche de l'efficacité énergétique globale, des 14 % de son plafond de la seconde révolution industrielle aux 40 % de la troisième révolution industrielle, et les gains de productivité concomitants qui vont nous rapprocher toujours plus d'une société du coût marginal quasi nul.

Quatorze pays sont en train d'installer des réseaux intelligents et, dans la majorité d'entre eux, l'Internet de l'énergie est financé par la hausse des factures d'électricité des consommateurs et par les impôts des contribuables et des entreprises[24]. Une part importante du financement de l'Internet de l'énergie servira à reconfigurer les lignes électriques et à mettre en place les transformateurs et autres composants matériels qui constituent les systèmes d'exploitation physiques. Quant au reste du budget, il sera en grande partie consacré aux technologies de communication intelligentes qui coordonneront le flux complexe de l'électricité verte produite, stockée et partagée par des millions de prosommateurs individuels.

On a vu au chapitre 5 que chaque appareil, dans chaque maison ou immeuble, sera équipé de capteurs et de logiciels qui se connectent à l'Internet des objets et alimentent tant le prosommateur sur site que le reste du réseau en informations en temps réel sur l'usage de l'électricité. Tout le réseau saura combien consomme chaque machine à chaque instant – les thermostats, les machines à laver, les lave-vaisselle, les téléviseurs, les sèche-cheveux, les grille-pain, les fours, les réfrigérateurs, etc. Ces retours d'information permanents permettront au prosommateur sur site de programmer le mieux possible son usage personnel de l'électricité, tandis que la nature distribuée et collaborative du système permettra à des millions d'acteurs énergétiques de partager le courant sur des modes qui optimiseront l'efficacité de tout le réseau. Par exemple, des millions de prosommateurs d'énergie pourront préprogrammer leurs nœuds – c'est un système volontaire – pour que, si la demande d'air conditionné s'envole à cause d'une vague de chaleur dans la région, leur thermostat remonte automatiquement d'un degré ou deux, ou leur machine à laver passe automatiquement à un cycle de rinçage plus court afin de consommer moins de courant, ce qui permettra au réseau de compenser la hausse de la demande. Les prosommateurs qui aideront le réseau auront une réduction de leur prochaine facture.

Les compagnies d'électricité, qui veulent absolument retirer un profit du réseau intelligent, préféreraient contrôler les communications sur l'ensemble du réseau. Les compteurs intelligents installés dans des millions d'immeubles et de maisons appartiennent à la compagnie, même si en définitive ce sont les clients qui les paient puisque le coût est répercuté sur leur facture mensuelle. En verrouillant les communications essentielles à la gestion de l'Internet de l'énergie, les compagnies d'électricité peuvent empêcher des millions d'entreprises et de résidents de bénéficier pleinement du système d'électricité intelligente qu'ils financent.

Leurs efforts seront probablement vains. Des dizaines d'entreprises entrent sur le marché avec de nouveaux dispositifs d'énergie intelligente reliés au web qui permettent aux prosommateurs de connecter tous les appareils de leur immeuble et de communiquer par des réseaux sans fil avec le réseau électrique[25]. Dave Martin est le président d'Intwine Energy, une start-up américaine qui facilite les connexions sans fil au réseau intelligent. Comme d'autres croyants aux interfaces sans fil avec l'Internet de l'énergie, il voit une possibilité de contourner la vieille conception centralisée et propriétaire des communications pour promouvoir un modèle distribué, ouvert, collaboratif et latéral :

Nous sommes persuadés que la capacité de recourir à la connectivité Internet qui existe dans les maisons équipées en haut débit et d'utiliser le World Wide Web, au lieu de compter à ce point sur des systèmes propriétaires « fermés », apporte d'importants avantages aux résidents et aux compagnies d'électricité[26].

Martin souligne l'agilité, la mobilité et la simplicité de la méthode, ainsi que la réduction des coûts qu'entraîne le recours aux réseaux sans fil et aux dispositifs distants pour programmer, gérer et distribuer l'électricité sur l'ensemble d'un Internet de l'énergie. Il explique ainsi la logique qui sous-tend la connexion sans fil au réseau intelligent :

> Nos systèmes permettent une meilleure collaboration entre le résident et la compagnie d'électricité. Grâce à eux, les usagers peuvent personnaliser leurs pratiques de gestion de l'énergie en fonction de leur style de vie, et les producteurs d'énergie peuvent tenir leurs engagements en matière de gestion de la demande sans avoir à construire et à déployer leurs propres systèmes propriétaires[27].

Les dispositifs par réseau sans fil vont donner à des millions de personnes le pouvoir de contrôler directement leur production et leur consommation d'énergie et leur permettre de réduire les coûts marginaux de cette gestion à presque rien sur un Internet continental de l'énergie.

La transformation de toute l'infrastructure de la société dans une démarche de troisième révolution industrielle semble une entreprise redoutable – mais les deux premières ne l'étaient pas moins. L'une et l'autre ont été menées à bien en moins de quarante ans. Cette fois, les choses iront probablement plus vite, essentiellement parce que la connectivité mondiale d'Internet rend possible l'engagement actif de milliards de personnes dans la construction de la nouvelle matrice énergie / communication. Ce niveau de participation permet d'étendre latéralement l'Internet de l'énergie à une vitesse comparable à la croissance exponentielle d'Internet dans les deux dernières décennies.

LE WEB PROPRE

De jeunes entrepreneurs sociaux viennent de commencer à utiliser les réseaux sociaux pour mobiliser leurs pairs et les pousser à s'engager dans l'Internet de l'énergie avec autant d'ardeur que dans l'Internet des communications. Pour ce faire, ils créent de nouvelles technologies qui vont libérer l'efficacité énergétique et le potentiel de productivité inhérents à l'infrastructure Internet des objets.

Cela s'appelle le *Cleanweb*, le web propre. C'est un mouvement venu d'en bas qui a pris son envol en 2011 aux États-Unis et dans d'autres pays du monde. Sur le site Internet de la *MIT Technology Review*, deux jeunes « capital-risqueurs », Sunil Paul et Nick Allen, définissent ainsi la vision du mouvement Cleanweb :

> Nous sommes persuadés que la prochaine aubaine en affaires est ce que nous appelons le « web propre » – une forme de technologie propre qui s'appuie sur Internet, les réseaux sociaux et les communications mobiles pour changer notre mode de consommation des ressources, notre rapport au monde, nos interactions mutuelles et la façon dont nous cherchons la croissance économique[28].

Le mouvement Cleanweb, aussi nommé « informatique de l'énergie » ou « informatique propre », va probablement propulser le changement de paradigme à la vitesse de l'éclair, en laissant loin derrière les pratiques traditionnelles des entreprises, dont les dirigeants n'auront plus qu'à se demander comment les signes avant-coureurs ont bien pu leur échapper – exactement comme cela s'est passé quand la génération d'Internet a commencé à concevoir des applications et à utiliser les réseaux sociaux pour partager musique, vidéos, actualités et informations en laissant dans la poussière une large part des secteurs des médias et des loisirs.

Pour comprendre à quel rythme ce changement va se produire, arrêtons-nous un instant pour examiner la loi de Zuckerberg, qui porte le nom du fondateur de Facebook, Mark Zuckerberg. Celui-ci a découvert dans les réseaux sociaux une courbe exponentielle qui n'est pas sans ressembler à celle qu'a repérée Moore dans la puissance de calcul informatique et à celle qu'a trouvée Swanson dans la technologie solaire. En utilisant des chiffres compilés par Facebook, Zuckerberg montre que le volume d'information partagé sur le web a doublé chaque année, et il prédit que ce doublement va se poursuivre pendant l'avenir prévisible. Avec la prolifération des ordinateurs bon marché et des mobiles, il devient plus facile de partager entre nous tous les instants de notre vie quotidienne sur les réseaux sociaux. Par exemple, le service de streaming musical Spotify peut afficher automatiquement sur Facebook chaque chanson que vous écoutez. Dans ses premiers mois d'existence, 1,5 million d'« écoutez » ont été partagés par Spotify et d'autres applications. Apple a aujourd'hui une fonctionnalité de l'iPhone, Localiser mes amis, qui lui permet de suivre à la trace une personne et de partager sa localisation avec d'autres membres de son réseau[29]. On crée à présent des applications du même type pour permettre aux gens de coproduire et de partager l'électricité verte sur un Internet de l'énergie.

Le mouvement Cleanweb organise des hackathons dans le monde entier. Ces événements réunissent pendant un week-end des développeurs de logiciels, des entrepreneurs sociaux et des militants de l'environnement pour concevoir, en collaborant étroitement, des applications grâce auxquelles des centaines de millions de personnes pourront agir sur l'Internet de l'énergie. Les développeurs des meilleures applications gagnent des prix.

Au hackathon du Cleanweb de New York, plusieurs centaines de développeurs se sont répartis en quinze équipes et, après vingt-huit heures de travail intensif, ont trouvé d'ingénieuses applications nouvelles permettant d'utiliser la technologie d'Internet pour gérer l'énergie verte. Le vainqueur du hackathon de New York a été un groupe nommé Econofly. Son site Internet permet aux consommateurs de comparer les appareils électriques selon leur note en économies d'énergie. Un autre gagnant propose Parkifi, une application qui localise à New York le plus proche des parcs munis d'une borne wi-fi. Un troisième gagnant a conçu un site, nycbldgs.com, qui utilise les données sur l'énergie produites par la ville de New York pour constituer une carte de l'ensemble des bâtiments municipaux, classés en fonction de leur consommation d'énergie et de leurs émissions de dioxyde de carbone (CO_2). L'objectif est d'identifier les immeubles susceptibles d'être réaménagés et convertis en mini-centrales électriques, et de mettre en valeur les « premiers de la classe », qui peuvent illustrer le tout dernier état de la conception verte et de l'efficacité énergétique[30].

On voit bien l'idée-force du mouvement Cleanweb : utiliser les technologies de l'information, Internet et les réseaux sociaux pour rassembler des gens de même sensibilité, en vue de faire des économies d'échelle latérales dans la mise en œuvre des économies d'énergie et l'introduction des technologies de collecte de l'énergie renouvelable. Autrement dit, avec lui, réunir des informations sur l'efficacité énergétique est plus simple, et investir dans les technologies des énergies renouvelables devient plus facile et moins cher.

Mosaic est une entreprise du web propre qui utilise le financement participatif sur Internet – *crowdfunding* – pour installer des panneaux solaires sur les toits. Précision intéressante : une large part des coûts de cette énergie renouvelable n'a rien à voir avec le prix des panneaux solaires eux-mêmes, qui ne cesse de baisser, mais concerne les « coûts d'accompagnement », qui comprennent la prospection client, les évaluations sur site et le financement. Aux États-Unis, les sociétés du solaire dépensent environ 2 500 dollars pour trouver chaque nouveau client. On estime que les solutions des technologies de l'information – le recours aux réseaux sociaux – pourraient réduire de 75 % le coût du solaire, et il serait alors moins cher que le charbon[31].

Aux États-Unis, le mouvement du web propre reçoit à présent l'aide du Big Data, grâce à une initiative de l'État fédéral qui a lancé en 2011 le programme Green Button [Bouton vert]. Il s'agit d'inciter les compagnies d'électricité à assurer volontairement un accès facile aux données en temps réel sur la consommation d'énergie, qui sont disponibles pour la première fois parce qu'on a installé des millions de compteurs intelligents dans les domiciles privés et les entreprises. Ces compteurs intelligents sont des points cruciaux de collecte de données dans l'infrastructure de l'Internet de l'énergie. Leurs données sont téléchargeables par les clients des compagnies, qui pourront donc disposer de l'information dont ils ont besoin pour gérer plus efficacement leur consommation. En moins d'un an, le nombre de clients qui jouissent d'un accès instantané à leurs propres chiffres de consommation d'énergie a considérablement augmenté, jusqu'à atteindre 31 millions[32].

Des sociétés comme Opower, Itron, First Fuel, Efficiency 2.0, EcoDog, Belkin et Honest Buildings développent fiévreusement des applications et des services web capables d'utiliser les données de Green Button pour permettre aux usagers de prendre le contrôle de leur avenir énergétique personnel[33].

Cette abondance de données sur l'usage individuel de l'énergie est aujourd'hui démultipliée par le biais des réseaux sociaux. Les études montrent que, dans bien des cas, le premier facteur qui incite à changer de style de vie énergétique n'est pas l'argent. Les chercheurs ont constaté que le changement de profil énergétique est plus souvent stimulé par d'autres motivations : le désir de coopérer à un effort partagé pour instaurer un mode de vie durable, et le sentiment de prise de pouvoir collective.

Lorsqu'on est en mesure de partager ses données énergétiques sur les réseaux sociaux, on dispose d'un bon moyen d'engager une conversation pair à pair sur les nouvelles façons de gérer l'énergie. Partager les informations sur des projets énergétiques prometteurs, se signaler mutuellement les nouvelles applications qui améliorent les économies d'énergie, se regrouper en coopératives pour passer à moindres frais aux énergies renouvelables, ou simplement prendre plaisir à une petite concurrence entre amis : toutes ces démarches renforcent considérablement la communauté mondiale des militants de la durabilité.

En 2012, Facebook a lancé l'application Social Energy, en coopération avec le Natural Resources Defense Council (NRDC), Opower et seize compagnies d'électricité. Les participants peuvent s'y inscrire sur la page « Green On Facebook » [Vert sur Facebook] ou sur le site Internet d'Opower. Cette application utilise les données issues de votre facture personnelle d'électricité pour montrer comment se classe votre maison par rapport à des domiciles comparables sur l'ensemble du territoire américain et par rapport à ceux de vos amis sur Facebook. Les participants peuvent rivaliser entre eux pour améliorer leur efficacité énergétique et réduire leur consommation d'énergie ; ils peuvent aussi s'associer pour explorer les divers projets d'énergie verte. L'application Social Energy signale les plus intéressants et offre une plate-forme sur laquelle tous les participants peuvent partager leurs conseils énergétiques. Mary Scott Lynn, qui dirige les programmes durabilité de Facebook, explique que cette application « a pour but de faire des économies d'énergie un sujet d'échange interpersonnel, et d'instaurer sur les mérites de l'efficacité énergétique un dialogue qui aujourd'hui n'a pas lieu ». Elle estime que « l'ajout de la dimension interpersonnelle de l'action environnementale a peut-être été le chaînon manquant des efforts antérieurs pour créer une communauté en ligne sur l'énergie[34] ».

En unissant le monde des technologies de l'information, d'Internet, des communications mobiles et des réseaux sociaux à celui des énergies renouvelables, le mouvement Cleanweb a créé un puissant mélange. Un pionnier du nouveau mouvement a bien compris la signification de cette convergence entre communication par Internet et énergies renouvelables. « Le web propre, c'est ce qui se passe quand l'énergie verte rencontre la loi de Moore », résume Dominic Basulto. Écrivant sur le blog *Big Think*, il observe que les entrepreneurs sociaux qui

> voyaient autrefois « la technologie propre » et « le web » comme deux types d'investissement entre lesquels il fallait choisir peuvent maintenant les effectuer simultanément : ils peuvent investir dans des entreprises du solaire tout en investissant dans l'avenir du web ou du mobile. Si la Silicon Valley peut développer le web propre à la même échelle que la puissance de calcul informatique brute dans les deux dernières décennies, imaginez un peu les possibilités[35] !

Le Wi-Fi gratuit pour tous

Des prosommateurs qui financent la production de leur propre énergie verte et supervisent sa consommation et sa distribution avec leurs propres appareils sans fil à un coût marginal quasi nul : cette perspective s'est rapprochée d'un pas de la réalité avec une récente recommandation de la Federal Communications Commission (FCC), l'organisme de contrôle qui réglemente le secteur des télécommunications aux États-Unis : le wi-fi gratuit pour tous. En février 2013, la FCC a rendu public un projet qui a fait l'effet d'une bombe. Elle a proposé de créer sur tout le territoire américain de « super-réseaux wi-fi », ce qui rendrait la connexion sans fil gratuite pour tous. Son plan consiste à imposer aux chaînes de télévision et autres radiodiffuseurs de revendre à l'État les ondes qu'ils n'utilisent pas ; on pourrait alors s'en servir pour créer des réseaux wi-fi publics. Les fréquences réemployées auraient une portée de 1 600 mètres, voire plus, pourraient traverser les murs et les enceintes, et permettraient aux usagers de passer des appels gratuits avec leur téléphone portable *via* le web et d'utiliser gratuitement la connexion wi-fi à domicile et sur le lieu de travail, ce qui réduirait radicalement les factures d'Internet[36].

Recourir aux communications à coût marginal quasi nul pour gérer l'énergie renouvelable à coût marginal proche de zéro, c'est donner à la société la plate-forme opératoire indispensable pour construire l'infrastructure Internet des objets et changer le paradigme économique. Le projet controversé de la FCC a dressé les fournisseurs d'accès sans fil des géants des télécommunications du pays, notamment AT&T, T-Mobile, Intel et Verizon, contre les compagnies tout aussi puissantes des technologies de l'information et d'Internet, comme Google et Microsoft. Les premiers, qui ont payé des milliards de dollars pour acheter à la FCC les licences de spectre, risquent de subir de lourdes pertes dans leur secteur du sans-fil, qui pèse 178 milliards de dollars[37]. Les secondes font valoir que la gratuité de la connexion wi-fi va stimuler l'introduction « des millions d'appareils qui composeront l'Internet des objets en gestation[38] ». Google assure déjà le wi-fi gratuit dans le quartier de Chelsea à Manhattan et dans certaines zones de la Silicon Valley[39].

Les observateurs du secteur prédisent que le wi-fi gratuit « pourrait remplacer les services des fournisseurs d'accès[40] ». La FCC pense de même. « Nous voulons mettre davantage au centre de notre politique l'utilisateur et non le fournisseur d'accès », confie l'un de ses responsables[41].

Le projet de la FCC est un résultat des progrès technologiques spectaculaires accomplis dans la dernière décennie : grâce à eux, le spectre électromagnétique a cessé d'être une ressource rare pour devenir une ressource potentiellement infinie, exactement comme le solaire, l'éolien et la chaleur géothermique. Lorsque la radiodiffusion est apparue dans les années 1920, les signaux émis par deux ou plusieurs stations de radio voisines qui utilisaient la même fréquence du spectre ou des fréquences très rapprochées ne cessaient de s'interrompre et d'interférer, ce qui rendait la communication inintelligible. En 1927, la prolifération des stations, qui semait le chaos dans la réception radiophonique, a obligé le Congrès à voter le Radio Act pour créer la Federal Radio Commission (FRC) et lui donner mission de décider de quelles fréquences on pouvait se servir et qui pouvait les utiliser[42]. Le Communications Act de 1934 a ensuite confié l'attribution des fréquences à la Federal Communications Commission fraîchement créée[43]. La FCC a assumé la responsabilité de gérer le spectre, autrement dit d'octroyer, sous forme de licence, une fréquence spéciale dans un lieu donné à une société de radiodiffusion ou à d'autres parties, à leur usage exclusif. Le spectre lui-même était perçu comme une ressource rare, donc comme un actif commercial précieux.

Aujourd'hui, les nouvelles technologies de gestion des communications sur les fréquences radio ont rendu nulle et caduque la vision du spectre comme ressource rare. Cette nouvelle réalité modifie la nature même de la communication par les ondes. Les antennes intelligentes, l'accès dynamique au spectre, la radio cognitive et les réseaux maillés comptent parmi les technologies récentes qui étendent le spectre au point d'en faire une ressource abondante, parce qu'elles l'utilisent plus efficacement et avec plus d'agilité. Les nouvelles technologies peuvent concentrer un signal transmis de façon à le diriger uniquement vers l'antenne de l'usager, en évitant toute interférence avec d'autres antennes. Elles sont également capables de détecter les autres transmissions et de partager le spectre inutilisé. Elles peuvent scanner le spectre pour y chercher les espaces vides momentanément inutilisés et s'en servir. Dans un réseau sans fil, les radios peuvent même coordonner l'information entre elles, ce qui permet des transmissions parallèles et l'optimisation d'un slot temps-fréquence particulier.

Dans un rapport qu'elle a publié en 2010 sur l'usage futur du spectre non attribué, la National Telecommunications and Information Administration (NTIA) observe : « Quand une technologie de ce genre sera disponible, la capacité du spectre des fréquences radio va se multiplier de façon exponentielle » et par « plusieurs ordres de grandeur[44]. » D'où la conclusion de ce rapport de la NTIA : « Si ce potentiel se concrétise ne serait-ce qu'un peu, cela risque de dissiper la vision actuelle d'une pénurie de spectre et de remettre en cause radicalement le besoin d'une réglementation traditionnelle des fréquences fondée sur l'octroi de licences[45]. »

Selon de nombreux observateurs du secteur, les nouvelles technologies vont rendre les ondes « si abondantes que l'État n'aura plus aucune raison valable de rationner l'accès au spectre ou de donner la priorité à certains services sur d'autres[46] ». Dans un proche avenir, nous pourrons tous partager l'abondance des ondes gratuites de la Terre en communiquant entre nous pratiquement gratis, comme nous partagerons l'abondante énergie gratuite du soleil, du vent et de la chaleur géothermique.

La communication sans fil ouverte, portée par des réseaux wi-fi, l'emporte vite sur la communication câblée traditionnelle sous licence. Une étude de comScore constate qu'« en décembre 2011, le wi-fi a assuré 40,3 % des connexions Internet des mobiles et 92,3 % des connexions Internet des tablettes aux États-Unis[47] ». Plus intéressant encore : un rapport de Cisco révèle que, sur les données utilisées par les mobiles, 35 % seulement l'ont été « en déplacement », contre 40 % à domicile et 25 % sur le lieu de travail[48]. Et en 2012, 33 % de l'ensemble des données mobiles ont été téléchargées *via* des réseaux wi-fi. L'étude de Cisco prévoit que ce pourcentage dépassera 46 % en 2017[49].

C'est dans la gestion du réseau électrique intelligent que l'effet de la communication sans fil ouverte sur réseau wi-fi sera le plus prononcé. Les stratégies sans fil ouvertes représentent déjà plus de 70 % des communications avec le réseau intelligent[50].

L'usage des connexions sans fil ouvertes sur réseau wi-fi gratuit va probablement devenir la norme dans les années qui viennent, non seulement aux États-Unis mais pratiquement partout. Pour une raison simple : c'est une solution si avantageuse pour l'humanité qu'on ne peut la refuser, quelle que soit la contre-offensive des fournisseurs d'accès traditionnels. L'idée même de communiquer sur des réseaux câblés, centralisés et propriétaires ne sera guère plus qu'une curiosité historique aux yeux des jeunes qui vivront au milieu du XXIe siècle.

Au-delà de l'État et du marché

Nous nous éveillons à une réalité nouvelle qui est difficile à cerner. La science économique de la pénurie nous a paru si convaincante que nous avons du mal à croire qu'une économie de l'abondance soit possible. Mais elle l'est. Les nouvelles technologies de communication ont transformé le spectre des fréquences radio : il est une ressource non plus rare mais abondante, et c'est exactement ce qui est arrivé à l'information, aux énergies renouvelables, à l'impression 3D et aux cours universitaires en ligne. Le voyage vers une économie de l'abondance n'en est pas moins semé d'obstacles qui risquent de retarder l'ère collaborative et même de la faire dérailler. Face à ce défi, nous devons trouver un modèle de gouvernance capable de faire entrer la société dans le nouveau paradigme. Et sa recherche nous ramène tout droit à la controverse du coût marginal, qui a opposé de front deux grands économistes il y a près de soixante-dix ans. Hotelling et Coase ont chacun pris fait et cause pour un modèle différent de gouvernance de la société. Hotelling a plaidé avec passion pour que l'État prenne en charge les biens publics d'infrastructure, et Coase s'est fait le champion de leur gestion par les marchés.

Le sort a voulu que la grande réussite de Coase, qui a contribué à lui assurer le prix Nobel d'économie, vienne après la controverse du coût marginal, quand il a écrit son traité sur la privatisation du spectre. Il a recommandé de vendre d'un seul coup le spectre entier, de le mettre entre les mains d'entreprises commerciales qui en feraient un usage propriétaire et l'échangeraient sur le marché.

Coase en était persuadé : pour déterminer comment il faut allouer les ressources, le marché est un mécanisme beaucoup plus efficace que les régulateurs et les administrations publiques. Ou, pour le dire dans la langue d'aujourd'hui, « ce n'est pas à l'État de choisir les gagnants et les perdants », parce qu'il ne dispose pas de l'information cruciale et immédiate sur les propositions de création de valeur qu'acheteurs et vendeurs apportent au marché, mais aussi parce que les décideurs publics sont exposés aux jeux d'influence des intérêts particuliers.

La plupart des économistes ont accepté la thèse de Coase et, finalement, même la FCC a commencé à suivre sa logique, en louant les fréquences du spectre au plus offrant par enchères publiques[51]. Cette décision n'était pas entièrement désintéressée. L'État s'était dit que, d'un point de vue purement financier, vendre les précieux contrats de location du spectre, qui pouvaient faire entrer dans ses coffres des milliards de dollars, était plus sensé que les octroyer gratuitement. On pouvait donc penser que la vente de ces contrats était la meilleure solution pour l'État comme pour l'entreprise privée.

Mais cette collaboration gagnant-gagnant reposait sur un postulat : le spectre est un actif commercial très précieux parce que c'est une ressource rare. Or ce postulat a commencé à s'effondrer à la fin des années 1990, avec l'introduction de technologies nouvelles qui ont fait passer le spectre de la rareté à l'abondance. Les ingénieurs ont fait valoir que, s'il n'était pas une ressource infinie, il était à coup sûr une ressource renouvelable dotée d'une capacité inexploitée qui pouvait faire chuter le coût de son usage à pratiquement rien.

Des penseurs critiques et un groupe réduit mais influent d'économistes ont sauté sur l'occasion ; tirant argument de cette abondance du spectre, ils ont posé le problème dans une optique sociale : refuser à des millions de gens la possibilité de communiquer entre eux à un coût marginal quasi nul, ont-ils dit, c'est violer leur droit à la liberté d'expression. Après tout, une bonne partie de la communication qui circule aujourd'hui aux États-Unis et dans le monde passe par l'e-mail, le smartphone et la tablette. À l'ère collaborative, des réseaux sociaux comme Facebook et Twitter sont des moyens indispensables que les gens utilisent de plus en plus pour communiquer entre eux.

Une nouvelle génération de chercheurs, comme Eli Noam de l'université Columbia, Yochai Benkler de l'université Harvard et Kevin Werbach de la Wharton School de l'université de Pennsylvanie, a trouvé un terrain d'entente avec les économistes libéraux traditionnels. Tous considèrent que le contrôle centralisé de la FCC sur les bandes de fréquence radio est, au mieux, synonyme d'inefficacité et de gaspillage. Mais les militants modernes sont en désaccord avec les disciples de Coase quand ceux-ci affirment que la gestion par le marché est la seule solution viable qui permettrait d'échapper à la mainmise de l'État. Ils soutiennent pour leur part que, si on louait ou vendait les ondes restantes au secteur privé, les géants des télécoms mettraient sous le boisseau de vastes pans du spectre, monopoliseraient le reste et tiendraient d'une main de fer les canaux de communication du pays – en refusant à des millions de prosommateurs et à des centaines de milliers d'entreprises la communication quasi gratuite et les avantages économiques, sociaux et politiques qui l'accompagnent. Ils se prononcent donc en faveur d'une troisième solution, qui permettrait aux communications du pays d'échapper à la fois au contrôle de l'État et à celui du marché. Ils appellent ce nouveau modèle de gouvernement les « communaux en réseau ». Les militants du web ne parlent pas des vieux communaux ancestraux, surannés, du lointain passé féodal, mais d'une forme de communaux technologique, du XXIe siècle, capable de gérer les activités économiques distribuées, pair à pair et à extension latérale que rend possibles l'Internet des objets. Les communaux en réseau deviennent l'instance de gouvernement du nouveau paradigme économique collaboratif.

Ce que préconisent ces militants va bien au-delà du mode de gestion des fréquences. Puisqu'on déploie de plus en plus le calcul informatique, les télécommunications sans fil et la technologie d'Internet pour organiser et gérer l'information, l'énergie et l'électricité verte, l'impression 3D de produits infofabriqués, l'enseignement supérieur en ligne, la commercialisation sur les réseaux sociaux, les moyens de transport branchables et la logistique propre, les communaux en réseaux deviennent le modèle de gouvernance qui englobe l'intégralité de l'Internet des objets. Certes, aucun des nouveaux « communiers » numériques ne pense que l'État ou les marchés vont se rabougrir brusquement ; mais ils les voient faire place à un tiers système, qui va jouer un rôle toujours plus central dans la gestion d'une large part des affaires économiques, sociales et politiques de chaque localité, de chaque région, dans un monde du coût marginal quasi nul. Les communaux collaboratifs sont entrés sur la scène mondiale.

TROISIÈME PARTIE

L'essor des communaux collaboratifs

10

La comédie des communaux

La plupart des gens ne savent pas grand-chose des communaux (que nous avons évoqués aux chapitres 1 et 2). Il s'agit d'une forme de gouvernance antérieure au système capitaliste et qui s'est révélée efficace pour organiser la vie économique aux époques féodale et médiévale. Malheureusement, à l'époque moderne, leur réputation a été ternie, d'abord par les philosophes des Lumières, puis, plus récemment, par les économistes traditionnels, bien décidés à les remplacer partout par le régime de la propriété privée et le modèle de l'échange de marché.

La description contemporaine des communaux la plus connue – mais absolument négative – est probablement l'article de Garrett Hardin « The Tragedy of the Commons » (La tragédie des communaux), publié dans la revue *Science* en 1968. Ce professeur d'écologie de l'université de Californie à Santa Barbara envisage la situation hypothétique d'un pâturage « ouvert à tous ». Chaque berger a intérêt à y faire paître le plus de vaches possible. Mais il aura à subir les conséquences négatives de la dégradation du pâturage si chacun des autres bergers tente également d'optimiser ses bénéfices en y faisant paître, lui aussi, le plus de vaches possible. Puisque le sol s'érode continuellement, la lutte entre les bergers ne fait que s'exacerber, car chacun tente de maximiser ce qu'il peut en retirer avant que le pâturage ne devienne totalement inutilisable.

La course au gain immédiat impose inévitablement le tarissement de la ressource. Hardin explique :

> La tragédie est là. Chacun est enfermé dans un système qui l'incite à accroître son troupeau sans limite – dans un monde qui est limité. La destination vers laquelle se ruent tous ces hommes, dont chacun œuvre pour son intérêt personnel dans une société qui croit à la liberté des communaux, c'est la ruine. La liberté sur des communaux apporte la ruine à tous[1].

Même si certains bergers entretenaient le pâturage ouvert, cela n'empêcherait pas la tragédie des communaux, à cause du « dilemme des passagers clandestins ». Autrement dit, puisque le pâturage est ouvert à tous, d'autres profiteraient de la bonne volonté de ceux qui tenteraient de ne pas épuiser la ressource : ils feraient paître davantage de bêtes de leurs propres troupeaux sans contribuer à l'effort général pour préserver le pâturage. Et quand ces « passagers clandestins » l'emportent sur les « intendants », le résultat est la ruine des communaux.

Hardin concluait, en prophète de malheur : « L'option des communaux est trop horrible à envisager[2]. » Écologiste ardent, il était convaincu que le seul moyen efficace de restaurer les écosystèmes en péril de la Terre était l'autorité puissante de l'État centralisé :

> Pour éviter la ruine dans un monde surpeuplé, il faut que les gens obéissent à une force coercitive extérieure à leur psychisme individuel, un « Léviathan », pour user du terme de Hobbes[3].

La description des communaux faite par Hardin contenait une part de vérité non négligeable. Mais elle passait sous silence les traits les plus saillants de ce modèle, ceux qui lui avaient permis de perdurer pendant des millénaires : les accords d'autoréglementation, dont les communiers assuraient eux-mêmes le respect, et les sanctions qui les accompagnaient et dont l'acceptation était une condition nécessaire pour participer. Sans ces protocoles et ces sanctions, la tragédie des communaux est probable, voire inévitable. En un mot, Hardin avait laissé de côté la gouvernance.

Ce qui me paraît très étrange, c'est qu'il ait choisi de faire des communaux l'odieux responsable du déchaînement de la cupidité et de la destruction sans frein à l'époque moderne. En fait, ce sont les excès d'un système capitaliste de marché motivé par la recherche continuelle du profit, avec la complicité de l'autorité puissante de l'État organisateur des politiques coloniales et néocoloniales, qui ont provoqué le pillage des ressources et l'exploitation massive de l'humanité dans le monde en développement aux XVIIIe, XIXe et XXe siècles.

LA REDÉCOUVERTE DES COMMUNAUX

Jusqu'à tout récemment, économistes et historiens considéraient les communaux comme un modèle économique unique en son genre, dont la pertinence était indissociable de la société féodale. Mais, dans les vingt-cinq dernières années, de jeunes théoriciens et praticiens les ont réexaminés en tant que forme de gouvernance. Ils ont eu l'intuition que les principes et postulats directeurs des communaux, s'ils étaient mis à jour et retravaillés, offriraient peut-être un modèle d'organisation plus commode pour notre économie en transition, au vu des traits qui la caractérisent : le contrôle centralisé des activités d'affaires capitule face à la production pair à pair, latérale et distribuée, l'échange de propriétés sur des marchés devient moins important que l'accès aux biens et services partageables sur des réseaux, et le capital social devient plus précieux que le capital financier pour orchestrer la vie économique.

En 1986 – dix-huit ans après l'article de Hardin, qui semblait avoir enfoncé le proverbial dernier clou dans le cercueil de la théorie des communaux –, Carol Rose a rouvert la tombe et insufflé une vie nouvelle à ce qui était aux yeux de beaucoup une idée morte. Ce professeur de droit de la Northwestern University a publié une repartie cinglante à la thèse de Hardin, qu'elle a intitulée « The Comedy of the Commons » (La comédie des communaux). Sa défense courageuse et rigoureuse des communaux a réveillé la communauté universitaire et stimulé une résurrection de la théorie et de la pratique de cette forme de gouvernance.

Carol Rose rappelle d'abord à ses lecteurs que tout ne se prête pas à la propriété privée. Les océans et les terres submergées lors des grandes marées, les lacs et les fleuves, les forêts, les gorges, les cols de montagne, les zones naturelles, les chemins vicinaux, les routes, les ponts et l'air que nous respirons sont par nature des biens publics. Bien qu'on puisse les privatiser sous forme de propriétés échangeables sur des marchés, on les a plus souvent placés sous la garde de l'État, mais pas toujours. Rose précise :

> Il existe, en dehors de la propriété purement privée et de la « propriété publique » contrôlée par l'État, une forme distincte de « propriété publique par essence » qui n'est pleinement contrôlée ni par l'État, ni par des agents privés. [C'est] une propriété « possédée » collectivement et « gérée » par la société en général, avec des droits d'une autre nature, et en fait plus forts, que ceux d'un quelconque administrateur de l'État[4].

Ces droits, les juristes les appellent les droits coutumiers, et ils existent en droit britannique et américain comme dans les doctrines juridiques de nombreux pays. Ce sont en général des droits immémoriaux – par exemple, le droit qu'a une communauté d'utiliser des terres en commun pour faire paître le bétail, de ramasser du bois dans des forêts locales, de prendre de la tourbe ou de l'herbe dans des tourbières ou dans des champs, d'emprunter des routes, de pêcher dans des cours d'eau locaux, ou de se réunir pour des fêtes sur le « communal public ». L'intéressant, dans les droits coutumiers, c'est qu'ils s'accompagnent très souvent de protocoles de gestion informels ou institutionnalisés pour assurer l'entretien convenable des communaux.

Comme l'a relevé Crawford Macpherson, qui fut professeur à l'université de Toronto et l'un des plus éminents spécialistes du XXe siècle sur l'histoire de la propriété, nous avons tellement l'habitude de voir dans la propriété le droit d'exclure les autres de l'usage ou du bénéfice de quelque chose que nous avons perdu de vue sa définition plus ancienne : le droit coutumier d'accéder à un bien détenu en commun – par exemple, de naviguer librement sur des voies d'eau, de marcher sur des routes de campagne ou d'avoir accès à la place publique[5].

Rose évoque notamment le droit coutumier de participer à ce qui se passe sur la place publique : elle note qu'on l'a longtemps considéré comme indispensable à la vie sociale. La place publique – au moins avant Internet –, c'est l'endroit où nous communiquons, où nous rencontrons des gens, où nous jouissons de la compagnie des autres, où nous nouons des liens collectifs, et où nous créons du capital social et de la confiance, les nutriments dont une communauté ne peut se passer. C'est pourquoi le droit d'assister aux fêtes et aux événements sportifs ou de se réunir sur la promenade est traditionnellement le plus fondamental de tous. Le droit d'être inclus, d'avoir accès les uns aux autres, qui est le droit de participer « en commun », est le droit de propriété fondamental, alors que la propriété privée, le droit de clôturer, de posséder et d'exclure, n'est qu'un simple cas particulier qui s'écarte de la norme – même si à l'époque moderne l'exception a presque avalé la règle.

Au sujet du droit coutumier d'organiser des fêtes publiques sur les communaux, Carol Rose fait une observation très juste, qui est tout à fait pertinente pour le débat en cours sur le droit d'accès universel aux espaces sociaux en réseau d'Internet. En matière de fêtes, danses, rencontres sportives et autres activités sociales sur la place publique, dit-elle, plus il y a d'individus qui participent à l'événement, « plus celui-ci a de valeur pour chaque participant[6] ». D'où sa conclusion : « C'est le contraire de la "tragédie des communaux" : c'est une "comédie des communaux", comme le dit l'heureuse expression "plus on est de fous, plus on rit"[7]. »

La perspicacité de Carol Rose est d'autant plus étonnante qu'elle a écrit son texte en 1986, avant l'émergence du World Wide Web. Dans une prose simple, elle a traité la question la plus importante de toutes : quand faut-il remettre les droits de propriété entre des mains privées et quand faut-il les confier à la population sur des communaux ? Les propriétés en question, répond Rose, doivent être physiquement susceptibles d'être monopolisées par des personnes privées. Mais « le droit de la population doit être supérieur à celui du propriétaire privé, parce que les propriétés elles-mêmes sont plus précieuses lorsqu'elles sont utilisées par un nombre indéfini et illimité de personnes – par la population en général[8] ». Rose a vu que l'« essence publique » de certains biens et services « crée la "rente" de la propriété, et que les doctrines de la propriété publique – comme les doctrines du pouvoir de police – protègent cette rente, créée par la population, de l'accaparement par une détention privée[9] ».

Quatre ans seulement après l'offensive fulgurante de Carol Rose contre la thèse de la tragédie des communaux de Hardin et sa valeureuse défense de la comédie des communaux, Elinor Ostrom a publié son livre *Gouvernance des biens communs**. Cette économiste, qui enseignait à la fois à l'université de l'Indiana et à l'université d'État de l'Arizona, y présentait la première analyse économique et anthropologique exhaustive de l'histoire des communaux sur un millénaire. Son travail a ébloui la communauté intellectuelle, et même les économistes universitaires. L'analyse perspicace d'Ostrom sur les raisons des succès et des échecs passés de la gouvernance des communaux, et ses prescriptions pragmatiques pour assurer la réussite d'une gestion des biens communs à l'avenir, lui a valu en 2009 l'honneur convoité du prix Nobel d'économie – elle a été la première femme à le recevoir.

Bien qu'elle fût économiste jusqu'au bout des ongles, Elinor Ostrom n'hésitait pas à jouer les anthropologues. Elle a étudié les mécanismes de gestion des communaux, des Alpes suisses aux villages japonais, pour mettre au jour les principes de base qui ont fait l'efficacité de ces modèles de gouvernance. Elle précise d'emblée dans son livre que bon nombre des communaux dont elle a dressé la liste ont « résisté aux sécheresses, aux inondations, aux guerres, aux calamités et à des variations économiques et politiques majeures » durant de très longues périodes historiques ; il est donc parfaitement clair que les communaux ont fait leurs preuves : il s'agit d'une institution de gouvernance impressionnante, digne d'être réexaminée à la lumière des horizons et des

* Dont le titre original est *The Governing of the Commons* (La Gouvernance des communaux).

défis environnementaux, économiques et sociaux auxquels fait face l'humanité sur une planète toujours plus connectée[10].

Les recherches d'Ostrom ont contredit l'assertion de Hardin qui vouait à la ruine « tous » les communaux à cause des exactions des « passagers clandestins », et ont semé le doute sur un précepte admis de longue date chez les économistes puisqu'il remonte à Adam Smith : chacun cherche exclusivement son intérêt personnel immédiat sur le marché[11].

Ostrom a découvert que, lorsqu'on gère des ressources communes – des pâturages pour le bétail, des pêcheries, des réseaux d'irrigation, des forêts, etc. –, chacun, la plupart du temps, fait passer l'intérêt de la communauté avant le sien, et la préservation à long terme de la ressource commune avant sa propre situation immédiate, même quand elle est terrible. Dans tous les cas, on voit bien quelle est la colle forte qui a maintenu la viabilité des communaux : les protocoles d'autogestion sur lesquels tous s'étaient mis d'accord et qui avaient été instaurés volontairement avec la participation démocratique de tous. La collaboration permanente et le retour continu d'informations ont instauré des liens de confiance sociale, génération après génération. Ces liens sociaux ont empêché les communaux de s'ossifier et de se désintégrer. Aux pires moments, le « capital social » s'est révélé l'atout maître qui leur a permis de se maintenir. Dans sa recherche historique sur la gestion des communaux, Ostrom observe :

> Des milliers d'opportunités potentiellement lucratives d'enfreindre les règles se sont présentées, tandis que les sanctions prévues étaient relativement faibles. Voler de l'eau pendant la saison sèche dans les *huertas* espagnoles peut, dans certaines circonstances, sauver la récolte entière d'une destruction certaine. Ne pas participer aux travaux quotidiens de maintenance d'un système d'irrigation pourrait permettre à un agriculteur philippin d'augmenter ses revenus en exerçant d'autres activités. La coupe illégale de bois dans les communaux de montagne en Suisse ou au Japon générerait des revenus considérables à ceux qui s'y adonneraient. Étant donné les tentations en jeu, les degrés élevés de conformité aux règles ont, dans toutes ces situations, été remarquables[12].

Tous les communaux ont prévu des sanctions et des punitions pour faire respecter les protocoles de gestion convenus. Mais il est frappant, écrit Ostrom, que, dans la quasi-totalité des cas étudiés, les amendes imposées pour des violations des normes soient « étonnamment faibles » et « dépassent rarement une petite fraction des gains que peut rapporter la transgression des règles »[13].

Presque toujours, ce sont les communiers eux-mêmes qui surveillent mutuellement leurs activités. La surveillance par des intimes réduit la probabilité d'éventuelles violations, non seulement parce qu'« on n'a nulle part où se cacher » mais aussi parce que celui qui, cédant à la tentation, trahirait la confiance de ses voisins et amis se sentirait coupable et honteux.

Le village de Törbel, en Suisse, qui a six cents habitants, est l'un des nombreux exemples de succès cités : ses communaux se perpétuent depuis plus de huit cents ans. Ses familles d'agriculteurs cultivent leurs propres parcelles privées, où elles produisent des légumes, des céréales, des fruits et du foin pour nourrir leurs vaches pendant l'hiver. Pendant les mois d'été, les bergers locaux font paître leurs vaches sur des alpages dont la propriété est commune. Les vaches produisent du fromage, qui est un élément crucial de l'économie locale[14].

L'accord de 1483 sur les communaux de Törbel, qui a été mis à jour et révisé à maintes reprises au fil des siècles, énonce les protocoles en vigueur pour l'entretien des alpages, des forêts, des terres en friche, des réseaux d'irrigation et des voies et chemins qui relient les propriétés privées et communes[15].

Ces communaux suisses ont des frontières bien établies : seuls les habitants du lieu ont le droit d'utiliser les ressources communes. Des règles précises garantissent qu'il n'y aura pas de surpâture. Dès 1517, on avait introduit dans l'accord une clause restrictive stipulant qu'« aucun citoyen ne pouvait envoyer plus de vaches dans l'alpage qu'il ne pouvait en nourrir pendant l'hiver[16] ». Les vaches envoyées à la montagne pour l'estive sont comptées au début de la transhumance pour déterminer combien de fromages recevra chaque famille lors de la distribution annuelle[17].

L'association des communaux tient des réunions annuelles pour discuter de la gestion, réviser les règles et élire les dirigeants. C'est à elle qu'incombe la responsabilité d'imposer les amendes, d'organiser l'entretien des voies et chemins, de réparer les infrastructures et de collecter les redevances de ses membres pour le travail accompli. Ces redevances sont en général proportionnelles au nombre de vaches que possède chaque ménage. L'association marque aussi les arbres qui seront coupés pour le bois de construction et de chauffe, et les attribue par tirage au sort aux ménages, qui vont ensuite les couper. Si chaque foyer possède ses propres parcelles agricoles – jardins, vignobles et champs de céréales –, des dispositifs communalistes autorisent le partage d'infrastructures communes, notamment des granges, des greniers à blé et des maisons à plusieurs étages[18].

Törbel a maintenu en permanence un haut niveau de productivité au fil des siècles grâce à la gestion attentive de ses communaux. Bien que chaque famille jouisse de la propriété privée de sa terre, le village a préféré conserver sous propriété commune les autres ressources pour une raison très pratique, écrit Robert McC. Netting dans une étude que publie *Human Ecology* : « Assurer à la fois que tous auront accès à certains types de ressources et qu'on en retirera la production optimale, tout en faisant reposer sur toute la communauté la mise en œuvre des mesures de conservation nécessaires pour protéger ces ressources de la destruction[19]. » Törbel n'est pas une anomalie. Plus de 80 % des Alpes suisses sont gérées par un système mixte qui associe propriété privée pour l'agriculture et propriété commune pour l'usage des prairies, des forêts et des friches[20].

Nous avons eu le plaisir, mon épouse Carol et moi, de nous rendre bien des fois dans ces communautés alpines au fil des ans. Ce qui nous impressionne toujours, c'est l'excellente qualité de vie dans ces villages. Les habitants semblent avoir trouvé le juste équilibre entre le traditionnel et le contemporain, en mêlant gestion de pointe des communaux, compréhension intuitive du marché et gouvernance locale éclairée. Les villages des Alpes suisses sont une vitrine des pratiques durables et une démonstration claire de ce que l'on peut accomplir quand les communaux sont un élément central de la vie locale.

Et les communaux des Alpes suisses ne sont pas une simple curiosité, rare et précieuse. Il existe littéralement des milliers d'exemples de dispositifs collectifs de ce genre, qui vont des communautés agricoles traditionnelles des pays en développement aux plus raffinés des systèmes de copropriété régissant les *common-interest developments** dans les banlieues pavillonnaires américaines.

Lorsqu'on étudie les forces et les faiblesses des trois principaux modèles de gestion, l'État, le secteur privé et les communaux, on est loin de pouvoir conclure que, de toute nécessité, l'un d'entre eux est toujours meilleur ou pire que les autres. C'est surtout le contexte qui détermine quel est le meilleur modèle.

Les systèmes de propriété privée sont très efficaces pour atteindre certains objectifs. Mais l'idée selon laquelle la meilleure option consiste à placer pratiquement tout sur terre entre des mains privées – comme le préconisent la plupart des économistes libéraux – ne résiste pas à l'examen, notamment quand il s'agit de biens publics auxquels chacun doit avoir accès pour s'épanouir. Voulons-nous clôturer chaque plage, lac ou rivière, chaque forêt, chaque lotissement de banlieue, chaque route et chaque pont, et mettre l'ensemble des écosystèmes diversifiés de la terre entre des mains privées ? Reconnaître aux propriétaires le droit exclusif de faire payer l'entrée à qui veut accéder aux ressources et les utiliser, ou, pire encore, le droit d'en refuser l'accès ? Tous ceux qui ont fait l'expérience de la destruction rapace d'écosystèmes et de ressources par des promoteurs de zones commerciales et résidentielles auront du mal à admettre que le marché privé est toujours le moyen le plus efficace d'optimiser le bien-être général.

De même, si les États ont admirablement supervisé la gestion de nombreux biens publics, des réseaux routiers et des canalisations d'eau aux services postaux et aux écoles publiques, ils se sont souvent montrés incapables de comprendre la dynamique très complexe qui fait de chaque situation locale une expérience unique.

* Biens immobiliers qui comprennent, outre les propriétés privées, des éléments communs gérés collectivement par les propriétaires.

Un ensemble de prescriptions et protocoles « à taille unique » peut souvent conduire à la pire gabegie – notamment quand ceux qui surveillent leur application sont des bureaucrates anonymes, sans liens avec les populations qu'ils administrent.

S'il y a un principe essentiel dans les communaux, le voici : ce sont les membres de la communauté eux-mêmes qui savent le mieux comment il faut organiser leur vie. Lorsqu'il existe des ressources, biens et services qui sont publics par nature et optimisés lorsque la population y accède et s'en sert, c'est souvent par l'ensemble de la communauté qu'ils seront le mieux gérés.

Après des années d'enquêtes et de recherches de terrain sur les ressorts du succès des communaux, Ostrom et ses collègues ont déterminé sept « principes de conception » qui semblent inhérents à chacun des communaux efficaces qu'ils ont étudiés :

Premièrement, la bonne gestion des communaux exige « des limites clairement définies » entre ceux qui sont autorisés à effectuer des appropriations sur les communaux et ceux qui ne le sont pas.

Deuxièmement, il est nécessaire d'établir des règles pour l'appropriation, qui en restreignent le moment et le lieu, limitent les technologies et le volume de ressources utilisables, et fixent les normes sur la quantité de main-d'œuvre, de matériaux et de moyens financiers qu'on peut lui allouer.

Troisièmement, une association des communaux doit garantir que ceux qui sont affectés par les règles d'appropriation déterminent conjointement et démocratiquement ces règles et leurs modifications au fil du temps.

Quatrièmement, l'association des communaux doit garantir que ceux qui surveillent les activités sur les communaux sont les appropriateurs ou sont responsables devant eux.

Cinquièmement, les appropriateurs qui violent les règles doivent, en principe, être passibles de sanctions graduées de la part des autres appropriateurs, ou des administrateurs responsables devant les appropriateurs, pour éviter toute punition exagérée qui teinterait d'amertume leur participation future et créerait de la rancœur au sein de la communauté.

Sixièmement, l'association des communaux doit élaborer des procédures permettant un accès rapide à une médiation privée peu coûteuse pour résoudre rapidement les conflits entre appropriateurs, ou entre appropriateurs et administrateurs publics.

Septièmement, il est vital que les juridictions d'État reconnaissent la légitimité des règles établies par l'association des communaux et les approuvent tacitement. Si les autorités de l'État refusent de reconnaître à l'association des communaux un minimum de pouvoir d'autogestion et la traitent de fait comme illégitime, il est peu probable que l'autogouvernement des communaux parviendra à se perpétuer sur la durée[21].

Ces sept principes de conception apparaissent continuellement dans les accords sur les communaux du monde entier. Bien avant l'ère des communications planétaires, des communautés isolées qui avaient peu de contact avec le reste du monde ont adopté des modèles de gestion semblables, ce qui pose une question intéressante : se pourrait-il qu'une constante universelle soit à l'œuvre ?

Ostrom et ses collègues ont expérimenté cette idée en laboratoire. Ils ont découvert que, lorsque des sujets confrontés à un problème de ressource commune sont empêchés de communiquer entre eux et forcés de prendre des décisions de façon indépendante et anonyme, ils surutilisent invariablement les ressources. Mais quand on les autorise à communiquer ouvertement entre eux, la surutilisation diminue considérablement. Les travaux de laboratoire révèlent aussi que les sujets sont prêts à payer pour que l'on puisse infliger des amendes à ceux qui violent les règles, ce qui montre qu'ils tiennent à « sanctionner les autres, dût-il leur en coûter[22] ». Ostrom a également constaté que, lorsque les sujets peuvent établir leurs propres règles sur les prélèvements, et décider eux-mêmes s'ils vont ou non punir les autres et à quel degré, ils s'orientent en laboratoire vers un système de prélèvement qui est très proche de l'optimum. Précisons aussi qu'il est rare qu'ils aient à punir un autre membre, mais qu'ils sont prêts à le faire si nécessaire. Ces expériences de laboratoire suggèrent que, lorsque les gens sont en situation de concevoir leurs propres règles pour gérer des ressources communes, ils parviennent intuitivement à une variante quelconque des principes de conception qui ont modelé et guidé la gestion des communaux dans le monde entier[23].

Ce résultat laisserait perplexe la plupart des économistes, tant leur discipline est indissociable des thèses voulant que la nature humaine soit purement intéressée et que chacun cherche à optimiser son autonomie. Choisir librement d'œuvrer pour l'intérêt collectif ? Aux yeux de nombreux économistes libéraux, l'idée même est absurde. Ils feraient bien d'étudier les conclusions des spécialistes de la biologie évolutionniste et des sciences neurocognitives. Dans les vingt dernières années, une nuée de travaux et de découvertes est venue anéantir la vieille croyance qui faisait des êtres humains, en leur tréfonds, des solitaires aux visées utilitaristes rôdant sur le marché à l'affût d'occasions d'exploiter leurs semblables et de s'enrichir.

Nous apprenons aujourd'hui que notre espèce est la plus sociale de toutes, car elle peut s'enorgueillir d'un néocortex très étendu et ultracomplexe. La pire sanction que l'on puisse infliger à un être humain est l'ostracisme. Les chercheurs en sciences cognitives nous disent que notre système nerveux a acquis une prédisposition à éprouver la détresse empathique, et que notre survie évolutionniste a été due à notre sociabilité collective beaucoup plus qu'à nos penchants intéressés. Loin d'être une anomalie, la méthode communaliste de gestion des activités économiques paraît bien plus adaptée à nos instincts biologiques que la sinistre image d'un marché anonyme où une main invisible récompense mécaniquement la conduite égoïste dans un jeu à somme nulle.

Mais pourquoi cet intérêt soudain pour le réexamen des communaux en tant que modèle de gouvernance sociale ? S'il n'y a pas de réponse simple, j'aimerais suggérer quelques-uns au moins des paramètres pertinents.

Au cours de l'offensive économique Reagan/Thatcher de privatisation des biens et services publics, on a vendu les réseaux de télécommunications, les fréquences radio, la production d'électricité et les réseaux électriques, les transports publics, la recherche scientifique parrainée par l'État, les services postaux, les voies ferrées, le foncier public, les droits de prospection, les services de l'eau et de l'assainissement, et des dizaines d'autres activités depuis longtemps considérées comme des monopoles publics et administrées par des organismes d'État. Cette vague de privatisations a marqué l'abandon final par les pouvoirs publics de la responsabilité de veiller au bien-être général de la société.

La déréglementation et la privatisation ont vite gagné d'autres pays. L'ampleur de la capitulation a été ahurissante, par son étendue comme par son intensité. Les États ont été vidés de leur substance du jour au lendemain, ils sont devenus des coquilles vides, et le secteur privé a acquis un immense pouvoir sur les affaires de la société. La population, globalement, a été dépouillée de son pouvoir civique collectif et atomisée en millions d'agents autonomes, contraints de se tirer d'affaire individuellement sur un marché tenu par quelques centaines de compagnies mondiales. Cet asservissement a eu lieu à la vitesse de l'éclair : les peuples ont eu fort peu de temps pour réagir, et moins encore pour intervenir dans le processus. Il n'y a eu pratiquement aucun débat d'envergure à l'époque, malgré l'ampleur du transfert de pouvoir de l'État au secteur privé ; c'est pourquoi la population, dans son ensemble, ne s'est rendu compte de rien et n'a rien fait, même si elle allait ensuite pâtir durement des conséquences.

Pour l'essentiel, économistes libéraux, chefs d'entreprise, intellectuels néolibéraux et responsables politiques progressistes – comme le président Bill Clinton aux États-Unis et le Premier ministre Tony Blair en Grande-Bretagne – ont gagné la partie en présentant le marché comme la seule clé du progrès économique et en « ringardisant » leurs adversaires, qu'ils accusaient d'être coupés des réalités ou, pire encore, partisans du tout-État à la soviétique. La chute de l'Empire soviétique, avec sa corruption généralisée, son inefficacité et son économie stagnante, était évoquée en toute occasion : on le vouait aux gémonies et il était censé prouver avec éclat qu'on assurait mieux le bien-être de la société en donnant au marché tous les leviers de l'économie et en ne laissant à l'État que les fonctions publiques les plus rudimentaires.

De vastes pans de l'opinion publique approuvaient, en partie parce que la gestion des biens et services par l'État leur inspirait irritation et déception – même si, dans une large mesure, ce ressentiment était monté de toutes pièces par les milieux d'affaires, avides de pénétrer et d'exploiter un lucratif eldorado économique qui se trouvait depuis si longtemps dans l'orbite de l'État et hors de portée du marché. Après tout, dans la plupart des pays industrialisés, l'État avait des résultats enviables dans la gestion de ses biens et services. Les trains arrivaient à l'heure, on pouvait compter sur la poste, les émissions publiques étaient de qualité, le réseau électrique gardait la lumière allumée, le réseau téléphonique était fiable, les écoles publiques étaient à la hauteur, etc.

Finalement, l'idéologie du marché libre l'a emporté. Mais il n'a pas fallu longtemps à diverses composantes de l'opinion publique – les syndicats, les PME, les organisations à but non lucratif et les militants de base dans les pays industrialisés comme dans le monde en développement – pour reprendre leur souffle, faire le point et comprendre que le secteur privé avait avalé d'un trait, en un clin d'œil, une large part des sources de richesse de la planète, et qu'il les avait transformées en graisse et en muscles de ses grandes entreprises, ce qui lui donnait une puissance suffisante pour repousser d'une chiquenaude n'importe quel défi à sa suprématie.

Puisque l'État était vidé de sa substance et ne pouvait plus opposer au marché privé un contrepoids viable, les milieux directement touchés se sont mis en quête d'un autre modèle de gouvernance, plus conforme à leurs intérêts et à leurs sensibilités. Ayant perdu toute illusion sur la gestion bureaucratique, centralisée et parfois impersonnelle de l'État comme sur l'agressivité cupide et manipulatrice des intérêts commerciaux, déterminés à capturer tous les aspects de la vie dans les filets de leurs flux de revenus et de leurs marges de profit, ces bases sociales se sont mises en quête d'un modèle de gouvernance qui permettrait d'organiser la vie économique de façon plus démocratique et collaborative. Elles ont redécouvert les communaux.

Les populations commençaient aussi à subir la dégradation croissante des écosystèmes locaux, provoquée d'abord par des États exerçant leur puissance géopolitique, puis, avec la déréglementation, par des compagnies planétaires forçant toutes les régions du monde à satisfaire leur soif de main-d'œuvre à bas prix et de réglementation laxiste sur l'environnement.

L'une après l'autre, les communautés locales commençaient à payer le terrifiant tribut imposé par le déclin des ressources environnementales et par les premières répercussions dévastatrices du changement climatique en temps réel sur la productivité et les infrastructures agricoles : leur survie même était menacée. Constatant l'absence de réactions efficaces de l'État et à la merci du rouleau compresseur mondial des grandes entreprises, qui n'ont aucun compte à rendre aux populations, les organisations de la société civile et les entreprises locales ont vu dans les communaux un troisième modèle de gouvernance, sur lequel elles pouvaient commencer à prendre appui pour retrouver leur équilibre économique.

Enfin, le dernier quart du XXe siècle a vu apparaître des technologies inédites qui ont ouvert d'immenses aubaines et prétentions économiques nouvelles. Cette situation a déclenché un très vif débat mondial : jusqu'où pouvait-on et devait-on laisser enclore et privatiser les ressources restantes de la Terre, et dans quelle mesure fallait-il les placer sous gestion publique ? Cette fois, l'offensive des enclosures a pénétré au plus profond : elle a atteint les composantes les plus élémentaires qui constituent la Terre.

L'industrie des biotechnologies a cherché à breveter les gènes qui constituent les plans directeurs de toute vie. L'industrie des télécommunications a fait pression pour que le spectre électromagnétique soit bradé au secteur privé, afin qu'il ait le contrôle exclusif des fréquences radio qui canalisent une large part des communications et de l'information de la société. Et voici que l'industrie des nanotechnologies veut breveter des procédés de manipulation du monde physique au niveau atomique.

Comment j'ai découvert les communaux

Mon premier contact avec les nouvelles enclosures technologiques a eu lieu en 1979. Ananda Chakrabarty, un microbiologiste employé par General Electric, a fait une demande de brevet à l'U.S. Patents and Trademark Office (PTO), le bureau des brevets des États-Unis : il voulait breveter un micro-organisme génétiquement modifié, conçu pour absorber les marées noires sur les océans[24]. Le PTO a rejeté sa demande, au motif que les êtres vivants ne sont pas brevetables en droit américain – à l'exception des plantes créées par reproduction asexuée, auxquelles une loi du Congrès avait accordé, à titre spécial, la protection du brevet.

L'affaire Chakrabarty s'est poursuivie jusqu'à la Cour suprême. C'est là que je suis intervenu, dans le cadre d'une organisation à but non lucratif – la People's Business Commission (Commission populaire sur les activités d'affaires), rebaptisée peu après Foundation on Economic Trends (FOET, Fondation pour les tendances économiques). Notre organisation a remis le principal mémoire d'*amicus curiae** en défense du PTO. Nous avons soutenu – avec le PTO – que les gènes ne sont pas des inventions mais de simples découvertes d'éléments de la nature, même si on les a prélevés, purifiés, isolés et identifiés par leur usage et leur fonction. Après tout, on n'avait jamais autorisé les chimistes à faire breveter les éléments chimiques du tableau périodique. Bien qu'ils aient fait valoir, eux aussi, qu'ils les avaient isolés, purifiés et en avaient identifié les qualités fonctionnelles, et que, dans ces conditions, les éléments étaient des inventions plus que des découvertes, le PTO avait refusé d'accorder un seul brevet sur les éléments chimiques de base[25].

Dans notre mémoire, préparé par mon associé Ted Howard, nous lancions un avertissement solennel : si l'on acceptait la brevetabilité, on allait ouvrir les vannes à l'appropriation de toutes les composantes génétiques de base constitutives de l'architecture évolutionniste des espèces biologiques. En donnant à des entreprises privées la propriété du code génétique, on allait enfermer dans des enclos la plus précieuse de toutes les ressources – la vie elle-même – en la réduisant au statut de simple marchandise à exploiter et à vendre pour faire du profit sur le marché[26]. Je suis allé m'asseoir

* En droit américain, il s'agit d'un mémoire remis par une personne ou une entité qui n'est pas partie au procès mais qui estime pouvoir en éclairer l'enjeu en tant qu'« ami de la cour ».

dans la salle de la Cour suprême, aux côtés d'une poignée de lobbyistes de grandes entreprises, pour écouter les plaidoiries orales, en me disant que l'extension potentielle des enclosures au patrimoine génétique de la Terre était un tournant fatidique pour l'humanité, dont les effets sur notre espèce et sur les autres créatures vivantes s'étendraient loin dans le futur.

À une courte majorité de cinq voix contre quatre, la Cour suprême a admis la brevetabilité du premier organisme créé génétiquement. Son président, Warren Burger, a qualifié expressément d'« épouvantable défilé d'horreurs » les arguments de notre mémoire *amicus curiae*, et soutenu que nous avions tort de croire que cette décision allait transférer le patrimoine génétique de la Terre à l'entreprise privée, avec des conséquences incalculables pour la société[27].

En 1980, quelques mois seulement après la décision de la Cour suprême, la première compagnie de biotechnologie, Genentech, a été introduite en Bourse : elle a offert un million d'actions à 35 dollars pièce. Leur cours a bondi à 88 dollars dans la première heure de vente sur le marché. En fin de journée, au terme d'« une des plus grandes envolées boursières de tous les temps sur un titre », Genentech avait levé 35 millions de dollars sans avoir encore fabriqué un seul produit vendable[28]. L'agro-industrie, les compagnies pharmaceutiques, l'industrie chimique et les start-up de la biotechnologie sont entrées dans la course, bien décidées à acquérir des droits sur le code génétique.

Sept ans plus tard, le « défilé des horreurs » contre lequel nous avions mis en garde s'est concrétisé. En 1987, le PTO a fait volte-face : abandonnant son ancienne position hostile à la brevetabilité de la vie, il a décrété potentiellement brevetables tous les organismes vivants multicellulaires créés génétiquement, animaux compris. Pour tenter d'apaiser la vague d'indignation publique, le commissaire aux brevets et aux marques déposées, Donald J. Quigg, a précisé que les êtres humains étaient exclus, mais au seul motif que le 13e amendement de la Constitution interdit l'esclavage[29]. Toutefois, les embryons humains génétiquement modifiés ainsi que les gènes, lignées cellulaires, tissus et organes humains sont potentiellement brevetables, ce qui laisse ouverte la possibilité de faire breveter séparément tous les éléments de l'être humain complet.

Depuis, les compagnies des sciences de la vie se sont déployées dans le monde entier : elles étendent leur « bioprospection » aux quatre coins de la planète pour repérer des lignées cellulaires peu communes, des gènes rares et précieux – y compris des gènes issus de populations humaines indigènes –, susceptibles d'avoir une valeur commerciale potentielle dans des domaines qui vont de l'agriculture aux produits pharmaceutiques et à la médecine ; et elles s'empressent de protéger par un brevet toute « découverte ». La FOET a passé l'essentiel des trente-deux dernières années à se battre contre les enclosures dans les bureaux des brevets, devant les tribunaux et auprès des assemblées législatives.

En 1995, la FOET a réuni une coalition de plus de deux cents hauts responsables religieux des États-Unis, parmi lesquels figuraient les dirigeants en exercice de presque toutes les confessions protestantes, des évêques catholiques et de hautes personnalités du judaïsme, de l'islam, du bouddhisme et de l'hindouisme, pour qu'ils fassent entendre leur opposition à l'octroi de brevets sur les gènes, organes, tissus et organismes animaux et humains. Nous avons réussi le rassemblement le plus large de chefs religieux américains sur quelque problème que ce soit au XXe siècle – mais sans résultat[30].

Cela faisait déjà longtemps (vers le milieu des années 1980) que j'avais commencé à le comprendre : dans un système capitaliste dont les lois et les autorités publiques de réglementation étaient toutes prédisposées à encourager la multiplication des enclosures commerciales sur les communaux de la Terre, combattre les brevets sur la vie était une vaine entreprise. Si l'État et le secteur privé étaient verrouillés, quelle autre piste institutionnelle pouvait-on suivre pour préserver la biologie de la Terre – et ses autres ressources aussi, d'ailleurs ? C'est cette interrogation qui m'a conduit à redécouvrir les communaux.

Je n'ai trouvé sur le sujet que de petits fragments d'information, essentiellement dans des travaux ésotériques d'anthropologie. Dans les livres d'histoire, il y avait moins encore. Pour l'essentiel, les manuels reléguaient l'histoire des communaux dans quelques paragraphes sur l'économie féodale de l'Angleterre. Continuant néanmoins à explorer le sujet, j'ai commencé à trouver davantage de documents sur les communaux dans diverses parties du monde : ils traitaient pratiquement tous de systèmes économiques féodaux. C'est alors qu'une idée a point dans mon esprit : « les communaux » pouvaient être entendus comme une métaphore beaucoup plus large, applicable à des phénomènes bien plus diversifiés. J'ai donc décidé d'écrire un livre sur l'histoire des communaux et des enclosures. J'ai commencé par les enclosures féodales des terres cultivables en Europe. Puis je suis passé à l'enclosure des communaux océaniques au temps des explorations et grandes découvertes du XVIe siècle ; à l'enclosure des communaux du savoir à la fin du XVIIIe siècle, avec l'introduction de la propriété intellectuelle sous la forme des brevets, copyrights et marques déposées ; à l'enclosure des communaux du spectre électromagnétique au début du XXe siècle, avec l'octroi de licences sur les fréquences radio à des entreprises privées ; et enfin à l'enclosure des communaux génétiques dans les dernières années du même siècle, avec la brevetabilité des gènes.

En structurant l'évolution historique en termes de communaux et d'enclosures, j'ai découvert un récit plus captivant du parcours humain au cours du dernier demi-millénaire. J'ai publié mes conclusions en 1991 dans un livre intitulé *Biosphere Politics* (La Politique de la biosphère). Dans cet ouvrage, j'appelais à rouvrir les communaux planétaires et je suggérais qu'un réexamen du modèle communaliste pour l'adapter au XXIe siècle pourrait être un point de ralliement autour duquel réunir, dans une cause commune, des intérêts divers issus de domaines disparates.

En 2002, la FOET est passée de la théorie à la pratique en réunissant deux cent cinquante organisations de cinquante pays au Forum social mondial de Porto Alegre (Brésil) autour d'un projet de Traité pour le partage du patrimoine génétique commun. Il y avait là des associations paysannes, des organisations féministes, des partisans du commerce équitable, des militants des biotechnologies, des associations d'alimentation biologique, des groupes religieux, des organisations de défense de l'environnement et des associations de lutte contre la faim et d'aide humanitaire. Le préambule du projet de traité déclarait que le patrimoine génétique de la Terre était un communal, dont l'humanité avait la garde au nom de notre espèce et des autres créatures vivantes :

> Nous déclarons universelles et indivisibles les vérités suivantes :
>
> Que la valeur intrinsèque du patrimoine génétique de la Terre, sous toutes ses formes et manifestations biologiques, est antérieure à son utilité et à sa valeur commerciale, et doit dont être respectée et protégée par toutes les institutions politiques, commerciales et sociales,
>
> Que le patrimoine génétique de la Terre, sous toutes ses formes et manifestations biologiques, existe dans la nature et, par conséquent, ne doit pas être réclamé comme propriété intellectuelle même s'il a été purifié et synthétisé en laboratoire,
>
> Que le patrimoine génétique mondial, sous toutes ses formes et manifestations biologiques, est un héritage partagé et donc une responsabilité collective,
>
> Et
>
> Étant donné que notre connaissance croissante de la biologie nous oblige tout particulièrement à servir de gardiens responsables de la préservation et du bien-être de notre espèce et de toutes les autres créatures,
>
> Par conséquent, toutes les nations déclarent que le patrimoine génétique de la Terre, sous toutes ses formes et manifestations biologiques, est un patrimoine mondial* que tous les peuples doivent protéger et sustenter ensemble ; elles déclarent de plus que les gènes et les produits dont ils constituent la codification, sous leurs formes naturelle, purifiée ou synthétisée, ainsi que les chromosomes, les cellules, les tissus, les organes et les organismes y compris les organismes transgéniques et chimériques, ne pourront être réclamés par les gouvernements, les entreprises commerciales ou par d'autres institutions ou particuliers, en tant qu'information génétique négociable commercialement ni en tant que propriété intellectuelle[31].

Dans les années qui ont suivi, plusieurs associations et organisations ont été fondées pour gérer les communaux génétiques mondiaux et pour empêcher de nouvelles avancées des enclosures.

* La version anglaise du projet de traité dit ici : *a global commons*, « un communal mondial ».

Le Global Crop Diversity Trust, association indépendante à but non lucratif fondée par Cary Fowler, travaille avec des instituts de recherche, des organismes de conservation du plasma germinatif, des associations paysannes, des phytogénéticiens indépendants, et d'autres intérêts agricoles, à préserver les ressources génétiques végétales du monde, qui périclitent rapidement. Dans le cadre de sa mission, il a construit une chambre forte profondément enfouie sous la glace d'une île de l'archipel du Svalbard (Norvège), tout en haut de l'océan Arctique, dans l'une des régions les plus isolées du monde. À l'intérieur de ce dépôt hermétique et climatisé, un labyrinthe de tunnels abrite des milliers de semences rares venues du monde entier, pour permettre aux générations futures d'en faire éventuellement usage. La chambre forte est conçue comme un entrepôt à toute épreuve, dans lequel on peut stocker jusqu'à trois millions de variétés de semences utilisées dans l'agriculture afin d'assurer leur sauvegarde dans un monde où les guerres et les catastrophes d'origine humaine se multiplient. L'association fonctionne à l'échelon mondial comme un communal autogéré. Les milliers de scientifiques et de phytogénéticiens qui constituent son réseau recherchent en permanence des variétés anciennes et des graines sauvages, qu'ils font pousser pour accroître le stock de semences, et dont ils envoient par ferry des échantillons vers la chambre forte pour conservation durable[32]. En 2010, l'association a lancé un programme mondial de localisation, recensement et préservation des plantes sauvages apparentées aux vingt-deux principales cultures alimentaires dont dépend l'humanité pour sa survie.

La multiplication des plaidoyers en faveur des communaux génétiques se produit dans une période où la nouvelle technologie informatique accélère la recherche génétique. Le nouveau champ de la bio-informatique a changé fondamentalement la nature de la recherche biologique, comme l'ont fait les technologies de l'information et d'Internet dans la production des énergies renouvelables et l'impression 3D. Selon les recherches compilées par le National Human Genome Research Institute (Institut national de recherche sur le génome humain), l'effondrement des coûts de séquençage des gènes va encore plus vite que les courbes exponentielles de la loi de

Moore dans la puissance de calcul[33]. Le docteur David Altshuler, directeur adjoint du Broad Institute of MIT and Harvard, relève que, ces dernières années, le prix du séquençage génétique a été divisé par un million[34]. Il faut savoir que le coût de lecture d'un million de paires de bases d'ADN – le génome humain en contient environ trois milliards – a chuté de 100 000 dollars à 6 cents[35]. Cela suggère que, dans un avenir pas si lointain, le coût marginal de certaines recherches génétiques sera proche de zéro, et que l'on pourra donc accéder gratuitement à de précieuses données biologiques, exactement comme à l'information sur Internet.

Le séquençage des gènes et autres biotechnologies nouvelles nous orientent vers la démocratisation de la recherche. La journaliste scientifique du *Washington Post* Ariana Eunjung Cha observe :

> Il y a [une] génération, manipuler les gènes d'un organisme exigeait des millions de dollars d'équipements complexes et des années d'essais et d'erreurs.
>
> Aujourd'hui, on peut le faire dans un garage en quelques jours avec du matériel d'occasion commandé sur Internet[36].

Il y a seulement vingt ans, la recherche biologique et la compétence qui l'accompagne n'étaient accessibles qu'à un groupe privilégié de scientifiques travaillant pour des États ou dans l'industrie. Elles sont maintenant à la portée de milliers d'étudiants et d'amateurs. Craignant que les compagnies mondiales des sciences de la vie ne manœuvrent prestement pour convertir l'information biologique de la planète en propriété intellectuelle, les écologistes font tout pour empêcher ce qu'ils perçoivent comme l'ultime Mouvement des enclosures. Leurs efforts sont de plus en plus soutenus par une jeune génération de chercheurs qui a grandi sur Internet et qui considère le libre partage de l'information génétique comme un droit, non moins important que le droit d'accéder librement à toute autre information.

Avec le spectre de la recherche presque gratuite sur le génome, et plus tard d'applications tout aussi bon marché, la perspective de gérer les projets scientifiques sur des communaux devient tangible. Les articles et propositions scientifiques sur la gestion communaliste de la recherche et des applications génétiques submergent les réseaux sociaux, et les nouveaux communaux associatifs consacrés aux innovations génétiques prolifèrent.

L'offensive des jeunes scientifiques pour ouvrir les communaux génétiques a imposé le problème à l'ordre du jour de l'action publique. Sous la pression du soutien populaire croissant au partage de l'information génétique, la Cour suprême des États-Unis a inversé en partie sa décision antérieure d'accorder des brevets sur la vie. En juin 2013, elle a jugé à l'unanimité que les gènes liés au cancer du sein sont des découvertes d'éléments naturels et non des inventions humaines, et invalidé à ce titre un brevet sur ces gènes qui avait été délivré à Myriad Genetics. Si cette décision constitue un premier pas décisif vers la réouverture des communaux génétiques, elle n'est pas aussi significative qu'on pourrait le croire, car les nouvelles technologies de clonage qui modifient légèrement les gènes existant dans la nature restent considérées comme des inventions humaines, donc brevetables, ce qui permet aux compagnies biotechnologiques, pharmaceutiques et des sciences de la vie de continuer à enclore partiellement le patrimoine génétique de la planète.

La marée du libre partage du savoir qui s'accumule sur la biologie de la Terre en rappelle une autre, qui a eu lieu de 1992 à 2008 : la déferlante du libre partage du logiciel, de la musique, des films et des actualités quand la chute libre des coûts marginaux de la production d'information a engendré des communaux ouverts comme Linux, Wikipédia, Napster et YouTube.

Les écologistes et les hackers font cause commune

Dans les trente dernières années, le mouvement de la « génétique libre » s'est développé parallèlement au mouvement du « logiciel libre ». L'un et l'autre se font les champions du partage ouvert de l'information contre la protection traditionnelle des droits de propriété intellectuelle – et chacun d'eux affronte des ennemis redoutables. Les premiers dirigeants du Mouvement du logiciel libre savaient très bien que les grands médias, l'industrie des télécommunications et les milieux du spectacle allaient faire bloc et prendre les mesures nécessaires pour colmater dans les droits de propriété intellectuelle toutes les brèches par lesquelles pourrait passer l'insurrection. Les écologistes étaient dans la même situation face à l'industrie des sciences de la vie, aux compagnies pharmaceutiques et à l'agro-industrie.

Si les deux mouvements partageaient des bases philosophiques, ils ont aussi commencé à partager des bases technologiques avec la naissance du champ de la bio-informatique. Les chercheurs se sont mis à utiliser la technologie informatique pour déchiffrer, télécharger, cataloguer, stocker et reconfigurer l'information génétique, et ont ainsi constitué un capital génétique de type nouveau pour l'ère bio-industrielle. Le calcul informatique et les logiciels complexes ont fourni un langage neuf pour conceptualiser la biologie et un moyen d'organiser les flux d'information génétique dans une économie biotech. Comme je l'ai écrit dans mon livre de 1998, *Le Siècle biotech*, « les technologies informatiques et génétiques sont en train de fusionner pour former une nouvelle réalité technique intégrée[37] ».

Aujourd'hui, les biologistes moléculaires du monde entier travaillent fiévreusement au projet de collecte de données le plus gigantesque de l'histoire. Dans les laboratoires des États, des universités et des entreprises, des chercheurs cartographient et séquencent intégralement les génomes des êtres vivants, de la plus humble bactérie à l'humain, en vue de trouver de nouvelles façons de rassembler et d'exploiter l'information génétique à des fins économiques.

Au milieu du siècle, les biologistes moléculaires espèrent avoir téléchargé et catalogué les génomes de dizaines de milliers d'organismes vivants – une immense bibliothèque qui contiendra les plans directeurs évolutionnistes de bon nombre des micro-organismes, plantes et animaux qui peuplent la Terre. L'information biologique ainsi créée sera si massive qu'elle devra nécessairement être gérée par des ordinateurs et stockée électroniquement dans des milliers de bases de données du monde entier. S'il fallait par exemple dactylographier la séquence complète du génome humain dans le format d'un annuaire de téléphone, il faudrait l'équivalent de deux cents volumes de l'annuaire de Manhattan, qui fait mille pages[38]. C'est une base de données qui contient plus de trois milliards d'entrées. En poussant l'analogie un pas plus loin, si nous voulions imprimer les données sur l'ensemble des variations génétiques humaines, il nous faudrait une base de données supérieure de quatre ordres de grandeur au moins – elle aurait donc 10 000 fois la taille de la première.

La cartographie génétique et le séquençage des génomes ne sont que le début. Comprendre et rapporter en détail toutes les relations entre gènes, tissus, organes, organismes et environnements externes, ainsi que les perturbations qui déclenchent les mutations génétiques et leurs conséquences phénotypiques, est une tâche qui dépasse de si loin toute forme de système complexe jamais modélisée que seule une approche interdisciplinaire, et lourdement dépendante des compétences en calcul des informaticiens, peut espérer l'accomplir.

Des titans de l'informatique comme Bill Gates et des initiés de Wall Street comme Michael Milken ont investi massivement dans le nouveau champ de la bio-informatique, dans l'espoir de faire progresser le partenariat collaboratif entre technologies de l'information et sciences de la vie.

Les ordinateurs ne servent pas seulement à déchiffrer et à stocker de l'information génétique. On les utilise aussi pour créer des environnements biologiques virtuels à partir desquels modéliser des organismes, réseaux et écosystèmes biologiques complexes. Les environnements virtuels aident les chercheurs à énoncer de nouvelles hypothèses et de nouveaux scénarios, qui seront ensuite utilisés en laboratoire pour tester de nouveaux produits agricoles et pharmaceutiques. En travaillant dans des laboratoires virtuels, les biologistes peuvent créer des molécules synthétiques en quelques clics, ce qui leur permet d'esquiver un processus souvent laborieux, qui peut prendre des années : tenter de synthétiser une molécule réelle sur la paillasse de laboratoire. Grâce aux modèles informatiques en 3D, les chercheurs peuvent jouer avec diverses combinaisons sur l'écran, en connectant différentes molécules pour observer leurs interactions.

Les scientifiques projettent de créer dans l'avenir toutes sortes de molécules nouvelles en utilisant les technologies de calcul de l'ère de l'information. Les chimistes parlent déjà de la possibilité de développer des composés qui pourraient s'autoproduire, conduire l'électricité, détecter la pollution, arrêter les tumeurs, contrer les effets de la cocaïne et même bloquer la progression du sida.

Gates s'enthousiasme pour la conjonction des technologies de l'information et des sciences de la vie. « C'est l'ère de l'information, écrit-il, et l'information biologique est probablement la plus intéressante à déchiffrer et à essayer de changer. La seule question, c'est comment – pas si nous allons le faire ou non[39]. »

La technologie informatique se répand à présent dans tous les autres champs : elle devient le moyen de communication qui permet d'organiser l'énergie renouvelable, l'impression 3D, le travail, la commercialisation, la logistique, le transport, la santé et l'enseignement supérieur en ligne. L'usage du nouveau langage informatique pour restructurer la société a réuni des intérêts variés, notamment les hackers de l'information, les hackers de la biologie, les hackers de la 3D et les hackers du web propre. Le lien qui unit tous ces groupes est un attachement profond à une économie collaborative en source ouverte et au modèle de gouvernance des communaux. Les marchés ne sont pas complètement récusés, ni les États laissés entièrement hors de l'équation, mais les nouveaux mouvements croient passionnément à la supériorité de la gestion communaliste pair à pair : c'est à leurs yeux le meilleur modèle de gouvernance pour garantir que les bienfaits d'une société du coût marginal quasi nul vont être concrétisés et non étouffés.

11

Les collaboratistes se préparent au combat

Les nouveaux communiers constituent bien plus qu'un mouvement politique. Ils incarnent une profonde mutation sociale dont les effets seront probablement aussi importants et durables que ceux qui ont catapulté la société d'un horizon théologique à un horizon idéologique à l'aube de l'ère capitaliste.

La lutte entre les prosommateurs collaboratistes et les investisseurs capitalistes ne fait encore que commencer, mais elle promet d'être la bataille économique cruciale de la première moitié du XXIe siècle. Dans la première partie, on s'en souvient, nous avons vu que le passage à la matrice énergie / communication de la première révolution industrielle s'était accompagné d'une double dissociation : les travailleurs avaient été séparés de leurs outils personnels, les investisseurs actionnaires, de la gestion des compagnies qu'ils possédaient. Aujourd'hui, la nouvelle matrice énergie / communication de la troisième révolution industrielle permet aux consommateurs de devenir leurs propres producteurs. De plus en plus, ces nouveaux prosommateurs collaborent et partagent, à des coûts marginaux quasi nuls, des biens et services sur des communaux en réseau distribués au niveau mondial, ce qui perturbe les mécanismes des marchés capitalistes. L'affrontement économique en cours entre collaboratistes et capitalistes est l'une des manifestations d'un conflit culturel qui va probablement redéfinir la nature du parcours humain dans les années qui viennent. Si le récit culturel émergent a un fil conducteur, c'est la « démocratisation de tout ».

Le Mouvement de la culture libre, le Mouvement écologiste et le mouvement de reconquête des communaux publics sont les coproducteurs, pourrait-on dire, de ce spectacle culturel en cours. Chacun apporte au scénario son jeu distinct de métaphores. Et en même temps, ils ont de plus en plus tendance à s'emprunter mutuellement des métaphores, des stratégies, des initiatives politiques, ce qui les unit toujours plus étroitement dans un même cadre.

S'il y a eu un événement déclencheur au Mouvement de la culture libre, un instant qui a galvanisé les espoirs et l'imagination des hackers, c'est probablement le jour où l'un des leurs s'est retourné contre eux, en révélant la face purement commerciale de la révolution de l'informatique et du logiciel. En 1976, un jeune homme en colère qui n'était autre que Bill Gates a fustigé ses camarades hackers dans une violente diatribe assortie d'une menace voilée :

> Vous les amateurs, la majorité d'entre vous le sait parfaitement : pour la plupart, vous chapardez vos logiciels. Le matériel, il faut le payer, mais le logiciel, ça se partage. Qui se soucie de savoir si ceux qui l'ont élaboré sont rétribués ? Est-ce juste ? [...] Qui peut s'offrir le luxe d'effectuer un travail qualifié pour rien ? [...] C'est un fait : personne en dehors de nous n'a investi beaucoup d'argent dans le logiciel amateur [...] mais nous avons très peu d'incitations à mettre ce logiciel à la disposition des amateurs. Je le dis sans détour : ce que vous faites, c'est du vol[1].

Les récriminations de Gates n'étaient pas un coup de tonnerre dans un ciel serein. L'industrie de l'informatique et du logiciel était en train de mûrir. Les cultures hackers d'amateurs dans des ruches technologiques comme le MIT, Carnegie Mellon et Stanford, qui avaient bénéficié jusque-là du partage collégial et collaboratif de l'informatique et du logiciel dans le climat détendu, ludique et créatif des milieux universitaires, se trouvaient confrontées à l'émergence en leur sein de nouveaux acteurs bien décidés à mettre cette révolution des communications sur le marché. Gates a été le premier à tracer la ligne à ne pas franchir. Un autre jeune hacker, Richard M. Stallman, qui travaillait au laboratoire d'intelligence artificielle du MIT, a relevé le défi et l'a franchie.

Rassemblement autour du logiciel libre

Stallman a fait valoir que le code logiciel devenait rapidement la langue dans laquelle les gens communiquaient entre eux, et avec les objets, et qu'il était immoral et contraire à l'éthique d'enclore et de privatiser le nouveau moyen de communication, en permettant à une poignée de grandes entreprises d'en déterminer les conditions d'accès tout en imposant une rente. Il a proclamé que tout logiciel devait être libre, en précisant qu'il employait le mot *free* (libre) au sens qu'il avait dans *free speech* (liberté d'expression) et non dans *free beer* (bière gratuite). Les positions de Stallman et de Gates n'auraient pu être plus antithétiques : pour Gates, le logiciel libre, c'était le vol; pour Stallman, c'était la liberté d'expression.

Déterminé à créer les moyens technologiques qui permettraient au logiciel de rester distribué, collaboratif et libre, Stallman a réuni un consortium des meilleurs programmeurs disponibles. Ils ont élaboré un système d'exploitation nommé GNU, composé de logiciels libres qui pouvaient être obtenus, utilisés et modifiés par tous. Après quoi, en 1985, Stallman et d'autres ont fondé la Free Software Foundation [Fondation pour le logiciel libre] et formulé les quatre libertés qui constituent le credo de l'organisation :

> La liberté d'utiliser un logiciel pour tout objectif; la liberté d'examiner le fonctionnement d'un logiciel et de l'adapter à ses propres besoins; la liberté de faire des copies pour d'autres personnes; la liberté d'améliorer le logiciel et de rendre ces améliorations largement disponibles pour le bien public[2].

Stallman a donné une dimension concrète à son manifeste en créant un système de licences des logiciels libres, qu'il a baptisé « GNU General Public License » (GPL) [licence publique générale du GNU] et qui garantissait les quatre libertés susmentionnées. Ces licences, surnommées par Stallman le « copyleft », étaient conçues comme une façon toute différente d'utiliser la législation du copyright[3]. À la différence du copyright traditionnel qui donne à son détenteur le droit d'interdire aux autres de reproduire, d'adapter ou de distribuer des copies de l'œuvre d'un auteur, les licences du copyleft permettent à l'auteur « d'autoriser toute personne qui reçoit un exemplaire de son ouvrage à le reproduire, à l'adapter ou à le distribuer, et d'exiger que toutes les copies ou adaptations en résultant soient également soumises aux mêmes conditions de licence[4] ».

La GPL est devenue le vecteur de la création de communaux dédiés au libre partage du logiciel. Elle intégrait nombre des traits essentiels recommandés par Elinor Ostrom pour gérer efficacement tout communal, notamment les conditions d'inclusion et les restrictions à l'exclusion ; les droits gouvernant l'accès et le prélèvement ; la surveillance des sanctions et des protocoles d'autogestion ; l'amélioration et l'entretien de la ressource, qui en l'occurrence est le code lui-même. La GPL et les autres licences du logiciel libre qui l'ont suivie ont donné à des millions de personnes sur les communaux du logiciel les moyens juridiques de collaborer librement, dans le cadre d'un ensemble de principes opératoires officiellement convenu. La GPL a aussi posé les bases de ce qui deviendrait plus tard le mouvement de la culture libre. C'est à Lawrence Lessig, le professeur de droit de l'université Harvard qui a fini par incarner le mouvement de la culture libre, que l'on doit cette formule très juste : « Le code fait loi[5]. »

Six ans seulement après la décision de Stallman de mettre à la disposition de tous le système d'exploitation GNU et la licence GPL, un jeune étudiant de l'université d'Helsinki, Linus Torvalds, a conçu en logiciel libre le noyau d'un système d'exploitation pour ordinateurs personnels (PC), comparable à Unix et compatible avec le projet GNU de Stallman, et il l'a distribué sous la licence GPL de la Fondation pour le logiciel libre. Le noyau Linux a permis à des milliers de prosommateurs du monde entier de collaborer sur Internet à l'amélioration du code du logiciel libre[6].

Aujourd'hui, GNU/Linux est utilisé dans plus de 90 % des 500 superordinateurs les plus rapides du monde, et par les 500 plus grandes compagnies mondiales énumérées par la revue *Fortune*. On l'a même adapté à des systèmes embarqués dans des tablettes et des téléphones mobiles[7].

Eben Moglen, professeur de droit et d'histoire du droit à l'université Columbia, a souligné en 1999 l'importance fondatrice de l'exploit Linux :

> Comme Torvalds avait choisi de rendre public le noyau Linux sous la licence GPL de la Fondation pour le logiciel libre, […] les centaines et finalement les milliers de programmeurs du monde entier qui ont décidé de contribuer par leurs efforts à développer davantage ce noyau pouvaient être sûrs que leurs efforts aboutiraient à un logiciel qui resterait libre en permanence et que nul ne pourrait transformer en un produit propriétaire. Chacun savait que tous les autres pourraient tester, améliorer et redistribuer les améliorations[8].

GNU/Linux a démontré une autre vérité plus importante encore : la collaboration autour d'un logiciel libre sur des communaux mondiaux peut faire mieux que le développement d'un logiciel propriétaire sur le marché capitaliste. Moglen poursuit :

> Le développement du noyau Linux a prouvé qu'avec Internet on pouvait réunir des équipes de programmeurs plus nombreuses, et de très loin, que tout ce que pouvait s'offrir un industriel – des programmeurs unis, presque sans aucune hiérarchie, dans un projet de développement qui a fini par compter plus d'un million de lignes de code informatique. Une collaboration à cette échelle entre des bénévoles non rémunérés et géographiquement dispersés était jusque-là inimaginable dans l'histoire de l'humanité[9].

Le Mouvement du logiciel libre avait ses contestataires, même au sein de la communauté des technologies de l'information. En

1998, certains des principaux acteurs du mouvement ont fait scission pour fonder ce qu'ils ont appelé l'Open Source Initiative (OSI) [Initiative de la source ouverte]. Ses fondateurs, Eric S. Raymond et Bruce Perens, estimaient que le bagage philosophique associé au logiciel libre effrayait et faisait fuir les intérêts commerciaux. Ils craignaient particulièrement que le logiciel libre ne finisse par être lié à l'idée de coût zéro. Dans l'esprit des chefs d'entreprise, le coût zéro évoquait l'idée de marges zéro, l'élimination du profit, les produits gratuits – le saut philosophique était trop grand pour les milieux d'affaires, expliquaient-ils[10].

Ils proposaient donc autre chose : le logiciel en source ouverte. La différence entre logiciel libre et logiciel en source ouverte est une question d'image plus que de fond. Les deux s'appuient sur les mêmes types de licence, au contenu identique. Mais Raymond et Perens tenaient à faire entrer dans le jeu le monde des entreprises, et, à leur sens, celui-ci serait plus facile à convaincre des mérites du code en source ouverte en tant qu'outil pratique pour ses activités d'affaires si la licence n'était pas attachée à une philosophie qui déclarait immorale et contraire à l'éthique la détention d'informations propriétaires[11].

Stallman et Raymond reconnaissaient tous deux qu'en pratique il n'y avait guère de différence entre logiciel libre et logiciel en source ouverte. Mais le premier estimait que le changement de terminologie affaiblissait le concept, fragilisait le mouvement et ouvrait la porte à une érosion progressive des acquis du Mouvement du logiciel libre par les milieux d'affaires, qui allaient encourager des modifications subtiles dans la formulation des licences. Différences d'approches que Stallman résumait par cette formule : « La source ouverte est une méthodologie de développement ; le logiciel libre est un mouvement social[12]. »

Stallman concédait que la source ouverte allait amener beaucoup plus d'entreprises à utiliser le logiciel libre ; mais elles ne le feraient pas parce qu'elles étaient d'accord avec ses prémisses ; leur seule motivation fondamentale serait le profit qu'elles pouvaient tirer de son déploiement, car il leur amènerait davantage d'usagers. « Tôt ou tard, prévenait-il, elles inviteront ces usagers à revenir au logiciel propriétaire pour quelque avantage pratique[13]. » Toujours est-il que le logiciel en source ouverte a fait fureur : il a séduit de vastes composantes des milieux d'affaires, tout en continuant à élargir sa base de soutien dans les universités et dans la société civile.

Cela dit, le centre d'intérêt premier des deux initiatives, le logiciel libre et la source ouverte, était de garantir l'accès universel au code – le langage du nouveau média. Mais avec la maturation d'Internet, ce qui était au départ une pratique de passionnés d'informatique s'est mué en mouvement social. Du jour au lendemain, des millions de personnes se sont connectées et ont créé de nouveaux salons virtuels pour se rencontrer. L'émergence des réseaux sociaux a déplacé le débat : il est passé du code à la conversation. Internet est devenu la place publique virtuelle mondiale, le lieu de rencontre où l'on partageait des fichiers musicaux, des vidéos, des photographies, des nouvelles et des rumeurs. Soudain, le Mouvement du logiciel libre est devenu une composante d'un phénomène beaucoup plus large, le Mouvement de la culture libre. Eric Raymond a utilisé la métaphore du bazar pour rendre le bourdonnement *(buzz)* de l'espace virtuel, où les idées, les aspirations et les rêves fusionnaient avec les innombrables expressions et formes qu'emploient les humains pour s'inviter mutuellement au jeu profond[14]. Il devenait toujours plus clair qu'Internet était un espace où les humains créaient du capital social, pas du capital de marché. Chaque jeune, dans le monde entier, voulait en être, en créant des vidéos et des photos que les autres allaient regarder, en partageant des découvertes musicales, en notant ses idées et observations sur un blog, et en écrivant des bribes de contribution scientifique sur Wikipédia, dans l'espoir que son apport serait utile à d'autres usagers.

Avec cette métamorphose de la sociabilité humaine, nous dépassons les liens du sang, les affiliations religieuses et les identités nationales pour parvenir à la conscience planétaire. C'est un phénomène culturel d'une ampleur sans précédent, et il est dirigé par 2,7 milliards d'amateurs. Ce qui rend possible la démocratisation mondiale de la culture, c'est la communication par Internet, dont la logique opératoire est distribuée, collaborative et latérale. Cette logique favorise une forme communaliste ouverte d'autogestion démocratique.

Lawrence Lessig a été l'un des premiers à saisir le sens social profond d'un média qui démocratisait la culture. Le mot même de *culture*, du moins au siècle dernier, avait été scindé en deux : la haute culture et la culture de masse, en sous-entendant que la première crée un capital social de valeur durable, tandis que la seconde se limite à amuser les foules par des divertissements de pacotille.

Internet a inversé la balance de la culture. Les amateurs – qui sont deux milliards – sont désormais en haut, et le récit social s'en trouve réorienté des élites qualifiées vers les masses. Mais la démocratisation de la culture n'est pas assurée. Lessig et d'autres auteurs nous préviennent qu'une contre-offensive est possible, car les intérêts des entreprises et des professions qualifiées font bloc pour durcir la protection de la propriété intellectuelle et fermer l'exceptionnel potentiel collaboratif d'Internet en tant que forum de la créativité pair à pair.

Le média, c'est le domaine

Ce qui détermine si la culture est créée par les élites ou par les masses, c'est en grande partie la nature du média. La révolution de l'impression à vapeur alimentée au charbon et ses enfants les livres et les journaux, puis la révolution de l'électricité et sa progéniture le cinéma, la radio et la télévision ont favorisé la protection par copyright. La nature centralisée des médias et les contours bien délimités des contributions ont « individualisé » le contenu culturel[15].

C'est l'imprimerie qui a introduit la notion d'auteur individuel. Il y en avait eu avant elle – par exemple Aristote ou saint Thomas d'Aquin –, mais ils étaient rares. Dans la culture de l'écriture manuelle, les manuscrits étaient souvent réalisés sur longue période par des centaines de copistes anonymes. Un copiste avait la possibilité de modifier légèrement le sens d'un petit passage du texte en développant une phrase ou deux – ce qui pouvait difficilement faire figure d'importante contribution d'auteur. À ses propres yeux, sa tâche était de copier. Même les quelques écrivains dont on associe les noms à une œuvre entière ne se considéraient pas vraiment comme les créateurs de leurs pensées. Ils avaient plutôt l'impression qu'elles leur étaient venues de l'extérieur, sous la forme d'une vision ou d'une inspiration – qu'ils avaient été frappés par une idée. Imaginer qu'il serait même possible qu'une idée vienne exclusivement de l'intérieur, sous la forme d'une intuition créatrice géniale, leur aurait paru étrange, voire absolument incompréhensible.

L'imprimé a démocratisé l'écriture en permettant à n'importe qui d'écrire ses pensées, puis de les imprimer et de les diffuser largement pour que d'autres les lisent. L'instauration des lois sur le copyright a introduit une idée toute nouvelle : on était propriétaire de ses pensées et de ses mots. Et cette idée a conduit inévitablement à une autre : si quelqu'un possédait ses mots, c'était parce que ses pensées étaient le fruit de son travail, donc des créations personnelles qu'il pouvait vendre sur le marché. L'imprimé et les lois sur le copyright qui l'ont accompagné ont clôturé en partie les communaux des communications pour la première fois dans l'histoire. (Dans une culture manuscrite ou orale, nul n'aurait cru un seul instant que l'on pouvait être propriétaire de ses mots et faire payer aux autres le droit de les écouter.)

Le livre imprimé a aussi enfermé la communication dans un enclos à un autre niveau. Dans les cultures orales, on communiquait en temps réel. Les pensées allaient et venaient d'une personne à l'autre en laissant ouvert ce qui allait suivre : on dérivait souvent d'un sujet à un autre. Un livre, en revanche, est une conversation à sens unique, en général extrêmement structurée autour d'un thème, ou d'un ensemble d'idées, central, fixée pour toujours sur la page imprimée, et enfermée dans l'espace clos que délimitent la première et la quatrième de couverture.

Si la langue est par essence une expérience partagée entre les gens, l'imprimé a ceci d'inhabituel qu'avec lui on vit cette expérience tout seul. L'imprimé privatise la communication. On lit un livre ou un journal en s'isolant des autres. Un lecteur ne peut pas entrer en conversation avec l'auteur. L'auteur et le lecteur sont tous deux retranchés dans leur monde séparé, ils ne peuvent pas engager un dialogue « en temps réel ». Solitaire par nature, la lecture renforce la vision de la communication comme activité autonome purement interne à l'esprit de quelqu'un. La communication perd son caractère social. Quand on lit, on se retire dans un espace clos, soustrait aux communaux. L'enclosure appliquée à la communication crée de fait des millions de mondes indépendants. L'historienne Elizabeth Eisenstein observe qu'une culture de la lecture est plus individualiste et autonome qu'une culture orale :

> L'idée que l'on peut considérer la société comme un faisceau d'unités discrètes, ou que l'individu préexiste au groupe social, semble correspondre davantage à un public de lecteurs qu'à un public d'auditeurs[16].

En revanche, Internet dissout les frontières : faire œuvre d'auteur devient avec lui un processus collaboratif en source ouverte qui évolue au fil du temps, et non plus un processus autonome, clos, qui traverse le temps sous la protection du copyright. Lessig souligne que la création culturelle sur Internet relève par nature du pastiche. D'abord, la génération d'Internet crée moins en écrivant qu'en communiquant par l'image, le son et la vidéo. Grâce à la nature distribuée du média, il est facile de mixer, d'apparier, de couper et de coller, dans un même genre comme entre plusieurs genres. Puisqu'on peut copier n'importe quoi sur Internet à un coût marginal quasi nul, les enfants grandissent sans voir vraiment de différence entre partager de l'information et partager une conversation. L'interconnectivité et l'interactivité du média réclament la collaboration et engendrent ce que Lessig appelle la culture du « remix », où chacun joue à partir de ce que font tous les autres, en utilisant un mélange de médias et en ajoutant ses propres variantes à un thème, puis en remettant le résultat en ligne dans un jeu sans fin. « Ces remix sont des conversations », estime Lessig, et la génération d'Internet est comme celles qui l'ont précédée : elles ne se faisaient pas payer quand elles conversaient, elle non plus – sauf que ses conversations sont de nature différente[17].

Le remix, nouvelle forme de communication, est devenu presque aussi peu coûteux que les communications orales, bien qu'aujourd'hui la conversation ait lieu entre 2,7 milliards d'êtres humains[18]. Pour éviter que cette conversation planétaire ne soit coupée net et la culture collaborative interrompue, il faut trouver les moyens juridiques de maintenir ouverts les nouveaux communaux. En 2001, Lessig et quelques autres ont fondé Creative Commons, une association à but non lucratif. Elle suit l'exemple de Stallman et de ses amis du Mouvement du logiciel libre en octroyant gratuitement des licences copyleft, dites licences Creative Commons, à quiconque participe à la création de contenus culturels. Ces licences proposent aux auteurs plusieurs options pour marquer le contenu qu'ils diffusent et déterminer les libertés qu'ils souhaitent accorder aux autres. Au « tous droits réservés » caractéristique des copyrights, les licences Creative Commons substituent « certains droits réservés ». Lessig explique :

> Il peut s'agir de la liberté de partager l'œuvre, ou de celle de remixer l'œuvre, ou des deux. Les restrictions peuvent autoriser l'usage de l'œuvre exclusivement à des fins non commerciales, ou seulement si l'utilisateur la partage aux mêmes conditions (en donnant aux autres la liberté qu'il a reçue), ou les deux. Le créateur peut combiner ces libertés et restrictions, ce qui produit six licences, définies en trois couches[19].

Lessig donne alors son exemple favori de la transmission d'une licence Creative Commons dans la pratique.

> [Il y a] une chanson, *My Life* [Ma vie], composée par le musicien Colin Mutchler. Il a mis en ligne la piste guitare sur un site gratuit, qui en permettait le téléchargement sous licence Creative Commons. Une violoniste de 17 ans nommée Cora Beth l'a téléchargée, lui a surajouté une piste violon et a rebaptisé la chanson *My Life Changed* [*My Life* changée/Ma vie a changé]. Puis elle a remis en ligne sur le site la version modifiée pour que d'autres en fassent ce qu'ils veulent. J'ai vu quantité de remix de cette chanson. Le point crucial, c'est que ces créateurs ont pu créer, dans un cadre compatible avec la législation sur le copyright et sans qu'aucun avocat intervienne entre eux[20].

La licence Creative Commons s'est répandue comme une traînée de poudre. En 2008, elle couvrait 130 millions d'œuvres, dont certaines étaient signées de grands noms du monde du disque[21]. À lui seul, Flickr a présenté 200 millions de photographies sous licence Creative Commons[22]. En 2012, un an seulement après le lancement par YouTube de sa bibliothèque de vidéos Creative Commons, 4 millions de vidéos sous cette licence figuraient sur le site[23]. En 2009, Wikipédia a fait passer l'ensemble de son contenu sous licence Creative Commons[24].

Creative Commons a aussi créé des communaux scientifiques. Les chercheurs reprochent à la législation du copyright, et en particulier aux brevets, d'empêcher le partage de l'information en temps opportun, de ralentir la recherche, de décourager la collaboration entre scientifiques et de retarder les innovations et les percées. Dans le pire des cas, la protection de la propriété intellectuelle donne aux grands acteurs – entreprises des biosciences, agro-industrie, compagnies pharmaceutiques, etc. – un moyen de faire barrage à la créativité et de décourager la concurrence. Dans le monde entier, les scientifiques des universités et des laboratoires financés par des fondations sont toujours plus nombreux à abandonner l'idée de breveter l'information génétique ; ils préfèrent mettre leurs travaux en ligne sur des réseaux en source ouverte pour les partager librement avec leurs collègues au sein de communaux gérés.

La faculté de médecine de l'université Harvard a utilisé la licence Creative Commons pour son projet « Génome personnel[25] ». Il s'agit d'une étude de cohorte sur longue durée, qui se propose de séquencer et de publier le génome de 100 000 volontaires, avec leur dossier médical, pour faire progresser la recherche dans le champ de la médecine personnalisée[26]. Toutes les données génomiques couvertes par une licence Creative Commons seront placées dans le domaine public et mises à disposition sur Internet afin que les scientifiques puissent y accéder librement pour leurs recherches en laboratoire[27].

Malgré le succès des licences Creative Commons, Lessig se dissocie en toute occasion de ce qu'il appelle « la montée d'un mouvement abolitionniste[28] » face au copyright. Il estime que le copyright restera un élément viable de l'ère nouvelle, mais qu'il lui faudra faire place aux licences en source ouverte dans un monde où l'on vivra en partie sur le marché, en partie sur les communaux. Je pense qu'il a raison à court terme, mais pas à long terme.

Brevets et copyrights ont un vif succès dans une économie de la pénurie mais sont inutiles dans une économie de l'abondance. À quoi bon protéger la propriété intellectuelle dans un monde du coût marginal quasi nul où toujours plus de biens et services sont presque gratuits ?

L'essor spectaculaire de la licence en source ouverte lance déjà un sérieux défi à la protection traditionnelle par le copyright et le brevet, puisque les œuvres de création n'ont plus un auteur unique mais sont faites de multiples contributions collaboratives au fil du temps. Parallèlement, un Big Data toujours plus volumineux est partagé par les millions d'individus dont les informations personnelles l'alimentent. Comme l'information veut être libre, « le Big Data veut être distribué ». Ce qui fait sa valeur, c'est l'information qu'il reçoit de millions de sources individuelles, et que l'on peut analyser et utiliser pour repérer des structures, tirer des conclusions et résoudre des problèmes. Dans une société du partage et de la coopération, les millions de personnes dont les données contribuent à la pensée collective réclament avec force que leurs connaissances soient accessibles à tous dans des communaux ouverts, et non siphonnées et enfermées dans l'enclos d'une propriété intellectuelle possédée et contrôlée par quelques-uns.

Un nouveau récit communaliste

Des licences en source ouverte conçues pour encourager la démocratisation de la culture, c'est bien. Lier ces instruments juridiques à un type de gestion communaliste, c'est encore mieux. Qu'une large partie de la vie sociale de notre espèce soit optimisée quand elle est dans le domaine public, l'idée relève du sens « commun » – après tout, c'est là que nous créons capital social et confiance sociale. Mais pouvons-nous compter sur les licences en source ouverte, la gestion communaliste et une vague notion de domaine public pour construire une nouvelle société ? Ce sont des instruments juridiques et des principes de gestion, mais ils ne se qualifient nullement, en eux-mêmes et par eux-mêmes, pour être une vision du monde. Ce qui manque au script, c'est une histoire globale, un nouveau récit sur l'avenir du parcours humain, capable de donner un sens à la réalité qui se développe.

Les dirigeants du Mouvement de la culture libre, d'Internet et des technologies informatiques en ont pris conscience : dans la situation qu'instaurait le succès croissant des logiciels libres et des licences Creative Commons, ce récit était le chaînon manquant. Ils avaient une dynamique, mais leur militantisme était plus réactif que visionnaire. Ils étaient toujours en train d'éteindre des incendies et non d'occuper de nouveaux terrains. Contraints à manœuvrer à l'intérieur du paradigme ancien des rapports centralisés et propriétaires sur les marchés capitalistes, ils avaient du mal à briser le cadre pour créer du neuf.

Les théoriciens de la culture libre se sont donc attaqués au problème du récit qui structurerait leur vision intuitive mais encore informe. En 2003, James Boyle, professeur de droit à l'université Duke et l'un des fondateurs de Creative Commons, a publié un article intitulé « The Second Enclosure Movement and the Construction of the Public Domain » [Le second mouvement des enclosures et la construction du domaine public]. Ce texte a ouvert un débat sur la constitution du récit.

Je ne connais pas Boyle personnellement, mais son article renvoie au travail effectué par la Fondation pour les tendances économiques et par d'autres militants de l'environnement et de la génétique pour maintenir ouverts les communaux génétiques – il se réfère à notre thèse qui définit le génome humain, et tous les autres génomes, comme un « patrimoine commun » de l'évolution, que l'on ne peut pas enfermer dans l'enclos de la propriété privée[29].

Puisque le champ nouveau de la « bio-informatique brouille la frontière entre modélisation informatique et recherche biologique », Boyle estime qu'une génomique en source ouverte libérerait peut-être la recherche en biologie des intérêts étroits des entreprises, pour faire de l'intendance des ressources génétiques de la Terre la responsabilité « commune » de l'humanité[30].

Avec cet exemple à l'esprit, il sort de la lutte immédiate entre militants de la culture libre et défenseurs du marché traditionnel pour méditer sur un autre avenir pour l'humanité – un avenir totalement différent de la voie sur laquelle nous nous trouvons actuellement. Ses réflexions sont plus contemplatives qu'affirmatives. Il remarque :

> Au strict minimum, il existe une possibilité, et même un espoir, d'avoir un monde où une part bien plus importante de la production intellectuelle et inventive serait libre. Libre, a dit Richard Stallman, en employant le mot *free* (libre) « au sens qu'il a dans *free speech* (liberté d'expression) et non dans *free beer* (bière gratuite) ». Mais nous pouvons espérer qu'une large part de cette production serait *à la fois* affranchie de tout contrôle centralisé *et* à bas prix, ou gratuite. Quand le coût marginal de production est nul, le coût marginal de transmission et de stockage proche de zéro, le processus de création additif et une grande partie de la main-d'œuvre non rémunérée – disons que le monde apparaît un peu différent. C'est au moins un avenir *possible*, ou un élément d'un avenir possible, et c'est un avenir que nous ne devrions pas exclure sans y réfléchir à deux fois[31].

Comment atteindre cet avenir? Sûrement pas en revenant au concept juridique flou de « domaine public » pour justifier une nouvelle façon de vivre en société. Boyle et quelques autres ont compris qu'ils avaient besoin d'une théorie générale capable de corréler les idées vagues, et de leur donner un cadre pour parler du monde qu'ils voulaient construire.

Boyle a eu une idée : le Mouvement écologiste, qui se développait parallèlement au Mouvement de la culture libre depuis deux décennies, avait réussi à élaborer une théorie générale rigoureuse. Elle pouvait être instructive pour sa propre mouvance – et peut-être même réunir les deux mouvements au sein d'un récit plus vaste.

Le mouvement écologiste moderne a toujours eu double visage. D'un côté, la science écologique ne cesse d'affiner sa compréhension des structures et des relations qui constituent la dynamique complexe des systèmes vivants de la Terre; de l'autre, les militants utilisent les connaissances ainsi acquises pour réclamer de nouveaux moyens de réorganiser la relation des êtres humains avec la nature. Par exemple, les premiers militants consacraient l'essentiel de leurs efforts à protéger des espèces individuelles menacées d'extinction. Quand les écologistes en ont su davantage sur les relations complexes entre les organismes et leur environnement, ils ont compris que, s'ils voulaient sauver telle ou telle espèce, ils devaient surtout sauver son habitat. Cette démarche les a conduits à une autre prise de conscience : ce qui mettait en péril les espèces menacées, c'étaient souvent les frontières politiques, économiques et résidentielles arbitraires que l'on avait imposées ; elles tranchaient dans le vif des écosystèmes et compromettaient des dynamiques écologiques complexes, ce qui appauvrissait la flore et la faune naturelles. Dans les années 1990, les militants se sont appuyés sur ces données pour revendiquer des « parcs transfrontaliers de la paix », nouveau concept de développement qui est aujourd'hui mis en œuvre dans le monde entier. Leur mission consiste à reconstituer les écosystèmes naturels qui avaient été coupés en deux par des frontières nationales, afin de restaurer les structures migratoires, mais aussi les nombreuses autres relations biologiques complexes qui existent dans des écosystèmes diversifiés.

Les parcs transfrontaliers s'écartent du récit actuel, qui privilégie les enclosures, la privatisation et le développement commercial de l'environnement : ils se proposent de restaurer et de gérer la biodiversité sur les communaux d'écosystèmes régionaux, en les reconstituant en tant que totalités. Le fait même de juger les frontières de la nature plus importantes que celles de la politique et de l'économie réoriente le récit social : il l'éloigne des intérêts personnels, des visées économiques et des considérations géopolitiques pour le concentrer sur le bien-être général de la nature.

Les parcs transfrontaliers représentent les premiers pas très hésitants d'un grand revirement. Après un demi-millénaire où les enclosures n'ont cessé de progresser sur les communaux environnementaux de la Terre, ils rouvrent des communaux, même si c'est de façon très limitée.

Ce qui fait de l'écologie une discipline aussi radicale, c'est que son domaine est la Terre, appréhendée comme un système complexe d'interrelations qui opèrent en symbiose et en synergie pour maintenir en fonctionnement la totalité. Alors que Darwin s'est surtout intéressé à l'organisme individuel et à l'espèce, en reléguant l'environnement à l'arrière-plan en tant qu'amas de ressources, elle perçoit l'environnement comme l'ensemble des relations qui le constituent.

L'écologie s'est développée à partir de l'étude d'habitats et d'écosystèmes locaux. Au début du XXe siècle, le scientifique russe Vladimir Vernadski a donné au concept un sens plus étendu : les mécanismes écologiques de la planète prise globalement. Vernadski a rompu avec la pensée scientifique admise de son temps, qui soutenait que les processus géologiques de la Terre évoluaient indépendamment des processus biologiques et créaient l'environnement au sein duquel la vie évoluait. En 1926, il a publié un livre fondateur où il énonçait une théorie radicale : les processus géologique et biologique évoluent en relation symbiotique. Selon Vernadski, la qualité et la quantité de la matière vivante affectent les cycles des produits chimiques inertes sur la Terre. Et, inversement, cette matière vivante est elle-même affectée par la qualité et la quantité des produits chimiques inertes en transformation cyclique sur la Terre. Il a appelé sa nouvelle théorie la Biosphère[32]. Ses idées sur la façon dont évolue la Terre ont changé le cadre même dans lequel les scientifiques pensent et étudient les mécanismes de la planète.

La biosphère se définit comme

> un système intégré, vivant et soutenant la vie, qui comprend l'enveloppe périphérique de la planète Terre et son atmosphère environnante, et qui s'étend vers le bas, et vers le haut, aussi loin qu'une forme quelconque de vie existe naturellement[33].

L'enveloppe biosphérique a une épaisseur d'une soixantaine de kilomètres seulement, du plancher océanique, habité par les formes de vie les plus primitives, à la stratosphère. Au sein de cette gaine étroite, les processus biologiques et géochimiques de la Terre sont en interaction constante, dans une chorégraphie complexe qui détermine le parcours évolutionniste de la vie sur la planète.

La science de la biosphère est passée sur le devant de la scène dans les années 1970, avec la prise de conscience publique de la pollution mondiale et de la déstabilisation des écosystèmes de la Terre. La publication de l'hypothèse Gaïa par le scientifique britannique James Lovelock et la biologiste américaine Lynn Margulis a retenu l'intérêt et suscité une nouvelle vague de travaux dans une communauté scientifique que les répercussions de la pollution industrielle sur la biosphère inquiétaient de plus en plus.

Lovelock et Margulis soutenaient que la Terre fonctionne, en gros, comme un organisme vivant autorégulé : les processus géochimiques et biologiques interagissent et se contrôlent réciproquement pour garantir un équilibre relativement stable de la température, ce qui permet à la planète de rester hospitalière, propice au maintien de la vie. Les deux scientifiques donnent l'exemple de la régulation de l'oxygène et du méthane. Le niveau d'oxygène sur Terre doit demeurer dans les limites d'une bande étroite. S'il y en a trop, la planète risque de prendre feu ; s'il y en a trop peu, la vie risque d'être asphyxiée. Selon la théorie de Lovelock et Margulis, lorsque l'oxygène grimpe au-dessus du niveau acceptable, une sorte de signal d'alarme pousse des bactéries microscopiques à émettre davantage de méthane dans l'atmosphère, ce qui réduit la proportion d'oxygène jusqu'au retour à un état stable[34].

L'hypothèse Gaïa a été reprise par des scientifiques de toute une série de disciplines, notamment la géochimie, les sciences de l'atmosphère et la biologie. L'étude des relations complexes et des boucles de rétroaction symbiotiques entre processus géochimiques et vivants, grâce auxquelles le climat de la Terre est stable et la vie peut s'épanouir, a conduit à un certain consensus. La nouvelle conception de l'écologie, holistique, voit l'adaptation et l'évolution des espèces individuelles comme des éléments d'un processus plus vaste et plus intégrant – l'adaptation et l'évolution de la planète dans son ensemble.

Si la Terre fonctionne comme un organisme autorégulateur, l'activité humaine qui mine l'équilibre biochimique de la planète peut conduire à la déstabilisation catastrophique du système entier. C'est exactement ce qu'a fait l'émission massive de dioxyde de carbone, de méthane et d'oxyde d'azote dans l'atmosphère au cours des première et seconde révolutions industrielles. Aujourd'hui, la hausse des températures due aux émissions industrielles de gaz à effet de serre a considérablement modifié le cycle hydrologique de la Terre, ce qui a précipité les écosystèmes dans une spirale de déclin rapide et déclenché la sixième extinction du vivant en 450 millions d'années, avec de terribles conséquences pour la civilisation humaine et pour la santé future de la planète.

L'humanité s'éveille vite à cette réalité : la biosphère est la communauté globale indivisible à laquelle nous appartenons tous ; son bien-être est indispensable au nôtre, et à notre survie. Cette prise de conscience naissante s'accompagne d'un sentiment inédit de responsabilité : nous voulons un mode de vie individuel et collectif, dans notre foyer, notre entreprise et notre localité, qui contribue à la santé de la biosphère.

James Boyle et ses amis ont mis leurs espoirs intellectuels dans une démarche où la vision environnementale sert d'analogie : ils veulent en tirer les leçons pour créer ce qu'ils appellent un « écologisme culturel » – une analyse systémique qui prouverait l'indivisibilité du domaine public en unissant tous les intérêts et projets disparates au sein d'une théorie exhaustive. Ils cherchent encore, car ce qu'ils prenaient pour une analogie est en fait un cadre commun qui unit notre espèce. La théorie générale qui gouverne la biosphère est aussi celle qui régit le bien-être de la société.

Si les enclosures, la privatisation et l'exploitation commerciale des écosystèmes de la Terre à l'époque capitaliste ont considérablement amélioré le niveau de vie d'une importante minorité de l'espèce humaine, elles l'ont fait au détriment de la biosphère. Quand Boyle, Lessig, Stallman, Benkler et d'autres auteurs déplorent les effets de l'enfermement des divers communaux dans les enclos de la propriété privée qui s'échange sur le marché, le préjudice infligé ne concerne pas seulement la liberté de communiquer et de créer : il va beaucoup plus loin. Les enclosures imposées aux communaux terrestres et océaniques, aux communaux de l'eau douce, aux communaux de l'atmosphère, aux communaux du spectre électromagnétique, aux communaux du savoir et aux communaux génétiques ont brisé les ressorts complexes de la dynamique interne de la biosphère et mis ainsi en danger le bien-être de chaque être humain et celui de tous les autres organismes de la planète. Si nous cherchons quelle théorie générale réunit les intérêts de tous, la réponse est évidente : c'est celle de la guérison de la communauté biosphérique.

L'importance historique réelle du Mouvement de la culture libre et du Mouvement écologiste, c'est que l'un et l'autre se dressent contre les forces de l'enclosure. En rouvrant les divers communaux, l'humanité commence à penser et agir en tant que partie d'un tout. Nous comprenons que l'ultime expression de notre créativité est de nous reconnecter les uns avec les autres et de nous insérer dans des systèmes relationnels toujours plus larges, finissant par englober de proche en proche le jeu complet des relations qui constituent les communaux biosphériques.

Si par « promouvoir la culture », nous entendons « chercher du sens », il est probable qu'on le trouvera en explorant notre rapport à l'ordre général des choses, auquel nous sommes irrévocablement mêlés – notre biosphère commune et ce qui s'étend au-delà. La « liberté d'expression » n'est pas de la « bière gratuite », mais à quoi sert-elle sinon à nous permettre de nous unir et de réimaginer, ensemble, la nature du parcours humain de façon à célébrer la vie sur terre ? Le contraire d'enclosure n'est pas simplement ouverture, c'est transcendance.

De fait, la nature distribuée, collaborative et latérale des communications sur Internet caractérise à la fois le média et le domaine. Par domaine, entendons les communaux sociaux, le lieu de rencontre où notre espèce se rassemble et crée le capital social nécessaire pour devenir un tout cohérent, et aussi, espérons-le, pour élargir son horizon empathique, afin d'y inclure les nombreuses autres communautés qui constituent les communaux biosphériques – communautés au côté desquelles nous vivons mais que, souvent, nous ne reconnaissons pas.

Les communaux sociaux, qu'est-ce que c'est ? Simplement l'habitat de notre espèce et une sous-région de la biosphère – et il s'avère que les lois de l'énergie qui déterminent le bien-être optimal des écosystèmes mûrs de la nature sont aussi à l'œuvre dans le domaine public. Dans un écosystème climax comme l'Amazone, l'efficience énergétique est optimisée. La consommation de matière n'excède pas sensiblement l'aptitude de l'écosystème à absorber et recycler les déchets et à renouveler le stock. Dans un écosystème climax, les relations symbiotiques et synergiques réduisent la perte d'énergie, optimisent l'usage des ressources, et satisfont ainsi en abondance les besoins de chaque espèce. De même, dans l'économie, l'état d'efficacité optimale est atteint quand les coûts marginaux approchent de zéro. C'est le point où la production et la distribution de chaque unité additionnelle et le recyclage des déchets exigent le moins de dépense d'énergie sous forme de temps, de travail, de capital et de production d'électricité, ce qui optimise la disponibilité des ressources.

Même les outils juridiques utilisés pour ouvrir les communaux culturels et les communaux environnementaux se ressemblent étrangement. Les servitudes environnementales, par exemple, opèrent en vertu d'un jeu de conventions juridiques qui imitent les licences Creative Commons dans la sphère culturelle. Nous possédons un terrain, mon épouse et moi, près des montagnes Bleues en Virginie. Il est en voie de conversion en refuge naturel pour l'ours brun, le cerf à queue blanche, les renards roux, les dindes sauvages, les ratons laveurs et d'autres espèces de la région. Ce terrain est soumis à des servitudes environnementales. Cela signifie que notre titre de propriété s'accompagne de restrictions qui déterminent la façon dont nous pouvons l'utiliser. Nous sommes, mon épouse et moi, propriétaires du terrain, mais nous ne pouvons pas le subdiviser pour le vendre, et nous ne pouvons pas non plus y construire certains types de bâtiments.

Les servitudes environnementales peuvent imposer que la terre reste vierge, en tant qu'habitat naturel, ou demeure un espace ouvert, pour préserver le panorama ou pour des raisons d'esthétique. Comme les licences Creative Commons, la servitude vise à promouvoir les communaux en dissociant le droit de posséder la terre et celui d'en faire un usage exclusif.

Les servitudes environnementales modifient les enclosures en transférant certains des usages au domaine public. L'instrument juridique n'est pas sans ressembler aux licences de création en source ouverte, qui remplissent pour l'essentiel la même fonction. Dans les deux cas, l'objectif est d'abattre les enclosures des divers communaux de la Terre – le trait central de l'ère capitaliste – et de rouvrir et restaurer ces communaux pour que la biosphère puisse guérir et s'épanouir.

L'idée est claire : les communaux ne s'arrêtent pas à l'espace public, ils continuent à s'étendre vers l'extérieur jusqu'à l'extrême limite de la biosphère terrestre. Nous, les humains, nous sommes membres d'une famille évolutionniste étendue d'espèces, qui couvre toute la planète. Les sciences écologiques nous enseignent que le bien-être de toute la famille biologique dépend de celui de chacun de ses membres. Les relations symbiotiques, les synergies et les boucles de rétroaction créent une forme de collaboration de masse qui maintient la dynamique de la famille étendue et la viabilité de son habitat, la biosphère.

Puis-je faire part d'une anecdote personnelle sur la notion de communaux ? Quand j'ai commencé à écrire sur l'évolution, la confiscation et la reconstruction des communaux, il y a près de vingt-cinq ans, je crois bien que cette idée est presque devenue une obsession chez moi. Je voyais des enclosures partout et, puisque j'étais un militant du mouvement social, je ne pouvais m'empêcher de voir la possibilité de nouveaux communaux chaque fois qu'une occasion se présentait de faire avancer la « démocratie participative », comme nous disions alors – c'était avant que les relations pair à pair ne mettent l'expression sur la touche. Mes rêveries intellectuelles me valaient un feu nourri de plaisanteries de mes amis et collègues, sans parler de mon épouse. Si je disais que j'écrivais un nouveau livre, ou que mon bureau allait prendre une initiative, ils me raillaient aussitôt sans merci : « Ah non ! Pas les communaux ! Tu ne vas pas recommencer ! [...] S'il te plaît, dis-moi que ce n'est pas ça ! »

Vers le milieu des années 1990, j'ai commencé à entendre parler d'autres personnes souffrant de cette affection rare, la « maladie des communaux ». Elle commençait à se répandre. Partout où je me tournais, j'entendais les mots *enclosures* et *communaux*. Ils flottaient dans l'éther social, se répandaient sur la place publique comme une épidémie et plus vite encore dans le cyberespace. Le terreau qui les nourrissait était la mondialisation – si mal nommée, puisque cette métaphore mensongère dissimulait dans les plis d'une nouvelle « interconnectivité » planétaire la déréglementation et la privatisation des biens et services publics.

Entre la décision de livrer les ressources humaines et naturelles de la planète aux mains de quelques centaines d'entreprises commerciales et le nom de « mondialisation » qu'on lui donnait, la contradiction était flagrante. Elle n'échappait pas à une génération de chercheurs et de militants qui pensaient la mondialisation dans le sens diamétralement opposé : l'élargissement de la part des masses humaines marginalisées et asservies dans la répartition des largesses de la terre.

Mondialisation contre réouverture des communaux mondiaux

En 1999, à Seattle, des dizaines de milliers de militants représentant un vaste éventail d'organisations non gouvernementales (ONG) et d'intérêts – des syndicats, des féministes, des écologistes, des militants des droits des animaux, des organisations paysannes, des militants du commerce équitable, des universitaires et des organisations religieuses – ont manifesté contre la conférence de l'Organisation mondiale du commerce (OMC) qui se tenait dans cette ville. Leur objectif était de reprendre le communal public. Les contestataires ont saturé les rues du centre-ville qui entouraient le Centre des congrès de l'État du Washington, bloqué les carrefours et empêché les délégués de l'OMC de se rendre aux réunions prévues. Se joignant au mouvement, le conseil municipal de Seattle a voté à l'unanimité une résolution déclarant la ville zone hors AMI (Accord multilatéral sur l'investissement). La presse internationale est venue, et bon nombre de journaux ont pris parti pour les manifestants. Quelques jours avant la conférence mondiale, l'*Independent* de Londres a publié un éditorial cinglant contre l'OMC elle-même :

> À en juger par la façon dont [l'OMC] a utilisé [ses] pouvoirs, on en vient à se demander si ses initiales ne signifient pas, en fait, Occupation du Monde Conquis. Elle a interdit des mesures qui aidaient les populations pauvres de la planète, protégeaient l'environnement et sauvegardaient la santé, par une série de décisions prises dans l'intérêt de compagnies privées – en général américaines[35].

Plus de six cents manifestants ont été arrêtés, et cette mobilisation a été un tournant dans la course folle à la mondialisation. Désormais, il y avait une opposition publique identifiable[36].

Ces manifestations de rue ont aussi été intéressantes d'un autre point de vue. Parmi les militants, il y avait de nombreux hackers, qui ont aidé à organiser leur logistique. Ce fut l'un des premiers mouvements de protestation pour lequel la mobilisation a été coordonnée par e-mail, salons de discussion, émissions en direct sur Internet, sit-in virtuels et téléphones portables. La synchronisation de la logistique par les technologies de l'information et les médias d'Internet pendant les manifestations elles-mêmes a donné un avant-goût de ce qui allait se passer douze ans plus tard dans les rues du Caire et autres points chauds du Moyen-Orient au cours du Printemps arabe.

Les hackers avaient une bonne raison de faire cause commune avec les écologistes, les syndicalistes et les militants du commerce équitable. L'année précédente, le Congrès des États-Unis avait voté le Sonny Bono Copyright Term Extension Act, et le président Bill Clinton l'avait promulgué[37]. Cette loi prolongeait la protection par copyright : elle ne prendrait fin, désormais, que soixante-dix ans après la mort de l'auteur. La même année, le Sénat des États-Unis avait ratifié et le président Clinton signé le Digital Millennium Copyright Act (DMCA), qui mettait en application deux traités de l'Organisation mondiale de la propriété intellectuelle (OMPI)[38]. Ces traités et la loi nationale qui les transposait interdisaient l'usage de technologies et d'autres moyens pour contourner les pratiques

– dites DRM (*digital rights management*, gestion des droits numériques) – qui assuraient la protection par copyright.

Le Mouvement de la culture libre est né de ces deux lois capitales, dont l'unique objectif était d'empêcher la libre distribution de matériel sous copyright sur Internet. En 1999, Lessig a attaqué en justice le Sonny Bono Act, et il est allé jusqu'à la Cour suprême.

Les contestataires réunis à Seattle savaient parfaitement ce qu'ils combattaient : la privatisation du savoir humain et des ressources de la Terre. Par leur cri de ralliement « antimondialisation », ils rejetaient un paradigme existant. Mais ce positionnement *contre* posait au sein du mouvement, et dans l'opinion publique en général, la question : *pour* quoi luttent-ils ? Ils ne veulent pas de la mondialisation par la privatisation, mais que veulent-ils ? C'est alors que l'idée d'éliminer les enclosures et de rétablir les communaux sur tous les plans de l'existence humaine est passée du murmure universitaire à la clameur publique. On a vu se multiplier les appels à ouvrir les communaux de l'espace public, les communaux fonciers, les communaux du savoir, les communaux virtuels, les communaux de l'énergie, les communaux du spectre électromagnétique, les communaux des communications, les communaux des océans, les communaux de l'eau douce, les communaux de l'atmosphère, les communaux du non-lucratif et les communaux de la biosphère. Pratiquement tous les communaux qui avaient été enclos, privatisés et marchandisés pendant les deux cents ans de règne du capitalisme ont été soudain mis sous surveillance et réexaminés. On a fondé des ONG et pris des initiatives pour réclamer la réouverture de nombreux communaux qui inséraient l'humanité dans la biosphère. La mondialisation avait trouvé sa némésis : un mouvement multiforme bien décidé à inverser le mouvement des grandes enclosures et à restaurer les communaux mondiaux.

« En matière de propriété immobilière, il y a trois facteurs importants : la localisation, la localisation, la localisation », a dit un jour le grand promoteur britannique Lord Harold Samuel. Ce cliché aujourd'hui usé jusqu'à la corde est particulièrement utile pour comprendre la vague de manifestations publiques spontanées qui, dans les quatorze dernières années, se sont répandues partout dans le monde depuis l'action inaugurale des militants dans les rues de Seattle. Des manifestations massives, qui semblaient surgir du néant, ont éclaté, renversé des régimes et déclenché des bouleversements sociaux sur tous les continents. Elles sont suscitées par des problèmes sociaux très différents, mais elles ont le même profil. Elles fonctionnent en essaim plus que par des actions orchestrées, elles n'ont pratiquement pas de chefs, elles sont par leur nature même informelles et en réseau. Chaque fois, les participants submergent les places centrales des grandes villes du monde pour y établir un campement, affronter les pouvoirs établis et créer une communauté conçue pour célébrer les communaux sociaux.

Jay Walljasper, auteur de plusieurs ouvrages et dirigeant de la première heure du mouvement mondial pour reprendre les communaux publics, a fait une observation judicieuse : si les médias ont amplement souligné le recours des jeunes à Facebook, à Twitter et aux autres réseaux sociaux des communaux virtuels pour organiser les manifestations de 2011 au Moyen-Orient, « l'importance d'une forme beaucoup plus ancienne de communaux dans ces révoltes n'a guère retenu l'attention : les espaces publics où les citoyens se regroupent pour crier leur mécontentement, montrer leur force et finalement élaborer une vision neuve pour leur patrie[39] ». Walljasper avance une idée essentielle : « L'exercice de la démocratie dépend de la libre disposition de communaux au sens propre du terme, d'espaces communs où les gens peuvent se rassembler en tant que citoyens – une place, une rue principale, un parc ou un autre espace public qui soit ouvert à tous[40]. »

Les militants soutiennent des programmes variés, mais ils s'unissent autour d'un symbolisme partagé – leur détermination à reprendre la place publique et, ce faisant, à rouvrir les nombreux autres communaux qui ont été expropriés, marchandisés, politisés et clôturés par des intérêts particuliers et par une minorité privilégiée. La jeunesse excédée de la place Tahrir pendant le Printemps arabe, les Occupants de Wall Street, les manifestants du parc Gezi à Istanbul et les classes déshéritées qui crient leur colère dans les rues de São Paulo sont en première ligne d'un phénomène culturel en développement dont le fil conducteur est clair : faire échec aux enclosures sous toutes leurs formes et créer une culture transparente, non hiérarchique et collaborative. Ils sont les nouveaux communiers.

C'est Jonathan Rowe, l'un des visionnaires des nouveaux communaux en réseau, qui a le mieux expliqué leur nature profonde :

> Quand on dit « les communaux », la réponse est un silence perplexe. […] Pourtant les communaux sont plus fondamentaux que l'État et le marché. C'est l'immense domaine qui constitue notre héritage commun à tous, celui que nous utilisons en général sans payer ni péage ni prix. L'atmosphère et les océans, les langues et les cultures, les connaissances et la sagesse accumulées par l'humanité, les systèmes informels de soutien local, la paix et la tranquillité à laquelle nous aspirons, les éléments génétiques de base de la vie – tout cela, ce sont des aspects des communaux[41].

J'aime particulièrement la plaisante remarque du naturaliste Mike Bergan sur la nature des communaux, car elle va au cœur de la lutte en cours entre capitalistes et collaboratistes. Attention, dit-il,

> ne vous fiez jamais à qui veut prendre ce que nous partageons tous et utilisons tous à égalité pour le donner à quelqu'un qui sera le seul à en profiter[42].

Charlotte Hess, protégée d'Elinor Ostrom et directrice adjointe de la Bird Library de l'université de Syracuse, a dressé la liste des multiples branches de l'arbre des communaux. Elle est prompte à bien distinguer les « nouveaux communaux » des anciens : elle prend note de leurs ressemblances mais souligne leurs différences.

Les communaux, anciens et nouveaux, définissent un mode de gestion des largesses de la Terre par les êtres humains. Dire que quelque chose est un « communal », c'est dire qu'il est détenu en commun et géré collectivement. L'expression « les communaux » désigne une forme de gouvernement. Quelque chose ne peut devenir un communal, nous rappelle Hess, qu'à partir du moment où il existe des moyens technologiques de le gérer. Les chasseurs-cueilleurs jouissaient des largesses de la nature mais ne les géraient pas. Les communaux commencent par l'agriculture et l'élevage. Les océans ne sont devenus des communaux qu'avec l'invention de vaisseaux capables de les parcourir.

L'époque moderne a apporté quantité de technologies nouvelles permettant de gérer de nouvelles régions de la biosphère terrestre qui échappaient jusque-là à tout contrôle. L'imprimerie, la découverte de l'électricité (et plus tard du spectre électromagnétique), le vol dans l'atmosphère et la découverte des gènes et des nanotechnologies ont ouvert à la gestion des champs auparavant inconnus ou inexplorés. Ces champs nouveaux peuvent être gérés par l'État, par le marché privé ou par les communaux.

Comme on l'a vu au chapitre 3, les matrices énergie / communication des première et seconde révolutions industrielles requéraient d'énormes injections de capitaux financiers et s'appuyaient sur des entreprises à intégration verticale et des mécanismes de commandement centralisés pour réaliser des économies d'échelle : autant d'aspects qui ont jeté l'économie dans les bras du capitalisme, aidé par l'État. La matrice énergie / communication de la troisième révolution industrielle – l'Internet des objets – est lubrifiée par le capital social plus que par le capital financier, se déploie latéralement et s'organise sur un mode distribué et collaboratif : dans son cas, la gestion communaliste, avec l'engagement de l'État, est le meilleur modèle de gouvernance.

Malgré toute l'attention qu'on accorde au logiciel libre, estime Yochai Benkler,

> ce n'est en fait qu'un exemple d'un phénomène socioéconomique beaucoup plus large. Il me semble que nous assistons à l'émergence, large et profonde, d'un troisième mode de production entièrement neuf dans l'environnement numérique en réseau. Je l'appelle la « production par les pairs basée sur les communaux », pour la distinguer des deux modes de production des entreprises et des marchés, basés sur la propriété et sur le contrat. Sa caractéristique centrale, c'est que des groupes d'individus collaborent avec succès à de très vastes projets en obéissant à un ensemble diversifié de motivations et de signaux sociaux, et non aux prix du marché ou aux ordres d'un directeur[43].

Quelles que soient les attentes, on aurait tort de croire que le modèle communaliste gouvernera inéluctablement le prochain chapitre du parcours humain. Si les collaboratistes se renforcent, les capitalistes sont divisés. Les compagnies mondiales de l'énergie, les géants des télécommunications et le secteur des loisirs – à quelques intéressantes exceptions près – sont solidement retranchés dans la seconde révolution industrielle, et ils ont pour eux tout le poids du paradigme et du récit politique existants. Mais les compagnies d'électricité, le bâtiment, les secteurs des technologies de l'information, de l'électronique, d'Internet et les transports sont en train de produire rapidement de nouveaux biens et services et de changer leurs modèles d'entreprise pour gagner des parts de marché dans l'économie de troisième révolution industrielle émergente, cet hybride de marchés et de communaux soutenu de diverses façons par l'État.

Dans mon entreprise sociale, le TIR Consulting Group, nous vivons chaque jour cette nouvelle réalité directrice hybride. Nous élaborons des plans stratégiques de troisième révolution industrielle pour des villes, des régions et des pays, afin d'aider ces collectivités à édifier des infrastructures Internet des objets. Ces projets sont des dispositifs collaboratifs, au sein desquels marchés et communaux opèrent parallèlement, s'entre-alimentent ou coopèrent dans des structures de gestion conjointes, en général avec la participation des pouvoirs publics, qui se chargent d'instaurer des normes réglementaires, des codes et des incitations financières. Dans son livre *Capitalism 3.0 : A Guide to Reclaming the Commons* [Capitalisme 3.0 : un guide pour récupérer les communaux], Peter Barnes envisage un avenir conforme à ce que révèle notre travail de terrain quotidien dans des pays du monde entier. Il écrit :

> La différence cruciale entre les versions 2.0 et 3.0 est l'inclusion dans la seconde d'un ensemble d'institutions que j'appelle le *secteur des communaux*. Au lieu d'avoir un seul moteur – le secteur privé que dominent les grandes entreprises –, notre système économique amélioré en aurait deux : le premier se consacrerait à gérer le profit privé, le second à préserver et accroître la richesse commune[44].

Je puis aussi vous dire avec une quasi-certitude que, dans le monde réel, la lutte pour définir l'avenir économique tourne autour du type d'infrastructure que l'on va mettre en place pour servir l'ère nouvelle. Le marché capitaliste et les communaux collaboratifs vont certes coexister – parfois dans la synergie et parfois dans la concurrence ou même l'antagonisme –, mais ce qui va déterminer lequel des deux finira par devenir le modèle dominant et lequel sera l'acteur de niche, c'est surtout l'infrastructure que va construire la société.

12

La lutte pour définir et contrôler l'infrastructure intelligente

Yochai Benkler est l'un des champions les plus ardents et les plus éloquents des communaux. Il comprend aussi que, s'ils sont liés à une infrastructure propriétaire, les communaux des communications resteront fragiles. Si l'on veut que les générations futures jouissent des immenses bienfaits d'une économie de l'information en réseau, écrit-il dans les dernières pages de son livre passionnant *La Richesse des réseaux*, il faudra nécessairement édifier une infrastructure communaliste.

> Pour prospérer, une économie de l'information en réseau, riche en pratiques de production sociale, doit posséder une infrastructure commune de base, proposer la mise à disposition gratuite, et à tous, de l'ensemble des ressources nécessaires à la production et à l'échange d'information. Cela suppose des ressources au niveau physique, logique et des contenus à partir desquelles élaborer de nouvelles affirmations, les coder pour la communication, avant d'assurer leur rendu et leur réception[1].

Tout à fait d'accord. Mais il manque à cette présentation un élément crucial. Brett N. Frischmann a mis le doigt sur cette lacune. Il est l'auteur d'un livre tout aussi instructif, en harmonie avec les analyses et prescriptions de Benkler : *Infrastructure : The*

Social Value of Shared Resources [Infrastructure : la valeur sociale des ressources partagées]. « Benkler, écrit-il, n'examine pas jusqu'au bout ce qui constitue l'infrastructure centrale des communaux, ni les défis auxquels on se heurte lorsqu'on veut assurer durablement l'accès public à une infrastructure commune[2]. » Frischmann s'explique :

> L'infrastructure centrale des communaux, ce sont les ressources infrastructurelles de base qui doivent être accessibles à tous sans discrimination. [...] La première difficulté consiste à identifier les ressources qui sont réellement « de base », et à expliquer pourquoi ce sous-ensemble crucial de ressources infrastructurelles doit être soumis au principe de non-discrimination. [...] Une fois cet obstacle surmonté [...], par quels moyens institutionnels doit-on assurer la gestion des communaux[3] ?

Frischmann relève que Benkler recommande des réseaux sans fil ouverts, et certaines formes de fourniture publique des infrastructures de communication, mais il se demande si cela suffit. On peut féliciter Benkler – et Eli Noam, David Bollier, Kevin Werbach et autres chauds partisans des réseaux sans fil ouverts – pour la récente proposition de la Federal Communications Commission de créer un spectre hors licences en vue d'installer un réseau wi-fi national gratuit : dans une large mesure, elle atteste leur inlassable détermination et leur force de persuasion en faveur de communaux des communications ouverts.

S'il y a ici un manque d'imagination, il vient d'une incompréhension du rôle vital que joue l'énergie dans l'infrastructure de base. Je l'ai dit dès le tout début de cet ouvrage : les grandes révolutions économiques de l'histoire sont des révolutions des infrastructures, et ce qui donne aux grandes révolutions des infrastructures leur puissance transformatrice, c'est la convergence de nouveaux médias de communication avec de nouveaux régimes énergétiques. Toutes les révolutions de l'énergie dans l'histoire se sont accompagnées d'une révolution des communications spécifique. Les révolutions énergétiques changent l'horizon spatio-temporel de la société et rendent possibles des façons de vivre plus complexes, ce qui exige de nouveaux moyens de communication pour gérer et coordonner les nouvelles activités. Serait-il imaginable de maîtriser les réalités complexes de la production et de la distribution d'une révolution industrielle urbaine de la machine à vapeur sans presses à vapeur rapides et bon marché ni télégraphe ? Ou d'organiser la gestion compliquée d'une culture de consommation de masse fondée sur le pétrole, l'automobile et la banlieue sans électricité centralisée et notamment sans communications téléphoniques, sans radio, sans télévision ?

Pour revenir à notre époque, voyons ce cas de figure. Benkler et d'autres soutiennent que les nouvelles communications par Internet favorisent une forme de gestion communaliste en réseau parce que la nature du média est distribuée et collaborative et qu'elle permet la production pair à pair et l'extension latérale des activités économiques. Supposons, pour les besoins du raisonnement, que les États-Unis restent enchaînés à un régime d'énergie fossile verticalement intégré et très centralisé qui exige, pour fonctionner, des injections de capitaux toujours plus fortes. Tant que les énergies fossiles sous-tendront tous les aspects de l'économie mondiale, toute firme commerciale qui compte sur ces combustibles pour ses matériaux, sa production d'électricité et sa logistique continuera nécessairement d'utiliser un modèle d'entreprise à intégration verticale et une gestion centralisée pour réussir ses propres économies d'échelle et rester en vie.

Les partisans d'une infrastructure communaliste en réseau peuvent-ils imaginer qu'une révolution des communications distribuée, collaborative, pair à pair et latérale va s'épanouir dans un régime énergétique extrêmement capitalisé et centralisé qui repose sur les combustibles fossiles ? Autrement dit, est-il vraisemblable que ce régime d'énergie fossile ultracapitalisé et centralisé fasse bon accueil à une révolution des communications qui rend possible une gestion en source ouverte, pair à pair, des énergies renouvelables, de l'impression 3D, etc., en vue de parvenir toujours plus près d'une société du coût marginal quasi nul et du rétrécissement du système capitaliste ?

En revanche, un moyen de communication distribué, collaboratif, pair à pair et latéral est idéal pour gérer des énergies renouvelables qui sont distribuées par nature, s'organisent au mieux de façon collaborative, favorisent la production pair à pair et s'étendent latéralement à travers la société. Ensemble, les communications par Internet et les énergies renouvelables constituent la matrice indissociable d'une infrastructure de base dont la logique opératoire est parfaitement adaptée à la gestion communaliste. Comme on l'a vu au chapitre 1, cette infrastructure intelligente de base se compose de trois Internets emboîtés : un Internet des communications, un Internet de l'énergie et un Internet de la logistique. Quand ils sont reliés en un seul et même système interactif – l'Internet des objets –, ces trois Internets fournissent sur tout ce qui se passe dans la société un flux de Big Data auquel toute l'humanité, dans sa quête de la « productivité extrême » et d'une société du coût marginal zéro, peut avoir accès, et qu'elle peut partager de façon collaborative sur des communaux mondiaux ouverts.

Les États, les entreprises capitalistes et les champions de l'économie sociale naissante sur les communaux ont engagé une lutte acharnée autour de la gouvernance des trois Internets emboîtés qui constituent l'Internet des objets, car ils ont tous l'ambition de définir l'ère qui vient.

Les communaux des communications

Au sein de la nouvelle infrastructure communaliste, commençons par l'Internet des communications. Internet est une infrastructure hybride composée de trois partenaires principaux : l'État, le secteur privé et la société civile. Jusqu'à présent, il a été administré comme un communal mondial : les trois parties prenantes ont joué un rôle collaboratif dans sa gouvernance.

La gouvernance technologique d'Internet, qui inclut la détermination des normes et des protocoles de gestion, a été confiée à des organisations à but non lucratif : l'Internet Engineering Task Force [Groupe de travail de génie Internet], le World Wide Web Consortium [Consortium consacré à la toile mondiale] et l'Internet Corporation for Assigned Names and Numbers (ICANN) [Société pour l'attribution des noms de domaines et des numéros sur Internet]. L'ICANN était au départ une créature de l'État américain et se trouvait nominalement sous sa juridiction, mais en 2009 les États-Unis ont renoncé à leur fonction de surveillance. L'ICANN est actuellement gouvernée par un conseil international composé d'universitaires, de représentants d'entreprises et d'intérêts de la société civile[4]. Toutes les organisations susmentionnées sont, au moins en théorie, ouvertes à qui veut y participer, mais comme elles sont de nature extrêmement technique, ce sont en général des experts en technologie qui prennent les décisions, par consensus, sur les opérations de gestion.

La gouvernance d'Internet est cependant un peu plus problématique et moins claire qu'on ne pourrait le croire. Pour en discuter, les représentants des trois principales parties prenantes ont réuni un premier sommet mondial sur la société de l'information à Genève en 2003, puis un second à Tunis en juin 2005. Le secrétaire général des Nations unies a formé un groupe de travail sur la question et lui a donné pour mission « d'étudier la gouvernance de l'Internet et éventuellement [de] proposer des mesures à prendre »[5].

Ce groupe de travail est parvenu à un accord sur un cadre de gouvernance qui a été ensuite adopté par 174 États membres. Il déclare :

> Il faut entendre par « gouvernance de l'Internet » l'élaboration et l'application par les États, le secteur privé et la société civile, dans le cadre de leurs rôles respectifs, de principes, normes, règles, procédures de prise de décisions et programmes communs propres à modeler l'évolution et l'utilisation de l'Internet[6].

Ce modèle tripartite est très révélateur. Autrefois, il n'y avait que deux parties autour de la table pour les problèmes de gouvernance mondiale : l'État et le secteur privé – la société civile avait, dans le meilleur des cas, un statut d'observateur et une représentation officieuse. Mais avec Internet, on a compris qu'exclure la société civile eût été indéfendable, puisque nombre des acteurs et participants qui s'engagent dans la production pair à pair sur le nouveau média viennent du tiers secteur.

En vertu de cet accord sur une gouvernance tripartite, un organisme réunissant les trois parties prenantes a été créé sous les auspices des Nations unies pour délibérer sur les politiques en la matière : le Forum sur la gouvernance de l'Internet (FGI). Il se réunit régulièrement pour vérifier que les délibérations politiques sur le sujet respectent la nature distribuée, collaborative et latérale d'Internet. Des instances régionales et nationales du FGI ont été mises en place dans le monde entier : l'autogestion collective de ce nouveau moyen de communication en expansion rapide s'effectue donc en réseau et non par le haut[7].

Néanmoins, les Nations unies – organisation qui, après tout, représente les États de la planète – ont glissé dans le document officiel adopté à la réunion de Tunis du sommet mondial sur la société de l'information un article qui donne autorité à leur secrétaire général pour « renforcer la coopération » afin de

> permettre aux gouvernements de s'acquitter, sur un pied d'égalité, de leurs rôles et responsabilités en ce qui concerne les questions de politiques publiques internationales concernant l'Internet, mais pas les questions techniques et opérationnelles courantes qui n'ont pas d'incidence sur les questions de politiques publiques internationales[8].

Les États-nations, préoccupés par une série d'enjeux liés à Internet qui ont un impact sur leur bien-être général et leurs intérêts souverains – notamment la taxation de l'activité commerciale dans le cyberespace, la protection de la propriété intellectuelle, le maintien de la sécurité contre les cyberattaques et l'étouffement de la dissidence politique –, mettent en œuvre des législations nationales dont certaines menacent ce qui fait la nature même du support : son ouverture, son universalité et sa transparence. Parmi les pays qui préconisent de nouvelles formes de contrôle de l'État sur Internet, on trouve bien évidemment la Russie, l'Iran, la Chine, l'Afrique du Sud et l'Arabie Saoudite, ainsi que l'Inde et le Brésil.

En 2011, la Russie, la Chine, l'Ouzbékistan et le Tadjikistan ont proposé à l'Assemblée générale de l'ONU d'adopter un « Code de conduite international pour la sécurité de l'information ». Leur projet, qui ne comportait aucun article prévoyant une approche pluraliste des « parties prenantes », aurait eu pour effet de renforcer le contrôle de l'État sur Internet[9]. Le préambule disait sans équivoque : « Le pouvoir de décision en ce qui concerne les questions de politique publique liées à l'Internet est le droit souverain des États[10]. »

Le secteur privé aussi commence à s'écarter de l'alliance tripartite : il cherche à augmenter ses revenus et ses profits en introduisant une discrimination par les prix. Cette orientation menace un des principes directeurs d'Internet : la neutralité du réseau, qui garantit des communaux des communications non discriminatoires, ouverts et universels auxquels chacun peut accéder et participer à égalité.

Le concept de neutralité du réseau s'est développé à partir d'un principe structurel de l'architecture d'Internet, le bout-à-bout*, qui favorise les usagers et non les opérateurs de réseau. Les usagers paient leur connexion à Internet, et le prix peut dépendre de la rapidité ou de la qualité du service assuré par leur fournisseur d'accès, mais, une fois connectés, ils sont traités par les opérateurs de réseau de la même façon que tous les autres internautes pour la transmission de leurs paquets.

Les opérateurs de réseau – les grandes compagnies des télécommunications et du câble – aimeraient aujourd'hui changer les règles du jeu et prendre le contrôle de l'information échangée sur Internet à des fins lucratives. Avec cette mainmise, ils pourraient facturer à des tarifs différents l'accès à telle ou telle information, donner un ordre de priorité aux transmissions en faisant passer les paquets extrêmement urgents avant les autres pour un prix plus élevé, faire payer une redevance pour certaines applications ou encore bloquer une application sur leur réseau pour en favoriser une autre, avec, là encore, extorsion de paiements discriminatoires à la clé.

Les partisans de la neutralité du réseau soutiennent qu'il doit rester « stupide », et permettre ainsi à des millions d'utilisateurs finaux de collaborer et d'innover en développant leurs propres

* Selon ce principe, le réseau n'exécute que les fonctions les plus simples ; toutes les interventions complexes et particulières se font au point de départ ou au point d'arrivée de la transmission.

applications. C'est ce type d'« intelligence distribuée » qui fait d'Internet un moyen de communication exceptionnel. Si les opérateurs de réseau obtenaient un contrôle centralisé sur l'accès au contenu et la façon de le transmettre, les utilisateurs finaux perdraient leur pouvoir, et la créativité que suscitent la collaboration distribuée et l'intelligence latérale serait compromise.

Les opérateurs de réseau sont bien sûr d'un autre avis. Aux États-Unis, AT&T, Verizon et les compagnies de la télévision par câble se plaignent d'être injustement bridées dans leur recherche de nouveaux dispositifs rentables. Ed Whitacre, ancien P.D.G. d'AT&T, exhale sa rancœur dans les colonnes de *BusinessWeek* :

> Ce qu'ils aimeraient, c'est utiliser mes tuyaux gratis, mais je ne vais pas les laisser faire, parce que nous les avons dépensés, ces capitaux, et que nous devons avoir un retour sur investissement[11].

En fait, AT&T est payé pour transmettre les paquets d'information, soit par les fournisseurs d'accès Internet qui utilisent ses lignes, soit par ses propres clients. Mais, comme les autres opérateurs de réseau, il voudrait bien recourir à divers mécanismes discriminatoires pour extraire plus de profits du processus.

La compagnie Deutsche Telekom, le géant allemand des télécommunications qui contrôle 60 % des connexions Internet du pays, a provoqué un tollé en mai 2013 : elle a fait savoir qu'elle allait limiter le téléchargement de tous les clients qui utilisaient son service d'accès à Internet pour les particuliers, en expliquant cette restriction par l'escalade du trafic des données qui, selon les projections, aurait quadruplé en 2016. Elle a également annoncé une décision encore plus contestée : elle vendrait des mises à jour aux clients qui voudraient relever leur plafond. Et il y avait encore plus troublant : elle accepterait le trafic de son propre service de télévision par Internet mais pas celui de ses concurrents, notamment Google, YouTube et Apple[12].

Face à cette tentative flagrante de Deutsche Telekom de remettre en cause la neutralité du réseau, la réaction des autorités allemandes de réglementation a été immédiate. La Bundesnetzagentur – le régulateur des télécommunications du pays – a déclaré qu'elle étudiait le projet de Deutsche Telekom pour voir s'il violait les protocoles de neutralité du réseau qui interdisent aux fournisseurs d'accès toute discrimination par une différenciation des tarifs contre certaines catégories de clients[13].

La lutte autour de la neutralité du réseau est, foncièrement, une bataille des paradigmes. Les géants des télécommunications de la seconde révolution industrielle veulent absolument prendre le contrôle du nouveau moyen de communication et lui imposer un système de commandement centralisé, qui leur permettra d'enclore le contenu et le trafic, d'augmenter leurs marges et de s'assurer un monopole grâce aux « tuyaux » dont ils ont la propriété. Les utilisateurs finaux sont tout aussi déterminés à faire en sorte qu'Internet reste un communal ouvert, et à trouver de nouvelles applications pour promouvoir la collaboration en réseau et la marche aux coûts marginaux quasi nuls et aux services presque gratuits.

Il semble que les États, pris entre deux feux, tentent de servir deux maîtres, dont l'un a pris fait et cause pour le modèle capitaliste et l'autre pour le modèle communaliste. La FCC avait toujours défendu la neutralité du réseau, mais en 2010 elle a publié un « décret sur l'Internet ouvert » qui, en énonçant trois règles cardinales pour garantir un Internet libre et ouvert, paraissait en fait s'écarter de sa vieille intransigeance en la matière. Les deux premières règles appelaient à la transparence des pratiques de gestion et interdisaient le blocage d'applications et de services. Mais la troisième apportait aux opérateurs de réseau un rayon d'espoir : peut-être allaient-ils pouvoir reprendre l'initiative et tisser sur Internet leur toile d'enclosures. Elle était formulée ainsi : « Les opérateurs des réseaux fixes à large bande ne doivent pas imposer de discrimination déraisonnable dans la transmission du trafic légal sur le réseau[14]. »

Ce troisième principe a fait tiquer. Certains y voient un « retour à la raison », mais d'autres une « capitulation ». « Il reste à voir ce qui est (dé)raisonnable », résume Brett Frischmann, et son commentaire sarcastique traduit bien la méfiance générale au sujet des véritables intentions de la FCC[15].

Et ce ne sont pas seulement les grands méchants loups des télécommunications et du câble qui jouent du muscle à l'extérieur parce qu'ils veulent mettre Internet dans leurs enclos. L'offensive vient aussi de l'intérieur. Certains des réseaux sociaux les plus connus sur le web cherchent fiévreusement de nouvelles façons d'enclore, de commercialiser et de monopoliser le nouveau moyen de communication. Et leur agression est potentiellement bien plus dangereuse que celle des compagnies qui gèrent les tuyaux.

En novembre 2010, Tim Berners-Lee, l'inventeur du World Wide Web, a publié dans *Scientific American* un message cinglant à l'occasion du vingtième anniversaire de la naissance de la toile. Il était très inquiet de ce qui arrivait à Internet.

L'invention de Berners-Lee était simple par sa conception et démesurée par ses effets. Le web permet à chacun de partager de l'information avec n'importe qui n'importe quand et n'importe où sans avoir à demander une permission ni à payer une redevance. Le web est conçu pour être ouvert, accessible universellement, et distribué.

Malheureusement, certaines des plus grandes applications du web, comme Google, Facebook et Twitter, exploitent financièrement ces règles de participation qui leur ont valu un tel succès, car ils vendent ensuite au plus offrant le Big Data massif des transmissions qui les traversent – les acheteurs sont des sociétés commerciales qui s'en servent pour leur publicité ciblée, leurs campagnes de marketing, leurs efforts de recherche, le développement de nouveaux biens et services et quantité d'autres projets marchands. De fait, ces applications exploitent les communaux à des fins commerciales. Dans son article, Berners-Lee nous met en garde : « Les grands réseaux sociaux emmurent l'information postée par leurs usagers, ils la cachent au reste du web » et ils créent des enclos commerciaux[16].

Internet est un communal, mais les applications présentes sur le web sont de divers types : il y a des organisations à but non lucratif et à gestion généralement communaliste ; il y a aussi des entreprises commerciales qui ne perdent pas de vue le marché. Wikipédia et Linux se situent dans la première catégorie, Google et Facebook dans la seconde.

Si les usagers des applications web sur Internet savent très bien que des sites comme Amazon sont purement commerciaux, il n'est pas certain qu'ils en aient conscience aussi clairement pour Google et Facebook, car ces applications leur permettent de se connecter à toute une série de services gratuits, du premier moteur de recherche du monde à l'inclusion dans le plus grand album de famille de la Terre. Les quelques publicités en bord d'écran sont un petit inconvénient qu'il faut subir en contrepartie de la connectivité. Mais en coulisse, Google, Facebook, Twitter et des dizaines d'autres réseaux sociaux séquestrent le Big Data qui entre dans leur système, pour fournir des services à valeur ajoutée sur leur site ou pour vendre ce Big Data à des tiers.

Le moment clé de la saisie des données de chacun à l'usage exclusif de ces compagnies, explique Berners-Lee, c'est ce qui arrive à l'URL (Universal Resource Locator) d'un usager quand il entre sur le site du réseau social. L'URL, c'est ce qui permet à l'usager de suivre n'importe quel lien sur le web et de participer aux flux sur les communaux interconnectés de l'information. Mais, dès qu'il se connecte à un site de réseau social à but commercial, ses informations vitales – à son insu, du moins jusqu'à ces derniers temps – sont aussitôt capturées, aspirées dans le silo, enfermées et marchandisées[17].

Berners-Lee précise la façon dont les données de l'usager sont enfermées dans l'enclos :

> La méthode typique de Facebook, Linkedin, Friendster et autres pour fournir de la valeur consiste à capturer l'information quand vous l'entrez : votre date de naissance, votre adresse mail, ce que vous « likez », les liens indiquant qui est ami avec qui et qui se trouve sur quelle photographie. Ils réunissent ces petits bouts d'information dans de brillantes bases de données et les réutilisent pour offrir des services à valeur ajoutée – mais seulement au sein de leur site. Lorsque vous entrez vos données dans l'un de ces services, vous ne pouvez pas les utiliser facilement sur un autre site. Chaque site est un silo, séparé des autres comme par un mur. Vos pages dans ce site sont sur le web, certes, mais vos données n'y sont pas. Vous pouvez accéder à une page web où se trouve une liste de personnes que vous avez créée sur un

> site, mais pas envoyer cette liste, ou des éléments de cette liste, à un autre site. S'il y a cloisonnement, c'est parce qu'aucun de ces éléments d'information n'a d'URL. Les connexions entre données n'existent qu'en interne, dans le site. Donc, plus vous entrez d'information, plus vous vous enfermez à l'intérieur. Vos sites de réseaux sociaux deviennent une plate-forme centrale – un silo de contenu, qui est clos et ne vous laisse pas le contrôle total de vos informations en son sein[18].

Devons-nous nous inquiéter de voir les réseaux sociaux partager tout ce qu'ils savent de nous avec des tiers, des intérêts commerciaux ? Personne n'a envie, bien sûr, d'être harcelé par la publicité ciblée. Mais il y a plus grave encore : imaginons que les compagnies d'assurance-santé puissent vérifier si vous avez cherché ou non telle ou telle maladie sur Google, ou que l'employeur sur le point de vous embaucher puisse jeter un œil sur votre histoire sociale personnelle, en analysant la traînée de données que vous avez laissée sur le web pour y repérer d'éventuels écarts et excentricités, voire un possible comportement antisocial.

Tous les réseaux sociaux ne sont pas commerciaux. Beaucoup, comme Wikipédia, sont à but non lucratif et restent de purs communaux, fidèles à la gouvernance communaliste. Mais, pour les réseaux sociaux gérés par des sociétés commerciales, le modèle d'entreprise décrit par Berners-Lee est la procédure opératoire standard. « Plus ce type d'architecture se répand, poursuit-il, plus le web se fragmente, et moins nous jouissons d'un espace informationnel unique et universel[19]. »

Berners-Lee laisse entendre qu'une force plus ténébreuse est à l'œuvre. Se pourrait-il que les caractéristiques mêmes d'Internet – son architecture distribuée, collaborative, pair à pair et latérale – créent un trésor de précieuses données personnelles qui sont extraites, regroupées et vendues à des entreprises à but lucratif auxquelles elles servent de levier commercial ciblé ? Pire : cette forme toute nouvelle d'exploitation commerciale est-elle en passe d'instaurer dans l'espace virtuel des monopoles tout aussi centralisés et propriétaires que les compagnies de la seconde révolution industrielle qu'ils sont en train de détrôner ?

En 2012, Google a transmis « trois milliards de recherches par jour, venues d'usagers de cent quatre-vingts pays ou davantage[20] ». En 2010, sa part du marché des moteurs de recherche a été de 65,8 % aux États-Unis, 97,09 % en Allemagne, 92,77 % au Royaume-Uni, 95,59 % en France et 95,55 % en Australie[21]. Ses revenus ont dépassé les 50 milliards de dollars en 2012[22].

Facebook a accaparé 72,4 % du marché mondial des réseaux sociaux, et il revendiquait en mars 2013 plus de 1,1 milliard d'usagers actifs – près d'un être humain sur sept[23]. Lorsqu'on mesure le nombre de minutes passées chaque mois sur les sites des réseaux sociaux les plus populaires, il se détache du lot : ses visiteurs passent en moyenne sur son site 405 minutes par mois. C'est autant que le total des minutes des six sites les plus populaires après lui : Tumblr (89), Pinterest (89), Twitter (21), Linkedin (21), Myspace (8) et Google + (3)[24]. En 2012, les revenus de Facebook se sont montés à cinq milliards de dollars[25].

La même année, Twitter avait 500 millions d'usagers inscrits, dont 200 millions twittaient activement[26]. Les autres préfèrent rester des auditeurs. Les revenus de cette société devraient, selon les projections, dépasser le milliard de dollars en 2014[27].

Les sites ouvertement commerciaux, comme Amazon et eBay, qui ont certaines caractéristiques des communaux collaboratifs, se muent tout aussi rapidement en monopoles en ligne. Selon une étude menée par Forrester Research, un usager en ligne sur trois commence ses recherches de produits sur Amazon.com, « contre 13 % qui partent d'un site de recherche traditionnel[28] ». Amazon a « plus de 152 millions de comptes clients actifs », « plus de deux millions de comptes vendeurs actifs » et un réseau logistique mondial qui couvre 178 pays[29]. En 2008, eBay a monopolisé 99 % du marché des enchères en ligne aux États Unis, et le pourcentage est comparable dans la plupart des autres pays industrialisés[30]. En 2012, ses revenus ont été de 14,1 milliards de dollars[31].

La domination des nouveaux réseaux sociaux est aujourd'hui si totale que les usagers ne remarquent même plus combien ils en parlent souvent. Voici un exemple frappant : dans une décision récente, le gouvernement français a interdit aux stations de radio et aux chaînes de télévision de mentionner Facebook ou Twitter sur les ondes, sauf si le sujet traité concerne directement ces sociétés. Cette règle a elle-même inspiré quelques tweets à des journalistes vedettes, et les railleries auxquelles on pouvait s'attendre contre les bureaucrates français pour leurs ingérences. Mais le gouvernement avançait un argument valable : en citant continuellement Facebook et Twitter, par exemple, dans leurs émissions d'actualité et de divertissement, les radios et télévisions leur offrent une forme de publicité gratuite : elles privilégient donc les mieux placés sur le marché aux dépens de ceux qui, parmi leurs concurrents distancés, cherchent à percer[32].

Tim Wu, professeur de droit à l'université Columbia et conseiller de haut niveau de l'U.S. Federal Trade Commission, pose une question intéressante sur les nouveaux géants qui colonisent de vastes pans de l'espace virtuel. « Pourrions-nous nous passer de Google pendant une semaine ? » demande-t-il. « Ou, pour augmenter la mise, aurions-nous du mal à vivre une semaine sans Facebook, Amazon, Skype, Twitter, Apple, eBay et Google[33] ? » Wu met le doigt sur une réalité inquiétante – le nouveau moyen de communication vers lequel a gravité la jeunesse, séduite par ses promesses d'ouverture, de transparence et de collaboration sociale profonde, est animé par une autre logique cachée qui, en développant des communaux en réseaux, cherche surtout à doper des profits. Il souligne :

> Pour la plupart, les principaux secteurs [sur Internet] sont aujourd'hui contrôlés par une compagnie dominante ou par un oligopole. Google « possède » la recherche ; Facebook le réseau social ; eBay règne sur les enchères ; Apple domine la livraison de contenu en ligne ; Amazon, la vente au détail ; etc.

Donc, Wu s'interroge : pourquoi Internet ressemble-t-il « de plus en plus à un jeu de Monopoly[34] » ?

S'il restait le moindre doute sur les intentions de ces nouveaux acteurs, font valoir ceux qui les critiquent, une recherche sur leurs récents achats de brevets devrait le dissiper. En deux ans seulement – 2011 et 2012 –, ces acquisitions ont été d'une telle ampleur que même les experts les plus aguerris de la propriété intellectuelle en ont eu le souffle coupé. En 2011, Apple, Microsoft et d'autres compagnies ont acheté les 6000 brevets des réseaux Nortel, qui valent 4,5 milliards de dollars – aux enchères ; Google a acheté Motorola pour 12,5 milliards de dollars, et acquis ainsi 17000 brevets ; Microsoft a acheté 925 brevets à AOL pour 1,1 milliard de dollars ; et Facebook, 650 brevets à Microsoft pour 550 millions[35].

Ces poids lourds de l'espace virtuel sont-ils de vrais « monopoles naturels », comme AT&T et les compagnies de l'électricité, du gaz et de l'eau au XXe siècle, et est-il donc légitime de leur intenter un procès antitrust ou de les réglementer en tant que sociétés d'utilité publique ? C'est une question que les observateurs du secteur des communications, les avocats spécialistes du droit antitrust et les champions du Mouvement de la culture libre sont de plus en plus nombreux à poser. Si l'on ne poursuit pas sans faiblir l'une de ces voies ou les deux à la fois, affirment-ils, les communaux mondiaux partagés, en réseau, qui sont la grande promesse d'Internet seront irrémédiablement compromis, et avec eux les espoirs et les aspirations d'une génération qui a tant misé sur une éthique collaborative et pair à pair.

Les champions des communaux sont formels : lorsqu'un moteur de recherche comme Google devient un « équipement essentiel » parce qu'il rend un service universel nécessaire à tous et que, par comparaison, l'efficacité des autres moteurs de recherche fait pâle figure, il n'y a en fait aucun choix. Dans ces conditions, Google commence à ressembler à un monopole naturel, et on le ressent comme tel. Certaines voix s'élèvent pour exiger la « neutralité de la recherche », et réclamer des réglementations pas si éloignées de celles qu'ont imposées les États pour assurer la neutralité du réseau. Une entreprise privée qui possède un moteur de recherche dominant, soulignent-elles, pourrait être tentée de manipuler les résultats, pour des raisons commerciales ou politiques.

D'autres craignent que les classements des réseaux sociaux – l'une de leurs fonctionnalités les plus populaires, qu'ils utilisent pour attirer leurs membres – ne soient manipulés. Par exemple, Twitter comprend une fonctionnalité nommée Twitter Trends qui identifie les sujets brûlants et problèmes d'intérêt immédiat qui font « tendance ». On s'est demandé s'il était possible que les algorithmes dont se servent ces entreprises pour repérer et classer les tendances soient programmés pour refléter les préférences de ceux qui les supervisent, consciemment ou non. Les partisans de Julian Assange soupçonnent Twitter d'avoir délibérément truqué la tendance pendant le scandale WikiLeaks[36]. Les observateurs du secteur commencent à se demander : comment pouvons-nous maintenir la « neutralité de l'algorithme » ?

Tarleton Gillespie, professeur de communication à l'université Cornell, estime qu'une manipulation de l'algorithme n'est pas entièrement exclue, notamment quand les algorithmes sont créés par des acteurs commerciaux qui pourraient avoir des raisons financières ou idéologiques de s'immiscer dans les données. Il s'explique :

> Je crois que des débats sur des outils comme Twitter Trends, nous en aurons de plus en plus souvent. Puisque notre discours public en ligne se tient toujours davantage dans un ensemble bien précis d'entreprises privées – plates-formes de contenu et réseaux de télécommunication –, et que ces fournisseurs utilisent des algorithmes complexes pour gérer, entretenir et organiser ces accumulations massives de données, […] force nous est de […] reconnaître que ces algorithmes ne sont pas neutres, qu'ils codent des choix politiques, qu'ils cadrent l'information d'une façon particulière[37].

Comme l'opinion publique s'en remet davantage aux algorithmes pour trier l'information et la classer par ordre de priorité, conclut Gillespie, il nous faudra trouver moyen d'intégrer au système lui-même des protocoles et réglementations capables de garantir la transparence et l'objectivité, d'autant plus que les acteurs qui contrôlent à la fois les données et les algorithmes sont, pour la plupart, des sociétés commerciales[38]. Ne pas le faire, espérer que la bonne volonté de ces entreprises suffira à préserver l'honnêteté du processus, serait naïf, voire d'une folle imprudence.

On voit le dilemme. Des sociétés comme Google, Facebook et Twitter ne cessent de grandir, et l'augmentation du nombre d'usagers dans leurs réseaux bénéficie à tous ceux qui les utilisent. Mais ces réseaux sont des firmes commerciales, qui ont intérêt à maximiser leurs profits en vendant à des tiers l'information sur leurs usagers – alors que lesdits usagers ont intérêt à optimiser leurs contacts sociaux. Autrement dit, ces compagnies gèrent un communal social comme une entreprise commerciale. Tout le problème est là. Zeynep Tufekci, professeur de sociologie à l'université de Caroline du Nord, appelle cette pratique « la privatisation des communaux sociaux[39] ».

Cette monopolisation d'Internet par une poignée d'entreprises n'inquiète pas tout le monde. Certains juristes soutiennent que les sociétés qui gèrent les réseaux sociaux ne sont pas comparables aux compagnies des télécommunications, de l'électricité, du gaz et de l'eau, car ces dernières ont fait d'énormes investissements initiaux dans des infrastructures physiques, et c'est ce qui leur a valu le statut de monopole naturel. Si de nouveaux venus entraient sur ces marchés, poursuivent-ils, il leur serait difficile – voire impossible – de rivaliser avec une firme bien établie qui possède une infrastructure physique mûre déjà installée et s'est assuré une base captive d'usagers. En revanche, sur le marché des réseaux sociaux, les coûts initiaux sont bien inférieurs pour les nouveaux entrants. Écrire du code et présenter de nouvelles applications ne demande qu'une petite fraction des capitaux nécessaires pour installer un réseau de distribution d'eau, de gaz ou d'électricité : il est donc possible à de nouveaux acteurs d'entrer sur le marché et de s'assurer rapidement une position dominante, ou du moins un avantage concurrentiel. En guise de preuve, ceux qui pensent ainsi rappellent que des réseaux sociaux comme Myspace et Friendster, dont la domination sur le marché paraissait inébranlable il y a quelques années seulement, ont été pratiquement rayés de la carte par de nouvelles sociétés comme Facebook et Twitter.

Les champions du libre marché ajoutent que le fait même de sacrer des firmes comme Google, Facebook et Twitter sociétés d'utilité publique et de les réglementer comme des monopoles naturels va justement les transformer en monopoles – les protéger à perpétuité de toute concurrence potentielle. C'est exactement ce qui s'est passé aux États-Unis pour AT&T après la Première Guerre mondiale. Comme on l'a vu au chapitre 3, l'État fédéral a octroyé au géant du téléphone un statut de monopole naturel, réglementé par la loi fédérale, ce qui lui a garanti le contrôle incontesté du marché des télécommunications pendant la quasi-totalité du XXe siècle.

Enfin, ceux qui s'opposent à la réglementation des géants des réseaux sociaux en tant que sociétés d'utilité publique soulignent, non sans raison, que les entreprises réglementées se caractérisent souvent par l'aversion pour le risque et l'esquive des innovations, puisqu'elles ne sont pas aiguillonnées par la concurrence. Avec un taux garanti de retour sur investissement et des prix fixes assurés, qu'est-ce qui pourrait les inciter à introduire des technologies nouvelles et de nouveaux modèles d'activité ?

Ces contre-arguments ont du poids. Mais il est vrai aussi que des géants comme Google, Facebook, Twitter, eBay et Amazon ont chacun dépensé des milliards de dollars pour s'assurer des marchés mondiaux dont les bases d'utilisateurs sont plusieurs fois supérieures à tout élément de comparaison imaginable dans le passé. Que se passe-t-il quand le savoir collectif accumulé au fil de l'histoire est contrôlé par le moteur de recherche de Google ? Ou quand Facebook supervise seul une place publique virtuelle qui connecte la vie sociale d'un milliard de personnes ? Ou quand Twitter devient le canal exclusif des rumeurs de l'espèce humaine ? Ou quand eBay est l'unique commissaire-priseur du marché mondial des enchères ? Ou quand Amazon devient le marché virtuel incontournable des achats en ligne de la quasi-totalité des gens ? Il n'y a rien de comparable à ces monopoles dans l'histoire du monde du commerce « en dur ».

Regardons les choses en face : si ces compagnies ont commencé pratiquement au ras du sol sur Internet, ont exploité le potentiel d'une bonne idée et ont détrôné des leaders du marché avec très peu d'investissements, il est infiniment plus difficile d'en faire autant aujourd'hui. Google, Facebook, Twitter, eBay, Amazon et autres investissent des milliards de dollars pour étendre leurs bases d'usagers et installer simultanément des enclos impénétrables, protégés par de multiples couches de propriété intellectuelle – le tout pour tirer profit des communaux sociaux mondiaux qu'ils ont contribué à créer.

Il est fort peu probable que les compagnies qui tiennent ces immenses sphères sociales échapperont à une forme de réglementation restrictive, soit au titre d'une procédure antitrust, soit en étant redéfinies comme sociétés d'utilité publique mondiales, avec une surveillance réglementaire appropriée. Sur la nature et l'envergure de cette surveillance, la discussion reste très ouverte.

Ce qui n'est pas contesté, c'est la nécessité de s'attaquer à l'inquiétante « enclosure » commerciale d'un moyen de communication dont l'existence même promet d'instaurer des communaux universels, sur lesquels l'ensemble de l'humanité pourra collaborer et créer de la valeur dans tous les secteurs de la vie sociale à un coût marginal quasi nul.

Les communaux de l'énergie

Faire en sorte qu'Internet reste un communal mondial ouvert pour optimiser les immenses bienfaits sociaux et économiques de son architecture latérale est un formidable défi. Appliquer le nouveau moyen de communication à la gestion des énergies renouvelables latérales et garantir que l'Internet de l'énergie reste aussi un communal mondial ouvert est tout aussi ardu. La mise en place des communaux de l'Internet de l'énergie à travers les localités, les régions, les pays et les continents se heurte déjà à des intérêts commerciaux solidement retranchés et tout aussi redoutables que ceux qu'affronte l'Internet des communications avec les compagnies des télécommunications et les câblo-opérateurs.

Dans certains cas, les transnationales de l'énergie et les compagnies de l'électricité et du gaz bloquent totalement la création d'un Internet de l'énergie. Dans d'autres, elles tentent d'imposer au réseau intelligent une architecture centralisée, pour permettre un enfermement commercial des énergies nouvelles.

L'Union européenne, la plus grande économie du monde, a pris des mesures pour que l'Internet de l'énergie garde une architecture ouverte : elle a contraint les compagnies traditionnelles à découpler activités de production et de transmission du courant. Ces règles de découplage ont été introduites en réponse aux récriminations croissantes de millions de nouveaux petits producteurs d'énergie : les grandes compagnies, disaient-ils, faisaient obstacle à la connexion de leurs microcentrales électriques locales au réseau principal. Ils les accusaient aussi de pratiques discriminatoires : elles favorisaient une connectivité rapide pour l'électricité renouvelable produite par leurs filiales ou partenaires, et imposaient aux autres des délais bureaucratiques, ou même refusaient totalement leur électricité verte.

Les compagnies de distribution d'électricité se battent aussi sur un second front : elles manœuvrent en coulisse pour mettre au point un réseau intelligent qui serait centralisé, propriétaire et clos, et qui dirigerait toutes les données sur la transmission du courant dans un seul sens, des prosommateurs aux sièges centraux de ces compagnies. Leur objectif est de priver les millions de nouveaux prosommateurs d'une information cruciale sur les changements en temps réel du prix de l'électricité : dans ces conditions, ils ne pourront pas choisir d'envoyer leur courant sur le réseau à certains moments de la journée pour profiter des meilleurs tarifs.

Apparemment, ces efforts des compagnies d'électricité n'aboutissent pas, puisque, dans le monde entier, les États introduisent des tarifs de rachat pour encourager des millions d'utilisateurs finaux à produire leur propre électricité verte et à la partager sur un Internet de l'énergie. De plus en plus de compagnies de distribution du courant doivent faire face au phénomène nouveau des prosommateurs d'électricité et changer leur modèle d'entreprise pour s'adapter au nouvel Internet de l'énergie. À l'avenir, elles devront une part croissante de leurs revenus à la gestion de la consommation d'énergie de leurs clients : elles réduiront les besoins en énergie, accroîtront l'efficacité et la productivité énergétiques, et toucheront un pourcentage de ces gains de productivité et de ces économies. Les compagnies d'électricité feront davantage de profit en rendant l'usage de l'énergie plus efficace et en vendant non pas plus mais moins de courant.

À ce stade précoce de l'Internet de l'énergie, la question de la meilleure façon de gérer la production distribuée d'électricité est posée. Le nouveau modèle communaliste commence à peine à prendre forme, et son origine ne manque pas d'intérêt : il est issu d'un modèle plus ancien de gestion communaliste du courant, apparu dans les années 1930 pour apporter l'électricité aux zones rurales des États-Unis.

Le plus grand succès du New Deal

Commençons par revenir au discours de 1937 dans lequel Harold Hotelling proposait que le réseau électrique américain soit financé par l'État. Puisque ce réseau est un bien public dont tout le monde a besoin, soutenait-il, l'installer avec des fonds fédéraux au lieu de le laisser aux mains des compagnies d'électricité privées améliorerait le bien-être général. Comme les consommateurs n'auraient pas à payer de « rente » à des entreprises privées pour leur électricité, le prix du courant ne dépasserait pas le coût marginal, qui allait tendre vers zéro, une fois le réseau électrique construit.

Ce que je ne vous ai pas dit au chapitre 8, c'est quel exemple avait choisi Hotelling pour illustrer la supériorité de son idée : une initiative alors toute récente de l'État. Il s'agissait de la Tennessee Valley Authority (TVA), un projet de travaux publics colossal – le plus grand jamais conçu à cette date. Le 18 mai 1933, le président Franklin Delano Roosevelt avait promulgué le Tennessee Valley Authority Act. Cette loi ordonnait la construction de douze barrages et d'une centrale à vapeur entre 1933 et 1944. Elle assurait ainsi un emploi à 28 000 travailleurs de la vallée du Tennessee, qui traversait sept des États les plus pauvres des États-Unis : le Tennessee, le Kentucky, la Virginie, la Caroline du Nord, la Géorgie, l'Alabama et le Mississippi. L'échelle des travaux était gigantesque : elle équivalait à la construction de vingt Empire State Buildings[40].

L'État fédéral allait exploiter l'hydroélectricité et produire un courant bon marché pour de nombreuses régions très pauvres du pays, dans l'espoir de stimuler la croissance économique à long terme. Fournir une hydroélectricité bon marché dans la vallée du Tennessee, explique Hotteling, « va relever globalement le niveau de vie économique dans cette région, donc le niveau de culture et d'intelligence également, et les avantages pour la population locale seront si importants qu'ils dépasseront considérablement en valeur monétaire le coût de l'opération, intérêts compris[41] ». Mais attention, poursuit-il, « si les pouvoirs publics facturent l'électricité produite à un prix assez élevé pour récupérer l'investissement, ou même les intérêts de l'investissement, ces avantages seront réduits d'un montant de loin supérieur au revenu qu'obtiendrait ainsi l'État[42] ». Par conséquent, conclut-il, « il apparaît qu'il est de bonne politique publique d'effectuer l'investissement et de vendre le courant électrique au coût marginal, qui est extrêmement faible[43] ».

Hotteling reconnaît que, dans ces conditions, le coût du projet TVA devra être financé par les contribuables du reste du pays, mais il suggère que l'amélioration de la situation économique dans la vallée du Tennessee va bénéficier indirectement aux autres régions aussi, en réduisant les coûts des exportations agricoles venues de la vallée[44]. De plus, avec la hausse de ses revenus et de son niveau de vie, la vallée du Tennessee va consommer davantage de produits fabriqués dans les autres régions. Enfin, suggère-t-il, le succès du projet TVA va encourager l'État à financer dans d'autres zones des programmes de travaux publics du même type :

> Un gouvernement disposé à entreprendre un tel projet est prêt, pour les mêmes raisons, à construire d'autres barrages dans d'autres endroits très dispersés, et à construire des ouvrages publics très divers. Chacun d'eux apporte des avantages qui sont largement diffusés dans toutes les classes. Une distribution purement aléatoire devrait suffire pour garantir une répartition des avantages telle que la situation de la plupart des gens, dans toutes les régions du pays, s'améliore grâce au programme pris globalement[45].

Ronald Coase n'a pas accepté les arguments de Hotteling. On s'en souvient : Coase, champion du marché libre, ne jugeait pas l'État capable d'anticiper correctement la demande des consommateurs, même dans le cas où tout le monde avait incontestablement besoin du bien ou service public en question. « Je ne pense pas, personnellement, écrit-il, qu'un gouvernement pourrait faire des estimations précises de la demande individuelle dans un système où les prix seraient fondés sur les coûts marginaux[46]. »

Si l'on y regarde de près, ce premier argument de Coase apparaît assez fallacieux. On se demande bien pourquoi les consommateurs préféreraient l'eau des puits à l'eau saine du robinet offerte en tant que bien public facturé au coût marginal ; ou les routes non pavées aux autoroutes publiques ; ou les torches à l'éclairage électrique public – s'ils peuvent jouir de ces éléments de confort à des prix reflétant leur coût marginal.

Quant à l'effet de contagion, Coase récusait l'argument. Rien ne prouvait, selon lui, qu'un projet de travaux publics réussi comme la TVA allait en stimuler d'autres à son image dans d'autres régions du pays, car, même si ce projet avait été un succès, on ne pouvait pas postuler ailleurs la préexistence d'une situation à peu près comparable qui favoriserait un résultat semblable.

Coase a écrit sa réplique à Hotteling en 1946. À cette date, les GI rentrés au pays et leurs familles désiraient vivement rattraper le temps perdu pendant la guerre en utilisant leurs économies pour acheter tout ce dont ils s'étaient passés pendant le conflit. Le marché est alors devenu le moteur qui allait dynamiser la société de consommation. Après quinze ans de dépression économique, une guerre mondiale et le rationnement des produits par l'État, il y avait, on le comprend, des millions de personnes prêtes à opter pour le marché et à décider elles-mêmes, individuellement, comment elles allaient dépenser leur revenu.

Coase a saisi l'air du temps. La plupart des autres économistes l'ont suivi. À partir de là, la pensée économique admise a posé que le meilleur arbitre pour choisir les gagnants et les perdants dans la vie économique du pays était le marché et non l'État – notons toutefois que l'opinion publique américaine a été tout à fait prête à faire d'importantes exceptions, avec le financement public du réseau des autoroutes inter-États, des prêts pour les études supérieures des anciens combattants et des prêts immobiliers de la

Federal Housing Administration (FHA) [Administration fédérale du logement], subventionnés par l'État.

Mais attendez ! La plupart des chercheurs ne se sont pas suffisamment intéressés à l'histoire de la période pour vérifier si les assertions de Hotteling s'étaient révélées justes et son exemple de prédilection judicieux. S'ils l'avaient fait, ils auraient constaté que Coase avait été trop prompt à récuser la thèse de Hotteling et le recours à la Tennessee Valley Authority pour l'illustrer : sa réplique n'a pas résisté à l'épreuve du temps.

Enfouie dans cette histoire, il y a l'émergence d'un nouveau mécanisme inédit de gestion communaliste de l'électricité, qui allait changer radicalement le cours du développement économique américain au XXe siècle et fournir le modèle communaliste indispensable pour organiser l'Internet de l'énergie au XXIe siècle.

Au départ, l'État fédéral a décidé de produire de l'électricité parce que les compagnies privées ne voyaient pas l'intérêt d'étendre les lignes électriques aux zones rurales : elles disaient que les ménages y étaient trop peu nombreux, trop dispersés et n'avaient pas un pouvoir d'achat suffisant pour payer le service.

Dans les années 1930, 90 % des logements urbains avaient l'électricité, mais 10 % seulement des logements ruraux[47]. L'absence d'électrification maintenait une importante composante de la population américaine dans une terrible pauvreté, et sans grand espoir d'améliorer son sort. Les années de la Grande Dépression avaient encore aggravé ce clivage.

L'objectif de la TVA était de faire entrer une région rurale arriérée dans le XXe siècle et, par son exemple, d'étendre le programme aux autres zones rurales du pays. Les compagnies d'électricité ont contre-attaqué. Même si les campagnes ne les intéressaient pas, elles étaient furieuses de voir l'État fédéral se ruer fougueusement sur le marché de l'électricité et autoriser la TVA à vendre du courant aux paysans et aux communautés rurales à un tarif abordable « préférentiel ». Malgré l'opposition des compagnies, la TVA était devenue en 1941 le plus gros producteur d'énergie électrique aux États-Unis – et il s'agissait d'hydroélectricité, c'est-à-dire d'une ressource renouvelable[48].

Le secteur électrique privé, soutenu par les milieux d'affaires conservateurs, a accusé la TVA d'être le cheval de Troie d'un effort global de l'État pour faire des États-Unis une société socialiste. Elle créait « une petite Russie rouge dans la vallée du Tennessee », à en croire un éditorial du *Chicago Tribune*[49]. Clamant que la Constitution n'autorisait pas l'État fédéral à produire du courant électrique, qu'il usurpait ce pouvoir, les compagnies d'électricité ont porté plainte et sont allées jusqu'au bout, devant la Cour suprême – où elles ont perdu la bataille, car la Cour a réaffirmé la constitutionnalité de la loi.

La TVA n'avait pas pour seule mission de produire du courant, mais aussi d'installer des lignes électriques vers les localités pour promouvoir l'électrification rurale. En 1935, Roosevelt a donc signé un décret présidentiel portant création de la Rural Electric Administration (REA), chargée de faire entrer les fils électriques dans tous les foyers ruraux d'Amérique. « En 1936 et 1937, la nouvelle agence a installé 118 000 kilomètres de lignes qui ont atteint plus de 300 000 fermes[50]. »

La REA avait accompli un exploit impressionnant. Mais elle se rendait bien compte qu'elle ne pourrait jamais trouver, en son sein, la compétence technique et la main-d'œuvre nécessaires pour construire ses propres lignes électriques dans toute l'Amérique rurale. Puisque les compagnies d'électricité privées refusaient obstinément de lui prêter main-forte, elle a eu l'idée peu orthodoxe, et, à l'époque, révolutionnaire, d'inciter les agriculteurs à s'associer en communautés locales et à fonder des coopératives électriques. (Une poignée de coopératives électriques rurales étaient déjà en activité dans la région de la TVA, en Pennsylvanie et dans le Nord-Ouest Pacifique, et elles fonctionnaient bien.)

Dans ce nouveau dispositif, la REA fournissait aux communautés agricoles locales des prêts fédéraux à faible taux d'intérêt pour la construction des lignes électriques et leur offrait une assistance technique et juridique. Il s'agissait d'encourager une stratégie d'électrification décentralisée, qui permettrait aux coopératives électriques rurales locales d'installer leurs lignes et de se connecter entre elles en installant des réseaux électriques régionaux. Les coopératives fonctionneraient en communaux autogérés à but non lucratif, et leur conseil d'administration serait élu démocratiquement parmi leurs adhérents.

La mise en place des lignes de la REA a coûté, en moyenne, 466 dollars le kilomètre, 40 % de moins que les devis des compagnies privées d'électricité[51]. On a souvent limité les dépenses en autorisant les agriculteurs locaux à rembourser leurs dettes envers la coopérative en temps passé à poser les lignes électriques. En 1942, 40 % des fermes américaines étaient électrifiées ; en 1946, la moitié[52]. Quatre ans plus tard, l'autre moitié l'était aussi. C'était un exploit prodigieux, accompli pour l'essentiel par les agriculteurs, qui avaient réuni les compétences nécessaires tant pour gérer leurs propres coopératives électriques que pour aider à la construction du réseau.

Pour les communautés rurales, de la vallée du Tennessee à la Californie, le bénéfice économique a été inestimable. L'électrification a permis d'allonger la journée de travail productif, facilité le levage des lourdes charges dans les fermes, considérablement accru la productivité agricole et amélioré la santé et le bien-être de millions de familles. Dans les cinq premières années du programme de la REA, plus de 12 000 écoles rurales ont été électrifiées[53]. Grâce à l'éclairage électrique, les élèves ont prolongé leur travail scolaire par des devoirs à la maison, qu'ils pouvaient effectuer le soir, après leurs tâches de la journée.

L'électrification rurale a eu des retombées majeures sur la fabrication et la vente au détail des appareils électriques. La REA a convaincu General Electric et Westinghouse de fabriquer des modèles meilleur marché, vendus à la moitié du prix habituel, pour inciter des millions de ménages, dans les campagnes, à se doter des équipements les plus récents du confort électrique[54]. L'acquisition de ces nouveaux appareils par les ménages ruraux a relevé de 20 % les ventes d'appareils électriques pendant les pires années de la Dépression, et cette hausse extraordinaire a contribué à maintenir à flot une économie chancelante[55].

L'électrification a aussi revalorisé les biens fonciers dans toute l'Amérique rurale, et fourni l'infrastructure électrique nécessaire à la migration massive des villes aux campagnes qui s'est produite des années 1950 aux années 1980, déclenchée par la construction du réseau des autoroutes inter-États et de millions de nouveaux logements, bureaux et centres commerciaux aux sorties de ces autoroutes. En apportant de nouvelles activités économiques en zone rurale et avec elles des millions d'emplois, l'apparition des banlieues pavillonnaires a inauguré la période économique la plus prospère de l'histoire des États-Unis[56].

Tous les arguments avancés par Hotteling dans son texte en faveur du financement public de la Tennessee Valley Authority se sont révélés d'une étonnante exactitude. Il n'y a qu'une légère correction à faire, et elle est positive : on n'a pas eu besoin de dépenser massivement les dollars du contribuable pour électrifier l'Amérique rurale. Une grande partie de l'infrastructure électrique a été financée par des prêts publics à faible taux d'intérêt accordés aux coopératives électriques rurales, et pratiquement tous ont été remboursés[57]. Hotteling n'avait pas vu que l'État n'avait pas besoin d'assumer toute la charge : il lui suffisait de faciliter et de garantir financièrement le processus.

Enfin – les contribuables seront peut-être surpris de l'apprendre –, les coopératives électriques rurales, si elles sont toujours subventionnées par l'État fédéral, sont aussi, de toutes les compagnies d'électricité, celles qui « reçoivent la plus petite subvention fédérale par usager[58] ».

Coase était obsédé par la supériorité du marché capitaliste et Hotteling par celle de la gestion étatisée, mais, dans la réalité, c'est une troisième façon d'améliorer le bien-être général qui a joué. L'État a vu dans une institution économique distribuée, collaborative et latérale – la coopérative – le meilleur véhicule pour électrifier et transformer l'Amérique rurale, et lui a donné son soutien. Cette forme d'autogestion communaliste a fait en treize ans et à faible coût ce que le secteur privé et l'État n'auraient pu faire à un coût équivalent en deux fois plus de temps.

Aujourd'hui, 900 coopératives électriques rurales à but non lucratif desservent 42 millions de clients avec 4 millions de kilomètres de lignes réparties dans 47 États. Elles ont 42 % des lignes électriques du pays. Ces lignes couvrent 75 % du territoire continental des États-Unis et livrent 11 % de l'ensemble des kilowatts vendus. Les actifs combinés des coopératives électriques rurales se montent à plus de 140 milliards de dollars[59].

Mais le plus important, c'est que les 70 000 salariés de ces coopératives électriques rurales fournissent l'électricité à leurs clients à « prix coûtant ». Puisqu'elles sont des coopératives, elles ne sont pas structurées pour faire un profit[60].

La renaissance des coopératives

Alors que les entreprises privées sont structurées pour faire du profit, les coopératives sont conçues pour fonctionner en communal, donc organisées pour atteindre des objectifs très différents. C'est la première chose à comprendre à leur sujet.

L'Alliance coopérative internationale (ACI), association qui représente les coopératives au niveau mondial, les définit en ces termes :

> Une coopérative est une association autonome de personnes volontairement réunies pour satisfaire leurs aspirations et besoins économiques, sociaux et culturels communs au moyen d'une entreprise dont la propriété est collective et où le pouvoir est exercé démocratiquement[61].

Les coopératives ont pour force motrice la coopération et non la compétition, de larges engagements sociaux et non d'étroits intérêts économiques personnels. Elles opèrent sur les communaux et non sur le marché. L'ACI précise :

> Les valeurs fondamentales des coopératives sont l'autonomie, la responsabilité, la démocratie, l'égalité, l'équité et la solidarité. [...] Les membres des coopératives croient en des valeurs éthiques d'honnêteté, de tolérance, de responsabilité sociale et d'altruisme[62].

Si les entreprises coopératives sont des dispositifs historiquement très anciens, leur structure moderne est apparue en Angleterre en

1844, lorsque vingt-huit ouvriers du textile ont constitué la coopérative des Équitables Pionniers (Rochdale Society of Equitable Pioneers). Ces tisserands se sont cotisés pour acheter des matières premières de qualité à prix coûtant. Ils ont aussi ouvert un premier magasin coopératif qui achetait et revendait aux membres des produits alimentaires, notamment la farine et le sucre.

Les Équitables Pionniers ont établi sept règles de gestion des communaux qui sont devenues le protocole standard des coopératives. Ces règles, qui ont été révisées et formellement ratifiées comme modèle de gouvernance par l'ACI, résument la théorie et la pratique de la gestion des communaux :

> Premier principe : les coopératives sont des organisations […] ouvertes à toutes les personnes […] déterminées à prendre leurs responsabilités en tant que membre, et ce sans discrimination fondée sur le sexe, l'origine sociale, la race, l'allégeance politique ou la religion.
>
> Deuxième principe : les coopératives sont des organisations démocratiques dirigées par leurs membres […] en vertu de la règle « un membre, une voix ». Les hommes et les femmes élus comme représentants des membres sont responsables devant eux.
>
> Troisième principe : les membres contribuent de manière équitable au capital de leur coopérative et en ont le contrôle. Une partie au moins de ce capital est habituellement la propriété commune de la coopérative. […] Les membres affectent les excédents à tout ou partie des objectifs suivants : le développement de leur coopérative […] et le soutien d'autres activités approuvées par les membres.
>
> Quatrième principe : les coopératives sont des organisations autonomes d'entraide gérées par leurs membres. La conclusion d'accords avec d'autres organisations […] doit se faire dans des conditions qui préservent le pouvoir démocratique des membres et maintiennent l'indépendance de leur coopérative.
>
> Cinquième principe : les coopératives fournissent à leurs membres, leurs dirigeants élus, leurs gestionnaires et leurs employés, l'éducation et la formation requises pour pouvoir contribuer effectivement au développement de leur coopérative.
>
> Sixième principe : pour apporter un meilleur service à leurs membres et renforcer le mouvement coopératif, les coopératives

œuvrent ensemble au sein de structures locales, nationales, régionales et internationales.

Septième principe : les coopératives contribuent au développement durable de leur communauté dans le cadre d'orientations approuvées par leurs membres[63].

Dans un monde dominé par le marché capitaliste, dont l'éthique utilitariste définit le comportement humain en termes de concurrence et d'intérêt personnel, l'idée même que des êtres humains puissent être séduits par un modèle coopératif, fondé sur la collaboration, l'équité et la durabilité, semble totalement irréaliste. Pourtant, une grande partie de l'humanité organise déjà au moins certains éléments de sa vie économique dans des associations coopératives qui travaillent sur des communaux. Si nous l'ignorons, c'est simplement parce que nous n'en entendons jamais parler. L'année 2012 a été déclarée Année internationale des coopératives par les Nations unies, mais, lorsqu'on cherche sur Google les événements et célébrations qui l'ont ponctuée, on ne trouve pas grand-chose. Peut-être parce que les médias mondiaux sont tenus par quelques entreprises capitalistes géantes qui décident de ce qui fera l'information.

Le fait est que les coopératives ont actuellement plus d'un milliard de membres – un être humain sur sept au niveau mondial. Elles emploient plus de cent millions de personnes, soit 20 % de salariés de plus que les multinationales. Les effectifs des trois cents plus grandes coopératives équivalent à la population du dixième pays du monde. Aux États-Unis et en Allemagne, un habitant sur quatre est membre d'une coopérative. Au Canada, quatre habitants sur dix. En Inde et en Chine, 400 millions de personnes appartiennent à des coopératives. Au Japon, c'est une famille sur trois, et en France, 32 millions de personnes[64]. En juin 2011, Paul Hazen, P.D.G. de la National Cooperative Business Association, a déclaré :

> Aux États-Unis, il existe 29 000 coopératives qui regroupent 120 millions de membres et fonctionnent dans 73 000 lieux de travail répartis sur l'ensemble du territoire. Globalement, les coopératives américaines représentent plus de 3 000 milliards de dollars d'actifs,

plus de 500 milliards de dollars de revenu annuel, 25 milliards de dollars de salaires et avantages sociaux et près de 2 millions d'emplois[65].

Les coopératives des États-Unis sont présentes dans presque tous les secteurs économiques : l'agroalimentaire, le commerce de détail, la santé, les assurances, les unions de crédit, l'énergie, la production et la transmission d'électricité et les télécommunications. La prochaine fois que vous entrerez dans un magasin Ace Hardware*, vous ferez vos achats dans une coopérative. « Les Américains ont plus de 350 millions de cartes de membres de coopératives[66]. »

Des centaines de millions de personnes dans le monde achètent leurs aliments dans des coopératives, vivent dans des logements coopératifs et font partie d'institutions financières coopératives. La plupart des Américains ne savent pas qu'« environ 30 % des denrées et des fournitures agricoles aux États-Unis sont commercialisées à travers 3000 coopératives possédées par les agriculteurs[67] ». Le beurre Land o'Lakes et le jus de raisin Welch's comptent parmi les plus célèbres des produits alimentaires issus de coopératives agricoles, disponibles dans les rayons des magasins[68].

Dix millions de logements, soit 12 % de l'ensemble des foyers de l'Union européenne, sont coopératifs[69]. En Égypte, le secteur coopératif loge près du tiers de la population[70]. Même aux États-Unis, qui se targuent d'avoir le plus gros pourcentage de propriétaires, il représente plus de 1,2 million de logements[71]. Au Pakistan, il regroupe 12 % des habitations[72].

Les coopératives bancaires sont aussi des acteurs majeurs de la communauté financière. Dans six pays européens – l'Allemagne, la France, l'Italie, les Pays-Bas, l'Autriche et la Finlande –, elles représentent environ 32 % des dépôts et près de 28 % des prêts intérieurs[73]. En Asie, 45,3 millions de personnes sont membres d'unions de crédit – des coopératives financières qui appartiennent à leurs membres[74]. En France, ce secteur effectue 60 % des opérations de banque de dépôt[75].

* Vaste réseau qui regroupe plus de 4700 quincailliers indépendants dans plus de soixante pays.

Aux États-Unis, les unions de crédit, qui revendiquent plus de 90 millions de membres – un record mondial –, ont connu une renaissance après l'effondrement du marché financier en 2008[76]. Les dépôts dans les unions de crédit ont augmenté de 43 %, contre 31 % dans les grandes banques du pays[77]. Les unions de crédit des États-Unis ont aujourd'hui des actifs de près de 1 000 milliards de dollars[78].

En dépit de leur ancienneté et de leur bonne réputation, les coopératives sont restées en retrait par rapport aux entreprises à but lucratif durant les deux révolutions industrielles. Les énormes capitaux qu'exigeaient les matrices de communication et d'énergie centralisées ont faussé le jeu en faveur des compagnies privées qui pouvaient amasser des sommes suffisantes sur les marchés des actions et des obligations. Le développement de l'industrie et des services par intégration verticale garantissait que les deux ères industrielles précédentes seraient dominées par des entreprises privées opérant sur des marchés capitalistes.

Pour les PME, s'associer en coopérative était un moyen de survie : en amont, elles mettaient en commun leurs ressources financières pour acheter des matières premières et des produits avec d'importants rabais ; en aval, elles partageaient le marketing, la logistique et les canaux de distribution. En fonctionnant comme des entreprises à but non lucratif sur des communaux partagés, hors marché, elles pouvaient offrir à leurs membres des biens et services à un coût marginal faible.

Aujourd'hui, la situation s'est soudain inversée. Comme nous l'avons vu précédemment, l'Internet des objets avantage les centaines de milliers de petites entreprises, à condition qu'elles se regroupent en coopératives de producteurs et qu'elles profitent du pouvoir latéral favorisé par la nouvelle configuration distribuée et collaborative des communications et de l'énergie.

La perspective d'une infrastructure et d'un paradigme économique permettant de réduire les coûts marginaux à zéro ou presque compromet la viabilité de l'entreprise privée, puisque son existence même dépend du profit. Le modèle d'entreprise des coopératives est le seul qui fonctionnera dans une société du coût marginal quasi nul.

Des milliers de coopératives d'électricité et d'énergies vertes apparaissent dans le monde entier : elles constituent un tissu de communaux qui facilite le partage pair à pair du courant sur des réseaux de transmission régionaux et continentaux.

Dans l'Union européenne, où – réalité impressionnante – plus de gens investissent dans des coopératives que sur le marché boursier, les banques coopératives sont à la pointe du financement des coopératives d'électricité verte. Selon Dirk Vansintjan, directeur fondateur de la coopérative belge Ecopower, elles sont en général les premières à entrer dans le jeu et à financer les projets éoliens et solaires. Fidèles à l'un des sept principes directeurs des coopératives – qui leur enjoint de coopérer entre elles quand c'est possible –, ces banques utilisent de plus en plus les ressources de leurs membres pour financer des coopératives d'électricité verte comme Ecopower. Cette dernière, qui comptait trente membres quand elle a été fondée en 1990, en rassemblait 43 000 en 2013 et fournissait déjà 1,2 % des ménages flamands en électricité verte grâce à ses installations d'énergie renouvelable d'origine éolienne et hydroélectrique[79].

En Allemagne, les coopératives d'énergie verte fleurissent dans tout le pays. On en recensait 167 nouvelles en 2011[80]. L'exemple de la Horb Ecumenical Energy Cooperative à Stuttgart (Allemagne) montre à quel point elles sont efficaces pour transformer la production d'énergie et les structures de consommation dans les communautés locales. Cette coopérative a déjà installé plusieurs centrales d'énergie solaire dans la région, et d'autres sont prévues. 23 % de l'électricité allemande, nous l'avons vu, est renouvelable, et en grande partie produite par des coopératives locales[81]. Pour Bernhard Bok, l'un des éléments moteurs de la coopérative d'énergie renouvelable de Stuttgart, ce n'est pas si surprenant, car l'Allemagne est « un pays de coopératives[82] ».

Le Danemark aussi est à l'avant-garde de l'installation d'une infrastructure Internet des objets qui transforme sa société, et il s'est beaucoup appuyé sur le modèle des coopératives dirigées d'en bas pour créer un paradigme économique durable. Quand j'atterris à Copenhague, je regarde toujours par le hublot et j'admire le port et sa vingtaine d'éoliennes, dont la moitié appartient à des coopératives[83].

Les Danois ont découvert que la façon la plus efficace d'implanter cette nouvelle infrastructure de l'énergie est l'engagement des communautés locales. Ils ont compris que les coopératives sont le meilleur moyen de développer la confiance publique et d'obtenir le soutien local. Ils sont particulièrement fiers de leur projet phare sur la minuscule île de Samsø, qui compte environ 4 000 habitants. Les ménages et entreprises locales ont pu transformer leur île : en dix ans seulement, ils sont passés de presque 100 % d'électricité importée, provenant essentiellement de centrales au charbon, à 100 % d'énergie renouvelable[84].

Au moment où l'installation de fermes éoliennes par de grands promoteurs s'était heurtée à l'opposition des communautés locales, Samsø a contourné le problème en remettant la propriété de la nouvelle énergie à ses citoyens. L'île suivait en cela l'exemple du reste du pays, dans lequel 80 % de la capacité installée d'énergie éolienne appartient à des coopératives ou à des particuliers[85].

Les habitants de l'île expliquent aux visiteurs, très curieux de comprendre un tel succès, que la clé en est la participation démocratique et la propriété collective. Les coopératives d'énergie verte constituent un communal où tous les habitants peuvent participer à égalité aux décisions qui régissent le développement et la gestion des éoliennes, sur l'île et au large de ses côtes. Ils en sont aussi devenus les copropriétaires, ce qui leur permet de bénéficier du prix plus bas de la nouvelle électricité verte.

Les coopératives ont aussi permis aux habitants de l'île de faire partie d'une entité qui les dépasse. La participation active à la prise de décision et à la gestion des coopératives d'énergie verte a développé le capital social, la confiance et la bonne volonté.

Aux États-Unis, les coopératives électriques rurales ont été à l'avant-garde de l'électricité verte. L'association nationale des coopératives électriques rurales s'est fixé pour objectif de produire 25 % de l'électricité de ses membres à partir de ressources renouvelables en 2025[86]. En 2009, une coopérative rurale du Dakota du Nord, Basin Electric, a mis en activité une ferme éolienne de 115 mégawatts, la plus grande du pays. Elle a coûté 240 millions de dollars[87]. Ce projet a été exécuté en un temps record : quatre mois – il rivalise à cet égard avec les plus grands projets d'énergie renouvelable dans le monde. La coopérative, qui dessert 2,8 millions d'usagers ruraux dans neuf États de l'Ouest, a entamé le basculement de sa production d'énergie du fossile au renouvelable. En 2005, 94 % de son électricité provenait du charbon et moins de 1 % de l'éolien. Aujourd'hui, plus de 20 % de son électricité est verte et vient des fermes éoliennes[88].

Les coopératives électriques rurales ont également surpassé les compagnies privées et municipales dans l'édification du nouvel Internet de l'énergie. Plus de 40 % des coopératives d'électricité ont installé des compteurs avancés sur des sites industriels, commerciaux et résidentiels[89].

Dans de nombreuses régions du monde, les coopératives d'électricité verte s'implantent en ville et en banlieue autant que dans les zones rurales. Une étude effectuée en Allemagne sur l'avenir des coopératives urbaines d'électricité a conclu que, contrairement à ce que l'on postulait jusque-là, les coopératives électriques vertes ne sont pas un phénomène plus susceptible de se développer dans les campagnes. Il apparaît qu'elles se développent aussi vite, voire plus vite, en zone urbaine qu'en zone rurale. Cette étude allemande indique que 80 % des membres d'une des plus grandes coopératives d'énergie verte du pays vivent dans de petites ou grandes villes. Quand on leur demande pourquoi ils ont adhéré aux communaux de l'électricité verte, la plupart d'entre eux évoquent une « motivation politique » – ils entendent par là leur désir de s'engager activement dans l'organisation planifiée de leur avenir énergétique personnel et de celui de leur localité[90].

La génération qui a grandi avec Internet, et ne doute pas un instant de son droit de créer de la valeur dans des réseaux distribués, collaboratifs et pair à pair, n'hésite pas à produire son électricité verte et à la partager sur l'Internet de l'énergie. Ces jeunes vivent une crise économique mondiale en voie d'aggravation et un bouleversement encore plus terrifiant du climat de la Terre, dû à un système économique fondé sur l'énergie fossile et géré de façon centralisée et hiérarchique. S'ils reprochent aux géants des télécommunications, des médias et du divertissement d'entraver leur droit de collaborer librement avec leurs pairs sur des communaux ouverts de l'information, ils ne sont pas moins critiques à l'égard des géants mondiaux de l'énergie, de l'électricité, de l'eau et du gaz qui sont à leurs yeux en partie responsables de l'énergie chère, du déclin économique et de la crise environnementale imminente.

Pour de très nombreux jeunes, les compagnies traditionnelles de production et distribution d'énergie représentent l'archétype du pouvoir centralisé et de tous les maux qu'il a infligés au monde. Guérir ces maux en se rassemblant dans des coopératives ouvertes, collaboratives et gérées démocratiquement pour produire et partager une énergie propre et verte est une perspective dynamisante. Elle incite une génération à s'unir sous l'étendard de la durabilité. À l'exigence du libre accès à la communication vient aujourd'hui s'ajouter la revendication d'une énergie verte et gratuite.

LES COMMUNAUX LOGISTIQUES

Il reste un dernier domaine à introduire dans la matrice pour édifier une infrastructure communaliste. La communication par Internet, qui commence à gérer une électricité verte latérale, est à présent utilisée pour créer un Internet de la logistique, afin de transformer les transports locaux et mondiaux. La réunion de l'Internet des communications, de l'Internet de l'énergie et de l'Internet de la logistique dans un Internet des objets intégré opérant sur des communaux ouvre la voie à l'ère collaborative.

Si les routes sont généralement traitées comme des biens publics dans le monde entier, les moyens de transport que nous utilisons pour y circuler et pour convoyer matériaux et produits sont un bouquet d'entreprises publiques et privées. Chaque jour, des centaines de millions de personnes utilisent les transports publics pour leurs déplacements professionnels et personnels[91] ; les tarifs des trains de banlieue, des tramways et des autobus sont à peine supérieurs au prix coûtant : ils sont subventionnés par les impôts. Mais celles qui effectuent ces déplacements avec leur voiture personnelle sont tout aussi nombreuses. Enfin, d'autres associent les transports publics, la voiture privée, le vélo et la marche.

Ce sont des entreprises privées qui transportent l'essentiel du fret par la route. Les grandes compagnies verticalement intégrées de la seconde révolution industrielle comptent sur leur parc interne de voitures et de camions, ou confient à d'autres transporteurs privés le stockage et le transfert de leurs matériaux, composants et autres fournitures comme de leurs produits finis le long de la chaîne de valeur. L'indépendance a toutefois ses inconvénients. Si maintenir la logistique et le transport dans l'entreprise, sous une autorité hiérarchique centralisée, permet aux sociétés privées d'exercer un contrôle étroit sur leur production, leurs activités de stockage et leurs canaux de distribution, c'est au prix fort : ce contrôle s'accompagne de pertes d'efficacité et de productivité et d'une hausse des émissions de dioxyde de carbone.

Une étude mondiale récente énumère diverses raisons pour lesquelles la gestion privée de la logistique contribue à réduire l'efficacité et la productivité et à augmenter les émissions carboniques. D'abord, aux États-Unis, les semi-remorques ne sont pleins qu'à 60 % en moyenne quand ils roulent. Au niveau mondial, c'est encore pire : on estime que l'efficacité du transport est inférieure à 10 %[92]. Les camions quittent souvent pleins leur quai de chargement, mais ils s'allègent peu à peu après chaque livraison et rentrent souvent à vide. Aux États-Unis, en 2002, les camions effectuaient à vide, en moyenne, 20 % des kilomètres parcourus – et beaucoup d'autres presque à vide[93]. Deuxièmement, les industriels, grossistes, distributeurs et détaillants stockent des produits sur longue période dans des entrepôts, souvent très éloignés de l'endroit où on finira par les envoyer, et cela coûte cher. En mars 2013, on estimait les stocks des entreprises américaines à 1 600 milliards de dollars[94]. Autant de produits qui sont au repos et alourdissent considérablement les frais généraux. Les entrepôts sont sous-utilisés à certaines périodes de l'année et surchargés à d'autres, car les lignes de produits sont de nature saisonnière. Troisièmement, de nombreux produits périssables, comme les denrées alimentaires, ou de saison, comme les vêtements, ne se vendent pas parce que les distributeurs ne parviennent pas à les livrer à temps, à cause de l'inefficacité de la logistique. Ces types de pertes sont encore plus graves dans les pays en développement, puisque l'infrastructure des transports et de la logistique y est faible, peu fiable et facilement paralysée par des pannes. Quatrièmement, les produits sont souvent livrés par des itinéraires sinueux et non par le chemin le plus rapide, essentiellement parce qu'on s'appuie sur des centres de stockage et de distribution géants qui desservent de vastes territoires. Cinquièmement, dans un système logistique mondial dominé par des centaines de milliers de transporteurs privés, on manque de normes et de protocoles communs qui permettraient à ces entreprises de collaborer, en utilisant les applications les plus récentes des technologies de l'information et d'Internet, et de partager les ressources logistiques selon un modèle propice aux gains d'efficacité et de productivité et à la réduction des coûts d'exploitation[95].

Aux yeux des économistes libéraux, le moyen le plus efficace d'allouer des ressources rares à des fins productives est le système capitaliste, indissociable de l'échange privé de biens et services sur le marché et dynamisé par la recherche du profit. Néanmoins, dans le cas de la logistique – des moyens de stocker ces biens et services et de les livrer aux clients –, cette façon de procéder est si grossièrement inefficace et improductive qu'elle devrait au moins faire réfléchir ces économistes. Réexaminer notre façon d'entreposer et d'expédier matériaux et produits est aujourd'hui d'autant plus important que le coût de l'énergie grimpe de sommet en sommet, ce qui accable sous un fardeau toujours plus lourd un système logistique déjà redondant et inefficace. La facture carbonique de son inefficacité est gigantesque. En 2006, les poids lourds des États-Unis ont parcouru 423 milliards de kilomètres avec des milliards de litres de carburant, donc envoyé dans l'atmosphère des volumes record de dioxyde de carbone[96].

Si la logistique n'était qu'un élément mineur de l'économie, cela n'aurait peut-être pas tant d'importance. Mais il s'agit du moteur de l'ensemble du système – du processus par lequel fournisseurs et acheteurs entrent en contact et font affaire ensemble à toutes les étapes de la chaîne de valeur. En 2009, le transport a représenté « 10 % du produit intérieur brut des États-Unis, soit environ 1 400 milliards de dollars ». On a dépensé 500 milliards de dollars pour le transport de marchandises, 125 milliards de dollars pour l'emballage et 33 milliards de dollars pour le stockage[97].

Aujourd'hui, une nouvelle génération d'universitaires et de professionnels de la logistique se tourne vers le système de communication distribué, collaboratif et latéral d'Internet, avec son architecture ouverte et sa gestion communaliste, pour en faire le modèle d'une transformation radicale de la logistique mondiale au XXIe siècle. Appliquer les leçons et les métaphores d'Internet à la logistique ? Il y a là une certaine ironie de l'histoire, qui n'a pas échappé aux dirigeants des transports : ils se souviennent que le secteur des technologies de l'information et des télécommunications a lui-même emprunté des métaphores à la logistique pour conceptualiser ses premières incursions dans la révolution des communications par Internet. Peu après l'apparition du World Wide Web, Al Gore, alors vice-président des États-Unis, avait dit qu'il fallait créer une « superautoroute de l'information ». Il savait que la création du réseau des autoroutes inter-États, une génération plus tôt, avait connecté l'ensemble du transport routier, avec des effets considérables : le développement des banlieues, la dispersion géographique de l'industrie et de la vente au détail et la croissance du tourisme ; et que ces facteurs avaient valu aux États-Unis la période économiquement la plus prospère de leurs deux cents années d'histoire[98]. Quand les technologues ont conçu un moyen de communication interconnecté permettant aux paquets d'informations de circuler sans effort sur divers réseaux dans un système distribué, ils se sont inspirés de l'architecture ouverte du réseau interconnecté des autoroutes inter-États – sur lequel une voiture pouvait circuler de la côte Est à la côte Ouest sans un seul feu rouge.

À présent, ce sont les professionnels de la logistique qui recourent aux métaphores d'Internet pour repenser leur propre secteur. Si le monde numérique lui a emprunté hier la « superautoroute », c'est maintenant au secteur logistique de reprendre l'« architecture ouverte» de la communication distribuée d'Internet pour remodeler ses opérations mondiales, explique Benoît Montreuil, du Centre interuniversitaire de recherche sur les réseaux d'entreprises, la logistique et le transport (CIRRELT) de Montréal (Canada)[99].

Montreuil décrit les caractéristiques essentielles d'un Internet de la logistique. Nombre de ses composantes existent déjà, souligne-t-il, mais elles ne sont pas encore connectées à un système ouvert, unique et transparent. D'abord, un paquet d'informations transmis sur Internet porte la mention de son identité et de la route suivie jusqu'à destination. Le paquet de données est structuré indépendamment de l'équipement, ce qui lui permet de passer par divers systèmes et réseaux : fils de cuivre, fibre optique, routeurs, réseaux locaux, réseaux étendus, etc. De même, dans un Internet de la logistique, tous les produits physiques devraient être insérés dans des conteneurs modulaires standardisés, transportables sur tous les réseaux logistiques. Ces conteneurs devraient être équipés d'étiquettes intelligentes et de capteurs pour l'identification et le tri. L'ensemble du système, du stockage au transport jusqu'aux utilisateurs finaux, devrait se conformer aux mêmes protocoles techniques standard, pour qu'il soit facile de passer d'un point à un autre.

L'Internet de la logistique remplace le transport traditionnel d'un point de départ à un point d'arrivée, ou d'un centre nerveux à une zone de rayonnement, par un transport intermodal, multisegment et distribué. Dans l'ancien système, un seul chauffeur s'occupait de tout : il transportait l'ensemble de la cargaison du centre de production au lieu de livraison, puis se dirigeait vers le lieu de charge le plus proche pour en prendre une autre à livrer sur le chemin du retour. Dans le nouveau, la livraison est distribuée : par exemple, un premier chauffeur va livrer la cargaison à un centre de distribution voisin, puis prend une autre remorque chargée et rentre chez lui. Un second chauffeur prend le relais et transporte le fret jusqu'au centre suivant, qu'il s'agisse d'un parking de poids lourds, d'une gare de remisage ou d'un aéroport. Et ainsi de suite, jusqu'à l'arrivée de la cargaison à destination.

Dans le système actuel, explique Montreuil, un chauffeur peut aller par exemple de Québec à Los Angeles et retour : cela fait

10 000 kilomètres, prend au moins 240 heures, et le conteneur met 120 heures à atteindre Los Angeles. Dans le système distribué, 17 chauffeurs différents conduiraient en moyenne environ trois heures jusqu'au point où ils doivent laisser la cargaison, et ils rentreraient chez eux le jour même. Avec ce système de relais, le conteneur parviendrait à Los Angeles en 60 heures environ, soit la moitié du temps nécessaire avec la méthode traditionnelle. Le suivi du conteneur sur Internet assurerait une transmission rapide à chaque point de distribution : il n'y aurait pas de perte de temps au passage du relais[100].

Dans le système logistique actuel, la plupart des sociétés privées possèdent un ou plusieurs entrepôts ou centres de distribution, mais rarement plus de vingt. Quant aux entrepôts ou aux centres indépendants, ils concluent en général un contrat exclusif avec un seul transporteur privé, et il est rare qu'ils gèrent la logistique de plus de dix entreprises. Par conséquent, les firmes privées ne disposent que de quelques entrepôts ou centres de distribution, ce qui limite leurs activités de stockage et de transfert transcontinental des produits.

Mais que se passerait-il si toute entreprise pouvait utiliser l'ensemble des 535 000 entrepôts et centres de distribution qui existent aujourd'hui aux États-Unis[101] ? Si ces centres étaient connectés à un réseau d'approvisionnement ouvert géré par des algorithmes et une analytique avancée ? Les transporteurs pourraient se servir du système pour entreposer les colis et expédier les cargaisons le plus efficacement possible à chaque instant. Les gains d'efficacité énergétique et de productivité seraient spectaculaires, ainsi que les économies de carburant et la baisse des émissions de dioxyde de carbone pour toute entreprise utilisant le réseau[102].

Montreuil souligne qu'un réseau d'approvisionnement ouvert permet aux entreprises de réduire leurs délais à presque rien, si elles répartissent leurs stocks entre certains des très nombreux centres de distribution situés à proximité de leurs acheteurs finaux. De plus, avec les progrès de l'impression 3D, elles transmettront le code du produit à des professionnels locaux de la 3D qui pourront alors imprimer l'article et le stocker dans un centre voisin, d'où il sera livré aux grossistes et aux détaillants régionaux.

La technologie est déjà disponible. Ce qui manque, c'est l'acceptation de normes et de protocoles universels, et un modèle d'entreprise capable de gérer un système logistique régional, continental et mondial.

C'est seulement en se rassemblant dans des coopératives logistiques ou d'autres formes de communaux gérés que les entreprises privées pourront jouir des avantages que procure l'appartenance à un vaste réseau en matière de réduction des coûts. Des fournisseurs de services de transport intégrés existent déjà, et il est probable qu'ils se chargeront de plus en plus de réunir leurs clients dans des coopératives pour concrétiser le potentiel d'un Internet de la logistique qui facilite les économies d'échelle latérales. Une infrastructure logistique ouverte apportera aux fournisseurs de services de transport intégrés un champ d'action universel, composé de milliers d'entrepôts et de centres de distribution liés dans un seul et même réseau coopératif, auxquels ils pourront accéder pour répondre au mieux aux besoins logistiques de chaque client.

La gestion des ressources temporelles sur les trois communaux d'Internet

Dans les trois infrastructures fondamentales qui constituent l'Internet des objets, la gestion a le même objectif. À la différence des communaux traditionnels, pour lesquels l'autogestion doit essentiellement entretenir des ressources physiques communes de manière à empêcher l'épuisement des stocks, les trois communaux infrastructurels de l'ère collaborative ont besoin d'une gestion des ressources temporelles pour échapper à l'engorgement. L'Internet des communications doit s'autoréguler pour prévenir l'encombrement des bandes de fréquence radio par les données pendant la transmission d'informations. L'Internet de l'énergie doit combattre l'engorgement en gérant les périodes de base et de pointe dans la consommation du courant électrique et en maintenant un juste équilibre entre stockage de l'énergie et transmission de l'électricité, pour éviter les surtensions, les baisses de tension et les pannes. L'Internet de la logistique doit coordonner les flux logistiques et équilibrer le stockage et le transport des matériaux et des biens physiques afin d'éviter les encombrements, de fluidifier la circulation et d'optimiser les délais de livraison par la route, le rail, les voies d'eau et les couloirs aériens. Dans les trois cas, plus il y a d'acteurs sur les communaux en réseau, plus chaque membre en bénéficie, mais plus il est nécessaire de parer au risque de l'engorgement.

Le modèle capitaliste de la propriété privée, où chaque entreprise est une île et tente de réunir verticalement l'activité économique sous un seul toit pour réaliser des économies d'échelle, est incapable, du fait de ses caractéristiques, de gérer des opérations qui exigent la collaboration de milliers d'acteurs à des projets latéraux. Au lieu d'entretenir les communaux, chaque firme privée tentera d'optimiser son propre flux temporel aux dépens des autres : cela ne fera qu'aggraver l'encombrement du réseau et réduire son efficacité, donc affaiblira toutes les entreprises présentes dans le système et aboutira à la tragédie des communaux non entretenus.

Des réductions de coûts comme celles qui accompagnent l'Internet des communications, l'Internet de l'énergie et l'Internet de la logistique sont tout simplement irréalisables dans une pure économie de marché où chaque entreprise agit seule. Aucune compagnie, même la plus ambitieuse, ne peut espérer accomplir assez de fusions et d'acquisitions pour réaliser les gains d'efficacité et de productivité que l'on fait en adhérant à des communaux en réseau qui s'étendent latéralement.

Pour fonctionner, toute société a besoin d'un moyen de communication, d'une source d'énergie et d'une forme de mobilité. La conjonction de l'Internet des communications, de l'Internet de l'énergie et de l'Internet de la logistique dans un Internet des objets apporte le système nerveux cognitif et les moyens physiques nécessaires pour intégrer toute l'humanité sur des communaux mondiaux interconnectés, qui couvrent l'ensemble de la société. C'est cela que nous entendons par « villes intelligentes », « régions intelligentes », « continents intelligents » et « planète intelligente ».

En reliant toutes les activités humaines dans un réseau mondial intelligent, on engendre une entité économique entièrement neuve. L'ancienne entité des première et seconde révolutions industrielles comptait sur une matrice énergie / communication et sur un réseau logistique qui exigeaient d'énormes capitaux ; il fallait donc l'organiser dans des entreprises centralisées à intégration verticale pour réaliser des économies d'échelle. Le système capitaliste et le mécanisme du marché se sont révélés les meilleurs outils institutionnels pour promouvoir ce paradigme.

Mais la nouvelle entité économique de la troisième révolution industrielle est de nature très différente : elle exige moins de capital financier et davantage de capital social ; elle intègre latéralement et non verticalement ; c'est lorsqu'on la gère par des communaux, et non par un mécanisme de marché strictement capitaliste, qu'elle fonctionne le mieux. Autant dire que la survie du marché capitaliste dépendra de son aptitude à trouver de la valeur dans un monde où les nouvelles sources d'efficacité et de productivité dérivent d'une société de plus en plus organisée pour être distribuée, ouverte, collaborative et en réseau.

Si l'ancien système favorisait l'intérêt personnel autonome sur le marché capitaliste, le nouveau favorise la collaboration approfondie sur les communaux en réseau. À l'ère qui vient, le vieux partenariat entre l'État et le secteur privé pour organiser la vie économique de la société va céder la place à un partenariat tripartite : les communaux joueront un rôle toujours plus important, l'État et les forces du marché feront figure de compléments.

QUATRIÈME PARTIE

Le capital social et l'économie du partage

13

Passer de la propriété à l'accès

Si la propriété privée est la caractéristique principale du système capitaliste, l'automobile personnelle en est la figure de proue. Dans de nombreuses régions du monde, il y a plus de possesseurs de voiture que de propriétaires de maison. Pour beaucoup, c'est le bien personnel le plus précieux. L'acquisition d'une automobile a longtemps fait figure de rite d'initiation – elle marquait l'entrée dans le monde des rapports de propriété.

Le terme même d'*automobile* est porteur d'une idée chère à la tradition économique classique : l'humanité a pour force motrice la quête d'*auto*nomie et de *mobil*ité, et chacun veut être maître chez soi. Pour les Américains, la liberté est traditionnellement liée à ces deux notions. On ne se sent jamais plus libre qu'au volant de son automobile, dans l'espace clos de son véhicule, ses performances physiques amplifiées par un puissant moteur. Être autonome, c'est être maître de son destin, autosuffisant et non inféodé à d'autres – être libre. L'automobile est l'ultime enclosure. Possédée à titre privé, elle reflète le désir de s'insulariser, d'être indépendant, de n'être gêné par rien. La liberté est alors synonyme de mobilité sans entrave. Notre sentiment de liberté physique a fini par devenir intimement lié à la possibilité de voyager partout sans restriction. Tous les jeunes de ma génération ont connu l'ivresse de ce type de liberté la première fois qu'ils ont pris la route au volant de leur propre automobile. À l'ère capitaliste, nous en sommes venus à définir la liberté en termes négatifs : le droit d'exclure. L'automobile est devenue le symbole de notre conception de la liberté.

Mais la génération Internet ne définit plus à présent la liberté négativement – le droit d'exclure les autres; elle la définit positivement : le droit d'être inclus. Pour ces jeunes, la liberté, c'est la possibilité d'améliorer sa vie, en diversifiant ses expériences et en démultipliant ses relations dans les diverses communautés auxquelles on s'affilie au cours de sa vie. La liberté se mesure davantage à la capacité de se connecter aux autres sur des réseaux qu'à la possession de biens sur des marchés. Plus ces relations sont profondes et inclusives, plus on se sent libre. Être continuellement connecté aux autres sur des réseaux sociaux comme Facebook et Twitter donne un sens à la vie. La liberté pour la génération Internet, c'est la possibilité de coopérer avec les autres, sans restriction, dans un univers pair à pair.

Pour les sceptiques, qui mettent en doute ce tournant générationnel dans la façon de penser la nature de la liberté – du droit de posséder et d'exclure au droit d'avoir accès et d'être inclus –, examinons les statistiques suivantes. Elles sont frappantes. Dans une enquête récente, 46 % des conducteurs âgés de 18 à 24 ans ont déclaré qu'accéder à Internet est plus important pour eux que de posséder une voiture. Autres chiffres tout aussi révélateurs : « En 2008, 46,3 % des jeunes de moins de 19 ans en âge de conduire avaient le permis, contre 64,4 % en 1998. » Lorsqu'on a demandé à 3000 consommateurs de la génération du Millénaire, nés entre 1981 et 2000, de choisir leurs marques préférées, ils ont plébiscité des compagnies Internet comme Google. Sur les trente et une qu'on leur proposait, pas une seule marque d'automobile ne s'est classée dans les dix premières[1].

L'automobile comme métaphore

Les jeunes de cette génération sont en train de transformer leur rapport à l'automobile. Ils privilégient l'accès plutôt que la propriété. Dans le monde entier, l'auto-partage est devenu populaire chez les Millénaires*. De plus en plus de jeunes adhèrent à ces associations. En échange d'une cotisation assez faible, ils peuvent accéder à des automobiles quand ils en ont besoin. Des cartes intelligentes leur donnent accès à des véhicules dispersés dans divers parkings à travers les villes. Les membres peuvent réserver assez tôt des voitures sur Internet ou directement depuis leur smartphone grâce à une simple application. Si certaines de ces associations sont privées comme Zipcar et I-Go à Chicago, beaucoup d'autres sont gérées par des organisations à but non lucratif comme Philly Car Share, City CarShare à San Francisco et HourCar à Minneapolis.

En 2012, 800 000 personnes aux États-Unis avaient souscrit à un service d'auto-partage. Au niveau mondial, 1,7 million de personnes partagent des voitures dans 27 pays[2]. Une étude récente, menée par Frost and Sullivan Consultants, prévoit qu'il y aura plus de 200 entreprises d'auto-partage dans l'Union européenne en 2020, et un parc de véhicules disponibles qui devrait passer de 21 000 à 240 000. L'adhésion à ces associations devrait progresser de 700 000 à 15 millions en moins de sept ans, avec des recettes atteignant 2,6 milliards d'euros. Les revenus du partage de voitures devraient croître encore plus vite en Amérique du Nord, où ils dépasseront les 3 milliards de dollars en 2016[3].

À mesure que les réseaux d'auto-partage s'étendent, le nombre de véhicules possédés par leurs membres chute. Une étude menée sur onze des services d'auto-partage les plus performants a constaté que 80 % des membres interrogés qui possédaient une voiture l'ont vendue après être entrés dans le réseau. Parmi les adeptes de l'auto-partage, certains possèdent encore une voiture, mais le nombre moyen de véhicules par ménage est passé de 0,47 à 0,24[4].

L'auto-partage ne réduit pas seulement le nombre de véhicules sur les routes, il fait aussi diminuer les émissions carboniques. En 2009, chaque véhicule partagé remplaçait 15 voitures de particuliers ; et les membres des associations d'auto-partage conduisaient moins que lorsqu'ils possédaient un véhicule : leur temps

* Les Millénaires ou « enfants du Millénaire » sont la génération née dans les deux dernières décennies du XXe siècle.

de conduite avait baissé de 31 %. Ces changements de comportement ont réduit de 482 170 tonnes les émissions de CO_2 des États-Unis[5].

On remarque aussi d'importants effets secondaires. Une étude réalisée en 2011 a montré que l'auto-partage modifie les habitudes de déplacement. Il favorise le recours à la bicyclette, à la marche et aux transports publics[6]. Ces cinq dernières années, l'utilisation de vélos en libre-service a particulièrement explosé, notamment grâce à des avancées technologiques : les cartes intelligentes, les kiosques à écran tactile pour s'identifier et retirer son vélo facilement, la bicyclette équipée d'un GPS qui permet au conducteur d'utiliser ce service conjointement à l'auto-partage et aux transports publics. L'innovation la plus récente, le vélo électrique solaire, a enthousiasmé la jeune génération. En 2012, il y avait dix-neuf programmes de vélos en libre-service en Amérique du Nord et plus de 215 000 usagers[7]. Dans le monde, il existe plus de cent sociétés de ce type et 139 300 bicyclettes disponibles[8].

Aux États-Unis et au Canada, 58 % des nouvelles activités de bicyclettes partagées utilisant les technologies de l'information sont gérées par des organisations à but non lucratif, 21 % sont privées et 16 % sont publiques et gérées par un entrepreneur sous contrat. Les associations à but non lucratif sont les poids lourds, puisqu'elles regroupent 82 % des membres et 66 % des bicyclettes utilisées[9].

On peut souscrire au vélo en libre-service sur une base annuelle, mensuelle ou quotidienne, ou même payer à la course. Les cyclistes ont accès aux bicyclettes en insérant une carte de membre ou une carte de crédit, ou encore en s'identifiant avec leur smartphone.

Le partage de vélo est devenu très populaire dans les zones métropolitaines embouteillées où la circulation des voitures est souvent bloquée pendant les heures de pointe. Dans des études menées par Vélib' à Paris et Capital Bikeshare à Washington, D.C., l'écrasante majorité des usagers ont déclaré que se déplacer à bicyclette était plus rapide et plus commode. Le partage des vélos permet aussi d'économiser l'argent qu'il aurait fallu dépenser en utilisant une voiture[10].

L'auto-partage aussi est plus économique pour les ménages. Aux États-Unis, l'achat et l'utilisation d'une voiture coûtent en moyenne plusieurs centaines de dollars par mois. L'automobile dévore 20 % du revenu des ménages ; c'est la dépense la plus élevée après le logement. La hausse abrupte des prix de l'essence n'a fait qu'aggraver le problème. Avec l'auto-partage, l'usager est affranchi des coûts d'acquisition ainsi que des coûts fixes de fonctionnement : l'entretien, l'assurance, la carte grise, les taxes, etc.

Aux États-Unis, le véhicule moyen reste immobile 92 % du temps ; il s'agit donc d'un actif fixe extrêmement inefficace[11]. C'est pourquoi les jeunes sont beaucoup plus enclins à payer pour se déplacer et non pour posséder[12].

Les services de partage de voitures sont aussi des pionniers de la transition vers les véhicules électriques. En 2013, la municipalité de Paris et 46 communes voisines ont uni leurs forces pour promouvoir l'auto-partage : 1 750 véhicules électriques (VE) ont été mis à la disposition du public dans 750 stations de charge disséminées dans tout Paris et sa banlieue[13]. Autolib' est l'un de ces nouveaux services d'auto-partage, dont le nombre va croissant. Ils proposent des véhicules électriques à émission carbonique zéro à des usagers de plus en plus attachés aux modes de transport durables. En 2016, selon les estimations de Frost and Sullivan, un véhicule partagé neuf sur cinq sera un VE ; sur l'ensemble du parc, ce sera un sur dix[14].

Dans le système de l'auto-partage pair à pair, les propriétaires de voiture enregistrent leurs véhicules en ligne gratuitement sur des réseaux comme RelayRides et les partagent avec des usagers. Les prêteurs peuvent fixer le tarif horaire et les heures disponibles à la location, et choisir les usagers potentiels. RelayRides prend en charge l'assurance et effectue des vérifications sur le passé du client. Ce dernier assume les frais d'essence et les réparations pendant le trajet. Le propriétaire de la voiture reçoit 60 % de ce que paie l'usager et RelayRides les 40 % restants. Le prêteur est responsable de la maintenance et de l'entretien de l'automobile, mais il ne paie que les frais généraux fixes, puisque tous les véhicules neufs et de nombreux véhicules d'occasion bénéficient de la gratuité de la maintenance et de garanties sur la plupart des entretiens de base. Les tarifs horaires à la location vont de 5 à 12 dollars. Le propriétaire peut ainsi gagner de 2 300 à 7 400 dollars par an. Comme il dépense en moyenne 715 dollars par mois pour son véhicule, le partage pair à pair lui permet de réduire considérablement ses frais automobiles[15].

Les associations d'auto-partage utilisent de plus en plus des services intelligents pour aider leurs membres à passer d'un mode de transport à un autre au cours d'un même trajet. Un usager peut commencer par utiliser l'auto-partage pour aller prendre le tram, descendre quelques arrêts plus tard à une station Vélib', emprunter une bicyclette et pédaler jusqu'à la station la plus proche de sa destination finale. Une application de transport intelligent sur son smartphone lui indique l'itinéraire à suivre. S'il veut s'arrêter quelque part en route et changer de chemin, il peut reprogrammer sa demande. En quelques secondes, l'application lui proposera un nouveau trajet en tenant compte des conditions de circulation et des embouteillages.

De grands constructeurs automobiles investissent aussi dans l'auto-partage. GM s'est associé à RelayRides. General Motors Ventures soutient financièrement le réseau d'auto-partage pair à pair et a mis à sa disposition son système Onstar afin que les usagers puissent accéder facilement à n'importe quel véhicule GM depuis leur téléphone portable. Le vice-président de GM, Stephen Girsky, a déclaré que l'engagement de sa compagnie dans l'auto-partage a pour « but de trouver de nouvelles façons d'atteindre les clients, de réduire les embouteillages dans les grandes villes américaines et de répondre au souci de mobilité urbaine[16] ».

GM et les autres constructeurs automobiles se trouvent dans la même situation intenable que connaissent les firmes capitalistes dans d'autres secteurs de l'économie. L'émergence d'un communal en réseau fait baisser le coût des transports. À court terme, pas un seul constructeur automobile ne peut se permettre de rester spectateur, de peur que ses concurrents n'interviennent – et ils le font – pour tenter de s'emparer d'une partie au moins de l'action sur le nouveau communal du partage des automobiles. Mais le profit que les constructeurs peuvent tirer de l'auto-partage doit être mis en balance avec la baisse des ventes de voitures. Rappelons que 80 % des membres des associations d'auto-partage qui possédaient une voiture l'ont vendue après être entrés sur le réseau, et que chaque véhicule partagé élimine quinze automobiles personnelles. Les profits des constructeurs étant aujourd'hui très réduits et leurs marges de manœuvre très étroites s'ils veulent rester dans la course, ils ne peuvent pas se permettre d'ignorer le secteur de l'auto-partage, même si son succès va réduire leurs ventes de voitures et amoindrir leurs marges de rentabilité déjà fort minces.

Lawrence D. Burns, vice-président de la recherche-développement et de la planification chez General Motors jusqu'en 2009 et actuellement professeur d'ingénierie à l'université du Michigan, va au cœur de la contradiction à laquelle est confrontée l'industrie automobile. Selon ses calculs,

> pour un citoyen d'une ville comme Ann Arbor [Michigan], un tel service [l'aut-partage] reviendrait 70 % moins cher, et l'investissement requis représente moins d'un cinquième du montant nécessaire pour posséder une voiture[17].

Burns fait alors cet aveu incroyable : « Si l'on remplaçait les voitures personnelles par des voitures partagées et coordonnées en réduisant d'environ 80 % le nombre de véhicules, on aurait le même niveau de mobilité, pour un investissement moindre[18]. » Il voit bien que, du point de vue de l'efficacité sociale, des véhicules partagés qui offrent la même mobilité à 20 % du coût nécessaire à l'acquisition et à l'utilisation d'une voiture améliorent le bien-être général : c'est une trop bonne affaire pour ne pas en profiter, même si elle va probablement réduire de 80 % la construction et la vente d'automobiles. Donc, l'ancien haut dirigeant de General Motors soutient avec enthousiasme le passage de la propriété des voitures sur des marchés à leur partage sur des communaux collaboratifs, tout en sachant qu'il en résultera une diminution spectaculaire du nombre de véhicules sur les routes.

L'automobile privée, pièce maîtresse du marché capitaliste pendant la seconde révolution industrielle, est en train de succomber aux offres de transport distribuées et latérales de l'autopartage sur les communaux collaboratifs en ascension, mieux adaptés pour améliorer le bien-être général de la société. Ce n'est pas le marché qui dompte les communaux, ce sont les communaux qui domptent le marché – réalité que n'ont pas encore pleinement saisie ceux qui continuent à postuler que l'économie du partage est une opportunité de marché, alors qu'en fait elle dévore le capitalisme.

Le passage de la propriété à l'accès et des marchés aux communaux partagés en matière de mobilité personnelle va probablement s'accélérer dans les années qui viennent avec l'introduction des véhicules sans conducteur. En 2012, le gouverneur de Californie Jerry Brown a signé une loi autorisant les véhicules sans chauffeur à circuler sur les routes californiennes. Le Nevada et la Floride ont fait de même. À cette occasion , le gouverneur Brown a déclaré : « Nous voyons la science-fiction d'aujourd'hui devenir la réalité de demain[19]. »

Google, qui a fait un lobbyisme intensif pour cette nouvelle loi, avait déjà accumulé plus de 480 000 kilomètres d'essais de véhicules sans conducteur[20]. General Motors, Mercedes, BMW, Audi, Volvo et Volkswagen testent aussi des voitures de ce type. Le véhicule de Google est une Toyota Prius rééquipée qui se conduit toute seule en utilisant des caméras, des capteurs radars, la télédétection par laser et des cartes Google détaillées connectées à un système de navigation par GPS[21].

Certains passionnés d'automobile s'inquiètent de la sécurité de ces véhicules. Pourtant, les ingénieurs spécialisés soulignent que 90 % des accidents de la route sont dus à l'erreur humaine[22]. À la différence des conducteurs humains, les véhicules automatisés ne se laissent pas distraire, ne boivent pas, ne s'endorment pas au volant. On peut imaginer qu'ils sauveront de nombreuses vies : des dizaines de milliers de personnes meurent chaque année sur les routes aux États-Unis[23]. Selon une étude de J. D. Power and Associates, 30 % des conducteurs âgés de 18 à 37 ans se déclarent prêts à acheter un véhicule sans conducteur, ce qui illustre bien le potentiel prodigieux de ce changement révolutionnaire du transport routier[24].

Les traditionalistes affirment que les conducteurs, dans leur majorité, ne suivront pas : ils préféreront sûrement conserver l'exaltation de la conduite – et le contrôle du véhicule. Peut-être les automobilistes de l'ancienne génération réagiront-ils ainsi, en effet. Mais il paraît peu probable que ceux de la génération Internet, déjà si souvent distraits au volant par leur smartphone, préfèrent conduire qu'être conduits par la voiture. À l'ère collaborative, l'attention est précieuse et le temps est la denrée rare. Ne plus avoir à conduire une automobile plusieurs heures par jour en ferait gagner beaucoup. On pourrait alors se livrer à des activités plus intéressantes sur l'espace virtuel.

Sergey Brin, cofondateur de Google, attend le jour pas trop lointain où des millions de membres d'associations d'auto-partage feront venir à domicile leurs voitures électroniquement. Après avoir laissé les usagers à destination, les véhicules sans conducteur se dirigeront automatiquement vers le prochain point de rendez-vous, ou retourneront au parking d'auto-partage le plus proche pour recharger leurs batteries électriques en attendant une nouvelle mission.

En mai 2013, Mercedes a présenté sa nouvelle automobile Classe S. Elle se conduit déjà en partie toute seule et se gare elle-même. Cette automobile, qui coûte 100 000 dollars, peut même se tenir au milieu d'une voie et maintenir la distance réglementaire avec le véhicule qui la précède. Pour Dieter Zetsche, le P.D.G. de Daimler, la toute nouvelle voiture de Mercedes « donne le coup d'envoi de la conduite autonome[25] ».

Les observateurs du secteur estiment que les véhicules sans conducteur seront disponibles commercialement dans huit ans environ. Brin est plus optimiste : il pense qu'une automobile entièrement autonome sera mise sur le marché d'ici cinq ans au plus tard[26].

Pourquoi voudrait-on « posséder » et entretenir une voiture quand on pourra « accéder » en un instant, par smartphone, à un véhicule sans conducteur mis à sa disposition par un service d'auto-partage, se faire conduire sans effort par GPS jusqu'à destination et ne payer que pour la durée d'utilisation réelle ?

S'il fallait démontrer que l'ère capitaliste, indissociable de l'échange de propriétés sur les marchés, cède du terrain à l'accès aux services sur les communaux collaboratifs, le changement de rapport à l'automobile serait une preuve manifeste de la grande transformation qui vient.

L'ABANDON DE LA PROPRIÉTÉ

En 2000, j'ai publié un livre intitulé *L'Âge de l'accès*. Il est sorti à la veille de l'éclatement de la bulle des points-com. Dix ans après l'avènement du World Wide Web, Internet arrivait alors à l'âge adulte. Des centaines de millions de personnes se connectaient et exploraient un nouveau monde virtuel, aussi riche d'aubaines que le Nouveau Monde découvert cinq cents ans plus tôt. On se ruait fiévreusement pour cartographier le territoire neuf du cyberespace et explorer ce domaine vierge pratiquement sans limites ni frontières. De nouveaux réseaux sociaux naissaient chaque jour, et toute une génération s'émerveillait des possibilités d'inventer des manières entièrement neuves de coopérer et de partager ses expériences de vie.

Tandis qu'on saluait la colonisation du cyberespace avec un enthousiasme aussi débridé que superficiel, des chercheurs et des militants se sont demandé comment cette nouvelle place publique virtuelle – qui, pour la première fois dans l'histoire, était capable de connecter l'ensemble de l'humanité – pouvait changer les fondements organisationnels de la société. Quelles conséquences allait avoir un espace social dans lequel tout le monde pouvait entrer en contact avec tout le monde, se connecter, collaborer et créer de nouvelles façons d'interagir à l'échelon planétaire ? Jusque-là, de telles possibilités étaient inimaginables.

J'ai commencé à réfléchir à mon livre en 1998. À l'époque, j'enseignais le management avancé à la Wharton School de l'université de Pennsylvanie. Les P.D.G. du monde entier commençaient à s'intéresser à Internet. Ils cherchaient à déterminer si, pour leur façon de mener leurs affaires, il était une menace, une chance ou les deux à la fois. C'est alors que j'ai commencé à me poser certaines questions. Que se passerait-il si des millions d'internautes commençaient à contourner les canaux commerciaux traditionnels du marché ? S'ils créaient leurs propres lieux de rencontre virtuels, se mettaient à utiliser la nature distribuée et collaborative d'Internet pour faire des économies d'échelle latérales, entreprenaient de partager entre eux des idées, des informations et même des objets sur un communal en esquivant tous les intermédiaires, surcoûts et marges de la chaîne de valeur capitaliste traditionnelle, et, ce faisant, réduisaient le coût marginal de la production d'unités supplémentaires à pratiquement rien ? Amazon et eBay existaient depuis trois ou quatre ans déjà, et ils offraient un avant-goût des gains commerciaux que l'on pouvait faire quand on réduisait les surcoûts le long du flux de valeur à quelques acteurs seulement entre le vendeur et l'acheteur.

Surtout, Napster venait de se constituer en 1999, et il portait cette possibilité à l'étape suivante. C'était un réseau de partage de fichiers pair à pair sur Internet, qui permettait à des millions de personnes d'échanger de la musique gratuitement sur les communaux. Un nouveau modèle économique était soudainement apparu. En quelques années, d'autres réseaux de partage de fichiers sur Internet allaient suivre, et ils ont mis l'industrie du disque à genoux.

Napster a changé les règles du jeu économique. Beaucoup de vendeurs et d'acheteurs ont disparu, remplacés par des fournisseurs et des usagers. La propriété des CD a cédé la place à l'accès aux bibliothèques musicales en ligne. Les marchés ont succombé aux communaux en réseau. Une industrie à intégration verticale contrôlée par une poignée de majors a plié sous le poids collectif de millions de clients qui avaient opté pour la démarche collaborative pair à pair.

Était-ce contagieux ? Toutes les compagnies et tous les secteurs représentés dans mes cours de management pouvaient-ils être touchés ? J'ai posé la question à mes étudiants chefs d'entreprise, mais ils ne savaient que penser.

J'ai noté leur perplexité dans *L'Âge de l'accès* :

> L'idée même d'une fin de la propriété et des échanges marchands traditionnels – d'une révolution conceptuelle dans la structure des rapports humains fondée sur le passage de la logique de la propriété à la logique de l'accès – est aussi difficile à imaginer pour beaucoup de gens qu'ont pu l'être le phénomène des enclosures et la transformation de la terre et du travail en propriétés marchandes il y a cinq siècles. [Pourtant] on peut penser que d'ici à vingt-cinq ans l'idée même de propriété paraîtra singulièrement limitée, voire complètement démodée, à un nombre croissant d'entreprises et de consommateurs[27].

Dans les dix ans qui ont suivi la publication du livre, j'ai continué à poser la même question aux chefs d'entreprise inscrits à mes cours. Leurs hésitations ont diminué au fur et à mesure que la demande d'accès plutôt que de propriété s'étendait à tous les domaines de la culture économique. Les grandes compagnies mondiales commencent à s'ajuster à ce tournant générationnel : elles mettent moins l'accent sur la vente d'objets et reconcentrent leur métier sur la gestion de tous les aspects de la chaîne de valeur de leurs clients – pour devenir, comme elles disent, « apporteur de solutions ». Elles tentent de rester pertinentes dans un environnement économique qui change vite et où les marges disparaissent rapidement. Aujourd'hui, peu de secteurs sont épargnés par le passage de la propriété à l'accès et des marchés aux communaux en réseaux, car la jeune génération mobilise sa puissance collaborative pour créer une société du coût marginal quasi nul.

Des millions de personnes partagent non seulement des automobiles et des bicyclettes, mais aussi leur maison, leurs vêtements, leurs outils, leurs jouets et leurs compétences dans des communaux en réseaux. L'économie du partage progresse pour bien des raisons. L'effondrement planétaire de l'économie de la seconde révolution industrielle à l'été 2008 a réveillé la population. En Amérique et ailleurs, des centaines de millions de familles se sont retrouvées encombrées par une foule d'objets qu'elles utilisaient à peine et endettées jusqu'au cou pour les payer. La réalité les a dégrisées : quand le pétrole brut a atteint 147 dollars le baril sur les marchés mondiaux, le pouvoir d'achat a chuté, l'économie a coulé à pic, et des millions de salariés se sont retrouvés au chômage. Nous avons vraiment eu peur d'une nouvelle Grande Dépression – finalement, nous avons décidé d'appeler ces événements la Grande Récession. Sans salaire et avec peu de perspectives de revenu, des millions de familles se sont tournées vers leur épargne, et ont découvert qu'elles n'en avaient pas. Elle avait été remplacée par une dette astronomique, accumulée pendant plus de vingt ans de consommation débridée – la plus grande frénésie d'achats de l'histoire. Écoutez bien : lorsque la dette totale des ménages américains a atteint son point culminant en 2008, elle en était à 13 900 milliards de dollars[28]. Il faudra des décennies pour s'en relever, et les économistes nous préviennent : même quand ce sera fait, la jeunesse d'aujourd'hui ne jouira probablement pas du niveau de vie des générations de ses parents et grands-parents.

Pour la première fois, des millions de familles ont commencé à regarder tous ces objets dont elles n'avaient pas besoin et qu'elles n'avaient même pas fini de payer, et elles se sont demandé, non pas seulement : « pourquoi ai-je fait ça ? », mais : « pourquoi ? » Une question existentielle collective, un examen de conscience, où l'on a réévalué la nature de la vie moderne. « Où avais-je donc la tête ? » est devenu la sourde litanie de la société dite « de consommation ». Certains ont commencé à remettre en cause l'intérêt d'accumuler toujours plus de biens qui n'ajoutaient rien, ou si peu, à leur bonheur et à leur bien-être.

Au même moment, les parents étaient bombardés de terribles avertissements sur la catastrophe du changement climatique provoqué par deux siècles d'activités industrielles, qui avaient créé une prospérité inouïe aux dépens des ressources écologiques de la Terre. La fortune moyenne des personnes de la classe moyenne-supérieure dépassait celle des rois et empereurs qui avaient régné quatre siècles plus tôt. Leur richesse allait-elle imposer à leurs enfants et petits-enfants une dette environnementale encore plus élevée, qu'ils ne pourraient peut-être jamais rembourser ?

Les familles ont commencé à comprendre qu'on les avait arnaquées avec tous ces produits : elles avaient été aspirées dans une dépendance avilissante – alimentée par les milliards de dollars de publicité des entreprises – qui les laissait au seuil de la ruine et du désespoir. Ce fut une prise de conscience collective : quantité de gens se sont arrêtés net et ont changé de cap. Pour s'en sortir, il fallait inverser complètement le système économique : acheter moins, épargner plus et partager ce qu'on avait. La consommation débridée serait remplacée par l'économie du partage.

Un nouveau mouvement économique puissant a décollé du jour au lendemain, car la jeune génération avait à sa disposition un outil qui lui a permis de se réajuster rapidement et efficacement, et de partager ses biens personnels sur des communaux planétaires. La nature distribuée, collaborative, d'Internet a permis à des millions de personnes de trouver qui pouvait utiliser ce dont elles pouvaient elles-mêmes se passer. L'économie du partage était née. C'est un autre genre d'économie – infiniment plus dépendante du capital social que du capital financier. Et c'est une économie qui repose davantage sur la confiance sociale que sur les forces anonymes du marché.

Rachel Botsman, ancienne consultante pour General Electric et IBM formée à Oxford et à Harvard, a abandonné sa carrière pour rejoindre la nouvelle économie du partage. Elle décrit le chemin qui conduit à la consommation collaborative. Le web social, dit-elle, a traversé trois phases : d'abord, les programmeurs ont partagé librement le code ; puis Facebook et Twitter ont permis aux gens de partager leur vie ; après quoi, YouTube et Flickr leur ont donné les moyens de partager leur créativité ; et maintenant, conclut-elle, « nous entrons dans la quatrième phase, où les gens se disent : "je peux me servir de cette technologie pour partager toutes sortes de choses qui sont hors ligne, dans le monde réel"[29] ».

À cet instant charnière, ajoutons un amplificateur : si l'Internet des communications rend tout cela possible, lorsque, dans les prochaines années, il fusionnera avec l'Internet de l'énergie et l'Internet de la logistique pour créer une infrastructure intégrée et partageable de communication-énergie-logistique – un Internet des objets – opérant à coût marginal quasi nul, il stimulera considérablement le potentiel des autres secteurs du partage, notamment les sites de location, les réseaux de redistribution, les échanges culturels, les échanges de compétences professionnelles et techniques. Quand cela arrivera, la production et l'échange collaboratifs ne seront plus un secteur de niche, ils deviendront le paradigme dominant. C'est le capitalisme qui devra s'adapter aux communaux et non l'inverse.

Botsman a saisi la physiologie du nouveau paradigme économique qui grandit sous nos yeux :

> Tous les jours, les gens utilisent la consommation collaborative – les modes traditionnels du partage, du troc, du prêt, de la vente privée, de la location, du don et de l'échange redéfinis par la technologie et les communautés de pairs. Avec la consommation collaborative, ils prennent conscience qu'avoir accès aux biens et services est beaucoup plus avantageux, et de loin, que les posséder, et en même temps ils économisent de l'argent, de l'espace et du temps ; ils se font de nouveaux amis ; et ils redeviennent des citoyens actifs. [...] Ces systèmes apportent des bénéfices environnementaux importants : ils limitent le gaspillage, réduisent les déchets, encouragent le développement de meilleurs produits et absorbent les surplus créés par la surproduction et la surconsommation[30].

Tout partager

Beaucoup d'objets en notre possession restent souvent inutilisés. Partager des chambres ou même des canapés libres est devenu pour les enthousiastes une grosse affaire. Airbnb et HomeAway comptent parmi les nombreuses start-up qui rassemblent des millions de personnes souhaitant louer leur maison à des particuliers. Airbnb, en ligne depuis 2008, revendiquait fièrement à peine trois ans plus tard cent dix mille chambres proposées sur son site, et la liste continuait à s'étoffer au rythme ahurissant de dix mille chambres par jour[31]. À ce jour, trois millions de clients Airbnb ont réservé dix millions de nuitées dans trente-trois mille villes, réparties dans 192 pays[32]. En 2012, les réservations augmentaient au rythme fulgurant de 500 % par an, courbe exponentielle que pourrait envier (mais qui terrorise) n'importe quelle chaîne hôtelière mondiale[33]. On s'attend à voir Airbnb dépasser dès 2014 les plus grandes du monde – les vénérables compagnies Hilton et InterContinental : il louera davantage de chambres par nuit sur la planète[34].

Comme d'autres courtiers du partage, Airbnb ne prend qu'une petite somme au locataire et au propriétaire pour les mettre en contact. Le site facture des commissions très faibles parce que ses coûts fixes sont très bas et que chaque location supplémentaire s'approche du coût marginal quasi nul. Comme pour tous les nouveaux sites de partage, le potentiel des économies d'échelle latérales sur Internet est si spectaculaire que des start-up comme Airbnb peuvent décoller, rattraper et même dépasser les anciennes chaînes hôtelières mondiales en quelques années seulement.

Airbnb est une entreprise privée qui opère sur un communal de partage en ligne. Couchsurfing, son principal concurrent, relève d'un modèle différent. Il est né en tant qu'association à but non lucratif et l'est resté jusqu'en 2011. À cette date, il avait réuni 5,5 millions de membres dans 97 000 villes de 207 pays[35]. (Depuis 2012, il est devenu officiellement une entreprise à but lucratif ; le service reste gratuit, mais ses utilisateurs peuvent payer une cotisation unique de 25 dollars s'ils le souhaitent[36].) Ses membres s'offrent les uns aux autres un logement gratuit.

Couchsurfing se distingue aussi de son concurrent commercial Airbnb parce qu'il a une conception plus large de sa mission : elle est pour lui plus sociale qu'économique. Il encourage ses membres à passer du temps ensemble durant le séjour, à nouer des liens d'amitié durables. L'objectif est d'aider « les *couchsurfers* à partager leurs expériences de vie avec ceux qu'ils rencontrent, afin de favoriser les échanges culturels et le respect mutuel[37] ». Plus de 99 % des membres déclarent que leurs expériences de *couchsurfing* ont été positives[38]. Selon les utilisateurs, plus de 19,1 millions d'amitiés sont nées au cours de ces visites. Les membres participent aussi à plus de 40 000 groupes de discussion sur le *couchsurfing*[39].

La location de jouets a aussi connu une belle ascension. Baby Plays, Rent That Toy ! et Spark Box Toys en sont de bons exemples. Pour un tarif d'abonnement raisonnable, de 25 à 60 dollars mensuels, ces services expédient à votre domicile entre quatre et dix jouets par mois. Ils sont désinfectés après chaque retour, ce qui garantit leur conformité aux normes sanitaires en vigueur. Tous les parents le savent : les enfants se lassent en général assez vite de leurs nouveaux jouets, qui prennent ensuite la poussière dans un coffre, un placard ou une boîte au grenier, parfois pendant des années. Avec les jouets partageables, les tout-petits comprennent très tôt qu'un jouet n'est pas une chose à posséder mais une expérience immédiate à savourer. Cela change leur perception des objets qu'ils utilisent.

Même les vêtements, articles pourtant très personnels, se métamorphosent de biens possédés en services. Aujourd'hui, on peut louer des cravates ! Tie Society, une start-up de Washington, D.C., a plus de 300 cravates de designers en stock – dont chacune coûterait à l'achat une somme astronomique. Pour une cotisation mensuelle de 11 dollars, les abonnés reçoivent un carton de cravates désinfectées, prêtes à porter, et ils peuvent changer leur sélection tous les mois[40].

Pour les femmes, Rent The Runway, I-Ella, MakeupAlley, Avelle et des dizaines d'autres sites mettent en relation fournisseuses et utilisatrices dans l'ensemble du secteur de la mode au détail. Les femmes qui ont acheté des robes de *designers*, des sacs à main et des bijoux entrent en contact avec d'autres qui louent ces vêtements et accessoires pour une petite fraction de leur prix d'achat.

Si les sites de location sont en plein essor, les réseaux de redistribution le sont aussi. Il n'est pas surprenant qu'une génération qui a grandi avec le recyclage des matières plastiques, du verre et du papier ait envie de recycler les objets qu'elle possède. Optimiser le cycle de vie des articles pour en produire moins, au lieu de ne les utiliser que partiellement, est devenu une seconde nature chez les jeunes : pour eux, la durabilité est la nouvelle frugalité.

The Freecycle Network (TFN) a été l'un des premiers grands acteurs sur les communaux spécialisés dans les biens recyclables partageables. Cette association à but non lucratif, qui rassemble neuf millions de membres dans quatre-vingt-cinq pays, est organisée en cinq mille groupes locaux. Les utilisateurs mettent en ligne les articles dont ils ne veulent plus, et les autres membres de la communauté peuvent en disposer gratuitement. Les fondateurs de TFN disent fièrement que leur modèle communaliste du recyclage « change le monde cadeau par cadeau »[41].

Une autre organisation populaire de redistribution est ThredUP. Cette boutique de dépôt-vente en ligne, forte de 400 000 membres, a commencé par recycler les vêtements pour bébés et enfants. Elle a récemment étendu son activité au prêt-à-porter pour femmes[42]. ThredUP souligne qu'un adolescent de 17 ans a utilisé en moyenne plus de 1 360 articles d'habillement depuis sa naissance[43]. Quand les vêtements deviennent trop petits pour les enfants, les parents remplissent un sac ThredUP et le déposent devant leur porte. La compagnie le récupère et prend en charge les frais d'expédition. Chaque fois que ThredUP place un de vos articles dans une autre famille, vous gagnez des points, que vous pouvez ensuite utiliser pour acquérir de « nouveaux » vieux vêtements, et habiller ainsi votre enfant en pleine croissance. Cette boutique en ligne propose les articles d'occasion jusqu'à 75 % moins cher, ce qui fait qu'ils circulent et vivent plusieurs vies (au lieu de se dévaloriser). ThredUP doit son succès à la capacité du web de rassembler des centaines de milliers de fournisseurs et d'usagers dans un réseau latéral distribué. Ses membres peuvent passer en revue des milliers d'articles en consultant les pages de son site, et trouver exactement ce qui convient à leurs enfants. ThredUP reçoit environ 385 000 visites par mois, a vendu plus de 350 000 articles en 2012 et voit augmenter les commandes à un rythme mensuel incroyable : 51 %[44].

Qui pourrait s'opposer à l'idée de consommation collaborative et d'économie du partage ? Ces nouveaux modèles économiques semblent si bénéfiques. Le partage fait appel à ce qu'il y a de meilleur dans la nature humaine. Réduire la consommation addictive, optimiser la frugalité et encourager un mode de vie durable n'est pas seulement louable : c'est essentiel si nous voulons assurer notre survie.

Néanmoins, même ici, il y a des gagnants et des perdants. Le système capitaliste toujours dominant pense pouvoir trouver de la valeur dans l'économie collaborative, en prenant appui sur certains aspects de la culture du partage pour l'orienter sur des voies lucratives. Mais quels que soient les profits qu'il parviendra à tirer de la croissance des communaux en réseaux, ils feront pâle figure par rapport au terrain qu'il va perdre.

Certes, les hôtels continueront à recevoir des réservations, mais la migration de millions de jeunes vers Airbnb et Couchsurfing réduit déjà leur marché. Comment une chaîne hôtelière gigantesque, avec ses coûts fixes élevés, pourrait-elle concurrencer des millions d'espaces privés partageables à des coûts marginaux faibles et même quasi nuls ?

Les détaillants de tout type, déjà acculés par la disparition progressive de leurs marges de profit, vont être également désavantagés par une économie du partage où les vêtements, les appareils, les jouets, les outils et des milliers d'autres objets restent utilisés en permanence dans des réseaux de location et de redistribution. Prolonger la durée de vie des objets en les transmettant d'usager à usager, c'est réduire considérablement les ventes d'articles neufs.

J'ai été frappé par le dilemme qui se pose aux commerçants quand j'ai entendu parler du nouveau site de partage en ligne Yerdle, créé en 2012. Les fondateurs sont des vétérans du mouvement de la durabilité, qui ont des liens étroits avec les milieux d'affaires : Adam Werbach était autrefois président du Sierra Club et Andy Ruben directeur général de la durabilité chez Walmart. Yerdle met en contact des amis Facebook qui ont des articles non utilisés qu'ils désirent vendre ou donner. Outre les vêtements, ses membres peuvent échanger à peu près n'importe quoi : des téléphones portables, des ordinateurs, des équipements sportifs, des ustensiles de cuisine, des accessoires pour animaux domestiques… tout ce qu'on peut imaginer.

Pour l'instant, les communautés Yerdle sont locales. Les amis Facebook peuvent se réunir et créer un espace de partage s'ils ont au moins cinquante articles à partager. Certains réseaux ont plusieurs milliers d'articles inventoriés, ce qui permet de savoir d'un seul coup quels objets ses « amis » partagent. Yerdle ne fait pas payer la transaction, mais en général les amis doivent couvrir les frais d'expédition. Sa croissance va permettre à ses réseaux locaux de s'étendre géographiquement ; les articles pourront donc être vendus à des amis, mais aussi à des étrangers. Yerdle envisage de prélever une petite commission sur les transactions pour couvrir ses frais d'exploitation.

Le projet Yerdle, comme tant d'autres, fait progresser l'idée d'économie circulaire, où tout est recyclé et réutilisé, où rien n'est jeté au rebut avant l'heure. La logique de durabilité est parfaitement claire, mais elle le devient un peu moins quand les fondateurs essaient d'intégrer à leur système le commerçant. « Si vous avez la possibilité d'emprunter une tronçonneuse à votre voisin, explique Werbach, la mission du détaillant est de vous aider dans votre projet, pas de vous vendre une tronçonneuse neuve[45]. » Peut-être… mais est-ce vraiment ce qu'il va faire ?

Werbach et Ruben répètent à l'envi que « partager est bien plus sympa qu'aller faire les courses », et c'est un point de vue toujours plus répandu. Mais est-ce celui de Walmart ? J'en doute ! Pourtant, Werbach et Ruben sont bien décidés à trouver un intérêt commercial, même limité, qui pourrait inciter les grandes chaînes de magasins à entrer dans le jeu : ils évoquent certains scénarios où elles pourraient tirer profit d'un mouvement privilégiant le partage et non l'achat. Supposons par exemple qu'un membre de Yerdle parte camper pour la première fois, et ne souhaite pas dépenser une fortune en matériel avant même de savoir si l'expérience lui plaira. Il peut se procurer un équipement de camping sur Yerdle. À son retour, le campeur enthousiasmé aura peut-être envie de renouveler ses accessoires en optant pour des articles flambant neuf : si les détaillants étaient des sponsors ou des amis sur Yerdle, il serait alors naturellement dirigé vers l'offre du commerce. C'est l'espoir, répétons-le, de tant de jeunes entrepreneurs sociaux qui oscillent entre marché capitaliste et communaux. Mais qu'est-ce qui leur tient vraiment à cœur ? Toute la question est là. Les communaux au coût marginal quasi nul sont-ils seulement pour eux, comme le soutiennent Chris Anderson et quelques autres, une nouvelle opportunité commerciale exploitable par le marché, ou sont-ils une fin en soi – un nouveau paradigme économique –, dont les retombées peuvent éveiller un certain intérêt du marché ? Je suis sûr que la plupart des entrepreneurs sociaux se rangent dans la seconde catégorie, mais qu'ils tiennent à trouver au moins une façon responsable d'intéresser le système capitaliste traditionnel aux nouveaux communaux en réseau.

Neal Gorenflo, cofondateur et rédacteur en chef de la revue *Shareable* [Partageable], une publication en ligne à but non lucratif qui informe sur les derniers événements dans l'économie de consommation collaborative, indique qu'aux États-Unis les ventes au détail ont représenté 4700 milliards de dollars en 2011 et que la consommation collaborative a fait cette année-là un chiffre d'affaires d'environ 100 milliards de dollars. Il se demande ce que peuvent faire les détaillants, avec leur formidable puissance commerciale, pour intégrer rapidement la consommation collaborative aux pratiques de masse[46].

Gorenflo envisage un système de traçabilité, qui permettrait au détaillant de prélever une partie du revenu de chaque article vendu quand il passe d'un usager à un autre au sein de l'économie du partage. Le point de vente du détaillant serait « une porte d'entrée vers un marché collaboratif qui gérerait le produit pendant tout son cycle de vie, où il aurait de nombreux propriétaires et usagers successifs[47] ». Chaque article serait automatiquement codé, il posséderait un identifiant unique qui fournirait toutes les informations le concernant : les différentes transactions et l'historique de son parcours d'un usager à un autre. Les gros détaillants organiseraient un mégamarché en ligne où chaque acheteur pourrait proposer à la location ou à l'échange ses objets partageables. Gorenflo pense que cette solution permettrait aux commerçants de contrôler la gestion de leurs articles et de disposer du plus grand marché du monde pour les partager. « Je serais prêt à payer une petite commission sur chaque transaction pour ce service[48] », ajoute-t-il. Dans ce scénario, selon lui, tout le monde serait gagnant[49]. Les détaillants continueraient à percevoir des revenus tout au long du cycle de vie du produit. Ils pourraient aussi être incités à commercialiser certains de leurs articles en tant que services, ce qui les placerait au cœur même de l'économie du partage. Puisqu'ils feraient des profits tout au long du cycle de vie de l'objet, les détaillants seraient encouragés à améliorer la qualité et la durabilité de leurs produits. L'usager ferait des économies en préférant l'accès à la propriété et se sentirait partie prenante d'une vaste économie du partage moins gaspilleuse et plus durable.

L'idée est intéressante. Il est certain qu'elle redonne un rôle au détaillant – mais en lui proposant des miettes et non une affaire en or. Les petites commissions qu'il recevra au fil du cycle de vie du produit vendu seront insignifiantes comparées aux pertes qu'il subira quand des millions de personnes partageront plus et achèteront moins. Là encore, le marché capitaliste peut, effectivement, faire du profit sur les communaux; mais il n'en continuera pas moins à rétrécir et à se replier dans des niches toujours plus restreintes face à l'expansion de l'économie sociale, qui éclipsera l'économie de marché.

On partage même les jardins. SharedEarth a été créé par Adam Dell, un entrepreneur d'Internet. Il rêvait d'un jardin potager dans sa cour à Austin (Texas), mais il n'avait ni le temps ni les compétences nécessaires pour s'en occuper lui-même. En 2010, il a posté une annonce sur Craigslist : « J'apporte la terre, l'eau et les fournitures, vous apportez le travail. Nous partageons la production 50/50. » Il s'est entendu avec une dame qui adorait jardiner mais vivait en appartement[50].

En bon professionnel fin connaisseur d'Internet, Dell a vu qu'il y avait là une belle occasion de latéraliser son expérience sur le web. En quatre mois, SharedEarth est passé de 75 000 mètres carrés à 2 400 000 mètres carrés d'espace partagé. Dell envisage de transformer des dizaines de milliers de kilomètres carrés d'arrière-cour inutilisées en communaux potagers :

> Je pense que SharedEarth peut avoir un impact sérieux, du moins je l'espère. Imaginons que nous ayons 40 000 kilomètres carrés de terre cultivée. Cela dégagerait quantité d'oxygène, absorberait quantité de CO_2 et produirait quantité de nourriture[51].

SharedEarth n'est pas encore une menace sérieuse pour l'agriculture traditionnelle. Mais Dell en est persuadé : si de gros effectifs de jardiniers en herbe se voyaient attribuer des terres non utilisées, on pourrait produire des aliments biologiques locaux de haute qualité. Il espère que ses efforts encourageront les gens à se détourner de l'agriculture centralisée et verticale, dont les produits sont expédiés sur une longue distance, et à s'orienter vers une agriculture régionale, latérale, distribuée et destinée à la consommation locale – avec les gains d'efficacité qu'elle permettra.

« Nous sommes un service gratuit », précise Dell. « Nous n'avons aucun modèle d'entreprise ! » Erreur : SharedEarth a bel et bien un modèle d'entreprise – il s'appelle les communaux[52].

Tandis que les jardiniers commencent à partager les récoltes de microlopins, une jeune génération d'agriculteurs partage les siennes à plus vaste échelle avec les consommateurs urbains. Les associations pour le maintien d'une agriculture paysanne (AMAP) ont connu des débuts difficiles en Europe et au Japon dans les années 1960, puis le mouvement s'est accéléré rapidement aux États-Unis et dans d'autres pays dans les années 1990, grâce à l'essor d'Internet. Les consommateurs citadins versent une somme fixe à des agriculteurs locaux avant la période de pousse pour financer les frais initiaux. Les clients deviennent, de fait, des actionnaires. En échange, ils auront une part généreuse des fruits et légumes, livrés à domicile ou dans des centres de distribution proches tout au long de la saison de production. Si les récoltes des agriculteurs sont abondantes, les actionnaires auront une part du supplément. Si les rendements sont faibles en raison de mauvaises conditions météorologiques ou autres, ils participeront aux pertes en recevant moins de denrées.

Le partage des risques entre consommateurs et agriculteurs crée un lien de confiance mutuelle et alimente le capital social. De plus, l'élimination de tous les intermédiaires de l'agro-industrie à intégration verticale traditionnelle réduit considérablement le coût du produit pour le client.

Beaucoup d'AMAP ont des pratiques écologiques et des techniques de culture biologique, qui suppriment les coûts élevés et les dégâts environnementaux dus à l'usage des engrais et des pesticides pétrochimiques. L'élimination des emballages plastiques et du transport des denrées sur une longue distance réduit encore les coûts énergétiques et environnementaux.

Internet a grandement facilité l'essor des AMAP, en permettant aux agriculteurs et aux consommateurs de se rencontrer dans des réseaux pair à pair. Les sites des AMAP locales aident les agriculteurs et les clients à rester en contact étroit : ils partagent instantanément les informations sur l'état des récoltes ou les délais de livraison. Les AMAP remplacent les vendeurs et acheteurs du marché traditionnel par des fournisseurs et des usagers qui échangent des produits sur un communal social. En un sens, les consommateurs deviennent prosommateurs, puisqu'ils financent les moyens de production des denrées qu'ils consommeront. Il y a des milliers d'AMAP dans le monde entier, et leurs effectifs augmentent, car la jeune génération est de plus en plus encline à orienter ses achats vers l'économie sociale des communaux.

Des soins pilotés par le patient

Partager son canapé, ses vêtements, sa nourriture est un geste très personnel, mais quand on partage son dossier médical sur des communaux, on touche à la vie intime. Des millions de personnes mettent en ligne les détails de leur histoire médicale et de leur état de santé ; partagent des informations sur les symptômes, les diagnostics et les médicaments ; collaborent aux recherches pour trouver des traitements ; constituent des groupes d'entraide ; créent des associations de défense pour inciter les États, les compagnies d'assurances et la communauté médicale à réexaminer les postulats et les protocoles médicaux dans l'ensemble du secteur des soins. Aux Etats-Unis, où les dépenses de santé représentent 17,9 % du PIB, les patients se font leurs propres champions sur un communal géant de la santé qui se déploie parallèlement à l'économie de marché et qui bouleverse la théorie et la pratique de la médecine[53].

Traditionnellement conçu comme une relation privée entre un médecin qui donne des prescriptions et un patient qui les suit passivement, le traitement médical s'est soudain métamorphosé en une relation pair à pair, latérale, distribuée, dans laquelle les malades, les chercheurs, les médecins et les autres soignants collaborent sur des communaux en réseaux ouverts pour faire progresser les soins prodigués aux patients et la santé de la société.

C'est un peu par hasard, du nombre croissant de personnes qui cherchaient à s'autodiagnostiquer sur Internet, qu'est né le mouvement de la santé pilotée par le patient. Les internautes qui avaient des problèmes médicaux similaires se sont rencontrés sur le web et ont commencé à partager leurs observations. Ceux dont la maladie avait déjà été diagnostiquée ont raconté leur histoire personnelle, l'évolution de leur maladie ou de leur affection sur divers sites de santé, en espérant recevoir des réactions de malades dans la même situation. D'autres, qui n'étaient pas satisfaits du traitement que leur avait prescrit leur médecin, cherchaient à rencontrer des personnes souffrant des mêmes maux dans l'espoir de découvrir d'autres remèdes. Quelques-uns se sont mis à comparer leurs impressions sur les effets secondaires de certains médicaments, notamment pris en association avec d'autres. Les malades chroniques ou graves pour lesquels les traitements existants étaient soit insuffisants soit inexistants ont commencé à se regrouper pour chercher des solutions éventuelles. Les plus militants ont lancé des groupes de soutien affectif et pratique et créé des organisations de défense pour attirer l'attention de l'opinion sur leur maladie et demander que l'on consacre davantage de fonds publics à la recherche d'un traitement.

Aujourd'hui, il existe de nombreux sites Internet de réseaux sociaux où des millions de personnes se retrouvent, se soutiennent et s'entraident pour faire progresser les soins médicaux et la santé publique. Parmi les plus populaires, citons PatientsLikeMe, ACOR, la fondation LAM, Cure Together, le Life Raft Group, l'Organization for Autism Research, la fondation Chordoma et LMSarcoma Direct Research.

Ces sites de santé pilotés par les patients sont nés d'histoires très personnelles : ils traitent pour la plupart de maladies rares auxquelles on n'a consacré que peu d'attention, et encore moins de recherches en vue de les traiter et de les guérir. La lymphangioléiomyomatose (LAM) est une maladie rare et mortelle, provoquée par la malformation d'une voie cellulaire qui régule la croissance des cellules. Cette anomalie, qui détruit les poumons de femmes jeunes, a été associée à plusieurs cancers, dont le mélanome et le cancer du sein.

En 2005, alors qu'elle était encore étudiante, on avait diagnostiqué la LAM à Amy Farber, aujourd'hui enseignante à la faculté de médecine de Harvard, et on l'avait avertie qu'une grossesse risquait fort d'accélérer la maladie. Très désireuse de trouver un médicament ou un traitement, elle s'est adressée aux responsables de la recherche traditionnelle. C'est alors qu'elle a découvert qu'on effectuait très peu de travaux sur cette maladie rare, et que ces maigres efforts étaient isolés et disjoints : les tentatives de collaboration étaient à peu près nulles. Frustrée par cette inefficacité face à son affection, elle a pris contact avec le docteur George Demetri, cancérologue et professeur à la faculté de médecine de Harvard. Il cherchait à utiliser Internet pour mettre en relation des patients du monde entier, afin de collecter et d'étudier leurs expériences et leurs observations sur les cancers rares. Il espérait que cette base de données pourrait faire apparaître une sorte de « savoir collectif » sur la nature et le développement de ces maladies, et permettre de trouver des remèdes et des traitements. Farber et Demetri ont ensuite uni leurs forces avec Frank Moss, directeur du laboratoire des médias du MIT. C'est de leur collaboration qu'est né thelamfoundation.org, un site Internet où les patients peuvent rendre compte de leur état de santé. Les informations contenues dans ces témoignages sont rassemblées et analysées pour aider les scientifiques à définir de nouveaux scénarios de recherche. Cette approche fondée sur le *crowdsourcing* se distingue nettement des essais randomisés contrôlés qu'utilise la recherche traditionnelle : longs et coûteux, ceux-ci sont conçus et exécutés d'en haut par les chercheurs, les patients n'étant que des sujets passifs. Le site LAM, comme d'autres sites de recherche sur les communaux de la santé, se fonde sur le savoir collectif des patients, qui aide à déterminer les protocoles de recherche. « Nous transformons réellement les patients en scientifiques, explique Moss, et nous changeons l'équilibre du pouvoir entre les cliniciens et scientifiques et les patients[54]. »

L'Association of Cancer Online Resources (ACOR) [Association des ressources en ligne sur le cancer], fondée par Gilles Frydman, a poussé un pas plus loin l'idée de « soins pilotés par le patient » en créant un communal de la santé plus exhaustif, où 600 000 malades et soignants participent activement à 163 communautés virtuelles publiques. Alors qu'à la LAM Treatment Alliance les patients indiquaient leur état de santé et les chercheurs élaboraient les protocoles, à l'ACOR malades et soignants partagent l'information scientifique et participent ensemble à « l'organisation et [au] développement de nouvelles méthodologies de collecte et de compilation des données – dans l'intention de guider les travaux menés sur leur maladie[55] ». Ils organisent aussi des levées de fonds en faveur de la recherche scientifique. Ces e-patients sont en train de développer ce que Friedman appelle un « modèle de médecine participative », qui réunit l'ensemble des acteurs – malades, chercheurs, médecins, financeurs, sociétés de matériel médical, soignants, compagnies pharmaceutiques et professionnels de la santé – sur un communal où ils collaborent pour perfectionner les soins.

La recherche guidée par le patient commence même à entrer dans le saint des saints de la science. Certaines communautés virtuelles d'e-patients ont créé des banques de tissus et de spécimens ; d'autres, des lignées cellulaires pour effectuer des tests ; d'autres encore ont établi des registres de patients et constitué des réseaux d'essais cliniques[56].

PatientsLikeMe, un site de santé piloté par les patients, qui en rassemble 200 000 et suit la progression de 1 800 maladies, vient de publier sa première étude observationnelle réalisée à l'initiative de malades : elle réfute les conclusions d'une étude traditionnelle qui avait affirmé que le carbonate de lithium ralentissait la progression de la sclérose latérale amyotrophique (SLA), une affection neurodégénérative[57]. L'association indique qu'elle a « développé un nouvel algorithme conçu pour comparer des patients qui disent prendre du lithium à d'autres dont la maladie a connu une évolution similaire[58] ». PatientsLikeMe a suivi 348 malades SLA qui prenaient du lithium prescrit hors indications autorisées et a constaté que « le lithium n'avait aucun effet observable sur la progression de la maladie chez ces patients[59] ».

Bien que le test piloté par les patients ne soit pas tout à fait comparable à l'essai clinique contrôlé en double aveugle, sa rapidité et son faible coût font de lui un nouvel outil puissant pour la recherche. Norman Scherzer du Life Raft Group, un communal de la santé spécialisé dans les tumeurs stromales gastro-intestinales, explique pourquoi de nombreux patients se tournent vers la nouvelle conception communaliste de la recherche :

> L'une des principales qualités de la recherche pilotée par le patient est sa rapidité. Nous pouvons donner à ceux qui en ont besoin immédiatement des informations primordiales, capables de sauver des vies, beaucoup plus vite que les chercheurs professionnels, qui doivent respecter des étapes nombreuses et fort longues. [...] Cela peut prendre plusieurs années. Un temps de latence potentiellement mortel est inhérent à la recherche professionnelle – un décalage entre le moment où une importante percée médicale est connue de quelques-uns et celui où tout le monde en entend parler[60].

Alors que les études cliniques contrôlées en double aveugle sont extrêmement coûteuses, l'étude observationnelle réalisée à l'initiative des patients, qui utilise Big Data et algorithmes pour découvrir les profils et les effets des maladies, peut s'effectuer à un coût marginal quasi nul.

Encore balbutiante, cette méthode de recherche en source ouverte souffre souvent d'une lacune : il lui manque la vérification que le processus éprouvé de révision par les pairs, plus lent, assure aux essais randomisés contrôlés traditionnels. Les défenseurs de la recherche pilotée par les patients en sont conscients, mais ils pensent qu'elle se dotera bientôt de l'expertise nécessaire, comme le fait Wikipédia qui vérifie et valide tous les articles publiés sur ses sites. Aujourd'hui, Wikipédia compte 19 millions de contributeurs. Des milliers d'utilisateurs vérifient l'exactitude factuelle des articles et les affinent, pour que la fiabilité du site en source ouverte soit au niveau de celle des autres encyclopédies. Aujourd'hui, c'est le huitième site Internet le plus visité au monde, qui attire des millions d'usagers dans l'encyclopédie du savoir universel[61].

Les champions des communaux de la santé pilotés par les patients rappellent ce qui s'est passé lorsque Wikipédia est apparu : des universitaires ont soutenu que la démocratisation de la recherche de haut niveau allait gravement compromettre les normes académiques exigeantes qui étaient d'usage dans la compilation des encyclopédies. Leurs craintes se sont révélées injustifiées. Les partisans de la recherche médicale sur des communaux en source ouverte pilotés par les patients ne voient pas pourquoi le *crowdsourcing* de la recherche, si on l'accompagne de protocoles scientifiques rigoureux, serait moins efficace.

TOUT LE MONDE EST MÉDECIN

Certains indices montrent qu'une jeune génération de médecins s'engage sur la voie des communaux de la santé pilotés par les patients. Dan Hoch, neurologue spécialiste de l'épilepsie au Massachusetts General Hospital, a écrit un texte fort intéressant sur sa conversion aux nouveaux mouvements des communaux en ligne d'e-patients. Il reconnaît que la profession médicale a toujours « implicitement interdit » les contacts entre patients, de crainte qu'ils ne fragilisent l'autorité des médecins. « En valorisant les interactions entre les patients et en ne mettant plus l'accent sur le rôle central du médecin, j'avais la désagréable impression d'être peut-être en train de violer un profond tabou[62]. »

Oubliant toute prudence, Hoch a décidé d'aller voir ce qui se passait dans un groupe de soutien sur l'épilepsie, les BrainTalk Communities – une communauté Internet à but non lucratif fondée par John Lester, un confrère du Mass General. À l'époque, BrainTalk hébergeait plus de 300 groupes spécialisés dans toute une gamme de maladies neurologiques, dont Alzheimer, la sclérose multiple, Parkinson, Huntington et l'épilepsie. Son site est visité régulièrement par plus de 200 000 personnes dans le monde.

Hoch a été surpris de découvrir que, contrairement à ses attentes, 30 % seulement des messages étaient centrés sur le soutien affectif. Dans les 70 % restants, les membres échangeaient des informations sur la maladie, les options de traitement, les protocoles de gestion, les effets secondaires et la façon de vivre l'affection au jour le jour. Un point lui a paru particulièrement intéressant : les membres ne cessaient de vérifier mutuellement les faits qu'ils avançaient, dans un processus d'autocorrection, et ils contestaient les informations infondées ou douteuses. Pour Hoch, le plus surprenant a été de constater « que les communautés Internet comme le groupe BrainTalk sur l'épilepsie ne sont pas seulement beaucoup plus intelligentes qu'un patient isolé, mais aussi plus intelligentes, ou du moins plus exhaustives, que de nombreux médecins – même spécialistes[63] ».

Hoch conclut sur cet aveu stupéfiant :

> On m'a inculqué que seul le médecin pouvait apporter aux malades les éléments nécessaires pour décider. [...] Il me semble maintenant tout à fait clair que de plus en plus de patients sont parfaitement capables de s'en donner les moyens eux-mêmes, avec ou sans la bénédiction de leur clinicien[64].

Il existe aujourd'hui des centaines de communaux de la santé en source ouverte sur Internet. Ce nombre va certainement augmenter considérablement dans les prochaines années, car certains pays commencent à utiliser des archives électroniques pour rationaliser les services de santé. En 2009, le gouvernement des États-Unis a octroyé 1,2 milliard de dollars de subventions pour aider les fournisseurs de soins à mettre en place les dossiers de santé électroniques[65]. Le Big Data qui sera disponible dans un futur proche aux États-Unis et dans d'autres pays va fournir un réservoir d'informations ; utilisées sur des communaux de la santé pilotés par les patients avec des garanties de respect de la vie privée, elles pourraient révolutionner la médecine.

Le potentiel du Big Data pour faire face aux problèmes de santé est apparu clairement durant l'hiver 2013, quand une grave épidémie de grippe s'est propagée brusquement dans le monde entier. Google a été capable de localiser précisément les endroits où apparaissaient la maladie, d'évaluer l'intensité de l'épidémie et de suivre en temps réel son expansion à travers les régions, en analysant les recherches sur les sujets liés à la grippe qu'on effectuait sur son site.

Certes, on a ensuite constaté que Google avait surestimé l'intensité de l'épidémie, en partie à cause de l'ampleur de la couverture médiatique – notamment sur les réseaux sociaux – qui avait poussé de nombreux internautes à effectuer des recherches sur la grippe. Mais son pistage s'est révélé un système de première alerte suffisamment fiable pour que les centres américains de contrôle et de prévention des maladies fassent de Google un partenaire officiel de leur programme de surveillance[66].

Il est crucial de suivre la propagation d'une épidémie en temps réel pour la maîtriser. Être en mesure de mobiliser des services de santé locaux, s'assurer que des vaccins antigrippaux sont disponibles et rapidement administrés là où l'on en a besoin, prévenir la population – tout cela peut influer considérablement sur l'ampleur de la contagion. Dans le système de surveillance traditionnel, il faut une à deux semaines pour collecter les informations dans tout le pays auprès des médecins, qui se fondent sur les visites des patients. À ce moment-là, le virus de la grippe a très bien pu atteindre son pic ; il est même peut-être déjà en bout de course. En revanche, Google détecte la première réaction des gens, au moment où ils vont vérifier sur Internet si leurs symptômes correspondent à ceux de la maladie, et ils le font souvent plusieurs jours avant de téléphoner à leur médecin ou d'aller le consulter.

Twitter aussi est considéré comme un bon pisteur. Ses utilisateurs envoient plus de 500 millions de messages par jour. Ceux qui ne se sentent pas bien twittent souvent leurs amis dès les premiers symptômes, plusieurs heures avant que la grippe les ait assommés ; c'est encore une chronique instantanée de la façon dont se répand le virus.

À présent, les épidémiologistes estiment que ces outils de pistage de première alerte sont un complément, voire un supplément indispensable, des modèles de surveillance avérés et éprouvés. Mais, de l'avis général, avec un affinement des algorithmes pour éliminer le bruit et établir une lecture plus exacte des données, la surveillance et le suivi *via* Google et Twitter deviendront plus robustes, ce qui fera de ces réseaux un élément déterminant pour suivre et endiguer les épidémies virales[67]. Si on utilise le Big Data pour suivre à la trace les épidémies mondiales et atténuer la contagion, on économisera des milliards de dollars de frais de santé grâce à un système de surveillance et de signalement qui tendra vers un coût marginal quasi nul.

Dans le champ neuf de la médecine génomique, où les chercheurs multiplient les découvertes sur les corrélations entre anomalies génétiques et déclencheurs environnementaux, une grande leçon se dessine : bien que la maladie puisse être définie dans ses grandes lignes – cancer du sein, leucémie, maladie pulmonaire –, l'affection de chacun est unique, même si le diagnostic l'inscrit dans le cadre d'une maladie générale. La médecine génétique est à l'avant-garde de cette nouvelle approche personnalisée, qui traite l'affection de chacun comme une maladie « orpheline ».

La diminution du coût du séquençage de l'ADN permet la création d'une bibliothèque de Big Data que chacun peut utiliser pour se connecter avec ceux qui ont un profil ADN semblable au sien. À l'avenir, quand les bases de données ADN se seront élargies et que toute la séquence de l'ADN humain sera disponible pour les essais, des millions de personnes aux traits génétiques communs pourront se rassembler en réseaux de santé personnalisés pilotés par les patients, comparer leurs observations sur les maladies et collaborer pour trouver des remèdes. L'expansion latérale de ces communaux de la santé sera suffisante pour attirer l'attention publique sur leurs grappes de maladies et encourager l'État, les universités et les entreprises à leur consacrer davantage de recherche ; elle facilitera aussi la levée de fonds pour leurs propres travaux, essais cliniques et traitements.

Ces groupes d'individus assortis biologiquement par leur ADN pourront aussi utiliser le Big Data pour comparer leurs habitudes – régime alimentaire, consommation de tabac et d'alcool, pratique de l'exercice physique et environnement de travail –, afin de préciser les corrélations entre les prédispositions génétiques et divers déclencheurs environnementaux. Puisque ces grappes ADN assorties donneront accès à des récits chronologiques de l'utérus à la vieillesse et à la mort, on pourra sûrement élaborer des algorithmes qui indiqueront avec précision les risques de maladie à divers stades de la vie d'une personne, ainsi que les traitements efficaces.

Au milieu du XXIe siècle ou même plus tôt, chacun pourra, j'en suis sûr, accéder au moteur de recherche d'un communal mondial de la santé, y enregistrer sa constitution génétique, trouver une grappe correspondante de génomes similaires et recevoir un compte rendu détaillé des problèmes de santé qu'il pourrait rencontrer au cours de sa vie, ainsi qu'une liste des traitements médicaux personnalisés les plus efficaces pour recouvrer la santé et la conserver, à coût marginal quasi nul.

Les transplantations d'organes comptent parmi les opérations chirurgicales les plus coûteuses. Mais de nouvelles percées laissent entrevoir la possibilité de réduire grandement ces coûts. Dans un avenir proche, si des tissus et organes de remplacement sont nécessaires, nous pourrons les créer par impression 3D à un coût marginal faible ou quasi nul. L'impression tridimensionnelle de parties du corps humain est déjà bien avancée. Le Wake Forest Institute for Regenerative Medicine en Caroline du Nord a récemment imprimé un prototype de rein à partir de cellules vivantes[68]. Organovo, une compagnie des biosciences basée à San Diego, a utilisé la bio-impression 3D pour imprimer un fragment fonctionnel de tissu de foie humain[69]. En Australie, à l'université de Wollongong, les chercheurs du centre d'excellence ARC* pour la science des électromatériaux expérimentent les processus 3D pour imprimer des cellules musculaires et nerveuses dans un tissu vivant. Cameron Ferris, chercheur au centre ARC, explique comment fonctionne la bio-impression : « Nous employons la technologie des imprimantes à jet d'encre, mais au lieu d'encre nous utilisons des types cellulaires[70]. » En se servant de cellules prélevées dans le propre corps du patient pour reproduire le tissu, au lieu d'implanter celui d'un donneur, on évite le risque de rejet.

Dans les dix prochaines années, la bio-impression 3D de tissus supplémentaires – patchs cardiaques, greffons nerveux, segments de vaisseaux sanguins et cartilage pour les articulations en

* Australian Research Council, organisme consultatif sur la répartition des crédits de recherche du gouvernement australien.

dégénérescence – devrait être largement utilisée. La bio-impression en 3D d'organes complets prendra un peu plus de temps.

Stuart Williams, scientifique du Cardiovascular Innovation Institute à Louisville (Kentucky), tente d'imprimer un cœur en utilisant des cellules provenant de la graisse extraite au cours de liposuccions, qu'il mélange à de la colle. Il estime qu'un cœur « bio-ficiel » imprimé en 3D sera réalisable dans dix ans[71]. Selon Gordon Wallace du centre ARC, « en 2025, nous fabriquerons peut-être des organes fonctionnels complets personnalisés pour un patient[72] ». Le nouveau monde des pièces détachées corporelles bio-imprimées en 3D sera probablement une réalité dans les décennies à venir. Comme pour d'autres formes d'impression 3D, le coût de reproduction des pièces détachées biologiques s'effondrera quand la nouvelle technologie progressera.

Les soins très coûteux d'aujourd'hui – dont beaucoup sont primitifs, mal informés et onéreux – n'existeront plus dans une culture du Big Data et dans une société à coût marginal quasi nul.

Comme la démocratisation de l'information sur le web, de l'électricité grâce à l'Internet de l'énergie, de la fabrication avec l'impression 3D en source ouverte, de l'enseignement supérieur avec les MOOC et de l'échange dans l'économie du partage, la démocratisation potentielle de la santé sur le web ajoute à l'économie sociale une couche de plus et fait ainsi des communaux collaboratifs une force encore plus importante dans la société.

La fin de la publicité

L'économie du partage sur les communaux impose déjà la restructuration fondamentale d'une des composantes clés de l'économie de marché traditionnelle. Dès son origine, la publicité a été la force motrice du système capitaliste. À l'époque précapitaliste, quand l'activité économique évoluait plus à l'horizontale qu'en courbe ascendante, les humains étaient habitués à travailler juste assez pour assurer leur survie quotidienne. L'épargne était pratiquement inexistante. La révolution industrielle a considérablement accru la production matérielle et augmenté les salaires.

C'est pour s'assurer que ces revenus seraient rapidement dépensés dans la consommation des biens produits par les ouvriers que l'on a inventé la publicité. Si main invisible il y a, c'est l'aptitude de la publicité à faire monter la demande au rythme de l'augmentation de l'offre. Ce n'est pas une mince affaire.

Souvenons-nous que, jusqu'au début du XXe siècle, le mot «consommation» avait une connotation négative. En anglais, *consumption* désignait aussi la «consomption», nom courant de la tuberculose. Dans le dictionnaire, la première définition de «consommer» était «gâcher, piller et épuiser». Ce n'est que dans les années 1920, avec l'avènement de la publicité moderne, que la consommation a changé de visage : elle a cessé d'être un fléau pour devenir une aspiration sociale. Le secteur de la publicité a réorienté le psychisme populaire : évinçant la tradition ancestrale de frugalité, il a prôné une nouvelle éthique qui valorisait la dépense et non l'économie. Consommer est devenu la preuve suprême de la réussite et l'essence même de la modernité. Dans la seconde moitié du XXe siècle, la société de consommation, prenant le pas sur la société civile, était devenue la première communauté à laquelle les gens étaient attachés et où ils se forgeaient une identité sociale. Ce n'est pas un hasard si, immédiatement après les attentats du 11 septembre contre le World Trade Center et le Pentagone, le président George W. Bush a déclaré à la nation terrifiée : «L'économie américaine sera [...] ouverte au commerce.» Et s'il a ensuite incité les consommateurs à se rendre à Disney World[73].

En 2012, les recettes de la publicité se sont montées aux États-Unis à 153 milliards de dollars. Dans le monde, elles ont atteint 479,9 milliards de dollars[74]. Bien que ce secteur soit apparemment florissant, ses acteurs sont inquiets. Ils assistent à la métamorphose de millions de consommateurs passifs en prosommateurs pair à pair de leurs propres informations, savoirs, loisirs et énergies. (Et bientôt de leurs propres produits fabriqués en 3D.) Ces millions de gens achètent moins sur le marché puisqu'ils partagent dans l'économie collaborative des articles d'occasion. Ils préfèrent l'accès à la propriété et utilisent tous les produits, des automobiles aux équipements sportifs, sur la base du «juste à temps». Et tout cela passe par Internet sur des communaux ouverts où le coût marginal de l'échange d'information est quasi nul. La jeunesse se désengage discrètement du marché capitaliste traditionnel. Ce n'est pas encore un raz-de-marée, mais la courbe est exponentielle et probablement irréversible.

Autant dire que le marché de consommation exploitable par les publicitaires diminue. Et comme l'économie sociale en gestation sur les communaux est distribuée, collaborative et pair à pair, les décisions économiques sont moins déterminées par la puissance des campagnes publicitaires des grandes entreprises et davantage par les recommandations, les avis, le bouche-à-oreille et les « likes » échangés entre « amis » sur Facebook, Twitter, YouTube et des centaines d'autres réseaux sociaux en ligne.

Une nuée d'études récentes indiquent que, pour leurs décisions d'achats, les gens font autant confiance aux avis de consommateurs sur Internet qu'aux conseils de leurs amis ou de leur cercle familial. Aux États-Unis, selon une étude nationale, environ 66,3 % déclarent se fier « beaucoup », à cet égard, aux avis et recommandations postés par les utilisateurs[75]. À en croire la Local Consumer Review Survey [Enquête sur la consommation locale] réalisée en 2012, « 72 % des consommateurs font autant confiance aux avis en ligne qu'aux recommandations personnelles[76] ». Une autre enquête a constaté que 87 % d'entre eux avaient déjà pris une décision d'achat sur la base d'un avis favorable en ligne[77]. Plus révélateur encore : 65 % des clients « font plus confiance au bouche-à-oreille sur Internet qu'aux spots publicitaires[78] ». Lorsqu'il s'agit de choisir entre les entreprises et commerces locaux, les avis rédigés par les consommateurs sont tout aussi importants : 52 % des personnes interrogées déclarent que les critiques positives en ligne influencent leurs décisions[79].

Les sites d'avis abondent sur Internet. Yelp, Angie's List, Citysearch, TripAdvisor, Travelocity, Judy's Book et Local comptent parmi les centaines de sites de critiques où les consommateurs partagent leurs expériences – positives ou négatives – sur des biens et services. Aujourd'hui, on peut obtenir ces informations sur place, quand on choisit le produit en faisant ses courses dans un magasin.

Consumer Reviews est une application pour smartphone qui donne directement accès à des avis sur des produits précis. L'usager n'a qu'à scanner le code-barre de l'article avec son téléphone : il obtient instantanément des critiques. Certaines de ces nouvelles applications prennent aussi en compte les valeurs éthiques du consommateur. GoodGuide permet de scanner le code-barre d'un article et de faire défiler sur son écran des avis de consommateurs, pour savoir comment ils l'ont noté sous l'angle de la sécurité, de la santé, de la responsabilité sociale et de la durabilité générale[80]. L'usage croissant d'applications mobiles permettra aux consommateurs de poster leurs avis sur un produit ou service quelques secondes après l'avoir utilisé ; ces critiques seront donc accessibles en temps réel.

Quand on leur demande pourquoi elles se fient aux critiques postées par les consommateurs plutôt qu'aux publicités, les personnes interrogées dans une enquête de SurveyMonkey répondent que les utilisateurs sont impartiaux tandis que les publicitaires ont des intérêts financiers. Voici une réponse type : « Parce que les fabricants de la plupart des produits tendent à être trop enthousiastes dans leur description, alors que les consommateurs n'ont aucun intérêt à faire vendre ; leurs critiques sont donc intrinsèquement plus fiables[81]. »

Bien qu'il arrive que des entreprises trichent en affichant elles-mêmes des critiques anonymes favorables sur leurs biens et services, ou en postant des avis défavorables sur ceux de leurs concurrents, cela reste exceptionnel. Les sites de critiques sont de plus en plus vigilants dans leurs méthodes de suivi et utilisent des algorithmes toujours plus sophistiqués afin de tamiser les avis factices et de protéger leur réputation auprès des consommateurs[82].

La publicité traditionnelle est assaillie de tous côtés. Considérons l'une de ses formes principales : les petites annonces dans les journaux et les revues. Craigslist a été fondé en 1995 par Craig Newmark afin de regrouper les petites annonces locales et celles de forums en ligne, pour l'essentiel gratuitement. Il est encore classé point-org et non point-com, car il tient à revendiquer « sa nature relativement non commerciale, sa mission de service public et sa culture non capitaliste». Plus de 60 millions de personnes aux États-Unis et des millions d'autres dans soixante-dix pays utilisent Craigslist tous les mois – le site Internet est traduit en treize langues – pour trouver des emplois, un logement, une relation affective et des biens et services de toutes sortes. Ses usagers postent un million d'annonces chaque mois et ses forums de discussion attirent 200 millions de personnes. Toute l'opération est financée par de minuscules droits d'insertion pour les annonces d'emplois dans 28 régions et par une commission de courtage sur les appartements dans la ville de New York[83].

On estime qu'à lui seul Craigslist fait perdre 10 milliards de dollars de petites annonces aux publications imprimées chaque année; lui-même ne gagne en ligne que 100 millions de dollars, mais ses coûts d'exploitation sont minimes par rapport à ceux des journaux et des revues, qui sont longtemps restés à flot grâce à la publicité[84]. Son «panneau d'affichage» mondial n'est géré que par trente personnes dans ses bureaux de San Francisco[85].

Une étude réalisée en 2012 par IBM Global Business Services sous un titre choc, «La fin de la publicité telle que nous la connaissons», reconnaît que les communaux sociaux d'Internet «mettent en danger la base de revenus des intérêts établis traditionnels qui regroupent et distribuent des contenus»[86]. Le problème des publicitaires est que leur modèle d'entreprise se fonde sur le financement massif des journaux, revues, télévisions et chaînes de radio, dont le contenu est créé par des professionnels : journalistes, producteurs de télévision, écrivains, gens du spectacle et artistes. Autrefois, les consommateurs étaient passifs et supportaient les publicités pour profiter du contenu qu'elles finançaient. Mais sur Internet, une grande partie du contenu est produit par les usagers eux-mêmes et partagé gratuitement avec des millions d'autres sur des sites comme YouTube, Flickr, Facebook, etc. Quand les consommateurs deviennent des prosommateurs et échangent entre eux des contenus gratuitement dans une économie du partage, quelle valeur ajoutée peut apporter une publicité d'entreprise? Les publicitaires pourraient choisir de financer la mise en ligne de contenus de professionnels, mais ce serait probablement inefficace : ce qui attire des millions de personnes sur Internet, c'est sa nature participative. C'est un communal qui fonctionne en grande partie dans une économie sociale régie par l'engagement interactif pair à pair.

Si les utilisateurs passifs de la télévision ne sont pas trop excédés par les interruptions publicitaires, les usagers actifs et engagés d'Internet sont beaucoup moins tolérants ; ils détestent ces fenêtres de publicité qui surgissent au beau milieu de l'écran et empêchent la copie ou interrompent leurs activités. Cette irruption leur paraît agressive et intrusive. Et, quand ils cherchent des ressources ou des services, ils font de moins en moins confiance aux moteurs de recherche, car ceux-ci, moyennant finance, placent les entreprises qui les sponsorisent en tête de liste.

La publicité d'entreprise sur un média pair à pair est si manifestement déplacée qu'elle est vécue comme une intrusion plus que comme une simple diversion importune. Selon Eric Clemons, professeur de gestion des systèmes d'information à la Wharton School, la nature sociale d'Internet le situe hors du champ de l'exploitation commerciale. C'est un réseau « participatif, comme lorsqu'on raconte des histoires autour d'un feu de camp ou que l'on se déguise pour une fête folklorique. Il n'est pas exclusivement conçu pour envoyer du contenu, dans une seule direction, vers un public captif, comme le faisaient autrefois le cinéma ou les chaînes de télévision traditionnelles[87]. »

Bref, en matière de décisions d'achat, la majorité des usagers d'Internet se méfie des messages publicitaires et fait confiance aux critiques pair à pair ; et une bonne partie du contenu en ligne est produit par les utilisateurs eux-mêmes et non par des communiquants d'entreprises. Dans ces conditions, on voit mal comment la publicité va survivre au passage à un support d'information pair à pair, sauf dans un rôle très secondaire. Pour toutes ces raisons, Clemons estime que la publicité payante « ne pourra pas être la source de revenu principale de la plupart des sites ». Selon lui, « Internet ne relocalise pas la publicité, il la détruit[88] ». Même *The Economist*, à contrecœur, le confirme. Dans un éditorial désabusé, intitulé « La fin du repas gratuit », il critique un postulat qui lui paraît erroné : puisque les réseaux sociaux rassemblent des millions d'usagers en leur fournissant un contenu gratuit, les publicitaires doivent absolument utiliser ce support pour capter une partie de la « longue traîne ». Mais si les utilisateurs n'écoutent pas, ne regardent pas ? S'ils ne consultent que les recommandations et validations de leurs pairs sur les produits ? « Le nombre d'entreprises qui peuvent vivre des revenus de la publicité sur Internet se révèle bien inférieur aux attentes, et la Silicon Valley semble entrer dans un nouvel "hiver nucléaire" », conclut *The Economist*[89].

Les recettes publicitaires commencent à refléter ce pessimisme. En 2012, la publicité a engrangé sur Internet des revenus de 36,6 milliards de dollars, alors que, nous l'avons dit, ses recettes totales aux États-Unis ont atteint 153 milliards de dollars : la part d'Internet se situe donc autour de 24 % seulement du marché publicitaire américain[90]. Néanmoins, il est clair que la croissance de l'investissement publicitaire sur Internet ralentit, ce qui montre que l'euphorie initiale est retombée : on ne pense plus que la publicité des entreprises va financer l'ensemble du contenu gratuit des réseaux sociaux à but lucratif. Le taux de croissance de la publicité sur Internet est passé de 23 % entre 2010 et 2011 à 14 % entre 2011 et 2012[91]. La décision de General Motors de retirer ses publicités de Facebook en 2012, au motif qu'elles avaient « peu d'effet sur les ventes de voitures », illustre le sentiment qui monte dans certaines entreprises quant à la valeur réelle de la publicité sur Internet.

Le taux de croissance des recettes publicitaires sur la toile va probablement continuer à chuter, car des millions d'usagers passent des ordinateurs aux appareils mobiles. Google, le plus gros bénéficiaire de ces recettes, constate déjà que cette transition commence à les tarir. Les clics d'ordinateurs sur son site ont stagné au troisième trimestre 2013, tandis que ceux des téléphones portables ont doublé et que ceux des tablettes ont augmenté de 63 %[92]. Mais sur les mobiles, les publicités coûtent moins cher – d'un tiers ou de moitié – et sont moins efficaces que sur les ordinateurs : elles rapportent le tiers ou le quart seulement des achats de biens et services qu'elles suscitent sur les appareils de bureau. Et il n'y a aucune raison que cela change. La vérité, c'est que le principal flux de revenu de Google s'amenuise. Comme l'écrit le *New York Times* :

> Le prix du clic, payé par les publicitaires [à Google], a baissé pour le huitième trimestre consécutif. Il a chuté de 8 % par rapport à la même période de l'an dernier, car les publicités coûtent moins cher sur les mobiles que sur les ordinateurs[93].

Avec le déplacement massif des usagers d'Internet vers les appareils mobiles, la croissance des recettes publicitaires va probablement continuer à ralentir. D'où la grande question que l'on se pose dans les hautes sphères de tous les grands réseaux sociaux à but lucratif : quelles vont être les répercussions de cette évolution sur notre potentiel de croissance ?

Comme d'autres secteurs du marché capitaliste, la publicité ne sera pas totalement anéantie par la montée des communaux collaboratifs. Elle s'ajustera et s'installera dans une niche au sein d'une économie sociale allant vers sa maturité. La nécessité pour le marché capitaliste de s'adapter à l'économie sociale est un phénomène nouveau, et difficile à accepter dans un monde où, pendant si longtemps, cette économie a été le parent pauvre des forces du marché. Dans certains cas, le marché et les communaux trouveront des synergies potentielles, voire une relation symbiotique qui les fera progresser ensemble. Mais dans des secteurs comme la publicité, dont le principe de base est diamétralement opposé à la nature collaborative et pair à pair des communaux sociaux, la recherche d'un compromis ressemblera plutôt aux tentatives de mêler l'huile et l'eau.

Toutes les entreprises citées dans les pages qui précèdent sont naturellement collaboratives, conçues pour le partage et utilisent pleinement l'architecture distribuée et latérale de l'Internet des objets. Certaines pratiquent le partage sous la forme du don, comme Couchsurfing. D'autres sont mixtes : elles combinent le don et l'échange avec une forme de rémunération. D'autres encore sont des entreprises à but purement lucratif, comme eBay. Si nous classons dans l'économie collaborative tant le don que la redistribution et le recyclage rémunérés ou non, tous les cas sont couverts.

Des travaux récents soulignent le potentiel économique important des communaux collaboratifs. Une étude de 2012 menée par Campbell Mithun, une agence publicitaire de Minneapolis, en partenariat avec Carbonview Research, a constaté que 62 % des membres de la génération X* et des Millénaires sont séduits par l'idée de partager des biens, des services et des expériences sur des communaux collaboratifs. Ces deux générations sont sensiblement différentes de celles de la Seconde Guerre mondiale et du Baby-Boom : elles privilégient l'accès et non la propriété. Quand on leur demande de classer les bénéfices matériels de l'économie du partage, elles citent d'abord les économies, puis l'effet sur l'environnement, la flexibilité du style de vie, la commodité du partage et l'accès facile aux biens et services. Quant aux avantages affectifs, elles mentionnent d'abord la générosité, puis le sentiment d'être un membre apprécié d'une communauté, d'agir intelligemment, d'être plus responsable et de faire partie d'un mouvement[94].

Les études d'opinion montrent dans la jeune génération un profond changement de pensée sur la nature de l'activité économique. Le tournant de la propriété à l'accès, que j'ai repéré pour la première fois en 2000 dans *L'Âge de l'accès*, est manifeste et en plein essor. L'activité économique collaborative pair à pair est déjà robuste, et la tendance ne pourra que s'accentuer quand entrera en jeu l'Internet des objets.

Quelles sont les probabilités de voir l'économie collaborative perturber profondément le modèle traditionnel des entreprises? Selon une étude d'opinion menée par Latitude Research en 2010, «75 % des personnes interrogées ont prédit qu'elles allaient partager davantage d'objets physiques et d'espace dans les cinq prochaines années. [...] 78 % des participants ont eu le sentiment que leurs interactions en ligne avec d'autres les avaient rendus plus ouverts à l'idée du partage avec des étrangers». Et «85 % des participants estiment que les technologies du web et du téléphone portable joueront à l'avenir un rôle déterminant dans la construction

* Ce terme désigne les personnes nées dans les années 1960 et 1970.

de vastes communautés du partage »[95]. De nombreux observateurs du secteur sont d'accord avec ces prévisions optimistes. En 2011, la revue *Time* a fait de la consommation collaborative l'une de ses « dix idées qui vont changer le monde[96] ».

Les communaux collaboratifs sont potentiellement capables de miner massivement le marché capitaliste traditionnel bien plus vite que ne s'y attendent beaucoup d'économistes, à cause de l'effet 10 %. Umair Haque, auteur du *New Capitalist Manifesto* [Nouveau manifeste capitaliste] et contributeur de la *Harvard Business Review*, pense que l'économie collaborative aura un effet « perturbateur mortel » à un seuil d'adhésion bien plus faible qu'on ne le croit souvent, parce qu'elle peut réduire des marges bénéficiaires déjà dangereusement minces dans de nombreux secteurs de l'économie. Il explique :

> Si ceux que l'on appelait jusqu'ici des consommateurs se mettent à consommer 10 % de moins et à échanger entre pairs 10 % de plus, l'effet sur les marges des grandes entreprises traditionnelles sera bien supérieur à ce pourcentage. [...] Ce qui signifie que certains secteurs doivent se rénover, ou s'attendre à s'enfoncer dans les sables mouvants du passé[97].

Cet effet perturbateur à seuil faible a déjà décimé les maisons de disques, les journaux et les librairies. Dans l'édition, les livres numériques ont représenté aux États-Unis 22,6 % des ventes en 2012[98]. Le coût marginal décroissant de la production et de la distribution de ces ouvrages a beaucoup pesé sur les prix de vente des livres papier, ce qui a contraint de petits éditeurs et de nombreux libraires à cesser leurs activités. Même les livres numériques moins chers affrontent la concurrence toujours plus rude des ouvrages en copyleft, qui sont distribués gratuitement ou presque.

Nous avons vu à l'œuvre ce même effet à seuil faible au chapitre 5, dans les bouleversements que crée aujourd'hui l'énergie renouvelable en Allemagne : à cause de la production d'électricité verte, qui ne pèse que 22 % du total, le coût d'introduction de nouvelles centrales électriques de secours fonctionnant à l'énergie fossile est déjà devenu prohibitif pour les grandes compagnies d'électricité[99]. Les envois massifs de courant d'origine solaire et éolienne sur le réseau par des millions de prosommateurs réduisent les périodes pendant lesquelles on aurait besoin d'utiliser ces nouvelles centrales. Dans ces conditions, le temps que mettraient les entreprises pour couvrir leurs coûts fixes devient trop long et trop imprévisible pour justifier les dépenses initiales de construction de ces équipements.

Il devient flagrant que, dans toute une série de secteurs commerciaux, un nombre croissant d'entreprises capitalistes géantes confrontées dès à présent à l'effondrement de leurs marges ne pourront pas survivre très longtemps au raz-de-marée des coûts marginaux quasi nuls dans la production et la livraison des biens et services. Le millier de mégacompagnies verticales ultra-intégrées qui assurent aujourd'hui un pourcentage massif du commerce mondial sont imposantes et apparemment invincibles. Maiselles sont en fait terriblement vulnérables à l'action d'une économie collaborative qui dévore à vive allure leurs marges de profit déjà précaires.

Il n'est pas déraisonnable de s'attendre à une forte mortalité des entreprises mondiales à intégration verticale de la seconde révolution industrielle quand les communaux collaboratifs pèseront 10 à 30 % de l'activité économique dans un secteur. Au minimum, nous pouvons affirmer que les marchés capitalistes traditionnels perdront de plus en plus leur emprise sur l'économie et les échanges mondiaux : dans les années qui viennent, les coûts marginaux quasi nuls vont pousser une part toujours plus grande de l'activité économique vers les communaux collaboratifs.

14

Financer collectivement le capital social, démocratiser la monnaie, humaniser l'esprit d'entreprise et repenser le travail

Le quasi-effondrement du système bancaire mondial en 2008 a terrifié des millions de personnes. Le crédit s'est tari et le gouvernement des États-Unis a été contraint de renflouer les plus grands établissements financiers du pays en faisant valoir qu'ils étaient « trop grands pour faire faillite ». L'opinion publique américaine a été furieuse de voir 700 milliards de dollars de recettes fiscales remis aux banques, en récompense de leur imprudence financière, alors que des millions d'Américains perdaient leur maison parce qu'ils ne pouvaient pas rembourser leur prêt. Autrement dit, ils étaient « trop petits pour avoir la moindre importance »[1].

LE CRÉDIT SOCIAL PAIR À PAIR

Au lendemain de la débâcle bancaire, un nouveau type d'établissement de crédit est apparu sur Internet. On l'a baptisé le prêt pair à pair, ou prêt social. Des plates-formes de banque en ligne, comme Zopa, Lending Club et Prosper, prêtent de l'argent directement à des particuliers et à des projets. Ces mécanismes de financement en ligne deviennent des vecteurs de crédit populaires comme substituts aux banques traditionnelles, car ils éliminent les intermédiaires et les coûts fixes élevés des grands établissements financiers, répercutés sur le client sous forme de taux d'intérêt plus élevés.

L'étalement horizontal du financement facilité par le web réduit le coût marginal d'une opération de crédit à presque rien : les taux d'intérêt et les commissions sont donc inférieurs. Zopa, le premier site de crédit pair à pair en Grande-Bretagne, a traité plus de 414 millions de livres de prêts[2]. À la fin de l'année 2012, 1,8 milliard de dollars avaient été prêtés par le biais du crédit social pair à pair, ce qui a forcé les grandes banques à prendre note du phénomène[3].

Le *crowdfunding*, ou « financement participatif », est un dérivé plus récent du prêt social pair à pair. Kickstarter, la principale entreprise qui le pratique, a été lancée en avril 2009. Voici comment elle fonctionne. Kickstarter contourne les supports d'investissement traditionnels et lève le capital financier chez les internautes. Les initiateurs d'un projet mettent leur plan en ligne sur un site et se fixent une date limite pour lever les fonds nécessaires. Si à cette date l'ensemble de la somme n'est pas réuni, rien n'est collecté. Cette clause garantit que tout projet accepté aura un financement suffisant au moins pour démarrer. L'argent promis par les donateurs est collecté par des paiements sur Amazon. Kickstarter se réserve 5 % des fonds levés et Amazon facture, en moyenne, 3 à 5 % en plus[4]. À la différence des établissements de crédit traditionnels, Kickstarter n'a aucune part de propriété dans les projets. Il ne fait que faciliter les choses.

En novembre 2013, cette société avait aidé 51 000 projets, avec un taux de succès de 44 %. Les projets avaient levé plus de 871 millions de dollars. Kickstarter limite son financement à treize catégories d'activités : art, bande dessinée, danse, design, mode, cinéma et vidéo, alimentation, jeux, musique, photographie, édition, technologie et théâtre[5].

Les formes de rémunération varient selon les plates-formes de finance participative. Les apporteurs de fonds peuvent soit les remettre en tant que dons, soit recevoir, une fois le projet lancé, des biens et services d'une valeur comparable à ce qu'ils ont donné à l'emprunteur, soit avancer la somme en tant que prêt au sens strict avec intérêts, soit investir dans le projet en échange de parts égales.

Si le rôle du *crowdfunding* est encore mineur dans le secteur financier, il est en revanche significatif dans le soutien à la création de nombre des nouvelles start-up qui construisent l'infrastructure de l'Internet des objets. Mosaic, dont nous avons déjà parlé, a levé par le financement participatif 1,1 million de dollars pour une dizaine de projets solaires. Cette entreprise a mis en ligne son premier projet d'investissement dans le solaire en offrant un retour de 4,5 % à des investisseurs, qui pouvaient avancer de toutes petites sommes pour participer : le plancher était à 25 dollars. Billy Parish, le cofondateur de Mosaic, s'attendait à lever les 313 000 dollars de ce projet initial en un mois si tout allait bien. Quelle a été sa surprise quand 435 personnes ont apporté par le *crowdfunding* l'ensemble des fonds nécessaires en moins de vingt-quatre heures ! En 2013, l'entreprise avait dans son portefeuille 10 000 investisseurs, tout disposés à lui prêter de l'argent pour que ses projets solaires se concrétisent[6].

L'un des systèmes solaires de Mosaic, financé en partie par le *crowdfunding* et en partie par des fonds d'investissement privés et publics, a été installé dans un immeuble de 2 500 mètres carrés à Oakland (Californie), construit par une association à but non lucratif, le Youth Employment Partnership (YEP) [Partenariat pour l'emploi des jeunes]. Ce système coûte 265 000 dollars. Mosaic le loue à YEP. La baisse de 85 % de ses factures d'électricité fait faire à l'association d'importantes économies, qui dégagent des fonds pour ses programmes cruciaux. La transaction est d'autant plus alléchante qu'au bout de dix ans YEP peut choisir d'acheter le système à Mosaic et s'assurer ainsi, à partir de là, une électricité quasi gratuite[7].

On prévoit que la demande en technologie solaire va monter en flèche dans la décennie qui vient. Bloomberg New Energy Finance chiffre le financement nécessaire à plus de 62 milliards de dollars. Le prêt social, et notamment la finance participative, va probablement assumer une partie de la charge, en permettant à des millions de petits acteurs de financer mutuellement leurs micro-installations électriques – nouvel exemple du pouvoir latéral de la collaboration pair à pair[8].

Au cas où les sceptiques douteraient que des millions de petits acteurs soient capables de faire une révolution énergétique par leurs efforts collaboratifs latéraux, rappelons-leur ce qui a déjà été dit au chapitre 8 : en Allemagne, pays en pointe pour les énergies nouvelles, 51 % de l'énergie renouvelable installée appartient à des PME et à des particuliers, et les géants allemands de l'électricité ne possèdent que 7 % de la production d'énergie verte[9].

Les plates-formes de financement participatif comme Indiegogo, Early Shares, Crowdfunder, Fundable et Crowdcube prolifèrent sur le web, en partie grâce au vote, en 2012, du Jumpstart Our Business Start-ups Act [la loi « Faisons démarrer nos start-up »], qui autorise les PME à lever chaque année jusqu'à un million de dollars de fonds d'investissement auprès du public par l'intermédiaire de ce type de plates-formes[10].

Les enthousiastes du *crowdfunding* disent et répètent que ce n'est pas une question d'argent. Ce qui leur plaît, c'est d'intervenir personnellement pour aider d'autres personnes à réaliser leurs rêves, de sentir que leur petite contribution donne un sérieux coup de main – qu'elle compte vraiment pour faire avancer un projet. En 2012, le Gartner Group pensait que le crédit financier pair à pair aurait passé la barre des 5 milliards de dollars à la fin de l'année suivante[11].

L'économie du partage, dans ses diverses incarnations, est une créature hybride, mi-économie de marché, mi-économie sociale. Si l'économie de marché est réglementée par des lois et par les principes implicites inhérents au système capitaliste, l'économie sociale, qui est un communal, suit à cet égard un autre chemin. Sa surveillance et sa réglementation incombent en partie à l'État, mais elles sont surtout assurées par les normes d'autogestion auxquelles souscrivent volontairement des millions d'acteurs, car c'est l'une des conditions de leur participation aux communaux.

CLASSEMENTS SELON LA RÉPUTATION ET MONNAIES COMMUNES

L'économie sociale est guidée par la confiance sociale, et non par le principe « c'est à l'acheteur de faire attention ». Comme les communaux traditionnels, les nouveaux communaux collaboratifs ont expérimenté toute une série de protocoles susceptibles de maintenir le haut niveau de confiance sociale nécessaire si l'on veut avoir assez de capital social pour construire une éthique collaborative – notamment des sanctions pour punir et même exclure resquilleurs et profiteurs. La quasi-totalité des grands réseaux sociaux collaboratifs ont institué des systèmes fondés sur la réputation pour classer la fiabilité de leurs membres. À la différence des systèmes de notation traditionnels qui indiquent le degré de solvabilité des uns et des autres en économie de marché, les systèmes fondés sur la réputation ont pour but de classer les gens selon le capital social qu'ils ont dans un communal.

ThredUP opère dans le respect de la « règle d'or de ThredUP », qui invite ses membres à n'envoyer que « la qualité de vêtement » qu'ils s'attendent à recevoir eux-mêmes. Le site classe les articles de chacun sur une échelle de « qualité » à quatre étoiles. Un second classement, les « points style », les note de zéro à dix selon leur « chic ». Un dernier classement mesure la « ponctualité » des membres dans leurs envois.

À l'égard des parents qui envoient des vêtements effilochés ou déchirés, la boutique collaborative de dépôt en ligne pratique la tolérance zéro. Ceux qui commettent l'infraction une fois sont identifiés, ceux qui la répètent une seconde fois sont exclus du communal[12]. Les membres toujours bien classés échangent entre eux, ce qui incite tous les autres à améliorer la qualité de leurs contributions.

Les services de classements des réputations sur les communaux d'Internet, homologues des agences de notation qui classent selon la solvabilité dans l'économie de marché, sont en train de devenir un mécanisme important pour réguler l'activité, assurer le respect des normes convenues et construire la confiance sociale. TrustCloud fait partie d'une nouvelle cuvée de services de réputation. Il « mesure votre comportement vertueux et vos bonnes transactions en ligne et les transforme en un score de confiance portable, utilisable n'importe où dans l'économie du partage». Chaque membre est classé de 1 à 1 000 (le score parfait) selon sa fiabilité[13]. Les classements prennent en considération la cohérence, la générosité et l'honnêteté de l'intéressé en se fondant sur son activité passée sur Internet. Les algorithmes de TrustCloud recherchent des comportements comme la réactivité et la longévité pour dessiner leurs profils de fiabilité. Les membres reçoivent ensuite un badge TrustCloud avec le classement, le tout sans frais.

Couchsurfing a son propre système de classement. Ouvrir sa maison à un étranger pour qu'il y séjourne gratuitement inspire quelque inquiétude. D'autant plus que l'hôte et l'invité sont censés établir des relations personnelles et partager leurs cultures respectives, ce qui ajoute au stress. Après chaque séjour, les deux parties se notent mutuellement et fournissent un compte rendu d'expérience. L'étalon-or de Couchsurfing s'appelle le «vouch» (recommandation). Pour qu'un usager soit autorisé à «voucher» d'autres membres – à se porter garant pour eux –, il faut qu'au moins trois utilisateurs de Couchsurfing l'aient déjà rencontré en personne et l'aient «vouché»[14].

Puisque les communaux partageables ont déjà une valeur estimée à plus de cent milliards de dollars et progressent à grandes enjambées, et que l'économie sociale devient une composante toujours plus présente dans la vie quotidienne de chacun, attendons-nous à voir les classements de capital social devenir aussi importants pour les millions de participants aux communaux collaboratifs que l'ont été les classements de solvabilité pour les consommateurs sur le marché capitaliste[15].

L'économie collaborative monte en puissance. Aujourd'hui, juste avant de m'asseoir pour écrire, j'ai lu l'article principal de *The Economist* cette semaine. Il portait sur l'économie du partage : éditorialistes et contributeurs chantaient ses vertus et débattaient de ses effets potentiels sur l'économie de marché traditionnelle. De nombreux observateurs se demandent comment le système capitaliste en place et les communaux collaboratifs à peine arrivés vont s'ajuster l'un à l'autre. On en trouve peut-être un indice fascinant dans les nouveaux types de monnaie d'échange qui se créent pour différencier la façon dont on mène les transactions sur les communaux de la manière dont on fait des affaires sur le marché.

La monnaie qu'utilise une société pour permettre à ses membres d'échanger entre eux des biens et services est un bon marqueur des valeurs implicites de la communauté. Dans son livre magistral *Philosophie de l'argent*, le sociologue du XIXe siècle Georg Simmel nous rappelle le rôle crucial qu'a joué la monnaie au fil de l'histoire pour étendre et approfondir les interactions sociales humaines. Il souligne que les pièces de monnaie sont des promesses de payer : elles sont soutenues par une confiance collective tacite entre étrangers, garantissant que plus tard, à une date indéterminée du futur, le symbole que l'on s'est transmis dans un échange antérieur sera honoré par un tiers dans un échange ultérieur.

Si les monnaies se sont appuyées sur toutes sortes de métaux précieux, les plus prisés historiquement étant l'or et l'argent, les anthropologues soulignent que derrière ces actifs il y en a un autre, plus profond – le capital social –, sans lequel la monnaie comme moyen d'échange serait sans valeur. Les Trobriandais de Nouvelle-Guinée, par exemple, se livraient à un échange complexe de coquillages locaux, souvent en parcourant de longues distances en pirogues pour se transmettre ces symboles dans les deux sens : c'était un moyen d'établir des liens de confiance mutuelle. L'échange d'une monnaie sociale créait suffisamment de capital social pour permettre au commerce de prospérer.

Jusqu'à l'écroulement de l'économie mondiale en 2008, qui a révélé le vide interne d'un système financier dysfonctionnel et même criminel, il allait de soi pour la plupart des gens que, même s'il se montrait parfois instable, le système monétaire mondial était fiable. Et même si la monnaie avait des problèmes, nous supposions que l'État garantirait notre épargne bancaire – aux États-Unis, jusqu'à 250 000 dollars – au cas où une banque ferait faillite. Derrière les banques, la Federal Reserve, au moins, serait là pour sauver le dollar[16]. Mais quand les économistes ont commencé à suggérer que, si le système monétaire touchait le fond, nous serions sauvés de l'abîme parce que le Trésor des États-Unis pourrait toujours imprimer plus de dollars et les mettre en circulation, des millions de gens ont eu très peur. Nous avons commencé à comprendre que, derrière toutes les règles, réglementations et pare-feux, il y avait le vide. Un gouffre.

L'effondrement financier mondial a démoli le très vieux mythe qui fait de l'échange commercial une institution première. Il n'existe dans l'histoire aucun exemple de peuple qui aurait créé des marchés et des échanges avant de créer une culture. C'est à tort que nous avions cru que le commerce précède et rend possible le développement de la culture. En réalité, c'est l'inverse. La culture, on l'a vu au chapitre 1, est la sphère où nous nous socialisons. C'est celle où nous inventons les récits sociaux qui nous permettent d'étendre notre sensibilité empathique et de nous coaliser dans des familles fictives plus larges. Notre sentiment commun d'identité instaure des liens de confiance sociale, grâce auxquels nous pouvons accumuler assez de capital social pour fonctionner en tant que totalité intégrée. C'est notre identité commune qui nous permet de créer divers jetons symboliques servant de « promesses de payer », en nous assurant que nous pouvons nous faire mutuellement confiance pour honorer les engagements commerciaux passés et les transactions futures.

Nous oublions trop souvent que le commerce a toujours été un prolongement de la culture. Il se nourrit du capital social accumulé. Dans les conjonctures historiques où les institutions économiques, et notamment les institutions financières, ont compromis la confiance de la société et épuisé son capital social, comme elles l'ont fait en 2008, il n'est pas surprenant que les gens en viennent à redouter les mécanismes de la monnaie et à chercher des substituts.

En 2008, des millions de personnes se sont tournées vers l'or, ce qui a propulsé ses cours sur le marché mondial à des sommets sans précédent : elles espéraient qu'il leur apporterait peut-être une certaine sécurité en ces temps imprévisibles. D'autres s'interrogeaient sur l'intérêt de s'accrocher à une brique métallique : en définitive, elle n'était qu'un jeton symbolique de plus, et son prix ne mesurait pas la valeur intrinsèque du métal mais la peur inspirée par des établissements financiers qui avaient rapidement épuisé le capital social et la confiance, et avec eux la foi de la population dans la devise traditionnelle.

De plus en plus de gens se sont mis à expérimenter un autre type de monnaie, bâti sur la collaboration profonde et garanti par de nouvelles couches de capital social. Les monnaies « alternatives », souvent nommées monnaies locales, systèmes d'échange locaux (SEL) ou microdevises, ont commencé à s'implanter dans des régions et localités du monde entier après l'effondrement économique de 2008. Si on en avait déjà vu auparavant ici ou là, surtout pendant la Grande Dépression, elles n'avaient eu qu'un effet marginal. Mais cette réapparition récente est potentiellement de bien plus grande portée pour la société, car elle a lieu à une époque où l'économie sociale vit une renaissance, où des centaines de millions d'êtres humains consacrent une part croissante de leur vie quotidienne à des activités collaboratives – sociales ou économiques – sur des communaux.

Les monnaies dites « alternatives » sont en réalité des monnaies sociales qui permettent à l'échange collaboratif de biens et services de s'épanouir sur les communaux. Comme dans les autres domaines de l'économie collaborative, les gens contournent les intermédiaires, les charges fixes des grands établissements financiers, la superposition des marges, les taux d'intérêt élevés imposés par les compagnies de carte de crédit, et ils échangent directement leur temps de travail entre eux. Mais ce qui distingue cette pratique de l'échange de services à l'ancienne, au coup par coup, c'est que des applications créées sur le web offrent aux particuliers un mécanisme permettant de stocker et d'utiliser des points, qui représentent un temps de travail comparable, pour échanger toutes sortes de biens et services, dans l'économie sociale comme dans l'économie de marché.

Il existe plus de 4000 microdevises en circulation dans le monde[17]. Beaucoup sont fondées sur le temps de travail qu'une personne donne à une autre quand elle fabrique un bien, répare un article ou rend un service. Les heures sont stockées dans une banque de temps, exactement comme l'argent liquide, et échangées contre d'autres heures de biens et services. C'est Edgar

Cahn, professeur de droit à l'université du district de Columbia, qui a élaboré l'idée de banque de temps. Il a été inspiré, dit-il, par les gens qui donnent leur sang aux banques de sang. Le concept repose sur un principe qui sous-tend l'économie sociale : la réciprocité. Lorsqu'un voisin aide un voisin, il pense que quelqu'un, plus tard, lui rendra la pareille.

La banque de temps de Cahn ne distingue pas entre différents types de temps de travail. Une heure de mécanicien automobile a la même valeur qu'une heure de médecin. La logique est claire : le temps de chacun est précieux au même titre, et on n'a pas à hiérarchiser ce qu'il vaut sur la base d'ensembles de compétences professionnelles ou techniques. D'autres banques de temps permettent de faire intervenir la compétence dans le calcul des heures accumulées. Dans ce cas, un fiscaliste gagnerait plus d'heures qu'un laveur de voiture. Il existe des banques de temps en activité dans le monde entier[18].

Par exemple, le Hour Exchange Portland, dans le Maine, aide les gens à payer leurs frais médicaux. TrueNorth, une clinique à but non lucratif, a passé un accord avec le Hour Exchange Portland aux termes duquel ses médecins acceptent d'être payés en dollars-temps par leurs patients qui en ont accumulé en fournissant des services à d'autres habitants de la localité[19]. Les médecins pourront utiliser ces dollars-temps pour rémunérer des services rendus par d'autres, dans le cadre de la banque de temps.

D'autres monnaies locales qui circulent dans les SEL visent à faciliter les échanges de biens. La monnaie WIR, en Suisse, porte les ventes au crédit de ses membres contre de futurs achats. Quand un vendeur reçoit un crédit pour un article vendu, il peut le dépenser en achetant un autre article auprès d'un autre membre de WIR[20].

L'un des objectifs des monnaies locales est aussi d'empêcher les « fuites » de richesse à l'extérieur. Le BerkShare, utilisé dans une région du Massachusetts, le Berkshire, fait partie de ces monnaies sociales conçues pour encourager l'achat local. Les membres achètent des BerkShares à l'une des six banques de la région à parité avec le dollar, avec une petite prime en plus. Celui ou celle qui dépose 95 dollars reçoit de la banque pour 100 dollars de

BerkShares : l'échange est donc un gain net pour le membre[21]. Les BerkShares servent à acheter des biens et services dans les entreprises de la région, ce qui garantit que la monnaie continuera à circuler dans l'économie locale. En utilisant comme intermédiaire une banque à but non lucratif, les membres évitent les frais supplémentaires qu'ils devraient régler s'ils utilisaient une carte de crédit ou s'ils payaient par chèque tirable sur une banque de dépôt[22]. Le BerkShare a été introduit en 2006 et, dans les cinq années suivantes, plus de trois millions de BerkShares sont entrés en circulation – une somme considérable pour l'économie locale[23].

Les monnaies alternatives se sont multipliées dans certaines des régions d'Europe les plus durement touchées par la Grande Récession. En Grèce et en Espagne, les réseaux de monnaie locale prolifèrent[24]. Dans les zones où le chômage est élevé, des organisations à but non lucratif créent des sites en ligne pour mettre en contact les personnes qui ont certaines compétences et celles qui en ont besoin : ils créent ainsi une microéconomie sociale distribuée, collaborative et latérale à l'intérieur d'une économie de marché centralisée qui est de plus en plus inopérante. Les micromonnaies sont devenues le nouveau mécanisme d'échange, qui remet au moins certains travailleurs au travail.

Tandis que les monnaies sociales locales prolifèrent, des monnaies alternatives mondiales, qui franchissent les frontières nationales, se développent sur Internet. Bitcoin est un réseau de monnaie pair à pair, et il y a des millions de bitcoins en circulation. Le bitcoin est convertible dans les autres monnaies mondiales : en novembre 2013, il valait à la vente environ 400 dollars américains[25]. Les créateurs de cette devise, Amir Taaki et Donald Norman, ont dit comment l'idée leur était venue. Ils se trouvaient à Amsterdam quand un ami en Grande-Bretagne leur a demandé de lui envoyer d'urgence un peu d'argent. Ils n'avaient que deux possibilités, Western Union et MoneyGram. Toutes deux facturaient des frais usuraires : 20 à 25 % de la somme transférée. Ils ont donc inventé le bitcoin, une cybermonnaie, pour échapper aux frais de transfert abusifs[26].

La futurologue Heather Schlegel, qui conseille les plus grandes banques du monde sur les normes de transaction, ne croit pas que des monnaies mondiales basées sur Internet vont remplacer les devises traditionnelles, mais elle ajoute : « Comme les communautés locales commencent à comprendre qu'il leur est possible de s'exprimer à travers une monnaie, je pense que nous allons voir des centaines de BitCoin [*sic*], ou quelque chose du même genre – ou quelque chose à quoi nous n'avons même pas encore pensé[27]. »

D'autres sont encore plus enthousiastes. Pour Jean-François Noubel, cofondateur d'AOL-France, c'est de la myopie intellectuelle de penser que la puissance perturbatrice d'un Internet distribué, collaboratif et latéral, qui a engendré eBay, Facebook, Amazon, Etsy et des milliers d'autres projets, ne va pas faire irruption dans le domaine financier. Pour sa part, il ne serait nullement surpris de voir « des millions de monnaies libres circuler sur le Net et sur nos téléphones » dans les années qui viennent[28].

L'ENTREPRISE SOCIALE

Parallèlement aux nouveaux vecteurs de financement et aux monnaies sociales, de nouveaux modèles d'entreprise apparaissent pour répondre aux besoins de deux économies très différentes, puisque l'une est une économie capitaliste qui opère sur le marché et l'autre une économie sociale qui agit sur les communaux. Ces nouveaux modèles tentent de trouver de la valeur dans les espaces où les deux économies entretiennent des relations symbiotiques. Nous avons déjà parlé des coopératives. Par leur conception architecturale et leurs règles de fonctionnement, elles sont les mieux placées pour jeter un pont entre les deux économies et découvrir de la valeur à leurs frontières, où naissent les synergies potentielles.

Aux États-Unis, la *benefit corporation* est un nouveau modèle d'entreprise intéressant, qui s'efforce de remodeler la firme capitaliste traditionnelle pour la rendre plus agile et plus apte à manœuvrer dans le monde hybride des marchés et des communaux. Patagonia, l'entreprise mondiale de tenues de sport basée en Californie, dont les ventes annuelles sont de l'ordre de 540 millions de dollars, est à cette date la compagnie la plus connue à s'être transformée en *benefit corporation*[29].

Les *benefit corporations*, aujourd'hui reconnues par la loi et réglementées dans dix-huit États des États-Unis, offrent aux entrepreneurs une forme de protection juridique contre les investisseurs extérieurs qui pourraient les obliger à revenir sur leurs engagements sociaux ou environnementaux en échange de nouveaux financements[30]. Elles fonctionnent comme des firmes capitalistes et sont responsables devant leurs actionnaires, mais leur nouveau statut leur permet de donner la priorité à leurs mandats sociaux et environnementaux sans risquer la fureur des investisseurs qui s'intéressent exclusivement à l'optimisation de la valeur pour l'actionnaire.

La *benefit corporation* s'inscrit dans un mouvement plus vaste, classé sous la rubrique floue de l'« entreprise sociale », qui a stimulé dans le monde entier l'imagination de la jeune génération sortie des écoles de commerce. L'entreprise sociale jette un vaste filet qui va des principales animatrices des communaux, les associations à but non lucratif, aux entreprises dominantes sur le marché, les sociétés par actions traditionnelles. Les deux modèles – associations à but non lucratif et sociétés à but lucratif – ne se limitent pas à interagir aux frontières où se rencontrent les économies sociale et de marché ; chacun emprunte aussi à l'autre certains de ses attributs, ce qui brouille la distinction entre les entreprises qui travaillent pour le profit et celles qui ne le font pas. L'entreprise sociale est le grand chapiteau sous lequel les mondes du profit et du hors-profit sont en train de concevoir toutes sortes de modes d'activité inédits et de nouvelles règles pour s'adapter à un espace commercial dual, constitué à la fois par l'économie de marché et par les communaux collaboratifs.

L'entreprise sociale plonge ses racines dans le milieu associatif à but non lucratif. Le rétrécissement de l'État-providence aux États-Unis, en Grande-Bretagne et ailleurs dans les années 1980 et 1990 a été pour ce secteur à la fois une crise et une occasion à saisir. La réduction des programmes publics d'aide aux nécessiteux mettait en situation périlleuse les populations défavorisées.

La philanthropie privée a tenté de combler le vide en finançant des initiatives à but non lucratif, mais les revenus ainsi procurés à ces populations étaient fort maigres au regard de ceux qu'elles avaient perdus quand l'État s'était désengagé. Avec plus de misère sociale et moins de rentrées d'argent pour satisfaire les besoins vitaux des déshérités, les associations à but non lucratif, prises en tenaille, se sont mises en quête de nouveaux modèles d'activité qui pourraient être compatibles avec leur mission première et leur apporter une source supplémentaire de revenus pour maintenir et développer leurs services. Elles ont alors été très nombreuses à intégrer à leur stratégie une composante «service payant». Alors que leurs cadres avaient jusque-là pour métier de rechercher les subventions publiques et les dons philanthropiques des fondations pour gérer des programmes allant des arts et des loisirs aux soupes populaires et aux centres de santé, les associations à but non lucratif ont commencé à recruter des dirigeants de type nouveau, bons connaisseurs de la gestion des entreprises mais bien décidés à utiliser leurs compétences pour améliorer le bien-être social des populations servies par les associations.

Avec le désengagement de l'État, de nouvelles start-up à but lucratif ont aussi commencé à voir des opportunités prometteuses dans le secteur social, où elles sont alors arrivées, venues du monde du marché, pour combler le vide. Peter Drucker, le gourou du management, proclamait qu'on pouvait «bien gagner en faisant le bien». Selon lui, la meilleure façon de s'attaquer à la pauvreté chronique, à la piètre qualité de l'éducation, à la dégradation de l'environnement et à d'innombrables autres fléaux sociaux était de laisser libre cours à la sève créatrice de l'esprit d'entreprise. Écoles, centres de jour, construction d'immeubles à loyer modéré et des dizaines d'autres activités et services traditionnellement réservés au secteur public sont devenus gibier autorisé pour l'exploitation commerciale.

Simultanément, comme on l'a vu au chapitre 7, dans les années 1990, une nouvelle génération est entrée dans l'économie américaine : la première à avoir acquis, au lycée et à l'université, «des connaissances par le service civil». On n'a jamais pleinement perçu ni reconnu le rôle crucial qu'a joué l'enseignement par le service civil pour créer l'état d'esprit du nouvel entrepreneur social. Les jeunes qui avaient grandi en participant et contribuant à des projets et à des activités à but non lucratif auprès de populations fragilisées ont pris goût à une nouvelle façon de donner un sens à leur vie et de se réaliser, au-delà des possibilités strictement commerciales que leur offrait le marché. Leur enthousiasme s'est traduit par une autre forme de carrière, du moins pour une importante minorité. L'entreprise sociale était née.

Quand on tente de la définir, elle se révèle assez fuyante. Les entreprises sociales à but lucratif insistent sur ce qu'elles appellent le triple bilan, « les personnes, la planète et le profit », expression forgée par John Elkington en 1994, mais, lorsqu'elles sont à but non lucratif, elles disent plutôt : « les personnes et la planète avant le profit »[31]. Une étude approfondie de quatre-vingts entrepreneurs sociaux venus des deux secteurs, lucratif et non lucratif, souligne certaines différences subtiles dans la façon dont ils abordent les mêmes situations. D'abord, l'entrepreneur social à but lucratif est motivé par la perspective d'un intérêt commercial, tandis que l'entrepreneur social à but non lucratif veut surtout répondre à des besoins sociaux non satisfaits. Deuxièmement, les deux prennent des risques, mais de type différent. Le premier les conçoit en bloc, en tant que retour sur ses investissements. Le second met rarement en jeu ses propres fonds. Ce qu'il risque, c'est sa « réputation » sociale dans la localité. Troisièmement, si les entrepreneurs sociaux des deux types sont persuadés qu'ils jouent un rôle crucial, il ressort de l'étude que l'entrepreneur à but non lucratif « doit inclure plus clairement un collectif de bénévoles et de bénéficiaires et, en fait, partager avec lui le mérite du succès[32] ».

Quelles que soient les différences, il est intéressant d'observer les divers modes sur lesquels les entrepreneurs sociaux à but lucratif et non lucratif se rapprochent les uns des autres, notamment dans la génération du Millénaire, car ses membres cherchent leur voie pour définir de nouveaux modèles d'entreprise qui combinent des attributs longtemps associés à l'un ou à l'autre des deux domaines. Dans un éditorial intitulé « Des marchés des capitaux qui ont une conscience», *The Economist* évoque l'évolution de l'entreprise sociale :

> La notion de marché social des capitaux peut paraître incohérente, tant les personnes et institutions qu'elle réunit sont différentes. Pourtant, il existe un continuum entre le capital purement caritatif, à une extrémité, et le capital en quête de profit, à l'autre, avec, en position intermédiaire, divers compromis entre risque, retour sur investissement et retombées sociales. Le débat [...] va probablement se concentrer en grande partie sur ce continuum et déterminer, pour chaque objectif social, quel type de capital social ou quel dosage de diverses formes de ce capital a le plus de chances de l'atteindre[33].

Par exemple, si la *benefit corporation* constitue une tentative de modifier la force motrice du profit qui dynamise les entreprises capitalistes afin de les rapprocher des priorités sociales et environnementales des associations à but non lucratif sur les communaux sociaux, ces dernières effectuent aussi leurs propres modifications, qui les rapprochent de l'orientation des entreprises capitalistes vers le profit. Aux États-Unis, neuf États – l'Illinois, le Maine, Rhode Island, le Michigan, la Louisiane, le Wyoming, la Caroline du Nord, le Vermont et l'Utah – ont mis en vigueur ce qu'ils ont appelé des lois L3C. Inspirées des lois qui régissent les sociétés à responsabilité limitée, elles permettent aux associations à but non lucratif de faire un «petit profit» tant que leur objectif premier reste social. Les L3C donnent à ces associations un moyen juridique d'avoir accès au capital, ce qui devient toujours plus important pour elles puisqu'elles s'orientent vers des projets socioentrepreneuriaux tout en conservant leur statut d'organisations caritatives[34].

L'entreprise sociale est devenue le sujet brûlant dans des dizaines d'universités du monde entier. Le programme de Harvard comprend des cours intitulés «Gérer l'entreprise sociale» ou «Introduction à l'entrepreneuriat social»[35]. Le département de sociologie a un «collaboratoire» d'entrepreneuriat pour immerger les étudiants dans les aspects sociologiques de la nouvelle économie sociale. Le President's Challenge [Défi du président] distribue

150 000 dollars à des équipes d'étudiants engagées dans un travail de recherche et de terrain pour trouver « des solutions à des problèmes mondiaux, de l'éducation à la santé et à la dépollution de l'eau et de l'air[36] ».

Des réseaux mondiaux comme Ashoka, la fondation Skoll, Acumen et le Centre pour la promotion de l'entrepreneuriat social de l'université Duke servent d'instituts de réflexion, d'associations professionnelles et d'agents de financement pour faire progresser l'entreprise sociale dans le monde entier. Bill Drayton, personnalité en pointe dans ce mouvement, est le fondateur d'Ashoka. Cette organisation lance des concours qui amènent des entrepreneurs sociaux de tous les coins du monde à collaborer sur des problèmes allant de la traite d'êtres humains à la résolution de conflits. Les entrepreneurs sociaux sont incités à afficher leurs projets sur le site Internet des Changemakers d'Ashoka, où d'autres peuvent se connecter et collaborer avec eux pour renforcer leurs actions. Ashoka soutient actuellement le travail de plus de 3 000 entrepreneurs sociaux dans plus de 70 pays[37].

Créée en 1999, la fondation Skoll, autre acteur clé de l'entrepreneuriat social, a octroyé plus de 348 millions de dollars de dons à 97 entrepreneurs sociaux et à 80 organisations qui œuvrent, sur cinq continents, à la promotion de l'entreprise sociale[38].

Le succès des entrepreneurs sociaux se mesure plus à l'amélioration du bien-être des populations qu'ils servent qu'au retour sur investissement. L'actif crucial est le capital social, et il est lui-même un reflet des liens de solidarité et de confiance forgés par le partenariat collaboratif entre l'entreprise sociale et la population locale. À cet égard, les entrepreneurs sociaux à but non lucratif jouissent en général – mais pas toujours – d'un avantage sur leurs homologues à but lucratif, car leur motivation première est de « faire le bien » et non de « bien gagner ».

Il existe aux États-Unis plusieurs centaines de milliers d'entreprises sociales, qui emploient plus de 10 millions de personnes et qui ont des revenus de 500 milliards de dollars par an. Ces entreprises ont représenté à peu près 3,5 % du PIB national en 2012. Environ 35 % des entreprises sociales sont des organisations à but non lucratif et 31 % des compagnies ou des sociétés à responsabilité limitée. Leur courbe de croissance a été spectaculaire. 60 % des entreprises sociales des États-Unis ont été fondées à partir de 2006, et 29 % en 2011 et 2012[39].

En Grande-Bretagne, il y avait 62000 entreprises sociales en 2010 ; elles employaient 800000 personnes et contribuaient à hauteur de 24 milliards de livres à l'économie britannique. Peter Holbrook, directeur général de leur association professionnelle, l'U.K. Social Enterprise Coalition (SEC), prévoit que l'apport des entreprises sociales au PIB national aura triplé en 2020. La SEC plaide aussi pour que l'État reconnaisse officiellement le secteur de l'entreprise sociale comme une entité distincte du bénévolat et du secteur privé, et le fasse bénéficier d'incitations fiscales et d'autres mesures de soutien[40].

En Australie, on estime qu'il y avait 20000 entreprises sociales en 2010. Dans le secteur non lucratif, 29 % des associations avaient une activité d'affaire, et 58 % fournissaient des services payants[41].

L'entreprise sociale, qui est aujourd'hui à peu près également répartie entre les secteurs à but lucratif et non lucratif, va probablement graviter de plus en plus vers le second dans les prochaines décennies, durant lesquelles l'économie sociale insérée sur les communaux collaboratifs continuera à gagner du terrain sur le marché capitaliste.

Des emplois de type nouveau

Les entrepreneurs sociaux ne sont pas les seuls, dans la population active, à commencer à passer de l'économie capitaliste de marché aux communaux collaboratifs. Des millions d'autres l'ont déjà fait. Comme on l'a dit au chapitre 8, au fur et à mesure que les technologies de l'information, le Big Data, l'analytique avancée, l'intelligence artificielle et la robotique remplacent des millions de travailleurs dans l'ensemble des secteurs de l'industrie et des services et dans ceux du savoir et du divertissement, le coût marginal du travail sur le marché capitaliste tend à tomber à un niveau proche de zéro.

En réalité, l'Internet des objets est à la fois un tueur d'emplois et une source d'emplois. À long terme, l'infrastructure intelligente de l'Internet des objets – l'Internet des communications, l'Internet de l'énergie et l'Internet de la logistique – va effectuer une grande partie de l'activité économique de la civilisation avec un petit personnel de surveillants et de professionnels très qualifiés.

Mais à court et moyen terme, la construction massive de l'infrastructure Internet des objets dans toutes les villes et toutes les régions du monde va provoquer une dernière grande vague de travail salarié de masse, qui va durer une quarantaine d'années, l'espace de deux générations. Faire passer le régime énergétique mondial des combustibles fossiles et du nucléaire aux énergies renouvelables est un effort à très haute intensité de main-d'œuvre, qui va requérir des millions de travailleurs et engendrer des milliers d'entreprises. Moderniser les centaines de millions d'immeubles existants pour les convertir en microcentrales électriques vertes et construire plusieurs millions de bâtiments à micro-énergie positive aura les mêmes effets : l'opération exigera des dizaines de millions de travailleurs et ouvrira de nouveaux débouchés aux sociétés de services énergétiques (ESCO) spécialisées dans les économies d'énergie, aux entreprises du bâtiment intelligent et aux producteurs d'appareils électriques verts. Installer les technologies de l'hydrogène et autres technologies de stockage dans l'ensemble de l'infrastructure économique pour gérer le flux d'électricité verte stimulera tout aussi massivement l'emploi et la création d'entreprises. Reconfigurer le réseau électrique mondial en Internet de l'énergie, c'est créer des millions d'emplois d'installateurs et engendrer des milliers de start-up des applications du web propre. Enfin, remplacer les véhicules à combustion interne par des véhicules électriques et à pile à combustible nécessitera de rénover le réseau routier du pays et ses infrastructures d'alimentation en carburant. Installer des millions de stations de recharge électrique le long des routes et dans tous les espaces de stationnement est un travail intensif en main-d'œuvre qui emploiera d'importants effectifs.

À moyen et à long terme, l'emploi va migrer de plus en plus du marché aux communaux. Il faudra moins d'êtres humains pour produire les biens et services dans l'économie de marché, mais les machines-substituts joueront un rôle plus limité sur les communaux, pour une raison évidente : l'engagement social profond et l'accumulation de capital social sont des entreprises humaines par essence. Même les technophiles les plus ardents n'ont jamais suggéré que des machines pourraient un jour créer du capital social.

Dans beaucoup d'économies industrielles avancées de la planète, le secteur à but non lucratif est déjà celui où l'emploi augmente le plus vite. Il compte des millions de bénévoles qui donnent gratuitement de leur temps, mais aussi des millions d'actifs employés. Dans les 42 pays étudiés par le centre d'étude sur la société civile de l'université Johns Hopkins, 56 millions de salariés à temps plein travaillent aujourd'hui dans le secteur non lucratif. Dans certains pays, l'emploi dans la sphère hors profit pèse plus de 10 % de la population active. Aux Pays-Bas, les associations à but non lucratif représentent 15,9 % de l'emploi salarié. En Belgique, 13,1 % de la main-d'œuvre travaille dans le secteur non lucratif. En Grande-Bretagne, c'est 11 % de la population active, et en Irlande, 10,9 %. Aux États-Unis, le non-lucratif représente 9,2 % de la population active, et au Canada, 12,3 %. Il est probable que ces pourcentages vont augmenter régulièrement dans les décennies qui viennent, puisque l'emploi passe d'une économie de marché très automatisée à une économie sociale qui demande beaucoup de main-d'œuvre[42].

Malgré la courbe de croissance spectaculaire de l'emploi sur les communaux, de nombreux économistes restent sceptiques : ils affirment que le secteur non lucratif n'est pas une force économique indépendante puisqu'il dépend lourdement des achats publics et de la philanthropie privée. On pourrait en dire autant du secteur privé, quand on pense à l'énormité de l'argent public qu'il reçoit au titre d'achats, subventions et incitations de l'État. Mais il est inutile d'invoquer cet argument, au vu de ce que révèle l'étude de l'université Johns Hopkins sur 42 pays : contrairement à ce que croient de nombreux économistes, environ 50 % du revenu global du secteur non lucratif qui travaille sur les communaux vient déjà de paiements pour ses services ; le soutien public ne représente que 36 % de ses revenus, et la philanthropie privée, 14 % seulement[43].

Je pense qu'au milieu du siècle, peut-être même bien plus tôt, la majorité de la population active dans le monde sera employée dans le secteur non lucratif sur les communaux collaboratifs : elle œuvrera à faire progresser l'économie sociale et achètera une partie de ses biens et services sur le marché traditionnel. L'économie capitaliste sera gérée par une technologie intelligente, servie par de petits effectifs de travailleurs intellectuels et techniques très qualifiés.

L'essai futurologique, évoqué au chapitre 1, que John Maynard Keynes a écrit pour ses petits-enfants il y a plus de quatre-vingts ans envisageait un monde où les machines auraient libéré les humains du dur labeur sur le marché pour leur permettre de se livrer au jeu culturel profond sur les communaux, en se donnant des objectifs plus élevés et transcendants. Peut-être cela s'avérera-t-il sa meilleure prévision économique.

La tâche immédiate sera d'assurer la reconversion de la main-d'œuvre existante et l'acquisition des compétences appropriées par les étudiants qui entrent sur le marché du travail, afin de faciliter le passage aux nouvelles catégories d'emplois et possibilités d'affaires qui accompagneront la construction massive d'une infrastructure Internet des objets dans le monde entier. En même temps, il faudra former les étudiants aux nouvelles compétences professionnelles liées aux possibilités d'emplois qui s'ouvrent sur les communaux collaboratifs. Ce sera un effort herculéen, mais l'humanité s'est montrée capable d'effectuer ce type d'efforts dans le passé – notamment entre 1890 et 1940, pendant la transition rapide du mode de vie agricole au mode de vie industriel.

Dans une société où l'impératif du marché et la mystique capitaliste sont si fermement ancrés dans la tradition populaire – sans parler des subventions de l'État –, on peut comprendre que les multiples initiatives économiques et dispositifs institutionnels nouveaux qui déferlent sur les communaux collaboratifs soient encore traités comme de simples compléments des courants économiques centraux. Rares sont ceux qui suggèrent que la marche accélérée au coût marginal quasi nul – qui commence à avoir un effet sur les médias, le secteur des loisirs et l'édition, les énergies renouvelables, l'impression 3D des produits manufacturés et l'enseignement supérieur en ligne en source ouverte – pourrait être autre chose qu'une simple variante parfaitement ajustable au paradigme économique existant. Plus rares encore sont ceux qui disent que le remplacement de la population active mondiale par l'intelligence artificielle et la technologie automatisée, le passage de la propriété à l'accès, la transition des marchés aux réseaux et l'émergence d'une économie du partage constituent un grand assaut contre les bases mêmes du système. Même le financement participatif du capital, la démocratisation de la monnaie et l'expansion rapide de l'entreprise sociale n'inquiètent guère : nul ne pense que ces phénomènes représentent la moindre menace sérieuse pour le capitalisme. On ne peut pourtant qu'être fascinés par l'écart énorme et fondamental entre ces nouveaux modèles et nos façons habituelles d'organiser la vie économique depuis deux siècles.

Ces nouvelles approches sont si radicalement différentes du paradigme économique en vigueur, dans leur logique globale comme dans leurs postulats opératoires, qu'on imagine mal comment elles pourraient être absorbées, en totalité, dans le régime actuel. Un autre scénario est plus probable : lorsque ces divers écarts fusionneront et commenceront à s'entre-alimenter, ils deviendront trop grands pour leur cadre capitaliste et finiront par le faire éclater. Ainsi naîtra un nouvel ordre économique, aussi différent du capitalisme par la source de sa vitalité que celui-ci l'a été des systèmes féodal et médiéval dont il est issu.

CINQUIÈME PARTIE

L'économie de l'abondance

15

La corne d'abondance durable

Une fois que l'activité économique productive d'une société s'approche du coût marginal quasi nul, la théorie économique classique et néoclassique est muette. Quand les coûts marginaux s'effondrent à un niveau proche de zéro, les profits disparaissent, parce que les biens et services sont affranchis de la fixation des prix par le marché. Ils deviennent fondamentalement gratuits. Quand presque tout devient quasi gratuit, l'ensemble de la logique opératoire du capitalisme, en tant que mécanisme d'organisation de la production et de la distribution des biens et services, devient absurde. Pour une raison simple : le dynamisme du capitalisme se nourrit de la pénurie. Si les ressources, les biens et les services sont rares, ils ont une valeur d'échange et peuvent avoir sur le marché un prix supérieur à ce qu'il en coûte de les y apporter. Mais lorsque le coût marginal de production de ces biens et services est proche de zéro et qu'ils deviennent presque gratuits, le système capitaliste perd prise sur la pénurie et sur sa capacité à tirer profit de la dépendance des autres. Ici, les deux sens du mot anglais *free* se rejoignent : c'est gratuit et on est libre – libéré de la pénurie. Quand le coût marginal de production des unités additionnelles d'un bien ou d'un service est quasi nul, cela veut dire que l'abondance a remplacé la pénurie. La valeur d'échange devient superflue puisque tout le monde peut satisfaire une grande partie de ses besoins sans avoir à payer. Les biens et services ont une valeur d'usage et de partage, mais plus de valeur d'échange.

L'idée d'organiser la vie économique autour de l'abondance et de la valeur d'usage et de partage, et non autour de la pénurie et de la valeur d'échange, est si étrangère à notre façon de concevoir la théorie et la pratique économiques que nous sommes incapables de l'envisager. Mais c'est bien ce qui commence à se dessiner dans de vastes secteurs de l'économie, où de nouvelles technologies rendent possibles une efficacité et une productivité qui éliminent presque entièrement le coût de production des unités et services additionnels – au sens strict, sans tenir compte de l'investissement initial et des frais généraux.

Définir l'abondance

Abondance est un mot difficile à cerner. Traditionnellement, il signifiait : accès suffisant aux ressources pour garantir une vie épanouie. Les biologistes nous disent que l'être humain moyen a besoin de 2 000 à 2 500 calories par jour environ pour maintenir son bien-être physique[1]. Aujourd'hui, plus de deux milliards de personnes vivent avec moins, dont un milliard sont classées comme sous-alimentées[2]. Puisqu'en 2050 la population humaine devrait avoir augmenté de 35 %, soit de 2,5 milliards de personnes, la FAO (l'Organisation des Nations unies pour l'alimentation et l'agriculture) estime qu'il faudrait avoir accru de 70 % la seule production agricole si l'on veut fournir assez de nourriture pour assurer « adéquatement » le bien-être de chacun[3].

En revanche, l'Américain moyen consomme 3 747 calories d'énergie par jour[4]. Si, pour « se sustenter », les sept milliards d'habitants actuels de la planète devaient consommer un volume de ressources comparable, cela demanderait quatre à cinq Terres de plus. Aujourd'hui, l'humanité – riches et pauvres confondus – engloutit l'équivalent des ressources d'une Terre et demie ; autrement dit, il faut à peu près un an et demi pour produire ce que nous consommons en un an. Si les tendances actuelles de la croissance démographique et de la consommation se poursuivent, les

Nations unies prévoient que, même sans changement appréciable de la qualité de vie des pauvres de la planète, il nous faudra en 2030 l'équivalent de deux Terres pour soutenir nos appropriations de ressources[5].

Dans ces conditions, l'abondance est dans le regard qu'on porte sur elle. Mais pas la durabilité de la planète. Et quand il faut réconcilier abondance et durabilité, la règle d'or reste la remarque de Gandhi citée au chapitre 6 : « La Terre fournit assez pour les besoins de tous mais pas assez pour la cupidité de tous[6]. »

Gandhi avait une compréhension instinctive de la durabilité. Mais aujourd'hui nous pouvons la mesurer par une métrique élaborée. Elle s'appelle l'« empreinte écologique ». On définit la durabilité comme l'état relativement stable où l'utilisation des ressources pour soutenir la population humaine ne dépasse pas la capacité de la nature à recycler les déchets et à réapprovisionner les stocks. L'empreinte écologique est une mesure directe de ce que l'activité humaine demande à la biosphère. Précisément, elle mesure l'étendue de terre et d'eau biologiquement productives qui est requise pour produire l'ensemble des ressources que consomme un individu ou un groupe humain et pour absorber les déchets qu'il produit, avec la technologie existante et les pratiques de gestion des ressources en vigueur. Cette superficie peut alors être comparée avec la capacité biologique (la biocapacité) – c'est-à-dire l'étendue de la surface productive disponible pour produire ces ressources et absorber les déchets[7].

Au cours du dernier demi-siècle, l'élargissement de l'empreinte écologique de l'humanité a été sans précédent. En 1961, elle représentait à peu près la moitié de la biocapacité de la planète – ce qui veut dire, en termes de comptabilité écologique, que nous vivions toujours sur les intérêts écologiques : nous n'avions pas encore touché au capital. Mais en 2008, l'empreinte écologique des 6,7 milliards d'êtres humains en vie à cette date équivalait à 18,2 milliards d'hectares globaux*, avec une empreinte moyenne

* L'hectare global (gha) sert à mesurer la biocapacité et les besoins en biocapacité. Il a la productivité moyenne des surfaces biologiquement productives (terrestres et aquatiques) de la planète.

de 2,7 hectares par personne, sur une planète qui n'a que 12 milliards d'hectares globaux de biocapacité disponible, soit 1,8 hectare par personne. Nous consommions la biocapacité de la Terre plus vite qu'elle ne pouvait être recyclée et renouvelée. À eux seuls, les États-Unis, qui ne comptent que 4 % de la population mondiale, utilisaient 21 % de la biocapacité disponible de la Terre, et l'empreinte écologique de l'Américain moyen était ahurissante : 10 hectares de biocapacité[8].

Les écarts statistiques d'empreinte écologique deviennent encore plus prononcés lorsqu'on compare les populations à très haut revenu et à très faible revenu dans le monde. Un milliard de consommateurs très riches – ceux des pays dont le revenu national brut par habitant est égal ou supérieur à 12 196 dollars – utilisent l'équivalent de 3,06 hectares de biocapacité par personne, tandis que 1,3 milliard d'humains très pauvres – ceux des pays dont le revenu national brut par habitant est égal ou inférieur à 995 dollars – utilisent l'équivalent de 1,08 hectare de biocapacité par personne[9].

Si on lie l'abondance à la durabilité en la mesurant dans un cadre où l'on vit uniquement sur les intérêts et pas sur le principal de la biocapacité de la Terre, la question se pose ainsi : quel est le nombre d'êtres humains qui peuvent vivre confortablement sans détruire l'aptitude de la biosphère à réabonder en permanence les ressources écologiques nécessaires pour entretenir la santé et le bien-être de chacun d'eux, et de notre espèce dans son ensemble ?

Pour Lester Brown, le fondateur du World Watch Institute – organisation qui surveille l'effet humain sur les ressources de la planète –, la réponse dépend du régime alimentaire sur lequel nous fondons nos calculs. Nous pouvons opter pour le régime américain, qui exige 800 kg de céréales par personne et par an, ingérées directement ou sous forme d'aliments pour le bétail : si tout le monde le suivait sur terre, les deux milliards de tonnes de la récolte annuelle mondiale de céréales pourraient nourrir une population mondiale de 2,5 milliards de personnes seulement. Mais si nous choisissons le régime alimentaire italo-méditerranéen, avec ses 400 kg de céréales par personne et par an, la récolte mondiale annuelle pourrait sustenter une population de 5 milliards d'habitants. Enfin, si nous retenons le régime alimentaire indien, où la consommation de céréales est de 200 kg par personne et par an, la planète pourrait alimenter 10 milliards d'êtres humains.

Brown souligne que les populations situées trop haut ou trop bas sur la chaîne alimentaire ne vivent pas aussi longtemps que celles qui sont en position intermédiaire. Ceux d'en haut souffrent des maladies de l'abondance – notamment le diabète, les cancers, les maladies cardiaques et les infarctus ; ceux d'en bas souffrent de malnutrition et meurent des maladies de la pauvreté – comme le rachitisme, le scorbut, le béribéri, la pellagre, l'anémie et la xérophtalmie. De multiples études indiquent que les populations qui pratiquent le régime méditerranéen – à base de viande, de poisson, de fromage et de légumes – ont une vie plus saine et plus longue[10].

Pour mettre notre population humaine en harmonie avec la biocapacité de la planète et faire passer notre société de la pénurie à l'abondance durable, il nous faudra régler le problème du grand écart des empreintes écologiques entre riches et pauvres et, simultanément, réduire notre effectif global sur terre.

Qu'est-ce qui nous rend heureux ?

Si la notion d'empreinte écologique fournit une métrique scientifique convaincante pour réduire l'impact humain sur la capacité de charge de la biosphère, les nombreuses études et enquêtes de ces dernières années sur ce qui rend les gens heureux apportent des arguments sociologiques et psychologiques aussi persuasifs en faveur du nivelage de l'empreinte écologique.

Pratiquement toutes les études scientifiques sur le bonheur concluent qu'il s'accroît puis décroît le long d'une courbe en cloche classique. Plus de 40 % de l'humanité vit avec moins de deux dollars par jour dans une terrible pauvreté et survit à grand-peine de semaine en semaine : ceux-là sont évidemment très malheureux[11]. Manquant des nécessités essentielles de la vie, incapables même de nourrir et de vêtir leurs enfants et de leur assurer un abri rudimentaire, ils vivent dans l'abattement une existence privée de vigueur et d'espoir. Lorsque les pauvres sortent de la pauvreté, ils commencent à connaître le bonheur. Chaque amélioration de leur revenu, de leur fortune et de leur sécurité les rend plus heureux. Mais la suite est plus surprenante. Une fois qu'ils ont atteint un niveau de revenu suffisant pour jouir des éléments de base du confort et vivre en sécurité, leur niveau de bonheur se met à plafonner. Les ajouts de moyens financiers supplémentaires et la consommation qui les accompagne apportent des retours marginaux décroissants au bonheur global, puis, à partir d'un certain point, l'évolution du bonheur s'inverse vraiment et les personnes concernées sont de moins en moins heureuses. Les études montrent que la fortune accumulée devient un fardeau et la consommation débridée une drogue, dont les bienfaits psychologiques sont moins intenses et moins durables. Les possessions finissent par posséder les possesseurs.

Si l'on examine de plus près pourquoi accroître sa fortune au-delà du niveau du confort conduit au malaise et au désespoir, on découvre que, dans cette situation, les relations avec les autres s'inscrivent de plus en plus dans une logique de hiérarchie sociale et sont motivées par l'envie et la jalousie. Les intéressés indiquent que leurs relations deviennent superficielles et se mesurent seulement à ce qu'on peut y gagner ou y perdre, au sens strictement matériel.

Pourtant, même lorsqu'ils ressentent ce malaise croissant, les matérialistes sont beaucoup plus enclins à réagir en intensifiant leurs efforts pour le gain matériel : le problème à leurs yeux n'est pas qu'ils sont obsédés par l'argent, mais qu'ils n'en ont pas assez. Si seulement ils pouvaient gagner un peu plus, se disent-ils, leur ascension leur vaudrait l'admiration durable des autres et les plaisirs qu'ils attendent d'une hausse de leur consommation – c'est ce que les psychologues appellent la « course sur place hédoniste ». En fait, plus ils persistent dans ce phantasme, plus ils deviennent malheureux, car ils s'enfoncent encore davantage dans un cercle vicieux de dépendance sans issue, jusqu'au moment où ils sauteront du tapis roulant et chercheront un autre chemin vers le bonheur.

Des études menées dans le monde entier ont montré une étroite corrélation entre valeurs matérialistes, dépression et toxicomanie.

Les matérialistes sont plus portés que d'autres à se montrer possessifs, et ils seront probablement moins généreux et moins confiants. Ils ont aussi plus de mal à refréner leurs pulsions et sont plus agressifs envers les autres.

Résumant les preuves écrasantes qu'ont accumulées des années de travaux sur le comportement matérialiste, le professeur de psychologie Tim Kasser, auteur du livre *The High Price of Materialism* [Le Prix élevé du matérialisme], formule ainsi la conclusion de la quasi-totalité de ces études :

> Ceux qui accordent une grande valeur à la quête de la fortune et des biens déclarent un bien-être psychologique inférieur à ceux qui s'en préoccupent moins. [...] Plus les valeurs matérialistes sont au cœur de notre vie, plus notre qualité de vie diminue[12].

Il y a plusieurs années, j'ai eu l'occasion de rendre visite à l'économiste britannique Richard Layard, dont le livre *Le Prix du bonheur. Leçons d'une science nouvelle* a causé quelque émoi chez les économistes. Layard était l'un des enseignants qui m'ont reçu lorsque j'ai donné une conférence à la London School of Economics. Il m'a emmené dans son bureau et m'a fait part de certaines données intéressantes qu'il avait collectées sur le rapport entre l'enrichissement d'une société et l'évolution du bonheur subjectif de sa population au fil du temps. J'avais grande envie de voir les chiffres sur les États-Unis. Il s'avère que, si les Américains jouissent aujourd'hui du double de leur revenu de 1957, le pourcentage des « très heureux » est passé de 35 % à 30 %[13].

Les États-Unis ne sont nullement une exception. Les études menées dans d'autres pays industrialisés aboutissent aux mêmes conclusions. Le travail de Layard montre que le bonheur individuel augmente jusqu'au moment où le revenu individuel moyen atteint environ 20 000 dollars par an – le niveau minimal de confort –, après quoi les hausses de revenu additionnelles ont des retours décroissants sur le niveau de bonheur[14].

Les études révèlent également un parallélisme étroit entre le niveau de bonheur d'une société et l'inégalité des revenus dans sa population. Les États-Unis, qui se vantaient d'avoir la classe moyenne la plus vigoureuse du monde en 1960, ont périclité dans les cinquante années suivantes : le 1 % supérieur s'est encore enrichi, les rangs de la classe moyenne se sont dégarnis et les effectifs des personnes en situation de pauvreté ont gonflé. En 2012, les États-Unis ont eu la distinction ignominieuse de se classer vingt-huitième sur les trente pays de l'Organisation de coopération et développement économiques (OCDE) pour l'inégalité des revenus, l'écart entre les riches et les pauvres ; seuls le Mexique et la Turquie ont fait pire[15].

Il n'est pas surprenant que la hausse de l'inégalité des revenus ait entraîné une baisse du bonheur global de la société. Les études sur le bonheur montrent que les pays où la différence entre riches et pauvres est la plus réduite sont les mieux notés pour le sentiment collectif de bonheur et de bien-être. L'une des raisons est claire : la montée de la pauvreté crée du malheur. Mais il y en a une autre, tout aussi importante : l'écart entre nantis et indigents est un terreau fertile pour la méfiance. Il suscite un esprit de « repli dans la forteresse », où ceux d'en haut craignent de plus en plus les représailles des masses pauvres et veulent protéger davantage leurs fortunes et leurs biens.

Je me souviens d'un instant que nous avons vécu, mon épouse et moi, à Mexico il y a près de vingt ans. Nous étions sur le siège arrière d'une voiture blindée, qui nous conduisait d'une conférence que je venais de faire devant d'éminents chefs d'entreprise à un dîner chez une des familles les plus riches du Mexique. Mon hôte, un réformateur social en pointe au Mexique, qui avait consacré une part importante de sa vie à améliorer le sort des pauvres mexicains, était sur le siège avant, à côté d'un chauffeur armé. Nous avons traversé certains des pires quartiers taudis de la ville, avec présence policière à chaque coin de rue, puis nous sommes entrés dans une résidence cossue, une forteresse, ceinte de murs et protégée par des vigiles, où les riches se serraient les uns contre les autres. Soulignant l'ironie de la situation, mon hôte a fait remarquer que le Mexique était un pays de plus en plus composé de quartiers prisons, pour le riche comme pour le pauvre, car chacun avait peur de l'autre et se méfiait de ses intentions. Puisque les États-Unis se sont rapprochés du modèle du Mexique, la méfiance y a également progressé. Dans les années 1960, 56 % des Américains disaient que l'on pouvait faire confiance à la plupart des gens. Moins d'un tiers le disent encore aujourd'hui[16].

Ce qui rend le matérialisme si toxique, c'est qu'il vole à l'être humain l'élan premier qui l'anime – sa nature empathique. Les biologistes évolutionnistes et les spécialistes des neurosciences nous apprennent actuellement que la nature humaine n'est pas ce qu'on en dit depuis quelques centaines d'années. Nos philosophes des Lumières, au tout début de l'ère moderne, l'ont présentée comme rationnelle, intéressée, matérialiste, utilitariste et mue par un besoin d'autonomie – toutes choses qui nous prédisposent à accumuler des propriétés et à devenir nous-mêmes une île. Les nouvelles études scientifiques racontent une tout autre histoire. Les humains sont les plus sociaux des êtres vivants. Nous aspirons à la compagnie, nous désirons ardemment l'insertion sociale. Cette sociabilité est en grande partie un acquis déjà intégré dans notre système nerveux, et notre acculturation soit l'alimente soit l'étouffe.

Dans les années 1990, les scientifiques ont découvert par hasard chez les humains les neurones miroirs – surnommés dans la langue courante les « neurones de l'empathie ». Plusieurs de nos parents primates et les éléphants ont des neurones de l'empathie – nous n'en sommes pas encore certains pour d'autres espèces. Les neurones miroirs et d'autres composantes de notre système nerveux nous permettent d'éprouver les sentiments d'un autre comme si c'étaient les nôtres – non seulement intellectuellement, mais aussi physiologiquement et émotionnellement. Par exemple, si je vois une araignée remonter le bras de quelqu'un, j'aurai probablement dans mes circuits neuraux la même chair de poule que si elle remontait mon propre bras. Nous prenons ces sentiments quotidiens pour des banalités, mais nous commençons à comprendre que c'est cette aptitude physiologique à ressentir l'autre comme soi-même – à éprouver sa joie, sa honte, son dégoût, sa souffrance et ses peurs – qui fait de nous les êtres sociaux que nous sommes. La sensibilité empathique est ce qui nous permet de réagir les uns aux autres comme un moi étendu, inséré dans une société profondément intégrée. Quand nous entendons parler d'individus qui manquent totalement d'empathie et ne manifestent dans leur conduite aucune sensibilité, aucun souci des autres, nous les pensons comme inhumains. Le sociopathe est l'ultime paria.

Les études ont maintes fois montré une étroite corrélation entre le comportement matérialiste et le refoulement ou l'extinction de l'élan empathique. Les enfants qui grandissent auprès de parents froids, arbitraires, sadiques et peu attentionnés, et qui subissent la maltraitance affective et les châtiments corporels, deviennent souvent, à l'âge adulte, des exploiteurs agressifs ou des solitaires introvertis. Leur élan empathique est écrasé et remplacé par la peur, la méfiance et le sentiment d'abandon. En revanche, les parents affectueux, réactifs et capables de s'occuper d'un nourrisson, de lui ménager un environnement sûr qui encourage le développement de sa personnalité, permettent l'expression de sa confiance sociale, essentielle à l'épanouissement de l'empathie.

Les enfants qui ont grandi sans jamais connaître l'empathie ont moins de chances de pouvoir en témoigner à d'autres dans leur vie d'adulte. Incapables d'entrer en contact avec leurs frères humains au niveau le plus fondamental, ils deviennent, à tous les points de vue, des isolés, des solitaires. Leur matérialisme est un pâle substitut de la perte qu'ils ressentent. Leur attachement aux choses est un ersatz de l'attachement aux gens, qu'ils ont perdu. Leur obsession du succès matériel, de la célébrité, de la reconnaissance, devient aussi pour eux un moyen de se faire accepter socialement.

Puisque leur matérialisme finit par définir leur vie, il façonne aussi leurs relations avec les autres. Dans un monde qui a le succès matériel pour moteur, toute relation devient un moyen d'avancer vers cette fin. On traite les autres en moyens, on les réduit à l'état d'instruments pour accumuler plus de richesse. La récompense à laquelle on aspire, la chaleur humaine et l'affection, devient encore plus insaisissable, car le monde du matérialiste se divise en deux espaces – le mien et le tien. Dans *Un chant de Noël* de Charles Dickens, le misérable Ebenezer Scrooge est un être que l'on méprise et qui en même temps fait pitié, et il est traité en paria par la société.

Pour le matérialiste, la publicité devient la drogue dure qui nourrit l'addiction. Elle exploite le sentiment d'inadaptation et de solitude de sa victime. Elle lui promet que des biens et services vont renforcer sa personnalité et son identité et la rendre plus attrayante, séduisante et acceptable aux yeux des autres. Le philosophe allemand Georg Friedrich Hegel a défini le nouvel homme et la nouvelle femme matérialistes dès leur apparition à l'aube de l'éthique capitaliste. Au-delà de sa valeur utilitaire et matérielle, a-t-il soutenu, la propriété est une expression de la personne. C'est en imprimant sa volonté dans des objets que l'on projette sa personnalité dans le monde et que l'on assure sa présence parmi ses frères humains. La personne même d'un individu est donc présente dans tous les objets qu'il revendique comme siens. Notre propriété devient indistinguable de notre personnalité. Tout ce qui est mien élargit ma présence et ma sphère d'influence unique et devient le moyen qui permet aux autres de me connaître.

Le philosophe William James a décrit la personnalité consumériste en des termes aisément reconnaissables, non sans malaise, par la plupart d'entre nous, qui vivons dans une culture intensément matérialiste :

> Il est clair qu'entre ce qu'un homme appelle *moi* et ce qu'il appelle seulement *mien*, la frontière est difficile à tracer. Ce qui est nôtre nous inspire parfois des sentiments et des actes tout à fait semblables à ceux que nous éprouvons et accomplissons pour nous-mêmes. Notre réputation, nos enfants, le travail de nos mains – autant de réalités qui peuvent nous être aussi chères que notre corps, éveiller en nous les mêmes sentiments et susciter de notre part les mêmes actes de représailles si elles sont attaquées. […] Cependant, *pris au sens le plus large possible, le moi d'un homme est la somme de tout ce qu'il PEUT appeler mien*, non seulement son corps et ses facultés mentales, mais aussi ses vêtements et sa maison, son épouse et ses enfants, ses ancêtres et ses amis, sa réputation et ses travaux, ses terres et ses chevaux, son yacht et son compte en banque. Toutes choses qui lui donnent les mêmes émotions. Si elles se développent et s'épanouissent, il exulte ; si elles déclinent et meurent, il déprime. […] Si nous ressentons ainsi ce qui est nôtre, c'est surtout parce que nous *vivons plus près* de nos

possessions, et avons donc envers elles des sentiments plus forts et plus profonds[17].

La publicité part de l'idée que la propriété est la mesure de l'être humain, et elle fait l'article des biens et services en les présentant comme essentiels pour se créer une identité individuelle dans le monde. Pendant une grande partie du XXe siècle, elle a inlassablement répété que les possessions constituent un prolongement de la personnalité et œuvré à réorienter les générations successives vers une culture matérialiste. La sociologue Juliet Schor, de l'université de Boston, écrit que, dans les années 1990, les enfants passaient « à faire du shopping autant de temps qu'à se rendre visite, deux fois plus qu'à lire ou aller à l'église et cinq fois plus qu'à jouer dehors[18] ». Et il y avait encore plus perturbant : les jeunes disaient qu'ils « préféraient consacrer leur temps à faire des achats qu'à pratiquement n'importe quelle autre activité », et plus de la moitié étaient persuadés qu'« à l'âge adulte, plus on a d'argent, plus on est heureux[19] ».

Cela fait quinze ans que ces enquêtes ont été menées. Depuis, les enfants du Millénaire sont arrivés à l'âge adulte, et, sur le positionnement de ces jeunes dans l'éventail d'attitudes qui va de l'empathie au matérialisme, les données sont incohérentes. Psychologues, sociologues, politologues et anthropologues publient des études et rapports qui se contredisent radicalement.

À en croire une étude massive réalisée sur 14 000 étudiants de 1979 à 2009 par l'institut de recherches sociales de l'université du Michigan, « les étudiants d'aujourd'hui ont une empathie plus faible d'environ 40 % que leurs homologues d'il y a vingt ou trente ans, si on la mesure par les tests standards de ce trait de caractère[20] ». Sarah Konrath, la chercheuse de l'université du Michigan qui a effectué la méta-analyse combinant les résultats de soixante-douze enquêtes menées sur des étudiants américains pendant ces trente ans, conclut que les étudiants actuels se disent moins souvent d'accord avec des énoncés comme : « j'ai parfois essayé de mieux comprendre mes amis en imaginant comment on voit les choses de leur point de vue», et : «j'ai souvent des sentiments tendres et compatissants pour des gens moins heureux que moi»[21].

Mais d'autres études sur la génération du Millénaire indiquent clairement la tendance opposée. À la différence des membres de la génération X, les Millénaires sont «beaucoup plus susceptibles de ressentir de l'empathie pour d'autres membres de leur groupe et de chercher à comprendre le point de vue de chacun[22]». Ces études montrent aussi qu'ils sont plus enclins à accorder un poids égal aux opinions de chacun dans leur groupe de pairs, à préférer travailler de façon collaborative et à rechercher le consensus du groupe – et tout cela exige une attention empathique.

Sur la question de la confiance aux autres, essentielle pour alimenter l'empathie, les Millénaires sont certes beaucoup plus méfiants à l'égard de l'État, des milieux d'affaires et des experts de toute sorte, mais beaucoup plus confiants vis-à-vis de leurs pairs avec lesquels ils collaborent sur Internet et, on l'a vu, plus disposés à s'en remettre aux opinions, critiques et classements de leurs pairs et à la sagesse des foules.

Les travaux de recherche indiquent aussi que les Millénaires sont, de toutes les générations de l'histoire, la moins encombrée de préjugés et la plus empathique dans la défense des droits juridiques et sociaux de catégories de la population jusque-là marginalisées, notamment les femmes, les personnes de couleur, les gays et lesbiennes et les handicapés. Ils sont aussi moins xénophobes. Environ 23 % des étudiants américains actuels ont étudié à l'étranger et 73 % des Millénaires sont favorables à des politiques d'immigration tolérantes, contre 39 à 57 % seulement pour le reste de la population adulte[23].

À mon avis, la génération du Millénaire n'est pas monolithique ; c'est plutôt un amalgame de contradictions. Certaines données confirment sa réputation narcissique et matérialiste, mais d'autres indiquent que son engagement empathique progresse. Il me semble aussi que l'influence de la tendance narcissique et matérialiste a faibli au lendemain de la Grande Récession. Une série de travaux récents ont produit sur ce point des résultats convergents. En décembre 2013, le *New York Times* a publié dans sa section

« Sunday Review » un éditorial annonçant de nouvelles conclusions des chercheurs sur la génération du Millénaire ; ils suggèrent que, durement touchée par la Grande Récession et la stagnation de l'économie mondiale, elle a commencé à réorienter ses priorités psychiques : son objectif serait moins de réussir matériellement que de vivre une existence riche de sens. Un rapport commandé par le Career Advisory Board a découvert qu'aux yeux des Millénaires âgés de 21 à 31 ans, avoir un emploi riche de sens est plus important que gagner énormément d'argent. Dans une étude longitudinale, Jennifer L. Aaker, professeur de marketing à l'école d'affaires de Stanford, et ses collègues ont suivi pendant un mois plusieurs centaines d'Américains pour évaluer ce que les sujets entendaient par « riche de sens ». Le jeune Millénaire qui dit avoir une vie riche de sens, ont-ils découvert, « se voit plutôt tourné vers les autres – c'est quelqu'un qui "donne", pour être précis ». Ceux qui jugeaient important pour eux de faire des choses pour les autres trouvaient aussi « plus de sens à leur vie »[24].

Une étude effectuée en 2013 par la National Society of High School Scholars sur 9 000 excellents élèves de lycée est encore plus révélatrice. On a demandé à ces lycéens de choisir sur une liste de plus de 200 entreprises celles où ils aimeraient travailler, et les centres de santé, hôpitaux et administrations publiques ont représenté 14 des 25 premiers choix. Les plus brillants lycéens du pays ont mis en tête le St. Jude Children's Research Hospital. James W. Lewis, le président de la National Society of High School Scholars, a conclu : « C'est à la concentration sur l'aide aux autres que les Millénaires sont sensibles[25]. »

Les personnalités moins empathiques, on l'a vu, sont généralement plus matérialistes. Si les Millénaires sont plus empathiques que leurs prédécesseurs, nous devrions le remarquer à un changement de point de vue sur les biens matériels dans la dernière décennie. Et nous commençons effectivement à constater cette évolution. À l'été 2013, la revue *Social Psychological and Personality Science* a publié un bilan d'enquêtes qui ont noté les positions de centaines de milliers d'élèves de fin d'études secondaires pendant près de quarante ans : ses auteurs ont constaté une inversion stupéfiante des valeurs au début de la Grande Récession de 2008. Jusque-là, l'empathie pour les autres régressait chaque année et le matérialisme s'affirmait toujours plus, mais après 2008 il y a eu un soudain retournement de tendance : les jeunes du Millénaire se sont mis à manifester « plus de sollicitude pour les autres et moins d'intérêt pour les biens matériels[26] ». Les travaux récents constatent que les Millénaires sont moins soucieux de suivre les modes matérialistes et moins investis dans le consumérisme obsessionnel comme mode de vie.

Ces conclusions sont en parfaite harmonie avec l'essor accéléré de la consommation collaborative et de l'économie du partage. Dans le monde entier, la jeune génération partage les bicyclettes, les automobiles, les maisons, les vêtements et d'innombrables autres articles, et préfère l'accès à la propriété. Les Millénaires sont toujours plus nombreux à délaisser les marques de *designers* en faveur des génériques ou de marques liées à une cause et, dans les biens matériels, la valeur d'usage les intéresse beaucoup plus que la valeur d'échange ou le symbole de prestige. Une économie du partage faite de prosommateurs collaboratistes est par nature une économie plus empathique et moins matérialiste.

Le dépérissement de l'éthique matérialiste se traduit aussi par les progrès de l'engagement pour la durabilité et pour une gestion prudente et attentionnée de l'environnement. Ce n'est pas seulement à leurs semblables que les matérialistes témoignent moins d'empathie, mais aussi aux autres espèces vivantes et aux milieux naturels en général. Cela n'a rien de surprenant, car ils ont une vision purement utilitaire de la nature : elle constitue à leurs yeux une ressource à exploiter et non une communauté à préserver. Ils n'apprécient l'environnement, comme leur rapport aux autres, que pour son utilité et sa valeur de marché, jamais pour sa valeur intrinsèque.

À l'université de Rochester, les chercheurs ont testé quatre-vingts étudiants pour déterminer l'influence des valeurs matérialistes sur la façon d'utiliser les ressources naturelles. Ils les avaient choisis, les uns pour leurs valeurs très matérialistes, les autres pour leurs valeurs non matérialistes. Ils les ont ensuite invités à participer à un jeu : les étudiants dirigeaient une compagnie forestière et devaient répondre à un appel d'offres pour exploiter 200 hectares de forêt nationale. Chaque compagnie pouvait proposer de couper au maximum dix hectares par an, et il était précisé que les arbres repousseraient au rythme de 10 % par an. Si un groupe prévoyait dans sa réponse de ne couper les arbres que sur quelques hectares, ses profits seraient faibles ; s'il avait le projet de les abattre sur une vaste superficie, ses profits seraient élevés mais la forêt serait vite épuisée.

Comme on pouvait s'y attendre, les matérialistes ont prévu dans leur réponse à l'appel d'offres d'abattre beaucoup plus d'arbres que les non-matérialistes : ils auraient ainsi un profit rapide, mais au prix d'un épuisement rapide aussi de la forêt. Ils se concentraient en permanence sur le gain financier à court terme, pas sur les pratiques de conservation à long terme. Les non-matérialistes faisaient davantage de profit à long terme, parce que leur forêt durait plus longtemps[27].

Le type d'orientation par les valeurs qui s'est exprimé dans cette expérience se manifeste aussi dans le monde réel. Les Millénaires ne sont pas seulement moins matérialistes, mais aussi beaucoup plus favorables aux soins à l'environnement que les générations précédentes. Selon une étude de 2009 effectuée par le Center for American Progress, un groupe de réflexion basé à Washington, D.C., 75 % d'entre eux préconisent le désengagement des énergies fossiles et le passage aux énergies renouvelables – c'est plus que dans toute autre génération adulte[28]. Un sondage Gallup mené il y a plusieurs années est encore plus frappant. Environ 58 % des jeunes de 18 à 29 ans avaient répondu que la protection de l'environnement devait être une priorité nationale aux États-Unis, « même au risque de freiner la croissance économique[29] ».

Donc, que nous apprennent toutes ces expériences, études et enquêtes ? D'abord, que l'argent n'achète par le bonheur. Si la pauvreté nourrit le désespoir, l'accumulation de la fortune, quand elle a dépassé un modeste confort, l'alimente et l'accroît aussi. Deuxièmement, le matérialisme débridé, loin de rendre plus heureux, rend toujours plus mécontent, craintif, méfiant et solitaire.

Troisièmement, la principale motivation humaine n'est pas le désir insatiable de biens matériels, comme voudraient nous le faire croire les économistes, mais bien la quête de sociabilité. Ce qui nous rend heureux, une fois satisfaites nos exigences minimales de confort matériel, c'est l'affection et la compagnie. Nous cherchons à nouer des liens affectifs, pas à posséder et à dévorer – et tout cela remet en cause les deux postulats directeurs de la science économique : les choses auxquelles nous aspirons le plus dans la vie sont rares et nos désirs sont illimités. En réalité, les choses auxquelles nous aspirons le plus ne sont pas rares, mais d'une abondance infinie : l'amour, l'acceptation et la reconnaissance de notre humanité. La publicité le comprend, même si les économistes ne le voient pas. On dépense chaque année des centaines de milliards de dollars pour faire appel dans les messages publicitaires à ces motivations profondes, et suggérer, en toute mauvaise foi, que la meilleure façon de les satisfaire est d'acheter, d'accumuler et de consommer davantage de biens matériels, alors qu'on sait très bien que ces désirs fabriqués nous éloignent en fait encore plus de notre quête de la communauté. Que le comportement humain changerait vite si la publicité disparaissait soudain de notre quotidien ! L'obsession du matérialisme s'évanouirait rapidement, nous pourrions enfin respirer, et redécouvrir que nous aspirons les uns aux autres et non à des objets.

Certains vont dire que, dans une société du coût marginal quasi nul où tout le monde peut avoir ce qu'il désire chaque fois qu'il le désire et pratiquement pour rien, les êtres humains engloutiront probablement les ressources restantes de la Terre encore plus vite, ce qui ruinera totalement la planète. Que faut-il en penser ? Que ce scénario est peu probable. Ce n'est pas l'abondance qui nourrit la surconsommation, c'est la pénurie. Dans un monde où les besoins matériels de tous sont satisfaits, la peur de manquer disparaît. Le besoin insatiable de thésauriser et de trop consommer perd une bonne part de son emprise. Le besoin d'arracher aux autres tout ce que nous pouvons s'affaiblit aussi. De plus, dans un monde où les besoins de tous sont à peu près satisfaits, les distinctions sociales fondées sur le statut matériel sont moins pertinentes. La société ne se divise plus uniquement sur la base du « mien » et du « tien ». Et la valeur de chacun n'est plus déterminée par ce qu'il a.

Je ne dis pas qu'une ère d'abondance fait entrer l'humanité dans l'utopie. Nul n'est assez naïf pour croire que la face sombre de la nature humaine va soudain s'évanouir de notre ADN culturel. Je dis seulement que, selon toute vraisemblance, quand l'abondance remplacera la pénurie, l'avidité de l'être humain, née de la peur de ce que pourrait lui réserver le lendemain, perdra de sa force. Même si, à première vue, l'idée de remplacer une économie de la pénurie par une économie de l'abondance peut évoquer la perspective d'une consommation débridée des largesses restantes de la planète, il est probable qu'en réalité, pour toutes les raisons que je viens de citer, c'est le seul moyen efficace d'assurer à notre espèce un avenir durable sur terre.

Une partie au moins de la jeunesse qui grandit dans un nouveau monde structuré par des réseaux pair à pair, collaboratifs et distribués commence à échapper au syndrome matérialiste typique de la vie économique de l'ère capitaliste. Ces jeunes sont en train de créer une économie du partage, qui est moins matérialiste et plus durable, moins utilitaire et plus empathique. Ils vivent davantage leur vie sur un communal mondial et moins sur un marché capitaliste. La nouvelle éthique du partage commence à avoir un effet mesurable sur l'empreinte écologique de la jeune génération dans les économies industrielles avancées.

Ce tournant du matérialisme vers une qualité de vie durable ouvre la perspective d'une réduction considérable de l'empreinte écologique des êtres humains les plus riches de la planète, ce qui libérerait une plus large part de l'abondance de la Terre de manière que les plus pauvres puissent s'extraire de la pauvreté, relever leur niveau de vie et connaître le bonheur de satisfaire leurs besoins fondamentaux et d'acquérir un confort élémentaire. Ces deux forces parviendront-elles à converger au seuil de confort où toute l'humanité pourra vivre des intérêts écologiques de la Terre, et non de son capital, dans une qualité de vie durable ? La question reste ouverte.

Je suis sûr qu'à ce stade de nombreux lecteurs se demandent : cela suffira-t-il ? Même si les 40 % les plus riches réduisent leur empreinte écologique, ce sera d'un faible secours si les 40 % les plus pauvres augmentent en nombre et élargissent la leur. J'en conviens. Nous devons réduire non seulement l'empreinte écologique des riches mais aussi la marée montante de la population des pauvres si nous voulons tous jouir des fruits que peut fournir une planète abondante.

Distribuer des préservatifs et conseiller aux familles de limiter les naissances est une vaine entreprise tant qu'elles sont enlisées dans la pauvreté. Nous savons bien que, dans les pays les plus pauvres du monde, les familles nombreuses servent de police d'assurance *de facto* : elles garantissent qu'il y aura des bras supplémentaires pour faire le travail si certains frères et sœurs meurent prématurément. Dans les communautés pauvres du monde en développement, les femmes et les enfants sont les bêtes de somme – notamment les mules qui vont collecter une large part des ressources rares pour assurer la survie du foyer. Donc, comment encourager des familles moins nombreuses ?

Nous commençons à comprendre que la clé de la stabilisation démographique sur terre, c'est l'accès à l'électricité. C'est pourquoi Ban Ki-Moon, le secrétaire général des Nations unies, a fait de l'accès universel à l'électricité la pierre angulaire du programme de développement économique de son mandat.

C'est l'électricité qui a libéré les femmes en Europe, aux Amériques et dans certains autres pays au XXe siècle. Elle les a affranchies des corvées ménagères qui les enchaînaient au foyer à peu près comme des servantes. L'électricité a permis aux filles, comme aux garçons, d'avoir assez de temps pour étudier et d'améliorer leur situation professionnelle et leurs conditions de vie. Lorsque les femmes ont été plus indépendantes et ont gagné de quoi nourrir leur famille, leur vie est devenue plus sûre et le nombre de naissances a considérablement baissé. Aujourd'hui, à quelques exceptions près, le taux de fécondité dans les pays industrialisés est tombé à 2,1 enfants par femme – c'est celui auquel les enfants remplacent les parents. La population a vite chuté dans les pays les plus riches[30].

Mais plus de 20 % de l'humanité vit sans électricité, et 20 % n'y a accès que de façon marginale et peu fiable. Ce sont justement les pays où la population croît le plus vite. L'Organisation des Nations unies pour le développement industriel (Onudi) veut contribuer à donner aux populations locales les moyens de mettre en place une infrastructure de troisième révolution industrielle (TRI) qui pourra apporter l'électricité verte à 1,5 milliard d'indigents. En 2011, je me suis joint au Dr Kandeh Yumkella, directeur général de l'Onudi et directeur de l'Onu-Énergie, à la conférence générale de son organisation pour soutenir la construction de la troisième révolution industrielle dans les pays en développement. « Nous en sommes convaincus : nous sommes au début d'une troisième révolution industrielle », a déclaré Yumkella. « J'ai voulu que tous les pays membres de l'Onudi entendent le message, et se posent la question clé : comment pouvons-nous faire partie de cette révolution[31] ? » L'objectif, c'est de rendre l'électricité accessible à tous en 2030. L'électrification de toutes les localités sur terre donnera l'élan nécessaire pour arracher à la pauvreté les populations déshéritées de la planète et les faire entrer dans la zone de confort qui pourra assurer une qualité de vie décente à chaque être humain.

Avec le développement du mouvement pour l'accès universel à l'électricité, la poussée démographique va très probablement diminuer dans les pays les plus pauvres, comme elle l'a fait partout où l'électrification a sorti les gens de l'extrême pauvreté. Au milieu du siècle, le taux de fécondité sera probablement tombé à un niveau proche des 2,1 enfants par famille dans le monde entier, ce qui marquera le début d'un lent déclin de la population humaine et la ramènera finalement à cinq milliards de personnes – le nombre qui garantira notre capacité à vivre des intérêts écologiques de la nature et à jouir d'une économie d'abondance.

Les deux scénarios de l'apocalypse

Réduire l'empreinte écologique des riches, faire sortir 40 % de l'humanité de la pauvreté, stabiliser, puis réduire la population humaine pour permettre à notre espèce de vivre des intérêts et non du capital de la biocapacité de la terre : ces tâches sont certes redoutables, mais pas impossibles. Elles sont toutefois compliquées par deux scénarios catastrophes qui risquent d'anéantir tous nos efforts pour rendre ses forces à la planète et remplacer la pénurie par l'abondance.

Un changement climatique d'origine industrielle met aujourd'hui en danger nos écosystèmes et menace la survie de l'humanité et des autres espèces vivantes. Comme si cela ne suffisait pas, ces mêmes technologies de l'information et d'Internet qui connectent l'espèce humaine dans une économie du partage et de l'abondance sont de plus en plus utilisées par des cyberterroristes pour semer le chaos sur l'infrastructure Internet des objets en gestation, avec des effets potentiellement désastreux qui pourraient aboutir à l'effondrement de la civilisation moderne et à la mort de centaines de millions de personnes.

Une planète qui se réchauffe

Selon les climatologues, la concentration de carbone dans l'atmosphère de la Terre, qui se situait depuis 650 000 ans entre 180 et 300 parts par million (ppm), est passée de 280 ppm juste avant le début de l'ère industrielle à 400 ppm en 2013[32]. Les concentrations atmosphériques de méthane et d'oxyde d'azote, les deux autres gaz à puissant effet de serre, suivent des trajectoires tout aussi abruptes[33].

Au sommet mondial de Copenhague sur le climat, en décembre 2009, l'Union européenne a proposé de fixer aux émissions mondiales de dioxyde de carbone une limite à ne pas dépasser : 450 ppm en 2050 ; si nous parvenions à la respecter, nous pouvions espérer avoir des chances de limiter la hausse de température de la Terre à 2 °C. Mais même un réchauffement de 2 °C nous ramènerait à la température sur terre au Pliocène, il y a plusieurs millions d'années, et les conséquences pour les écosystèmes et la vie humaine seraient dévastatrices[34].

La proposition de l'Union européenne a été ignorée. Aujourd'hui, quatre ans plus tard, la forte ascension de l'usage des combustibles carbonés a fait monter les niveaux atmosphériques de dioxyde de carbone (CO_2) bien plus rapidement que ne l'avaient prévu les modèles antérieurs : la hausse de la température sur terre va donc probablement dépasser très vite les 2 °C et poursuivre sa course jusqu'à atteindre 4,5 °C ou davantage en 2100 – des températures inconnues sur la Terre depuis des millions d'années[35]. (N'oublions pas que les humains anatomiquement modernes – l'espèce la plus jeune – n'habitent la planète que depuis 175 000 ans environ.)

Ce qui rend si terrifiantes ces hausses spectaculaires de température de la Terre, c'est que le réchauffement change radicalement le cycle hydrologique de la planète. La Terre est une planète d'eau. L'évolution de ses divers écosystèmes au fil du temps géologique a été directement liée aux structures des précipitations. Chaque fois que la température monte de 1 °C, la capacité de l'atmosphère à retenir l'humidité augmente de 7 %[36]. Cela modifie profondément la façon dont l'eau nous parvient : les précipitations sont plus intenses mais leur durée et leur fréquence se réduisent. Les conséquences se font déjà sentir dans les écosystèmes du monde entier : neiges plus glaciales en hiver, tempêtes et crues plus terribles au printemps, sécheresses plus longues en été, incendies de forêt plus nombreux, ouragans plus intenses (catégories 3, 4 et 5), fonte des calottes glaciaires sur les grandes chaînes de montagnes et montée des niveaux marins.

Incapables de se réajuster en si peu de temps à un bouleversement du cycle de l'eau, les écosystèmes de la Terre sont mis à rude épreuve, et certains sont au bord de l'effondrement. La déstabilisation de leur dynamique dans le monde entier a précipité la biosphère dans la sixième extinction des 450 millions d'années de vie sur terre. Dans chacune des cinq précédentes, le climat est parvenu à un point de bascule crucial qui a poussé les écosystèmes dans des boucles de rétroaction positives, après quoi la biodiversité de la planète a vite été balayée. En moyenne, il a fallu plus de dix millions d'années pour retrouver la biodiversité perdue. À la fin du siècle actuel, nous aurons peut-être assisté, disent les biologistes, à l'extinction de la moitié des espèces vivantes sur terre, et il en résultera une nouvelle ère stérile qui pourrait durer des millions d'années[37].

James Hansen, ancien directeur du Goddard Institute for Space Studies de la NASA et climatologue en chef du gouvernement américain, prévoit d'ici la fin du siècle une hausse de la température de la Terre de 6 °C – et la fin de la civilisation humaine telle que nous la connaissons. Le seul espoir, selon lui, serait de ramener la concentration actuelle de carbone dans l'atmosphère de 385 ppm à 350 ppm ou moins encore – et cela, aucun État, pas même l'Union européenne, ne le propose aujourd'hui[38].

Ici, le scénario catastrophe est l'effet probable du changement du climat et du cycle hydrologique sur la production alimentaire et l'infrastructure agricole. L'aggravation spectaculaire des inondations et des sécheresses ravage de vastes superficies de terres cultivables dans le monde. En novembre 2013, le typhon Haiyan, l'un des plus puissants jamais constatés, a dévasté les champs aux Philippines au début de la saison de plantation du riz : des centaines de milliers d'hectares exploitables ont été détruits et la production nationale de riz anéantie. Un mois plus tôt seulement, le cyclone Phailin s'était abattu sur l'Est de l'Inde avec une force destructrice presque égale. Dans les seules régions d'Odisha et de Bihar, les récoltes perdues ont été estimées à 45 milliards de dollars[39]. En juin 2013, des pluies torrentielles ont frappé l'Europe centrale : les fleuves ont débordé, inondant les champs cultivés. À Passau (Allemagne), au confluent du Danube, de l'Inn et de l'Ilz, l'eau est montée de 12,8 m, plus haut que l'inondation la plus grave jamais enregistrée dans la région, qui datait de 1501[40]. J'ai vu de mes yeux le désastre en me rendant de l'aéroport de Francfort à la ville historique de Weimar : le long de la route, les terres arables étaient sous l'eau. Les pertes de production agricole seront probablement de plus de 16,5 milliards de dollars[41].

Le climatologue Mojib Latif, du centre de recherche océanique Helmholtz dans la ville allemande de Kiel, estime que les tempêtes et les inondations extrêmes que l'Europe a connues en 2002 et 2013 sont la nouvelle norme, car la hausse des températures mondiales, provoquée par le changement climatique, intensifie les précipitations. Les tempêtes et crues très fortes « comme celles auxquelles nous assistons, souligne-t-il, se produisent deux fois plus souvent qu'il y a un siècle[42] ».

Les sécheresses aussi prolifèrent partout dans le monde et pèsent sur la production agricole. Elles l'ont réduite considérablement dans l'Ouest des États-Unis, où elles sont récurrentes depuis quelques années. Comme les dix-sept États de l'Ouest représentent 40 % du revenu agricole net du pays, l'inquiétude monte : le changement climatique va-t-il transformer, dans les décennies qui viennent, la région agricole la plus productive du monde en désert ? En 2012, plus de 15 000 comtés – la moitié des comtés des Etats-Unis – ont subi des sécheresses si terribles qu'ils ont été déclarés en état de catastrophe nationale. Ces régions agricoles ont connu pendant plusieurs années des températures supérieures de 5 °C à 11 °C aux moyennes historiques. En 2013, les températures ont atteint 41 °C, soit 6° de plus que la limite haute de la plupart des cultures de zone tempérée. L'Ouest des États-Unis perd rapidement ses eaux de surface et ses nappes phréatiques ; il doit pomper de l'eau dans d'autres régions du pays, ce qui alourdit ses coûts énergétiques déjà élevés[43]. Selon une étude réalisée en 2011 par le U.S. National Center for Atmospheric Research [Centre national de recherche atmosphérique des États-Unis], il est probable que le changement climatique infligera à l'Amérique des sécheresses plus graves que celles qui ont provoqué le grand Dust Bowl des années 1930[44].

Les sécheresses que suscite le changement climatique se multiplient aussi dans d'autres régions du monde, et réduisent encore davantage les rendements agricoles. Une étude récente prévoit qu'au niveau mondial leur fréquence aura doublé au milieu du XXIe siècle et triplé à la fin du siècle[45].

En 2009, l'Institut international de recherche sur les politiques alimentaires (IFPRI) a publié une étude de l'effet du changement climatique sur l'agriculture dans le monde en développement. Ce rapport donne vraiment à réfléchir – d'autant plus que ses prévisions reposent sur l'ancienne évaluation de la hausse des températures à 3 °C seulement. En 2050, la région la plus durement frappée sera probablement l'Asie du Sud : l'étude estime que les rendements du blé y auront baissé de 50 %, la production de riz de 17 % et les rendements du maïs de 6 % par rapport aux niveaux de l'an 2000 en raison de l'impact du changement climatique. En Asie orientale et dans le Pacifique, toujours en 2050, la production du riz aura diminué de 20 %, celle du soja de 13 %, celle du blé de 16 % et celle du maïs de 4 %. À la même date, selon ces projections, le nombre moyen de calories disponibles aura chuté de 15 % et la consommation de céréales plongé de 24 % à cause du changement climatique. Les enfants victimes de malnutrition seront plus nombreux : il y en aura probablement 59 millions en Asie du Sud et 14 millions en Asie orientale et dans le Pacifique[46].

L'Afrique subsaharienne, qui est déjà la région la plus pauvre du monde, devrait subir des baisses de production alimentaire tout aussi dévastatrices parce que son agriculture dépend des eaux pluviales. En 2050, les rendements moyens auront diminué de 14 % pour le riz, 22 % pour le blé et 5 % pour le maïs. Dans un sous-continent déjà accablé par la malnutrition, les projections indiquent une chute supplémentaire de 500 calories par personne et par jour en 2050 à cause du changement climatique, ce qui revient à une baisse de 21 % de la consommation alimentaire par habitant. On s'attendait à voir le nombre d'enfants victimes de malnutrition passer de 33 à 42 millions dans les trente-huit prochaines années. Lorsqu'on prend en compte le changement climatique, il monte à 52 millions[47].

Au Moyen-Orient et en Afrique du Nord, l'impact du changement climatique sur l'agriculture dans les quatre prochaines décennies est aussi alarmant. Les rendements du riz vont baisser de 30 %, ceux du maïs de 47 % et ceux du blé de 20 %. Comme en Afrique subsaharienne, la consommation alimentaire individuelle va diminuer en moyenne de 500 calories par jour, et il y aura donc plus de 2 millions d'enfants victimes de malnutrition en 2050[48].

L'Amérique latine et les Caraïbes font un peu mieux : les rendements baisseront de 6,4 % pour le riz, de 3 % pour le maïs et le soja et de 6 % pour le blé. La consommation alimentaire moyenne diminuera de 300 calories par jour, soit une baisse globale de 12 %, et il y aura dans la région 6,4 millions d'enfants victimes de malnutrition en 2050[49].

Dans les pays industrialisés du Nord, la production agricole souffrira aussi du changement climatique. On estime qu'à la fin du siècle, les rendements du maïs et du soja aux États-Unis auront baissé de 30 à 46 % si l'on retient des valeurs basses pour les émissions de dioxyde de carbone, et de 63 à 82 % si l'on postule des valeurs hautes. Les scénarios de fortes émissions sont devenus plus importants puisque les nouvelles données scientifiques suggèrent qu'ils sont les plus probables. Or les baisses de rendement du maïs et du soja qu'ils prévoient aux États-Unis – 80 %, voire plus – sont potentiellement catastrophiques, notamment quand on se souvient que ce pays est le premier exportateur de céréales du monde[50].

Si nous ne parvenons pas à réduire considérablement les émissions qui réchauffent la planète, à les ramener au niveau jugé nécessaire par Hansen et par d'autres climatologues pour ralentir le cours du changement climatique, nous perdrons probablement toute chance de créer une économie de l'abondance, notamment dans le secteur alimentaire, au cours du siècle qui vient et pendant les siècles, voire les millénaires, qui suivront.

Au XXIe siècle, les effets du changement climatique sur les infrastructures humaines ne seront pas moins spectaculaires. Les ouragans de catégorie 3, 4 et 5 et les tempêtes qui provoquent des inondations soudaines et font déborder les fleuves se multiplient à un rythme alarmant, et leurs répercussions sur les infrastructures sont dévastatrices. L'ouragan Katrina, tempête de catégorie 3 qui s'est abattue sur la Nouvelle-Orléans et sur le littoral du golfe du Mexique en 2005, a fait 1 833 morts et 148 milliards de dollars de dégâts dans l'économie et les infrastructures régionales. Plus de 126000 maisons ont été détruites et 1,2 million endommagées. Trois millions de personnes dans huit États ont été privées d'électricité, parfois pendant des semaines, et 600 000 familles se sont retrouvées sans abri, certaines pendant des mois[51].

Sandy, autre ouragan de catégorie 3 qui a grondé sur la côte Est en 2012, a détruit des infrastructures vitales, du New Jersey et de New York à la Nouvelle-Angleterre. S'il a été moins grave que Katrina, il n'en a pas moins semé la destruction sur son passage, et la remise en état prendra des années. Huit millions et demi de personnes ont été privées de courant, 305 000 maisons ont été endommagées ou détruites, et le transport public s'est pratiquement arrêté à New York. Dans le seul cas de la zone New York-New Jersey, on estime les dégâts à plus de 71 milliards de dollars[52].

Le réseau électrique, les grands axes des transports, les télécommunications et les canalisations de l'eau et de l'assainissement, qui n'ont jamais été conçus pour soutenir le choc d'un cycle hydrologique devenu fou furieux, se détériorent dans de nombreuses régions du monde. L'infrastructure énergétique est particulièrement vulnérable. Les centrales électriques situées près des fleuves ou sur le littoral sont souvent sans défense contre les assauts des tempêtes. Le tsunami qui a frappé la côte orientale du Japon en 2011 a déchiqueté la centrale nucléaire de Fukushima et provoqué la fusion de quatre de ses six réacteurs ; une irradiation nucléaire s'est diffusée sur l'île, ce qui a rendu inhabitable pour des décennies, voire des siècles, une zone de 160 km^2 autour de la centrale[53]. Les tempêtes mettent aussi hors d'usage les plates-formes pétrolières offshore, ce qui entraîne leur fermeture et des fuites. Sur terre, les pipelines pétroliers subissent aussi les effets des événements météorologiques extrêmes[54].

Les sécheresses menacent de plus en plus l'alimentation des centrales électriques en eau de refroidissement. En France, 43 % de l'eau douce consommée chaque année sert à refroidir les réacteurs nucléaires. Quand elle revient réchauffée, cette eau assèche des écosystèmes déjà en butte à la sécheresse, ce qui réduit les rendements agricoles. Au bout du compte, quand l'eau deviendra trop chaude en raison des chaleurs extrêmes provoquées par le changement climatique, on ne pourra plus s'en servir pour refroidir les réacteurs et il faudra ralentir ou arrêter les centrales. Pendant l'été 2009, à cause d'une vague de chaleur sur tout le territoire français, il y a eu pénurie d'eau de refroidissement et un tiers des centrales nucléaires ont fermé[55]. Comme l'énergie nucléaire représente 28 % de la production d'électricité de l'Union européenne, la hausse des températures due au changement climatique va probablement causer d'importantes perturbations dans la production électrique du continent au cours des années qui viennent[56].

Les tempêtes extrêmes frappent également les lignes électriques, ce qui va provoquer de fréquentes perturbations dans le service et un nombre record de baisses de tension et de pannes. Et les coupures de courant ont des retombées en cascade sur d'autres infrastructures, puisque l'électricité est indispensable pour maintenir les communications et faire fonctionner les stations d'épuration, les stations de pompage, le matériel informatique, les pompes à essence, etc.

Les événements de forte intensité liés à l'eau endommagent aussi le réseau routier, ce qui paralyse le trafic des marchandises et empêche de nombreux salariés de se rendre au travail, avec de graves répercussions sur l'économie. Le transport par rail est également touché, car les eaux rendent certaines voies ferrées inutilisables. Quant aux métros, ils sont exposés aux inondations : c'est ce qui s'est passé à New York quand l'ouragan Sandy s'est engouffré dans les tunnels et les a remplis d'eau dans l'ensemble des quartiers sud de Manhattan. La circulation sur certaines lignes a été interrompue pendant des jours, voire des semaines[57].

De plus en plus souvent, les vents et les tempêtes extrêmes obligent à fermer des aéroports et congestionnent le trafic aérien dans les régions voisines. Les ports et les voies d'eau sont aussi paralysés plus fréquemment par les inondations, les sécheresses et même les brouillards plus denses.

Les infrastructures de l'eau sont extrêmement vulnérables aux modifications du cycle hydrologique. Les changements structurels des précipitations ont de multiples effets – notamment la sécheresse, qui réduit l'eau disponible dans les réservoirs. Ils mettent aussi à rude épreuve les réseaux de drainage, qu'ils engorgent et font déborder. La hausse des températures moyennes de l'eau peut aussi perturber les processus de traitement biologique et nuire à la qualité de l'eau potable[58].

Dans le seul cas des États-Unis, les dépenses publiques totales consacrées aux infrastructures dépassent 300 milliards de dollars par an[59]. Ce chiffre devrait augmenter considérablement dans les décennies qui viennent, puisque les événements météorologiques extrêmes détériorent davantage ces équipements. Certains économistes commencent même à suggérer que le prix à payer pour maintenir la civilisation humaine risque de devenir prohibitif – ce qui contraindrait l'humanité à entrer dans un monde nouveau que nous pouvons à peine imaginer.

Tant que notre société industrielle continuera à émettre massivement du dioxyde de carbone dans l'atmosphère, tout indique qu'étayer l'infrastructure existante de l'énergie fossile pour qu'elle résiste à des conditions climatiques plus dures ne servira à rien. Croire que nous pouvons courir plus vite que les événements météorologiques extrêmes, réussir à repousser leurs assauts toujours plus violents, en rafistolant un régime fondé sur le carbone est de la pure folie.

Nous devrions plutôt concentrer nos efforts sur une transition qui nous ferait sortir de la configuration carbonique. L'infrastructure Internet des objets offre un espoir réaliste de remplacer rapidement l'énergie fossile par l'énergie renouvelable et de ralentir le changement climatique. La question se pose alors en ces termes : la nouvelle infrastructure pourra-t-elle être déployée assez vite dans le monde entier pour réduire significativement les émissions de dioxyde de carbone et des autres gaz à effet de serre, avant que le changement climatique n'ait tant bouleversé le système hydrologique de la planète qu'il serait trop tard pour redresser la situation ?

LES CYBERTERRORISTES SONT PARMI NOUS

Un second scénario catastrophe risque de compromettre les efforts pour passer à une économie de l'abondance durable : le cyberterrorisme. Dans le monde entier, les États et les entreprises s'alarment de plus en plus de l'escalade des agressions cyberterroristes contre des infrastructures. Ils ne cachent pas leurs craintes de voir ces actes compromettre et même paralyser bon nombre des services indispensables au fonctionnement de la société, ce qui provoquerait une apocalypse technologique et l'écroulement de la civilisation.

En 2009, des hackers basés au cœur du territoire nord-coréen ont réussi à fermer les sites Internet du département du Trésor des États-Unis, du Secret Service et de la Federal Trade Commission. La même année, on a découvert que des hackers avaient inséré dans le réseau électrique américain un logiciel sophistiqué qui leur permettrait d'interrompre son fonctionnement quand ils le voudraient[60].

Depuis, les cyberattaques dirigées contre des États, des entreprises, des infrastructures ont proliféré, et se sont montrées plus à même de perturber et de nuire. Depuis que le hacking est passé du canular à l'activité terroriste, il inspire une nouvelle peur collective qui n'est pas sans rappeler la terreur suscitée par la prolifération des armes nucléaires dans la seconde moitié du XXe siècle.

Les cyberterroristes utilisent des logiciels pour porter des coups dans l'espace virtuel comme dans l'espace physique. Le Center for Strategic and International Studies définit le cyberterrorisme en ces termes : « usage d'outils du réseau informatique pour fermer des infrastructures nationales cruciales (comme l'énergie, les transports, les services de l'État) ou pour contraindre ou intimider un gouvernement ou une population civile[61] ».

En mars 2013, les détenteurs d'une carte American Express qui essayaient d'accéder à leurs comptes en ligne n'ont trouvé qu'un écran blanc. Le site est resté inopérant pendant plus de deux heures. Cette cyberattaque n'a été qu'un assaut parmi d'autres dans une mise en scène très élaborée, qui avait commencé six mois plus tôt et qui a imposé la fermeture – certes momentanée – des sites de certains des plus grands établissements financiers du monde, dont Bank of America, JPMorgan Chase et Wells Fargo. Une organisation qui se donnait le nom de Cyber Combattants Izz ad-Din al-Qassam a revendiqué ces cyberattaques, en les présentant comme des représailles pour la mise en ligne d'une vidéo anti-islamique sur YouTube. On soupçonne que derrière ce groupe il y avait l'Iran. Dans la même veine, les États-Unis et Israël ont réussi à utiliser le hacking en ligne pour mettre hors d'usage une bonne partie des centrales iraniennes d'enrichissement nucléaire. En réponse, l'Iran a annoncé qu'il créait sa propre unité gérée par l'État, la « cyber-armée », pour procéder aux représailles[62].

L'inquiétude croissante qu'inspirent les cyberattaques a fait naître un secteur massif de la cybersécurité. Le marché mondial de la cybersécurité, qui pesait déjà 61,1 milliards de dollars en 2012, devrait dépasser les 100 milliards de dollars en 2030, selon une étude réalisée par Morgan Stanley[63].

Ce qui préoccupe le plus les États, ce sont les attaques visant le réseau électrique. Un rapport d'une commission du gouvernement des États-Unis observe :

> Le courant électrique est nécessaire pour faire fonctionner d'autres infrastructures cruciales, parmi lesquelles l'approvisionnement en eau, en denrées alimentaires, en carburant, les communications, les transports, les transactions financières, les services d'urgence, les services de l'État et toutes les autres infrastructures qui soutiennent l'économie et le bien-être national[64].

Si une cyberattaque prenait pour cible des composants primordiaux du réseau électrique et les mettait hors d'usage, le pays pourrait rester sans courant pendant plusieurs mois, voire un an ou davantage. Sans électricité, tout s'arrête ou presque dans la société moderne : le réseau de distribution de l'eau, les canalisations de gaz, le réseau d'assainissement, les transports, le chauffage et l'éclairage. Les études montrent qu'au bout de quelques semaines d'arrêt général du courant électrique la société serait en plein chaos. Il y aurait des millions de morts, par manque de denrées alimentaires, d'eau et d'autres services de base. L'État cesserait de fonctionner et l'armée serait dans l'incapacité d'intervenir pour rétablir l'ordre. Les survivants devraient se réfugier dans les campagnes et tenter de rester en vie par des activités de subsistance, ce qui ramènerait l'humanité à l'ère préindustrielle.

Le rapport de la commission conclut : « Si d'importantes composantes de l'infrastructure électrique étaient perdues pour une assez longue durée, [...] les conséquences seraient probablement dévastatrices, et, en fin de compte, beaucoup de gens pourraient mourir en l'absence des éléments de base nécessaires au maintien de la vie dans les communautés urbaines et suburbaines à forte densité[65]. »

QUEL EST LE DEGRÉ DE VULNÉRABILITÉ DU RÉSEAU ÉLECTRIQUE AMÉRICAIN ?

Si des cyberattaques devaient mettre hors d'usage les quelque 2 000 transformateurs américains, tous réalisés sur commande, qui permettent d'élever la tension de l'électricité pour sa transmission massive et de la diminuer en vue de sa distribution aux utilisateurs finaux, ce serait un coup dévastateur, car la plupart d'entre eux sont fabriqués à l'étranger[66].

Construire 2 000 transformateurs, les expédier aux États-Unis et les installer pourrait demander un an ou davantage – et cela en supposant que ce pays a été le seul visé et que la cyberattaque n'a pas détruit simultanément les transformateurs en Europe ou ailleurs. Essayons d'imaginer la société américaine sans électricité ni services administratifs et commerciaux de base pendant plus d'un an. Au terme de cette période, les États-Unis tels que nous les connaissons auraient cessé d'exister depuis longtemps.

En juin 2012, certains des principaux experts américains de la sécurité, parmi lesquels l'ancien secrétaire à la Sécurité intérieure Michael Chertoff et le général Michael Hayden, ancien directeur de la NSA (National Security Agency), ont appelé le Sénat à voter une loi sur la cybersécurité pour protéger les infrastructures vulnérables des États-Unis. Rappelant qu'on aurait pu empêcher le 11 septembre si l'on avait fait meilleur usage des renseignements disponibles, ils écrivent : « Nous ne voulons pas nous retrouver à nouveau dans la même situation quand un cyber-11 septembre frappera. » Leur conclusion sonne comme un avertissement : « La question n'est pas de savoir si cela va arriver, mais quand[67]. »

L'Académie nationale des sciences des États-Unis a mis en garde contre la cybermenace potentielle visant le réseau électrique du pays dans un rapport détaillé publié en 2012, où elle se montre particulièrement attentive à la vulnérabilité des transformateurs électriques. En mars de la même année, des techniciens ont effectué un exercice d'entraînement aux situations d'urgence en expédiant trois transformateurs de Saint-Louis à Houston et en les installant, pour évaluer leur capacité de réaction rapide à une cyberattaque contre les transformateurs du pays[68]. Richard J. Lordan, de l'Electrical Power Research Institute (EPRI) [Institut de recherche sur le courant électrique], a déclaré que l'industrie américaine de l'électricité commence à se demander combien de transformateurs il faut stocker, et quel est le meilleur moyen de les transporter et de les déployer vers les régions en situation critique au lendemain d'une cyberattaque concertée contre le réseau électrique du pays[69].

Il faut féliciter le Congrès, l'EPRI, l'Académie nationale des sciences, les commissions gouvernementales et les instituts du secteur privé : ils ont raison d'attirer l'attention sur le niveau des menaces. Mais leurs réponses sont insuffisantes, parce que, dans leurs divers scénarios « que se passerait-il si », ils continuent à postuler un réseau électrique qui, comme aujourd'hui, compte sur les énergies fossiles et nucléaire pour produire de l'électricité qu'on envoie ensuite sur des lignes exclusivement conçues pour transmettre le courant en provenance d'un lieu de production centralisé – une centrale électrique – à des millions d'utilisateurs finaux. Si on installait un réseau intelligent centralisé, il ne ferait qu'exacerber la vulnérabilité potentielle à une cyberattaque contre le réseau.

Malheureusement, les États-Unis font le jeu des cyberterroristes en préconisant un réseau intelligent centralisé. L'Union européenne et d'autres États, en revanche, déploient un réseau intelligent distribué – un Internet de l'énergie –, ce qui réduit la menace et les dégâts que peut infliger une cyberattaque massive. Même si les transformateurs électriques brûlent, quand un Internet de l'énergie pleinement opérationnel est en place dans toutes les régions du pays, les collectivités locales peuvent sortir du réseau et continuer à produire leur propre électricité verte, à la partager sur de microréseaux avec leurs voisins et les entreprises proches, et à maintenir le courant et l'éclairage, du moins assez longtemps pour que la société fonctionne.

Notons-le avec intérêt : c'est une préoccupation du même ordre pour la vulnérabilité du réseau américain des communications qui a inspiré, au moins en partie, la création d'Internet. Dans les années 1960, Paul Baran et d'autres chercheurs de la Rand Corporation se sont demandé comment maintenir le réseau national de communication opérationnel en cas d'attaque nucléaire. Ils ont commencé à envisager un réseau distribué d'ordinateurs hôtes, sans standard central, qui pourrait continuer à fonctionner même si une attaque nucléaire paralysait une partie du système de communication du pays. L'idée était de construire un réseau de communication où les données pourraient emprunter plusieurs routes différentes pour arriver à destination, afin qu'aucune composante ne dépende totalement du fonctionnement d'une autre. L'Advanced Research Projects Agency (ARPA) du département de la Défense a financé un réseau expérimental, que l'on a nommé l'ARPA-net. Il connectait une poignée d'ordinateurs dans de grandes universités, et il a fini par se métamorphoser en Internet[70].

L'architecture distribuée de l'Internet de l'énergie est dotée de la même aptitude intrinsèque à résister aux cyberattaques. Le problème est que, dans de nombreuses localités, pas seulement aux États-Unis mais aussi dans l'Union européenne et ailleurs, les microcentrales installées sous forme de panneaux solaires, d'éoliennes, etc., sont « enchaînées » au réseau électrique central, ce qui contraint l'électricité produite localement à alimenter exclusivement ce réseau. Quand il s'effondre, les microcentrales sont aussi hors jeu, et deviennent donc inutiles sur site. S'il en est ainsi, c'est pour que les compagnies de production et de distribution d'électricité puissent maîtriser la façon dont le courant se déploie sur le réseau. Avec les compteurs à tarification dynamique qui, sur chaque site de microproduction électrique, indiquent en temps réel aux propriétaires les changements de prix du courant, elles craignent de voir les petits producteurs programmer leur système pour qu'il ne vende de l'électricité au réseau central qu'aux moments où le prix est élevé, et se mettre hors réseau en utilisant leur propre courant chaque fois qu'ils le voudront.

Les défauts du système actuel sont devenus flagrants au lendemain de l'ouragan Sandy, quand Long Island et les villes côtières du New Jersey se sont retrouvées sans courant. De nombreux bâtiments qui avaient des panneaux solaires sur leur toit n'ont pas pu les utiliser. Ed Antonio, propriétaire d'une maison dans le Queens, l'avait équipée d'un système solaire à 70 000 dollars, alimenté par 42 panneaux ; il n'a servi à rien, pas plus que les autres microcentrales vertes de la région. Dans les cas de ce genre, « l'électricité que collecte l'installation sur toit parvient jusqu'au tableau électrique de la maison par l'intermédiaire d'un onduleur, et l'excédent est envoyé dans le réseau électrique général[71] ». Mais quand l'électricité saute, l'onduleur s'arrête, pour garantir qu'aucun courant ne pénètre dans le réseau pendant que les employés de la compagnie d'électricité réparent la ligne.

Cependant, il existe aujourd'hui de nouveaux systèmes qui permettraient à des microcentrales électriques de continuer à fonctionner même si les lignes de transmission sont en panne. On peut installer un tableau électrique séparé et un onduleur plus complexe pour diriger le courant électrique uniquement vers la maison, ce qui permet de faire fonctionner les appareils essentiels, l'éclairage et le chauffage, et même d'alimenter un véhicule électrique.

Dans la recherche-développement et le déploiement d'une grande partie des technologies du microréseau, l'armée américaine fait œuvre de pionnière. Redoutant de voir les forces armées paralysées par une gigantesque panne de courant, le département de la Défense et le département de l'Énergie ont lancé un projet de 30 millions de dollars, la Smart Power Infrastructure Demonstration for Energy Reliability and Security (SPIDERS) [Démonstration d'infrastructure électrique intelligente pour la fiabilité et la sécurité énergétiques]. L'infrastructure électrique du microréseau vert est en voie d'installation dans trois bases militaires – Camp H. M. Smith à Hawaii, Fort Carson dans le Colorado, et la Joint Base Pearl Harbor-Hickam à Hawaii. Grâce à une électricité verte produite sur site, SPIDERS permettra aux bases militaires de s'acquitter de toutes leurs missions vitales même si une cyberattaque détruit le réseau électrique[72].

C'est comme pour les répercussions du réchauffement de la planète sur l'agriculture et sur les infrastructures, où une course de vitesse a démarré entre la montée des températures de la Terre, qui va infliger à ses écosystèmes des dégâts potentiellement catastrophiques, et le déploiement rapide d'une infrastructure collaborative Internet des objets capable de sevrer la société du carbone avant que le point de bascule n'ait été atteint. Une course semblable est engagée entre des cyberterroristes toujours plus compétents et les champions de la production distribuée d'électricité. La question est claire : est-il possible de mettre en place un Internet de l'énergie assez vite pour permettre à des centaines de millions de microproducteurs locaux d'électricité d'opérer en dehors du réseau central – quand c'est nécessaire –, pour maintenir l'économie en fonctionnement et pour contrecarrer efficacement les cyberattaques contre le réseau électrique national ?

Avec ces deux scénarios catastrophe – le changement climatique et le cyberterrorisme –, l'humanité est confrontée à une formidable menace contre sa sécurité, et au défi tout aussi redoutable de la riposte nécessaire : passer à une ère postcarbone, plus durable et plus équitable. Mais, pour transformer la menace en belle occasion d'avancer, il faudra davantage qu'un plan économique réalisable. Nous avons déjà le profil général de ce projet et le savoir-faire technologique pour le mettre en œuvre. Ils ne nous serviront à rien sans un changement fondamental de la conscience humaine. Il nous faudra abandonner les étroitesses intellectuelles du passé, penser et agir désormais comme une seule et même famille étendue vivant dans une biosphère commune. Pour la survie et l'épanouissement de notre espèce, nous avons aujourd'hui besoin, de toute urgence, d'une nouvelle façon d'habiter la Terre.

16

Un style de vie biosphérique

La productivité extrême déchaînée par l'Internet des objets émergent entraîne l'économie toujours plus vite vers les coûts marginaux quasi nuls et l'essor accéléré des communaux collaboratifs. La plupart des économistes traditionnels veulent encore croire qu'en dernière analyse elle sera soluble dans le système capitaliste. Mais l'inverse est bien plus probable. Les deux économies vont s'habituer à fonctionner plus ou moins en partenariat hybride, et au milieu du XXIe siècle les communaux collaboratifs seront progressivement devenus dominants et l'économie capitaliste se sera rétractée dans un rôle de supplément.

J'estime qu'avec un engagement inébranlable, pas d'erreurs ou revers coûteux et un peu de chance, nous pourrons atteindre la ligne d'arrivée du nouveau paradigme économique. Je ne le dis pas par pure intuition ou parce que j'en ai envie, mais en m'appuyant sur les comparaisons historiques et les tendances actuelles. Dans les première et seconde révolutions industrielles en Amérique et en Europe, la mise en place de l'infrastructure naissante a duré trente ans et sa maturation les vingt années suivantes.

La troisième révolution industrielle va encore plus vite. Le World Wide Web a été mis en ligne en 1990 et il est déjà mûr en 2014, puisqu'il connecte une grande partie de l'espèce humaine sur un moyen de communication qui opère à coût marginal quasi nul. La même courbe exponentielle qui a permis à l'Internet des communications de se construire en moins de vingt-cinq ans propulse l'Internet de l'énergie sur un horizon temporel semblable : dans vingt-cinq ans, l'électricité verte à coût marginal quasi nul devrait représenter dans de nombreux pays la quasi-totalité de la production. L'Internet de la logistique est encore dans l'enfance, mais il est probable qu'il se développera au même rythme. Quant à l'impression 3D, sa trajectoire de croissance est déjà plus rapide que celle de l'Internet des communications à un stade de développement comparable.

Nous avons vu aussi que l'évolution de l'économie sociale sur les communaux connaît une accélération encore plus spectaculaire quand les prosommateurs prolifèrent et que la production par les pairs entre en croissance exponentielle sur l'Internet des objets, en faisant baisser les coûts de production, de vente et de livraison des biens et services. Dès à présent, prosommateurs et entreprises sociales captent une part importante de l'activité économique, donc réduisent les marges de profit déjà fort minces des compagnies existantes de seconde révolution industrielle et acculent nombre d'entre elles à la faillite.

Une société du coût marginal quasi nul pourra-t-elle faire passer l'espèce humaine d'une économie de la pénurie à une économie de l'abondance durable au cours de la première moitié du XXIe siècle ? Là aussi, je suis d'un optimisme prudent. Mes espoirs ne sont pas fondés uniquement sur la technologie, mais aussi sur l'histoire du récit humain. Voici pourquoi.

Homo empathicus

Les grands changements de paradigme dans l'histoire de l'humanité ne se limitent pas à réunir les révolutions de la communication et les régimes énergétiques en nouvelles configurations puissantes qui changent la vie économique de la société. Chaque nouvelle matrice énergie / communication transforme aussi la conscience humaine, car elle étend l'élan empathique à de plus vastes horizons spatio-temporels en rassemblant les humains dans des familles métaphoriques plus larges et des sociétés plus interdépendantes.

Dans les premières sociétés de chasseurs-cueilleurs, la source d'énergie était le corps humain lui-même – nous n'avions pas encore domestiqué des animaux en tant que fournisseurs d'énergie, ni mobilisé les courants de l'air et de l'eau. Toutes les sociétés de chasseurs-cueilleurs ont créé une forme de langage oral pour coordonner la cueillette et la chasse et mener leur vie sociale. Et toutes avaient une « conscience mythologique » – c'est vrai même des quelques-unes qui existent encore aujourd'hui. Dans ces sociétés, l'élan empathique se limitait aux liens du sang et aux solidarités tribales. Les études effectuées sur les sociétés de chasseurs-cueilleurs révèlent que les unités sociales les plus larges qui parvenaient à rester soudées dépassaient rarement 500 personnes – c'était, dans une famille étendue, le nombre de parents qui pouvaient maintenir entre eux des relations régulières, confiantes et assez familières[1]. Quant aux autres tribus qui faisaient de temps en temps intrusion dans la zone migratoire d'une bande, on considérait leurs membres comme des non-humains ou même des démons.

L'avènement des grandes civilisations hydrauliques, au Moyen-Orient vers 3500 av. J.-C., dans la vallée du Yangtsé en Chine en 3950 av. J.-C., et dans la vallée de l'Indus en Asie du Sud en 2500 av. J.-C., a introduit une nouvelle matrice énergie / communication. Pour construire et entretenir un système agricole centralisé qui reposait sur des canaux d'irrigation, il fallait à la fois une main-d'œuvre massive et des compétences techniques[2]. Le régime énergétique – le grain stocké – a donné naissance à la vie urbaine et engendré les greniers à blé, les réseaux routiers, la monnaie, les marchés et le commerce au long cours. On a instauré des bureaucraties administratives pour organiser la production, le stockage et la distribution des grains. La gestion centralisée de ces très vastes entreprises hydrauliques n'est devenue possible que grâce à l'invention d'une nouvelle forme de communication, l'écriture.

La conjonction de l'écriture et de la production agricole hydraulique a fait évoluer le psychisme humain de la conscience mythologique à la « conscience théologique ». Plusieurs grandes religions mondiales se sont constituées dans la période qu'on appelle l'âge axial (d'environ 800 av. J.-C. à 100 ap. J.-C.) : le judaïsme et le christianisme au Moyen-Orient, le bouddhisme en Inde et le confucianisme (une spiritualité) en Chine.

Le passage de la conscience mythologique à la conscience théologique s'est accompagné d'une immense extension de l'élan empathique, des liens du sang à de nouvelles familles fictives fondées sur l'identité religieuse. Sans être liés par le sang, les juifs ont commencé à s'identifier aux autres juifs dans une famille fictive. Les bouddhistes en ont fait autant entre eux. Dans la Rome du Iᵉʳ siècle, les premiers convertis au christianisme s'embrassaient sur la joue et s'appelaient « frère » ou « sœur » – notion entièrement étrangère aux générations antérieures pour lesquelles la famille s'était toujours limitée aux liens du sang.

Les grandes religions axiales ont toutes produit la règle d'or : « Agis envers les autres comme tu voudrais qu'ils agissent envers toi. » Cette extension de la sensibilité empathique à des familles étendues fictives fondées sur l'affiliation religieuse a permis à des populations nombreuses de nouer des liens sociaux dans le cadre spatio-temporel plus vaste des nouvelles civilisations nées de la conjonction de l'écriture et de la production agricole hydraulique.

Au XIXᵉ siècle, la convergence de l'imprimerie à vapeur, alimentée au charbon, et du nouveau système des usines et du transport par rail, également alimenté au charbon, a engendré la « conscience idéologique ». La nouvelle matrice énergie / communication a permis d'élargir l'économie et le commerce, en les faisant passer des marchés locaux aux marchés nationaux, et de consolider l'État-nation dans son rôle de mode de gouvernement du nouveau paradigme économique. Les gens se sont alors perçus comme des citoyens et ont assimilé leurs concitoyens à une famille étendue. Chaque nation a construit son propre récit historique – en grande partie fictif –, avec narration des grands événements, luttes historiques, commémorations collectives et fêtes nationales, le tout pour étendre la sensibilité empathique au-delà des liens du sang et de la religion en y incluant les liens nationaux. Les Français et les Françaises ont commencé à se penser comme frères et sœurs et à ressentir une empathie mutuelle, celle d'une famille étendue déployée sur le nouvel ensemble spatio-temporel – marché national et frontières politiques nationales – qui constituait la matrice énergie / communication de la société industrielle française. De même, les Allemands, les Italiens, les Britanniques, les Américains et tous les autres ont étendu leur élan empathique à l'ensemble de leur territoire national.

Au XXe siècle, la conjonction de l'électrification centralisée, du pétrole et du transport automobile et l'ascension d'une société de consommation de masse ont marqué un nouveau tournant cognitif de la conscience idéologique à la « conscience psychologique ». Nous sommes si habitués à penser de façon introspective et thérapeutique et à vivre simultanément dans un monde intérieur et extérieur – mode de réflexion qui intervient en permanence dans notre façon d'agir avec les autres et de mener notre vie – que nous oublions que nos arrière-grands-parents et toutes les générations qui les ont précédés étaient incapables de penser psychologiquement, à quelques remarquables exceptions près dans l'histoire. Mes grands-parents pouvaient penser idéologiquement, théologiquement et même mythologiquement, mais ne pouvaient pas penser psychologiquement.

La conscience psychologique a étendu l'élan empathique au-delà des frontières politiques pour englober les liens associatifs. Les humains ont commencé à ressentir de l'empathie dans une famille fictive plus large, fondée sur des affiliations professionnelles et techniques, des préférences culturelles et toute une série d'autres traits qui ont élargi les frontières de la confiance sociale au-delà du territoire national, pour inclure des affinités avec ceux qui pensaient de même dans un monde où les matrices énergie / communication et les marchés devenaient planétaires.

Les nouvelles matrices énergie / communication et les paradigmes économiques qui les accompagnent ne mettent pas hors circuit les phases antérieures de la conscience et de l'élargissement de l'empathie. Ces phases demeurent, mais en devenant partie intégrante d'un espace empathique plus large. La conscience mythologique, la conscience théologique, la conscience idéologique et la conscience psychologique existent encore, toutes, et elles coexistent au sein d'ensembles insérés dans chaque psychisme individuel et, à divers degrés, dans chaque culture. Il existe des poches minuscules dans le monde où des chasseurs-cueilleurs vivent encore avec une conscience mythologique. D'autres sociétés sont exclusivement liées à la conscience théologique. D'autres encore sont passées à la conscience idéologique et même, à présent, à la conscience psychologique.

Les tournants de la conscience ne se sont pas non plus produits de façon mécanique et linéaire. Il y a eu des périodes intermédiaires de ténèbres et de régression pendant lesquelles une forme de conscience a été effacée et a sombré dans l'oubli, avant d'être retrouvée à une époque ultérieure. Les Renaissances italienne et septentrionale sont de bons exemples de redécouverte de formes de conscience passées.

Il n'y en a pas moins une structure détectable dans l'évolution humaine : elle apparaît dans la transformation inégale mais incontestable de la conscience humaine, et dans l'extension concomitante de l'élan empathique humain aux familles fictives plus larges qui se constituent dans des matrices énergie / communication et des paradigmes économiques toujours plus complexes et interdépendants.

Si cette présentation des choses semble nouvelle, c'est parce que les historiens ont surtout fait la chronique des événements pathologiques qui ponctuent la saga humaine – grands séismes sociaux, guerres, génocides, catastrophes naturelles, luttes de pouvoir, révolutions pour la justice sociale, etc. Leur intérêt pour la face sombre du parcours humain est compréhensible. Ces événements extraordinaires, exceptionnels, retiennent notre attention. Ils laissent une empreinte indélébile sur notre mémoire collective, pour la simple raison qu'ils sont très inhabituels et déstabilisent notre vie quotidienne.

Mais si l'histoire de l'humanité se composait essentiellement d'épisodes pathologiques et chaotiques, si notre vraie nature était prédatrice, violente, agressive, versatile et même monstrueuse, cela fait longtemps que nous aurions disparu en tant qu'espèce.

Je me souviens d'avoir lu, il y a plus de trente ans, une remarque de Georg Wilhelm Friedrich Hegel sur la nature de l'histoire de l'humanité. Elle m'a frappée et a en partie inspiré ma propre pensée quand j'ai écrit *Une nouvelle conscience pour un monde en crise*. « Les périodes de bonheur [...] sont [les] pages blanches » de l'histoire, observe Hegel, parce que ce sont des périodes d'harmonie[3].

De fait, le récit de l'histoire de l'humanité a une autre face : l'évolution de la conscience humaine et l'extension toujours plus large et englobante de l'élan empathique humain. Cette face non écrite comprend les périodes de bonheur et d'harmonie créées par la pulsion humaine qui nous incite à nous transcender continuellement et à trouver une identité dans des cadres sociaux toujours plus évolués. Ces cadres deviennent nos moyens de créer du capital social, d'explorer la signification du parcours humain et de trouver notre place dans l'ordre général des choses. L'empathie civilise… la civilisation « empathise ». En fait, elles sont inséparables.

L'histoire du parcours humain suggère que le bonheur n'est pas dans le matérialisme mais dans l'engagement empathique. Lorsque, au soir de notre vie, nous nous retournons sur notre passé, les instants saillants dans notre mémoire concernent rarement un gain matériel, la renommée ou la fortune. Les moments qui touchent au cœur même de ce que nous sommes sont les rencontres empathiques – l'impression transcendante d'être sorti de nous pour vivre dans sa plénitude, comme si c'était la nôtre, la lutte d'un autre pour s'épanouir.

On confond souvent conscience empathique et utopisme, alors qu'en fait c'est exactement le contraire. Quand nous éprouvons, vous et moi, de l'empathie pour un autre – qu'il s'agisse d'un humain ou de tout autre être vivant –, elle a la senteur de la mort finale qui l'attend et de la célébration de sa vie tant qu'elle existe. Quand je ressens ses joies, ses peines, ses espoirs et ses peurs, tout me rappelle constamment la précarité de nos vies. Avoir de l'empathie pour un autre, c'est reconnaître qu'il a une seule et unique vie, comme moi – comprendre que chacun de ses instants, comme les miens, sont irréversibles, qu'ils ne se répéteront pas, et que la vie est fragile, imparfaite et éprouvante, qu'il s'agisse du parcours d'un humain dans la civilisation ou d'un cerf dans les bois. Quand j'ai de l'empathie, je ressens la fragilité et la fugacité de l'existence d'un autre. Avoir de l'empathie, c'est soutenir l'autre pour qu'il s'épanouisse et vive pleinement son bref destin. La compassion est notre façon de célébrer mutuellement notre existence, de reconnaître ce qui nous lie, nous qui sommes compagnons de voyage sur cette Terre.

On n'a aucun besoin d'empathie au paradis, et elle n'a pas sa place en Utopie, car dans ces espaces d'outre-monde il n'y a ni douleurs ni souffrances, ni fragilités ni échecs, seulement la perfection et l'immortalité. Vivre parmi nos semblables dans une civilisation empathique, c'est nous aider les uns les autres et, à travers notre compassion, reconnaître la réalité de notre existence temporaire en célébrant mutuellement nos luttes pour nous épanouir dans un monde imparfait. Qui peut douter un seul instant que nos moments les plus heureux soient toujours, sans l'ombre d'un doute, les plus empathiques ?

La conscience biosphérique

Tout cela nous ramène à la question : comment faire progresser le bonheur individuel et collectif de notre espèce ? À ceux qui ont perdu espoir dans l'avenir de l'humanité et même dans notre aptitude à survivre en tant qu'espèce – sans parler de nous assurer, de surcroît, un certain bonheur collectif –, je demande : pourquoi nous arrêter là, et mettre fin à un parcours qui nous a fait pénétrer dans des sphères toujours plus larges d'inclusion, d'engagement empathique et d'intendance collective ? Si nous sommes passés de la conscience mythologique à la conscience théologique, puis à la conscience idéologique et enfin à la conscience psychologique, si nous avons étendu notre élan empathique des liens du sang aux affiliations religieuses, puis aux identités nationales et enfin aux communautés associatives, n'est-il pas possible d'imaginer le prochain bond dans le parcours humain – un passage à la conscience biosphérique et l'expansion de notre empathie à toute l'humanité, notre famille, et aux autres créatures vivantes, extension de notre famille évolutionniste ?

Une nouvelle infrastructure intelligente, composée d'un Internet interactif des communications, de l'énergie et de la logistique, commence à se répandre par nœuds, comme le wi-fi, de région en région, à traverser les continents et à connecter la société dans un immense système nerveux mondial. La connexion de tout avec tous – l'Internet des objets – est une grande transformation dans l'histoire de l'humanité, qui permet pour la première fois à notre espèce de pratiquer une empathie et une convivialité générales au sein d'une seule et même famille étendue. Les jeunes font leurs études dans des salles de classe mondiales *via* Skype ; ils fréquentent les autres jeunes du monde entier sur Facebook ; ils bavardent avec des centaines de millions de pairs sur Twitter ; ils partagent en ligne maisons, vêtements et presque tout le reste sur l'Internet des communications ; ils produisent et partagent l'électricité verte à l'échelle continentale sur l'Internet de l'énergie ; ils partagent voitures, bicyclettes et transports publics sur l'Internet de la logistique en gestation ; et, ce faisant, ils détournent le parcours humain d'une allégeance indéfectible à la croissance matérielle sans frein ni limite, et l'orientent vers l'engagement de notre espèce pour le développement durable. Cette transformation s'accompagne d'un changement du psychisme humain – le grand bond vers la conscience biosphérique et l'ère collaborative.

La sensibilité collaborative consiste à reconnaître que nos vies individuelles sont intimement mêlées, et que notre bien-être personnel dépend en dernière analyse de celui des collectivités plus larges dans lesquelles nous vivons. Cet esprit collaboratif commence aujourd'hui à s'étendre à la biosphère. Les enfants du monde entier étudient en classe leur « empreinte écologique ». Ils comprennent que tout ce que nous faisons, nous les humains – et tous les autres êtres vivants aussi, d'ailleurs –, laisse une trace écologique qui a des effets sur le bien-être d'un autre humain ou être vivant dans une autre région de la biosphère terrestre. Ils relient les pointillés, ils prennent conscience de ces vérités : chaque être vivant est inséré dans d'innombrables relations symbiotiques et synergiques au sein des écosystèmes de l'ensemble de la biosphère, et le bon fonctionnement du système global dépend de la durabilité des rapports entre chacune de ses parties. La jeune génération apprend que la biosphère est notre village planétaire, que sa santé et son bien-être déterminent les nôtres.

Les jeunes d'aujourd'hui, en se connectant entre eux dans l'espace virtuel et physique, éliminent à bon rythme les dernières frontières idéologiques, culturelles et commerciales qui ont longtemps séparé le « mien » du « tien » dans un système capitaliste opérant par les rapports de propriété privée, les échanges de marché et les frontières nationales. Leur refrain est à présent « source ouverte », car ils voient les rapports de pouvoir tout autrement que leurs parents et grands-parents. Dans un monde géopolitique, la conversation a lieu entre la droite et la gauche et entend déterminer qui doit avoir la propriété et le contrôle des moyens de production – certains préférant le capitalisme et d'autres le socialisme. La génération du Millénaire parle rarement en termes de droite contre gauche ou de capitalisme contre socialisme. Quand les Millénaires jugent le comportement politique, ils ont à l'esprit un éventail de positions très différent. Ils se demandent si le comportement d'une institution, qu'il s'agisse d'un État, d'un parti politique, d'une entreprise ou d'un système scolaire, est centralisé, vertical, patriarcal, fermé et propriétaire, ou s'il est distribué, collaboratif, ouvert, transparent, pair à pair et constitue une expression du pouvoir latéral. Ils ont dépassé le marché capitaliste même quand ils continuent à l'utiliser. Ils ne voient aucun problème à mener une grande partie de leur vie économique sur des communaux collaboratifs en réseau et à entrer en contact entre eux dans l'économie sociale autant que dans l'économie de marché.

Leur nouvelle ouverture d'esprit abat les murs qui ont longtemps divisé les humains selon le sexe, la classe, la race, l'ethnie et l'orientation sexuelle. La sensibilité empathique s'étend latéralement aussi vite que les réseaux mondiaux connectent tous les habitants de la Terre. Des centaines de millions d'humains – je soupçonne même qu'il s'agit de plusieurs milliards – commencent à ressentir « l'autre » comme un « moi » en un temps où l'empathie devient l'ultime pierre de touche d'une société vraiment démocratique. Des millions de personnes, notamment les jeunes, éprouvent aussi un élan empathique, certes plus faible, envers d'autres créatures vivantes, des pingouins et ours polaires à la dérive sur les pôles aux autres espèces en péril dans les rares écosystèmes restés sauvages et inviolés. La jeunesse commence à entrapercevoir qu'elle a une chance de construire une civilisation empathique insérée dans une communauté biosphérique. À ce stade, l'avenir que je dessine ici est un espoir plus qu'une attente. Il reste que le sentiment caractéristique du « tout est possible » est dans l'air.

Postface

Réflexions personnelles

La mort de l'ère capitaliste m'inspire des sentiments mêlés. J'envisage avec espoir l'avènement des communaux collaboratifs, et je suis persuadé qu'ils offrent le meilleur vecteur pour guérir la planète et promouvoir une économie de l'abondance durable. Il y a néanmoins dans le capitalisme des aspects que j'admire profondément – et d'autres que j'exècre avec autant de force. (Beaucoup, je le soupçonne, sont dans ce cas, et les hommes et les femmes aux commandes du système capitaliste, qui ont fait l'expérience directe de son dynamisme créatif et de ses excès destructeurs, ne doivent pas être les derniers.)

J'ai grandi dans une maison d'entrepreneur. Mon père, Milton Rifkin, l'a été toute sa vie. Après s'être brièvement essayé, sans succès, au métier d'acteur dans les premiers films de Hollywood à la fin des années 1920, il est devenu chef d'entreprise, et ce métier l'a passionné jusqu'à la fin de ses jours. Ce n'est pas si surprenant. À bien des égards, les entrepreneurs sont des artistes du marché, toujours en quête de nouveaux récits commerciaux créatifs qui pourront captiver un public, raconter une histoire convaincante et faire entrer les gens dans l'univers qu'ils ont inventé – pensons à Steve Jobs. De Thomas Edison à Sergey Brin et Larry Page, ils ont enthousiasmé les foules par des inventions radicales qui ont transformé la vie quotidienne.

Mon père a été l'un des pionniers de la révolution des matières plastiques. Et, avant les ricanements, autant vous dire que quand M. McGuire s'est tourné vers le jeune Ben dans le film *Le Lauréat* en lui chuchotant un seul mot : « Le plastique », je me suis enfoncé dans mon fauteuil de cinéma, mi-amusé mi-gêné, car je croyais entendre mon père me parler tout bas. Pendant des années, il allait tenter de me ramener dans l'enclos, de m'attirer dans l'entreprise familiale, en me faisant miroiter l'avenir radieux qui attendait l'humanité dans une société enveloppée de plastique – le matériau miracle.

Mon père a été, à ma connaissance, l'un des tout premiers industriels à transformer le polyéthylène en sacs plastiques au début des années 1950. Si, pour la jeunesse d'aujourd'hui, un monde sans plastique est inimaginable, dans ces premières années c'était une nouveauté. L'emballage, c'était en général le sac en papier, le carton, la toile de jute, ou le récipient en métal, en verre ou en bois.

Je me souviens de mon père faisant asseoir toute la famille, chaque soir, autour de notre petite table de cuisine pour nous régaler d'idées nouvelles sur la façon dont on pourrait utiliser les sacs plastiques. Pourquoi ne pas s'en servir pour emballer les denrées alimentaires, le linge propre sorti du pressing, les appareils achetés aux grands magasins ? Nous avons peut-être été la première famille à recouvrir tous nos meubles de plastique. Je me rappelle encore le contact poisseux des housses plastiques pendant les chaudes journées d'été, quand je me laissais tomber en short sur le canapé.

L'excitation de mon père était contagieuse. Toujours en représentation, il aspirait dans son scénario les acheteurs en perspective et faisait d'eux des convertis et des acteurs de la plastification du monde.

Pendant les vingt-cinq ans ou presque où il a été entrepreneur dans le plastique, je n'ai jamais entendu mon père parler des retombées financières de son travail. Je suis sûr qu'elles restaient présentes en arrière-plan dans son esprit, mais le jeu entrepreneurial lui-même l'intéressait beaucoup plus. Il percevait ses efforts sous l'angle de la créativité : c'était de l'art plus que de l'industrie. Il voulait faire une différence dans la vie des gens, en leur donnant quelque chose de lui qui pourrait améliorer un peu leur existence. Certes, il agissait à très petite échelle comparé aux géants de l'esprit d'entreprise qui ont créé l'économie capitaliste, mais les biographies d'autres inventeurs et innovateurs sont tout à fait conformes à ce scénario.

Je ne dis pas que les intérêts financiers ne jouent pas; mais, chez nombre des entrepreneurs que j'ai rencontrés au fil des ans, l'acte créateur est un moteur autrement puissant que le roi dollar. En général, le fétichisme de l'argent vient plus tard, quand les firmes innovantes mûrissent, sont introduites en bourse et font monter à bord des actionnaires dont le centre d'intérêt est le retour sur leurs investissements. On ne compte plus les histoires d'entrepreneurs chassés de leur propre entreprise par des managers professionnels, introduits à seule fin d'éloigner la compagnie d'une créativité théâtrale pour en faire une organisation sérieuse et « financièrement responsable », euphémisme qui signifie « plus attentive à ses résultats financiers ».

Au début, mon père n'aurait jamais pu imaginer, bien sûr, que les millions de sacs plastiques qu'il vendait finiraient dans des décharges et pollueraient l'environnement. Ni prévoir que les produits pétrochimiques utilisés dans l'extrusion du polyéthylène émettraient du dioxyde de carbone et joueraient un rôle crucial dans la déstabilisation du climat de la planète.

Quand je réfléchis à la carrière de mon père, il m'apparaît clairement que la main invisible évoquée par Adam Smith il y a deux cent trente-sept ans dans *La Richesse des nations* n'est en fait pas si invisible que cela. C'est l'esprit d'entreprise, qui a poussé mon père et tant d'autres entrepreneurs à innover, réduire les coûts marginaux, mettre sur le marché des biens et services à moindre prix et stimuler la croissance économique. Cet esprit d'entreprise nous emmène aujourd'hui vers les coûts marginaux quasi nuls et nous fait entrer dans une nouvelle ère économique de l'histoire, où davantage de biens et services seront presque gratuits et se partageront sur des communaux collaboratifs.

À ceux qui ont longtemps douté des postulats opératoires de la main invisible de l'offre et de la demande, l'imminence d'une société du coût marginal quasi nul – l'état d'efficacité optimale – en apporte une preuve « bien visible » : le système qu'Adam Smith a été le premier à décrire a bel et bien fonctionné, en partie, bien que je tienne à ajouter quatre réserves. D'abord, la main invisible a souvent été ralentie ou entièrement paralysée pendant de longues périodes par l'inévitable concentration du pouvoir de monopole, qui n'a cessé de faire barrage à l'innovation dans la quasi-totalité des secteurs économiques. Deuxièmement, la main invisible n'a pas fait grand-chose pour assurer le partage de la croissance de la productivité et des profits avec la main-d'œuvre qui produisait conjointement cette abondance. Les travailleurs ont dû lutter contre le patronat à toutes les étapes du parcours, en s'organisant en syndicats et en groupes de pression politiques, pour obtenir un juste retour sur leur travail. Troisièmement, si le capitalisme a considérablement amélioré la vie de tous ceux qui vivaient en son sein, son comportement sur ses marges, où les ressources humaines ont été la plupart du temps exploitées sans merci au bénéfice de ceux qui étaient confortablement nichés à l'intérieur, a été horrible à l'aune de tous les critères raisonnables. Et quatrièmement, la logique opératoire de la main invisible de l'offre et de la demande n'est jamais sortie des frontières du mécanisme du marché lui-même, et n'a donc jamais pu prendre en compte les dommages que le système capitaliste infligeait à l'environnement dont il tirait ses matières premières et où il jetait ses déchets.

La main invisible d'Adam Smith n'en a pas moins été une force sociale redoutable, mais pas pour les raisons philosophiques qu'il avait avancées. La théorie de Smith tourne autour d'une idée : en économie de marché, chacun poursuit son intérêt personnel quand il acquiert et échange des propriétés, sans aucune intention de servir l'intérêt public, et en agissant de la sorte il fait progresser « involontairement » le bien-être général de l'ensemble de la société. Voici sa formulation exacte :

> Chaque individu travaille nécessairement à rendre aussi grand que possible le revenu annuel de la société. À la vérité, son intention, en général, n'est pas en cela de servir l'intérêt public, et il ne sait même pas jusqu'à quel point il peut être utile à la société. […] il ne pense

> qu'à son propre gain ; en cela, comme dans beaucoup d'autres cas, il est conduit par une main invisible à remplir une fin qui n'entre nullement dans ses intentions ; et ce n'est pas toujours ce qu'il y a de plus mal pour la société, que cette fin n'entre pour rien dans ses intentions. Tout en ne cherchant que son intérêt personnel, il travaille souvent d'une manière bien plus efficace pour l'intérêt de la société, que s'il avait réellement pour but d'y travailler. Je n'ai jamais vu que ceux qui aspiraient, dans leurs entreprises de commerce, à travailler pour le bien général, ont fait beaucoup de bonnes choses[1].

En suggérant que chacun agit sans avoir à l'esprit les intérêts des autres, Smith a fait un étrange contresens sur la dynamique de l'un des principes clés de la théorie économique classique : l'inlassable recherche d'innovations par les vendeurs pour accroître la productivité, qui leur permet de réduire leurs coûts de fonctionnement et les prix de leurs biens et services, afin de gagner de nouveaux acheteurs, d'améliorer leurs marges de profit et d'élargir leurs parts de marché. On ne sait pourquoi, le lien primordial entre le vendeur et l'acheteur, celui qui établit entre eux un rapport de réciprocité et fait fonctionner la main invisible, lui a entièrement échappé : le rôle du vendeur est de veiller au bien-être personnel de l'acheteur, en lui fournissant continuellement des biens et services de meilleure qualité à des prix inférieurs. C'est en étant attentifs en permanence aux besoins, désirs et souhaits des acheteurs et en les servant que les entrepreneurs capitalistes prospèrent. Un entrepreneur ou une firme qui ne recherche pas le bien-être de futurs clients ne restera pas bien longtemps en activité.

Autrement dit, être sensible au bien-être des autres est dans l'intérêt personnel de l'entrepreneur, s'il veut réussir. Henry Ford l'avait compris, et il s'était donné une mission dans son existence : fournir une automobile solide et bon marché à des millions de travailleurs pour leur faciliter la vie. Steve Jobs l'avait compris aussi. Sa passion, qui l'a entièrement consumé, était de servir les besoins et les aspirations d'une population humaine très mobile, connectée au niveau mondial, en lui procurant des technologies de communication de pointe. C'est cette double fonction – rechercher son intérêt personnel d'entrepreneur dans la promotion du bien-être des autres sur le marché – qui nous a conduits toujours plus près d'une société du coût marginal proche de zéro.

La marche vers les coûts marginaux quasi nuls et les biens et services pratiquement gratuits n'a pas seulement validé en partie la logique opératoire de la main invisible, mais aussi, ce qui ne manque pas d'intérêt, les arguments utilitaristes avancés notamment par David Hume et Jeremy Bentham en défense du capitalisme de marché. Souvenons-nous que, selon Hume et Bentham, la propriété privée échangée sur le marché est une convention purement humaine, sans aucune base dans le droit naturel, et qu'elle est justifiée parce que c'est le meilleur mécanisme pour « promouvoir le bien-être général ». Avaient-ils raison ?

Puisque le mécanisme du marché a contribué à nous conduire aux coûts marginaux quasi nuls et à la promesse des biens et services pratiquement gratuits, donc à la situation d'efficacité optimale pour promouvoir le bien-être général, la thèse de Hume et de Bentham qui voyait dans la propriété privée, échangée sur des marchés, le meilleur outil de promotion du bien-être général a révélé sa valeur utilitariste. Le paradoxe est que, une fois atteint le coût marginal quasi nul, les biens et services deviennent presque gratuits, les marges de profit s'évaporent et l'échange de propriétés privées sur des marchés perd sa raison d'être. Le mécanisme du marché devient toujours moins nécessaire dans un monde de biens et services pratiquement gratuits organisé autour d'une économie de l'abondance, et le capitalisme rétrécit pour devenir un phénomène de niche.

Nous dirons donc que la variante de l'utilitarisme propre à Hume et à Bentham, indissociablement liée à l'échange et à l'accumulation de propriétés privées sur le marché capitaliste, n'a jamais été conçue comme une vérité éternelle, mais seulement comme une description des forces économiques particulières à l'œuvre de leur temps, celles qui allaient animer la première puis la seconde révolution industrielle aux XIXe et XXe siècles. Nul doute que les économistes utilitaristes du XIXe siècle et leurs successeurs du XXe auraient été effarés d'apprendre que la théorie qu'ils avaient embrassée finirait par se vérifier, mais seulement en conduisant la société à l'orée d'un nouvel ordre économique où la meilleure façon de promouvoir le bien-être général est le projet collaboratif déployé sur de vastes communaux en réseaux dans une économie sociale en gestation.

Un système économique organisé autour de la pénurie et du profit peut-il conduire à une économie de biens et services quasi gratuits et d'abondance ? L'idée est si paradoxale, avouons-le, qu'elle est difficile à admettre. Mais c'est exactement ce qui se passe.

Porter un jugement sur le système capitaliste à la fin de son règne n'est pas simple. Le marché capitaliste n'a pas été le sauveur, comme le proclamaient ses fervents partisans. Il n'a pas été non plus le diable incarné, comme l'affirmaient ses adversaires tonitruants. Disons qu'il a été le mécanisme le plus agile et efficace de son époque pour organiser une économie dont les matrices d'énergie et de communication, et les industries qui les accompagnaient, exigeaient de grosses concentrations de capital financier, capables de soutenir des entreprises verticalement intégrées et les économies d'échelle qu'elles permettaient.

Donc, si je célèbre, avec des réserves, l'esprit d'entreprise qui a inspiré mon père et tant d'autres, je ne pleure pas la mort du capitalisme. Le nouvel esprit d'entreprise sociale, qui anime une génération insérée dans les réseaux collaboratifs des communaux, passionne autant ceux qui l'embrassent qu'a pu le faire l'esprit d'entreprise commerciale inséré sur les marchés, mais il est d'un autre ordre. L'esprit nouveau est moins autonome et plus interactif ; moins soucieux de faire avancer l'intérêt financier et plus attaché à faire progresser la qualité de vie ; moins passionné par l'accumulation du capital de marché et davantage par celle du capital social ; moins avide de posséder et d'avoir et plus désireux d'accéder et de partager ; moins prompt à exploiter la nature et plus engagé pour la durabilité et l'intendance de l'écologie de la Terre. Les nouveaux entrepreneurs sociaux sont moins guidés par la main invisible et davantage par la main secourable. Ils sont beaucoup moins utilitaristes et beaucoup plus empathiques.

La logique inhérente à la main invisible et au mécanisme du marché a contribué à nous conduire à ce carrefour d'une société du coût marginal quasi nul où l'humanité a la possibilité de quitter une économie de la pénurie pour une économie de l'abondance durable. Mais disons-le clairement : les entrepreneurs ne l'ont pas fait seuls. Ils doivent en partager le mérite avec les visionnaires qui ont propagé l'idée d'une économie sociale sur les communaux. La courbe exponentielle de la puissance de calcul informatique, qui a contribué à faire descendre le coût marginal de la production et de l'envoi d'informations à un niveau proche de zéro, a surtout été l'œuvre de grandes compagnies mondiales. En revanche, n'oublions pas qu'Internet a été inventé par des scientifiques au service de l'État et par des universitaires, et que le World Wide Web a été créé par un expert en informatique dont l'objectif était de promouvoir les communaux. Le GPS, les écrans tactiles et les assistants personnels avec reconnaissance vocale (par exemple Siri) – les technologies prépondérantes dont est fait le célèbre iPhone – sont issus de recherches financées par l'État. C'est essentiellement l'économie sociale qui a inspiré Linux, Wikipédia et les MOOC, tandis que Facebook et Twitter sont des entreprises commerciales dont le succès repose sur la mise en place de communaux sociaux en vue d'en tirer des profits financiers. Les percées dans l'énergie renouvelable sont venues des laboratoires de l'État et des universités autant que des entreprises privées travaillant sur le marché. De même, la révolution de l'impression 3D a été stimulée à la fois par les fab labs à but non lucratif et par des développeurs commerciaux.

Si l'esprit d'entreprise du marché aide à conduire l'économie au coût marginal quasi nul et aux biens et services presque gratuits, il le fait en s'appuyant sur une infrastructure qui lui en donne les moyens, et celle-ci a été rendue possible par la créativité des trois secteurs – l'État, l'économie sociale des communaux et le marché. Ces contributions apportées par des acteurs des trois secteurs suggèrent que le nouveau paradigme économique restera probablement un projet hybride de l'État, du marché et des communaux, même s'il est probable qu'au milieu du siècle les communaux collaboratifs détermineront une large part de la vie économique de la société.

J'aimerais adresser mes dernières remarques à ceux qui, douillettement installés au cœur du système capitaliste, craignent que la société du coût marginal quasi nul, qui arrive, ne les voue à la ruine. Les économies ne sont jamais statiques. Elles évoluent sans cesse, et parfois se métamorphosent complètement. Et quand les économies changent, des entreprises apparaissent et disparaissent. Peter Senge, de la MIT Sloan School of Management, observe que la durée de vie moyenne d'une compagnie de la liste des 500 de *Fortune* n'est que d'une trentaine d'années. De fait, seules 71 des compagnies présentes sur la liste initiale de 1955 y figuraient encore en 2012[2].

Nous n'allons pas nous réveiller un beau matin et découvrir que l'ancien ordre économique a été détruit et qu'un nouveau a pris sa place. Souvenons-nous que la seconde révolution industrielle est apparue dans les années 1890 alors que la première était en plein essor ; elle s'est déployée parallèlement à la précédente pendant un demi-siècle, jusqu'au jour où elle a fini par devenir la force économique dominante. Pendant cette longue transition, beaucoup d'industries et de compagnies de la première révolution industrielle ont dépéri et péri – mais pas toutes. Celles qui ont survécu se sont réinventées en chemin, et elles ont trouvé le juste équilibre qui leur a permis de vivre simultanément dans deux ères industrielles, en se désengageant prudemment de l'ancien modèle et en se laissant glisser dans le nouveau. Les start-up qui ont saisi les nouvelles occasions offertes par la seconde révolution industrielle ont été bien plus nombreuses et ont rapidement occupé le terrain restant.

De même, aujourd'hui, de nombreuses firmes de seconde révolution industrielle sont confrontées à une occasion comparable, et doivent choisir. Certaines font déjà le grand saut dans la troisième révolution industrielle : elles intègrent à leurs portefeuilles actuels les nouveaux modèles d'entreprise et les nouveaux services, et elles élaborent des stratégies de transition pour tenir le rythme du changement de paradigme qui nous conduit à une économie hybride, composée à la fois de communaux collaboratifs et du marché capitaliste traditionnel.

Les forces sociales puissantes déchaînées par la société qui vient, celle du coût marginal zéro, sont à la fois perturbatrices et libératrices. Très probablement, elles ne se laisseront ni freiner ni repousser. Le passage de l'ère capitaliste à l'ère collaborative s'accélère dans toutes les régions du monde. Espérons qu'il aboutira à temps pour guérir la biosphère et apporter à tous les êtres humains sur terre une économie mondiale plus juste, humaine et durable dans la première moitié du XXIe siècle.

Bibliographie

ADAMS, Richard Newbold, *Energy and Structure: A Theory of Social Power*, Austin, University of Texas Press, 1924.

ANDERSON, Benedict, *L'Imaginaire national : réflexions sur l'origine et l'essor du nationalisme*, trad. fr. de Pierre-Emmanuel Dauzat, Paris, La Découverte, 1996.

ANDERSON, Chris, *Free : entrez dans l'économie du gratuit*, trad. fr. de Michel Le Séac'h, Paris, Pearson-Village mondial, 2009.

—, *Makers : la nouvelle révolution industrielle*, trad. fr. de Michel Le Séac'h, Paris, Pearson, 2012.

ANDERSON, Robert, *Fundamentals of the Petroleum Industry*, Norman, University of Oklahoma Press, 1984.

ANIELSKI, Mark, *The Economics of Happiness*, Gabriola Island, Colombie-Britannique, Canada, New Society Publishers, 2007.

APPLEBY, Joyce, *The Relentless Revolution*, New York, W. W. Norton, 2010.

ARIÈS, Philippe, *L'Homme devant la mort*, Paris, Éd. du Seuil, coll. « L'Univers historique », 1977 ; rééd., 2 vol., coll. « Points Histoire », 1985.

AXELROD, Robert, *Comment réussir dans un monde d'égoïstes : théorie du comportement coopératif*, trad. fr. de Michèle Garène, Paris, O. Jacob, 1996.

AYRES, Robert, et AYRES, Edward, *Crossing The Energy Divide*, Upper Saddle River, NJ, Wharton School Publishing, 2010.

AYRES, Robert, et WARR, Benjamin, *The Economic Growth Engine : How Energy and Work Drive Material Prosperity*, Cheltenham (G.-B.), Edward Elgar Publishing, coll. « The International Institute for Applied Systems Analysis », 2010.

BAKAN, Joel, *The Corporation: The Pathological Pursuit of Profit and Power*, New York, Free Press, 2004.

BANKS, James A., et MCGEE BANKS, Cherry A. (éd.), *Multicultural Education: Issues and Perspectives*, 6e éd., Hoboken, NJ, John Wiley & Sons, 2007.

BARLOW, Maude, et CLARKE, Tony, *L'Or bleu : l'eau, le grand enjeu du xxie siècle*, trad. fr. de Paule Noyart, Paris, Hachette Littératures, 2007.

BARNES, Peter, *Who Owns The Sky?*, Washington, D.C., Island Press, 2001.

BELGIN, Stephen, et LIETAER, Bernard, *New Money for a New World*, Boulder, CO, Qiterra Press, 2005.

BENIGER, James R., *The Control Revolution: Technological and Economic Origins of the Information Society*, Cambridge, MA, Harvard University Press, 1986.

BENKLER, Yochai, *La Richesse des réseaux : marchés et libertés à l'heure du partage social*, trad. fr. d'Anne Clerq-Roques, Martine Lahache, Béatrice Coing… *et al.*, Lyon, Presses universitaires de Lyon, 2009.

BENTHAM, Jeremy, et DUMONT, Étienne, *Traités de législation civile et pénale*, Paris, Dalloz, 2010.

BERLE, Adolf A., et MEANS, Gardiner C., *The Modern Corporation & Private Property*, New Brunswick, Transaction Publishers, 2010.

BLANNING, Tim, *The Romantic Revolution*, New York, Modern Library, 2011.

BOK, Derek, *The Politics of Happiness*, Princeton, NJ, Princeton University Press, 2010.

BOLLIER, David, *Silent Theft: The Private Plunder of Our Common Wealth*, New York, Rutledge, 2003.

—, *Viral Spiral*, New York, The New Press, 2008.

BONPASSE, Morrison, *The Single Global Currency*, Newcastle, ME, Single Global Currency Association, 2006.

BORBELY, Anne-Marie, et KREIDER, Jan F., *Distributed Generation: The Power Paradigm for the New Millennium*, Washington, D.C., CRC Press, 2001.

BOTSMAN, Rachel, et ROO, Rogers, *What's Mine Is Yours: The Rise of Collaborative Consumption*, New York, HarperCollins, 2010.

BOYLE, James, *Cultural Environmentalism and Beyond*, San Francisco, Creative Commons, 2007.

BREWER, Richard, *Conservancy : The Land Trust Movement in America*, Hanover, NH, Dartmouth College Press, 2003.

BROCK, Gerald W., *The Telecommunications Industry: The Dynamics of Market Structure*, Cambridge, MA, Harvard University Press, 1981.

BRYANT, John, *Thermodynamics: A Thermodynamic Approach to Economics*, 2e éd., Herts, UK, VOCAT International Ltd, 2011.

BRYNJOLFSSON, Erik, et MCAFEE, Andrew, *Race Against the Machine : How the Digital Revolution Is Accelerating Innovation, Driving Productivity, and Irreversibly Transforming Employment and the Economy*, Lexington, MA, Digital Frontier Press, 2011.

BURGER, Christoph, et WEINMANN, Jens, *The Decentralized Energy Revolution*, New York, Palgrave Macmillan, 2013.

CARR, Nicholas, *The Big Switch*, New York, W. W. Norton, 2009.

CHAMBERS, Ann, *Distributed Generation*, Tulsa, OK, PennWell Corporation, 2001.

CHANDLER JR., Alfred D., *La Main visible des managers : une analyse historique*, trad. fr. de Frédéric Langer, Paris, Economica, 1988.

CHESBROUGH, Henry, *Open Innovation*, Boston, MA, Harvard Business School Press, 2006.

CHRISTMAN, John, *The Myth of Property: Toward an Egalitarian Theory of Ownership*, New York, Oxford University Press, 1994.

DALAI LAMA et CUTLER, Howard, *L'Art du bonheur dans un monde incertain*, trad. fr. de Johan-Frédérik Hel-Guedj, Paris, J'ai Lu, 2013.

DALY, Herman, *Beyond Growth*, Boston, MA, Beacon Press, 1996.

DALY, Herman E., et COBB JR., John, *For The Common Good*, Boston, MA, Beacon Press, 1999.

DANIELIAN, Noobar Retheos, *AT&T : The Story of Industrial Conquest*, New York, Vanguard Press, 1939.

DARWIN, Charles, *De la variation des animaux et des plantes à l'état domestique*, 2 vol., trad. fr. d'Edmond Barbier, Paris, C. Reinwald, 1879-1880.

DE GRAZIA, Sebastian, *Of Time, Work, and Leisure*, Garden City, NJ, Anchor Books, 1964.

DEBEIR, Jean-Claude, DELÉAGE, Jean-Paul, et HÉMERY, Daniel, *Une histoire de l'énergie : les servitudes de la puissance*, éd. revue et augmentée, Paris, Flammarion, 2013.

DOBB, Maurice, *Études sur le développement du capitalisme*, trad. fr. de Liane Mozère, Paris, F. Maspero, 1969 ; rééd., coll. « Fondations », 1981.

DOBB, Maurice, et SWEEZY, Paul M. (éd.), *Du féodalisme au capitalisme : problèmes de la transition*, 2 vol., trad. fr. de Florence Gauthier et Françoise Murray, Paris, F. Maspero, 1977.

DOCTOROW, Cory, *Over Clocked: Stories of the Future Present*, New York, Thunder's Mouth Press, 2007.

DUGGER, William, et PEACH, James, *Economic Abundance: An Introduction*, New York, M. E. Sharpe, 2009.

DUNBAR, Robin, *Grooming, Gossip, and the Evolution of Language*, Cambridge, MA, Harvard University Press, 1998.

EISENSTEIN, Charles, *Sacred Economics: Money, Gift and Society in the Age of Translation*, Berkeley, CA, Evolver Editions, 2011.

EISENSTEIN, Elizabeth L., *La Révolution de l'imprimé à l'aube de l'Europe moderne*, trad. fr. de Maud Sissung et Marc Duchamp, Paris, La Découverte, 1991 ; rééd., Hachette littératures, coll. « Pluriel », 2003.

ELKINGTON, John, *The Zeronauts: Breaking the Sustainability Barriers*, Washington, D.C., EarthScan, 2012.

EPSTEIN, S. R., et PRAK, Maarten, *Guilds, Innovation and the European Economy, 1400-1800*, Cambridge, Cambridge University Press, 2008.

FARAONE, Chris, *99 Nights With the 99 Percent*, Boston, MA, Write To Power, 2012.

FORD, Martin, *The Lights in the Tunnel: Automation, Accelerating Technology and the Economy of the Future*, CreateSpace Independent Publishing Platform, 2009.

FREY, Bruno S., *Le Bonheur : l'approche économique*, trad. fr. d'Yves Rosset, Lausanne, Presses polytechniques et universitaires romandes, 2013.

FRIEDEN, Jeffry A., *Global Capitalism*, New York, W. W. Norton, 2006.

FRISCHMANN, Brett M., *Infrastructure: The Social Value of Shared Resources*, New York, Oxford University Press, 2013.

FYFE, Aileen, *Steam-Powered Knowledge: William Chambers and The Business of Publishing, 1820-1860*, Chicago, University of Chicago Press, 2012.

GANKSKY, Lisa, *The Mesh*, New York, Penguin Portfolio, 2010.

GERSHENFELD, Neil, *Fab*, New York, Basic Books, 2005.

GHOSH, Rishab, *Code*, Cambridge, MA, MIT Press, 2005.

GIMPEL, Jean, coll. CASTRO, Odile, *La Révolution industrielle du Moyen Âge*, Paris, Éd. du Seuil, coll. « Points Histoire », 1975.

GRAHAM, Carol, *The Pursuit of Happiness: An Economy of Well-Being*, Washington, D.C., Brookings Institution, 2011.

GRECO JR., Thomas H., *Money: Understanding and Creating Alternatives to Legal Tender*, White River Junction, VT, Chelsea Green, 2001.

GUPTA, Shanti, *The Economic Philosophy of Mahatma Gandhi*, New Delhi, Concept Publishing Company, 1994.

HABER, Samuel, *Efficiency and Uplift: Scientific Management in the Progressive Era 1890-1920*, Chicago, University of Chicago Press, 1964.

HABERMAS, Jürgen, *L'Espace public : archéologie de la publicité comme dimension constitutive de la société bourgeoise*, trad. fr. de Marc B. de Launay, nouvelle éd., Paris, Payot, 1997.

HAIDT, Jonathan, *The Happiness Hypothesis*, New York, Basic Books, 2006.

HANNESSON, Rognvaldur, *The Privatization of the Oceans*, Cambridge, MA, MIT Press, 2004.

HART, Sura, et KINDLE HODSON, Victoria, *The Compassionate Classroom: Relationship Based Teaching and Learning*, Encinitas, CA, Puddle Dancer Press, 2004.

HAVELOCK, Eric A., *Preface to Plato*, Cambridge, MA, Belknap Press, 1963.

HAWKEN, Paul, LOVINS, Amory, et LOVINS, L. Hunter, *Natural Capitalism : comment réconcilier économie et environnement*, Paris, Scali, 2008.

HEGEL, Georg Wilhelm Friedrich, *Leçons sur la philosophie de l'histoire*, trad. fr. de J. Gibelin remaniée par Étienne Gilson, Paris, Vrin, 1987.

HENDERSON, Hazel, *Ethical Markets*, White River Junction, VT, Chelsea Green, 2006.

HESS, Charlotte, et OSTROM, Elinor (éd.), *Understanding Knowledge as a Commons: From Theory to Practice*, Cambridge, MA, MIT Press, 2007.

HIPPEL, Eric VON, *Democratizing Innovation*, Cambridge, MA, MIT Press, 2005.

HOBSBAWM, E. J., *L'Ère du capital*, trad. fr. d'Éric Diacon, Paris, Fayard, 1977 ; rééd., coll. « Pluriel », 2010.

—, *L'Ère des empires*, trad. fr. de Jacqueline Carnaud et de Jacqueline Lahana, Paris, Fayard, 1989 ; rééd., coll. « Pluriel », 2012.

—, *L'Ère des révolutions*, trad. fr. de Françoise Braudel et Jean-Claude Pineau, Paris, Fayard, 1970 ; rééd., coll. « Pluriel », 2011.

HOESCHELE, Wolfgang, *The Economics of Abundance: A Political Economy of Freedom, Equity, and Sustainability*, Surrey, G.-B., Gower, 2010.

HOYT, Robert S., *Europe in the Middle Ages*, 2e éd., New York, Harcourt, Brace & World, 1966.

HUME, David, *Enquête sur les principes de la morale*, trad. fr. de Philippe Baranger et Philippe Saltel, Paris, Flammarion, 1991 ; repr. avec *Enquête sur l'entendement humain*, Paris, Flammarion, 2008.

JACKSON, Tim, *Prospérité sans croissance: la transition vers une économie durable*, Bruxelles, De Boeck, 2010.

JAMES, William, *The Principles of Psychology*, t. I, New York, Henry Holt, 1890.

KANIGEL, Robert, *The One Best Way: Frederick Winslow Taylor and the Enigma of Efficiency*, New York, Penguin, 1997.

KEEN, Andrew, *Le Culte de l'amateur. Comment Internet tue notre culture*, trad. fr. de Jacques-Gilles Laberge, Paris, Scali, 2008.

KELLMEREIT, Daniel, et OBODOVSKI, Daniel, *The Silent Intelligence: The Internet of Things*, San Francisco, DND Ventures LLC, 2013.

KEYNES, John Maynard, *Théorie générale de l'emploi, de l'intérêt et de la monnaie*, trad. fr. de Jean de Largentaye, Paris, Payot, 1969.

KLEINDORFER, Paul R., et YORMAN, Wind, coll. GUNTHER, Robert E., *The Network Challenge*, Upper Saddle River, NJ, Wharton School Publishing, 2009.

KLINENBERG, Eric, *Going Solo*, New York, Penguin Press, 2012.

KRAMER, Matthew H., *John Locke and the Origins of Private Property*, Cambridge, Cambridge University Press, 1997.

KROPOTKINE, Piotr, *L'Entraide : un facteur de l'évolution*, trad. fr. de L. Bréal, Bruxelles, Aden, 2009.

KUMAR, C. Arvind, *Welcome to the "Free" World: A Free Software Initiative*, Andhra Pradesh, Indian Universities Press, 2011.

KURZWEIL, Ray, *Humanité 2.0 : la bible du changement*, trad. fr. d'Adeline Mesmin, Paris, M21, 2007.

LANE, Robert E., *The Loss of Happiness in Market Democracies*, New Haven, CT, Yale University Press, 2000.

LANIER, Jaron, *You Are not a Gadget*, New York, Vintage Books, 2011.

LAYARD, Richard, *Le Prix du bonheur : leçons d'une science nouvelle*, trad. fr. de Christophe Jaquet, Paris, A. Colin, 2007.

LE GOFF, Jacques, *Pour un autre Moyen Âge : temps, travail et culture en Occident*, Paris, Gallimard, coll. « Bibliothèque des histoires », 1977 ; rééd., coll. « Tel », 1991.

LESSIG, Lawrence, *L'Avenir des idées : le sort des biens communs à l'heure des réseaux numériques*, trad. fr. de Jean-Baptiste Soufron et Alain Bony, Lyon, Presses universitaires de Lyon, 2005.

LINEBAUGH, Peter, *The Magna Carta Manifesto*, Berkeley, University of California Press, 2008.

LOCKE, John, *Deux traités de gouvernement*, trad. fr. de Bernard Gilson, Paris, Vrin, 1997.

LOUV, Richard, *The Nature of Money*, Chapel Hill, NC, Algonquin Paperbacks, 2011.

LOVELOCK, James, *La Terre est un être vivant : l'hypothèse Gaïa*, trad. fr. de Paul Couturiau et Christelle Rollinat, Paris, Flammarion, coll. « Champs », 1993.

—, *Les Âges de Gaïa*, trad. fr. de Bernard Sigaud, Paris, R. Laffont, 1990 ; rééd., Odile Jacob, 1997.

LOVINS, Amory, et THE ROCKY MOUNTAIN INSTITUTE, *Réinventer le feu : des solutions économiques novatrices pour une nouvelle ère énergétique*, trad. fr. d'Agnès El Kaïm, Paris, Rue de l'Échiquier, 2013.

LUKACS, John, *Historical Consciousness: The Remembered Past*, New Brunswick, NJ, Transaction, 1994.

MACKINNON, Rebecca, *Consent of the Networked*, New York, Basic Books, 2012.

MACPHERSON, Crawford B., *Democratic Theory*, Oxford, Clarendon Press, 1973.

MARGULIS, Lynn, *Symbiotic Planet*, New York, Basic Books, 1998.

MARSH, Peter, *The New Industrial Revolution*, Londres, Yale University Press, 2012.

MARVIN, Carolyn, *When Old Technologies Were New: Thinking About Electric Communication in the Late Nineteenth Century*, New York, Oxford University Press, 1988.

MARX, Karl, *Le Capital*, 7 vol., trad. fr. de Joseph Roy, Paris, Éditions sociales, 1938.

MASON, Paul, *Why It's Kicking Off Everywhere*, Londres, Verso, 2012.

MAY, Christopher, *A Global Political Economy of Intellectual Property Rights*, New York, Routledge, 2000.

MCMAHON, Darrin M., *Happiness: A History*, New York, Grove Press, 2006.

MORE, Thomas, *L'Utopie*, trad. fr. de Victor Stouvenel revue par Marcelle Bottigelli, Paris, Éditions sociales, 1982.

NOBLE, David F., *Forces of Production: A Social History of Industrial Automation*, Oxford, Oxford University Press, 1984.

NYE, David E., *Electrifying America: Social Meanings of a New Technology, 1880-1940*, Cambridge, MA, MIT Press, 1991.

OLLMAN, Bertell, *Alienation : Marx's Conception of Man in Capitalist Society*, Cambridge, Cambridge University Press, 1971.

ONG, Walter J., *Orality and Literacy*, New York, Methuen, 2002.

OSTROM, Elinor, *Gouvernance des biens communs : pour une nouvelle approche des ressources naturelles*, Bruxelles, De Boeck, 2010.

OSTROM, Elinor, *et al.* (éd.), *The Drama of the Commons*, Washington, D.C., National Academies Press, 2002.

PACKARD, Vance, *La Persuasion clandestine*, trad. fr. d'Hélène Claireau, Paris, Calmann-Lévy, nouvelle éd. augm., 1984.

PETRINI, Carlo, *Terra madre : renouer avec la chaîne vertueuse de l'alimentation*, trad. fr. de Laurent Palet, Paris, Alternatives, 2011.

POLANYI, Karl, *La Grande Transformation*, trad. fr. de Catherine Malamoud et Maurice Angeno, Paris, Gallimard, coll. « Bibliothèque des sciences humaines », 1983 ; rééd., coll. « Tel », 2009.

RANDALL, John Herman Jr., *The Making of the Modern Mind: A Survey of the Intellectual Background of the Present Age*, Cambridge, MA, Riverside Press, 1940.

RAYMOND, Eric, *The Cathedral and the Bazaar: Musing on Linux and Open Source by an Accidental Revolutionary*, Sebastopol, CA, O'Reilly Media, 2001.

RIFKIN, Jeremy, *Biosphere Politics*, New York, Crown, 1991.

—, *La Fin du travail*, trad. fr. de Pierre Rouve, Paris, La Découverte-Poche, 1997.

—, *Le Siècle biotech : le commerce des gènes dans le meilleur des mondes*, trad. fr. d'Alain Bories et Marc Saint-Upéry, Paris, La Découverte, 1998 ; rééd., Pocket, 1999.

—, *L'Âge de l'accès : la nouvelle culture du capitalisme*, trad. fr. de Marc Saint-Upéry, Paris, La Découverte, 2005.

—, *Une nouvelle conscience pour un monde en crise. Vers une civilisation de l'empathie*, trad. fr. de Françoise et Paul Chemla, Paris, Les Liens qui libèrent, 2011.

—, *La Troisième Révolution industrielle*, trad. fr. de Françoise et Paul Chemla, Paris, Les Liens qui libèrent, 2012.

ROWE, Jonathan, *Our Common Wealth*, San Francisco, Berret-Koehler, 2013.

SACKETT, Ross de Forest, *Time, Energy, and the Indolent Savage: A Quantitative Cross-Cultural Test of the Primitive Affluence Hypothesis*, Los Angeles, University of California, 1996.

SAHLINS, Marshall, *Âge de pierre, âge d'abondance : l'économie des sociétés primitives*, trad. fr. de Tina Jolas, Paris, Gallimard, coll. « Bibliothèque des sciences humaines », 1976.

SANDEL, Michael, *What Money Can't Buy*, New York, Farrar, Straus and Giroux, 2012.

SCHEWE, Phillip F., *The Grid*, Washington, D.C., Joseph Henry Press, 2007.

SCHLATTER, Richard, *Private Property: The History of an Idea*, New Brunswick, NJ, Rutgers University Press, 1951.

SCHOR, Juliet B., *Born to Buy: The Commercialized Child and the New Consumer Culture*, New York, Scribner, 2004.

—, *La Véritable Richesse : une économie du temps retrouvé*, trad. fr. de Françoise et Paul Chemla, Paris, C. L. Mayer, 2013.

SCHULER, Douglas, et DAY, Peter, *Shaping the Network Society*, Cambridge, MA, MIT Press, 2004.

SEDLACEK, Tomas, *L'Économie du bien et du mal : la quête du sens économique*, trad. fr. de Michel Le Séac'h, Paris, Eyrolles, 2013.

SHIVA, Vandana, *Water Wars: Privatization, Pollution, and Profit*, Cambridge, MA, South End Press, 2002.

SIMMEL, Georg, *Philosophie de l'argent*, trad. fr. de Sabine Cornille et Philippe Ivernel, Paris, Presses universitaires de France, 1987 ; rééd., coll. « Quadrige », 3e éd., 2013.

SLATER, Gilbert, *The English Peasantry and the Enclosure of the Commons*, New York, A. M. Kelley, 1968.

SMITH, Adam, *Recherche sur la nature et les causes de la richesse des nations*, 2 vol., trad. fr. de Germain Garnier revue par Adolphe Blanqui, Paris, Flammarion, coll. « GF », 1991.

SOBEL, Robert, *Panic on Wall Street: A History of America's Financial Disasters*, Washington, D.C., Beard Books, 1999.

SOLOMON, Elinor Harris, *Virtual Money*, New York, Oxford University Press, 1997.

SOTO, Hernando de, *Le Mystère du capital*, trad. fr. de Michel Le Seac'h, Paris, Flammarion, 2005 ; rééd., coll. « Champs », 2006.

SPENCE, Michael, *The Next Convergence*, New York, Farrar, Straus and Giroux, 2011.

SPENCER, Herbert, *Principes de biologie*, 2 vol., trad. fr. d'Émile Cazelles, Paris, Alcan, 4e éd., 1893-1894.

SPERBER, Jonathan, *The European Revolutions, 1848-1851*, Cambridge, Cambridge University Press, 1994.

STEIN, Janice Gross, *The Cult of Efficiency*, Toronto, Anansi, 2001.

STEINBERG, Theodore, *Slide Mountain*, Berkeley, University of California Press, 1995.

STEINER, Christopher, *Automate This: How Algorithms Came to Rule Our World*, New York, Penguin Group, 2012.

STOVER, John F., *American Railroads*, Chicago, University of Chicago Press, 1961.

SUÁREZ-OROZCO, Marcelo (éd.), *Learning in the Global Era: International Perspectives on Globalization and Education*, Berkeley, University of California Press, 2007.

SUROWIECKI, James, *La Sagesse des foules*, trad. fr. d'Elen Riot, Paris, J. C. Lattès, 2008.

TAPSCOTT, Don, et WILLIAMS, Anthony, *MacroWikinomics: Rebooting Business and the World*, New York, Portfolio Penguin, 2010.

TAWNEY, R. H., *The Acquisitive Society*, New York, Harcourt, Brace & Co., 1920.

—, *La Religion et l'Essor du capitalisme*, trad. fr. d'Odette Merlat, Paris, M. Rivière, 1951.

THIRSK, Joan, *Tudor Enclosures*, Londres, Historical Association, 1958.

THOMPSON, E. P., *La Formation de la classe ouvrière anglaise*, trad. fr. de Gilles Dauvé, Mireille Golaszewski et Marie-Noëlle Thibault, nouvelle éd., Paris, Éd. Points, coll. « Points Histoire », 2012.

TOBEY, Ronald C., *Technology as Freedom: The New Deal and the Electrical Modernization of the American Home*, Berkeley, University of California Press, 1996.

TURKLE, Sherry, *Alone Together*, New York, Perseus Books, 2011.

TURNER, Frederick Jackson, *La Frontière dans l'histoire des États-Unis*, trad. fr. d'Annie Rambert, Paris, Presses universitaires de France, 1963.

USEEM, Michael, *Investor Capitalism*, New York, Basic Books, 1996.

VIETOR, Richard H. K., *Contrived Competition: Regulation and Deregulation in America*, Cambridge, MA, Harvard University Press, 1994.

WALLJASPER, Jay, *All That We Share*, New York, New Press, 2010.

WANN, David, *Simple Prosperity*, New York, St. Martin's Press, 2007.

WEBER, Max, *Économie et société*, 2 vol., trad. fr. sous la dir. de Jacques Chavy et d'Éric de Dampierre, Paris, Pocket, coll. « Agora », 1995.

—, *L'Éthique protestante et l'Esprit du capitalisme*, trad. fr. d'Isabelle Kalinowski, Paris, Flammarion, coll. « Champs », 2000.

WEBER, Steven, *The Success of Open Source*, Cambridge, MA, Harvard University Press, 2004.

WHITE, Leslie A., *Modern Capitalism Culture*, Walnut Creek, CA, Left Coast Press, 2008.

WHITE, Lynn Jr., *Technologie médiévale et transformations sociales*, trad. fr. de Martine Lejeune, Paris-La Haye, Mouton, 1969.

WILSON, Edward O., *The Social Conquest of Earth*, New York, Liveright, 2013.

WU, Tim, *The Master Switch*, New York, Vintage Books, 2009.

YERGIN, Daniel, *Les Hommes du pétrole*, 2 vol., trad. fr. de Jean Rosenthal, Paris, Stock, 1991-1992.

Notes

NOTES DU CHAPITRE 1

1. Jean-Baptiste Say, *Traité d'économie politique*, 3e éd., Paris, Deterville, 1817, t. I, p. 145 (rééd., Paris, Economica, 2006).

2. Dale Dougherty, « How Many People Will Own 3-D Printers ? », *Make* (blog), 5 avril 2013, <http://makezine.com/2013/04/05/how-many-people-will-own-3d-printers> (consulté le 1er juillet 2013).

3. Chris Anderson, « Free ! Why $0.00 Is the Future of Business », *Wired*, 25 février 2008, <http://www.wired.com/techbiz/it/magazine/16-03/ff_free?currentPage=all> (consulté le 7 mars 2013).

4. Oskar Lange, « On the Economic Theory of Socialism: Part Two », *Review of Economic Studies*, vol. 4, n° 2, 1937, p. 129.

5. *Ibid.*, p. 129-130.

6. *Ibid.*, p. 130.

7. John Maynard Keynes, « Perspectives économiques pour nos petits-enfants », in *Essais de persuasion*, trad. fr. de Herbert Jacoby, Paris, Gallimard, 1933, p. 266.

8. *Ibid.*, p. 267.

9. J. Bradford Delong et Lawrence H. Summers, « The "New Economy": Background, Historical Perspective, Questions and Speculations », *Economic Policy for the Informational Economy*, 2001, p. 16.

10. *Ibid.*, p. 35.

11. *Ibid.*

12. *Ibid.*, p. 16.

13. *Ibid.*

14. *Ibid.*

15. *Ibid.*

16. *Ibid.*, p. 16, 38.

17. Thomas S. Kuhn, *La Structure des révolutions scientifiques*, trad. fr. de Laure Meyer, Paris, Flammarion, coll. « Champs », 2008.

18. Isaac Asimov, « In the Game of Energy and Thermodynamics You Can't Even Break Even », *Smithsonian*, août 1970, p. 9.

19. Viktor Mayer-Schönberger et Kenneth Cukier, *Big Data: A Revolution That Will Transform How We Live, Work, and Think*, Boston, MA, Houghton Mifflin Harcourt, 2013, p. 59.

20. *Ibid.*, p. 89.

21. Steve Lohr, « The Internet Gets Physical », *The New York Times*, 17 décembre 2011, <http://www.nytimes.com/2011/12/18/sunday-review/the-internet-gets-physical.html?pagewanted=all&_r=0> (consulté le 19 novembre 2013).

22. *Ibid.*

23. *Ibid.*

24. *Ibid.*

25. Lester Salamon, « Putting the Civil Society Sector on the Economic Map of the World », *Annals of Public and Cooperative Economics*, vol. 81, n° 2, 2010, p. 198, <http://ccss.jhu.edu/wp-content/uploads/downloads/2011/10/Annals-June-2010.pdf> (consulté le 8 août 2013) ; « A Global Assembly on Measuring Civil Society and Volunteering », Johns Hopkins Center for Civil Society Studies, 26 septembre 2007, p. 6, <http://ccss.jhu.edu/wp-content/uploads/downloads/2011/10/UNHB_GlobalAssemblyMeeting_2007.pdf> (consulté le 8 juillet 2013).

26. L. Salamon, « Putting the Civil Society Sector », art. cité, p. 198.

27. « Collaborative [1800-2000], English », Google Books NGram Viewer, <http://books.google.com/ngrams> (consulté le 12 juin 2013) ; « Google Books Ngram Viewer », University at Buffalo, <http://libweb.lib.buffalo.edu/pdp/index.asp?ID=497> (consulté le 16 décembre 2013).

28. « The World's Top 50 Economies: 44 Countries, Six Firms », Democratic Leadership Council, 14 juillet 2010, <http://www.dlc.org/ndol_cie5ae.html?kaid=10> (consulté le 19 mai 2013) ; « Fortune Magazine Releases Its Annual Fortune Global 500 List of Companies Winning Top Rankings by Making Money and Marketing Well », *PRWeb*, 10 juillet 2012, <http://www.prweb.

com/releases/fortune-global-500/money-and-marketing/prweb9684625.htm> (consulté le 18 mai 2013) ; « 2011 Economic Statistics and Indicators », Economy Watch, <http://www.economywatch.com/economic-statistics/year/2011> (consulté le 21 mai 2013).

NOTES DU CHAPITRE 2

1. T. W. Schultz, « New Evidence on Farmer Responses to Economic Opportunities From the Early Agrarian History of Western Europe », *in* Clifton R. Wharton, Jr. (éd.), *Subsistence Agriculture and Economic Development*, New Brunswick, NJ, Transaction Publishers, 1969, p. 108.

2. Richard Schlatter, *Private Property: The History of an Idea*, New York, Russell & Russell, 1973, p. 64.

3. Gilbert Slater, *The English Peasantry and the Enclosure of the Commons*, New York, A. M. Kelley, 1968, p. 1.

4. Karl Polanyi, *La Grande Transformation*, trad. fr. de Catherine Malamoud et Maurice Angeno, Paris, Gallimard, coll. « Bibliothèque des sciences humaines », 1983, p. 61 (rééd., coll. « Tel », 2009) ; Richard L. Rubenstein, *The Age of Triage: Fear and Hope in an Overcrowded World*, Boston, MA, Beacon Press, 1983, p. 10.

5. R. L. Rubenstein, *The Age of Triage*, *op. cit.*, p. 43 ; G. Slater, *The English Peasantry*, *op. cit.*, p. 6.

6. Thomas More, *L'Utopie*, trad. fr. de Victor Stouvenel revue par Marcelle Bottigelli, Paris, Éditions sociales, 1982, p. 89.

7. R. L. Rubenstein, *The Age of Triage*, *op. cit.*, p. 46.

8. Lynn White, *Technologie médiévale et transformations sociales*, trad. fr. de Martine Lejeune, Paris-La Haye, Mouton, 1969, p. 135.

9. Karl Marx, *Misère de la philosophie*, Paris, Éditions sociales, 1977, p. 119.

10. Karl Marx, « Division of Labour and Mechanical Workshop: Tool and Machinery », in *Marx and Engels, Collected Works*, New York, International Publishers, 1991, vol. 33, p. 387-477, <marxists.anu.edu.au/archive/marx/works/1861/economic/ch35.htm> (consulté le 1er juin 2014). [Ce texte de Marx se trouve dans la partie non traduite des manuscrits de 1861-1863. Nous ne disposons en français que du début de ces manuscrits (cahiers I à V), publié par les Éditions sociales en 1980 – *NdT.*]

11. Jean-Claude Debeir, Jean-Paul Deléage et Daniel Hémery, *Une histoire de l'énergie : les servitudes de la puissance*, éd. revue et augmentée, Paris, Flammarion, 2013, p. 153-154.

12. *Ibid.*, p. 154.

13. L. White, *Technologie médiévale et transformations sociales, op. cit.*, p. 108.

14. J.-C. Debeir, J.-P. Deléage et D. Hémery, *Une histoire de l'énergie, op. cit.*, p. 159.

15. Jean Gimpel (coll. Odile Castro), *La Révolution industrielle du Moyen Âge*, Paris, Éd. du Seuil, coll. « Points Histoire », 1975, p. 21.

16. E. M. Carus-Wilson, « An Industrial Revolution of the Thirteenth Century », *Economic History Review*, vol. 11, 1941, p. 39.

17. E. M. Carus-Wilson, « The Woollen Industry », in *The Cambridge Economic History*, t. II, *Trade and Industry in the Middle Ages*, éd. M. Postan et E. E. Rich, Cambridge, Cambridge University Press, 1952, p. 409.

18. J.-C. Debeir, J.-P. Deléage et D. Hémery, *Une histoire de l'énergie, op. cit.*, p. 182-183.

19. L. White, *Technologie médiévale et transformations sociales, op. cit.*, p. 134-135.

20. Michael Clapham, « Printing », in *A History of Technology*, vol. 3, *From the Renaissance to the Industrial Revolution*, éd. Charles Singer, E. G. Holmyard, A. R. Hall et Trevor Williams, Oxford, Oxford University Press, 1957, p. 37.

21. Robert L. Heilbroner, *The Making of Economic Society*, Englewood Cliffs, NJ, Prentice-Hall, 1962, p. 36-38, 50. [Le passage n'est pas repris dans la traduction française abrégée de Jacques Berry, *Richesse et pénurie*, Strasbourg, Istra, 1964 – *NdT.*]

22. S. R. Epstein et Maarten Prak, *Guilds, Innovation, and the European Economy, 1400-1800*, Cambridge, Cambridge University Press, 2008, p. 31.

23. *Ibid.*, p. 44.

NOTES DU CHAPITRE 3

1. Yujiro Hayami et Yoshihisa Godo, *Development Economics: From the Poverty to the Wealth of Nations*, New York, Oxford University Press, 2005, p. 341.

2. Maurice Dobb, *Études sur le développement du capitalisme*, trad. fr. de Liane Mozère, Paris, F. Maspero, 1969, p. 155 [rééd., coll. « Fondations », 1981].

3. Adam Smith, *Recherche sur la nature et les causes de la richesse des nations*, 2 vol., trad. fr. de Germain Garnier revue par Adolphe Blanqui, Paris, Flammarion, coll. « GF », 1991, t. I, p. 117-118 [Livre premier, chap. 6].

4. *Ibid.*, p. 118.

5. *Ibid.*, p. 119.

6. *Ibid.*, p. 122.

7. Carl Lira, « Biography of James Watt », 21 mai 2013, <http://www.egr.msu.edu/~lira/supp/steam/wattbio.html> (consulté le 7 janvier 2014).

8. Jean-Claude Debeir, Jean-Paul Deléage et Daniel Hémery, *Une histoire de l'énergie : les servitudes de la puissance*, éd. revue et augmentée, Paris, Flammarion, 2013, p. 204-208.

9. Eric J. Hobsbawm, *L'Ère du capital*, trad. fr. d'Éric Diacon, Paris, Fayard, 1977 ; rééd., coll. « Pluriel », 2010, p. 65.

10. Eric J. Hobsbawm, *L'Ère des révolutions*, trad. fr. de Françoise Braudel et Jean-Claude Pineau, Paris, Fayard, 1970, p. 379 [rééd., coll. « Pluriel », 2011].

11. Alfred D. Chandler Jr., *La Main visible des managers : une analyse historique*, trad. fr. de Frédéric Langer, Paris, Economica, 1988, p. 93.

12. *Ibid.*, p. 94.

13. *Ibid.*, p. 101.

14. *Ibid.*, p. 99.

15. Albert Hyma, *The Dutch in the Far East*, Ann Arbor, MI, George Wahr, 1953.

16. A. D. Chandler Jr., *La Main visible des managers*, *op. cit.*, p. 173 ; « Survol historique », Canadien Pacifique, <http://www.cpr.ca/fr/about-cp/our-past-present-and-future/Pages/our-history.aspx> (version anglaise consultée le 13 juin 2013).

17. A. D. Chandler, Jr., *La Main visible des managers*, *op. cit.*, p. 131-132.

18. Randall Collins, « Weber's Last Theory of Capitalism. A Systematization », *American Sociological Review*, vol. 45, n° 6, 1980, p. 932.

19. Angela E. Davis, *Art and Work: A Social History of Labour in the Canadian Graphic Arts Industry in the 1940s*, Montreal, McGill-Queen's University Press, 1995, p. 21.

20. « Printing Yesterday and Today », Harry Ransom Center University of Texas at Austin, <http://www.hrc.utexas.edu/educator/modules/gutenberg/books/printing> (consulté le 16 octobre 2013).

21. Aileen Fyfe, *Steam-Powered Knowledge: William Chambers and the Business of Publishing, 1820-1860*, Chicago, University of Chicago Press, 2012, p. 64.

22. Yochai Benkler, *La Richesse des réseaux : marchés et libertés à l'heure du partage social*, trad. fr. d'Anne Clerq-Roques, Martine Lahache, Béatrice Coing… *et al.*, Lyon, Presses universitaires de Lyon, 2009, p. 248.

23. Paul F. Gehl, « Printing », *Encyclopedia of Chicago*, <http://www.encyclopedia.chicagohistory.org/pages/1010.html> (consulté le 12 juin 2013).

24. « R. R. Donnelley & Sons Company », *International Directory of Company Histories*, 2001, Encyclopedia.com, <http://www.encyclopedia.com/doc/1G2-2844200093.html> (consulté le 12 juin 2013).

25. A. D. Chandler, Jr., *La Main visible des managers*, *op. cit.*, p. 258-259.

26. *Ibid.*, p. 261.

27. *Ibid.*, p. 275.

28. Paul Lewis, « Ambitious Plans for Iraqi Oil », *New York Times*, 30 juillet 1994, <http://www.nytimes.com/1994/07/30/business/ambitious-plans-for-iraqi-oil.html> (consulté le 30 juin 2013).

29. « Energizing America: Facts for Addressing Energy Policy », API (juin 2012), p. 17, <http://www.api.org/~/media/files/statistics/energizing_america_facts.ashx> (consulté le 19 avril 2013).

30. Robert Anderson, *Fundamentals of the Petroleum Industry*, Norman, University of Oklahoma Press, 1984, p. 279, 286, 289.

31. *Ibid.*, p. 19, 20, 22.

32. Venu Gadde, « U.S. Oil & Gas Exploration & Production (E&P) », Henry Fund Research, 8 février 2012, p. 3, <https ://tippie.uiowa.edu/henry/reports12/oil_gas.pdf> (consulté le 13 janvier 2013).

33. Narayan Mandayam et Richard Frenkiel, « The History of AT&T », Rutgers University, <http://www.winlab.rutgers.edu/~narayan/Course/Wireless_Revolution/LL1- %20Lecture %201%20reading- %20ATT %20History.doc> (consulté le 16 octobre 2013).

34. Adam Thierer, « Unnatural Monopoly; Critical Moments in the Development of the Bell System Monopoly », *Cato Journal*, vol. 14, n° 2, 1994, p. 270.

35. *Ibid.*, p. 272.

36. « Milestones in AT&T History », AT&T, <http://www.corp.att.com/history/milestones.html>.

37. A. Thierer, « Unnatural Monopoly », art. cité, p. 274.

38. Richard H. K. Vietor, *Contrived Competition: Regulation and Deregulation in America*, Cambridge, MA, Harvard University Press, 1994, p. 171-172.

39. Noobar Retheos Danielian, *AT&T: The Story of Industrial Conquest*, New York, Vanguard Press, 1939, p. 252.

40. Gerald W. Brock, *The Telecommunications Industry: The Dynamics of Market Structure*, Cambridge, MA, Harvard University Press, 1981, p. 161.

41. « Wireline Local Market Concentration », The Columbia Institute for Tele-Information, <http://www4.gsb.columbia.edu/filemgr?file_id=739241> (consulté le 19 juin 2013).

42. Carolyn Marvin, *When Old Technologies Were New : Thinking about Electric Communication in the Late Nineteenth Century*, New York, Oxford University Press, 1988, p. 164.

43. David E. Nye, *Electrifying America: Social Meanings of a New Technology, 1880-1940*, Cambridge, MA, MIT Press, 1991, p. 239.

44. *Ibid.*, p. 186.

45. Henry Ford et Samuel Crowther, *Mon ami M. Edison*, trad. fr. de René Lelu, Paris, Société parisienne d'édition, 1932, p. 40.

46. D. E. Nye, *Electrifying America*, *op. cit.*, p. 186.

47. Daniel Yergin, *Les Hommes du pétrole*, 2 vol., trad. fr. de Jean Rosenthal, Paris, Stock, 1991-1992, t. I, p. 252.

48. Q. A. Mowbray, *Road to Ruin*, Philadelphie, Lippincott, 1969, p. 15.

49. Kenneth R. Schneider, *Autokind vs. Mankind*, Lincoln, NE, Authors Choice Press, 2005, p. 123.

50. « The Dramatic Story of Oil's Influence on the World », *Oregon Focus*, janvier 1993, p. 10-11.

51. « New Housing Units: Completed », *United States Census Bureau*, 2012, <http://www.census.gov/construction/nrc/historical_data> (consulté le 30 octobre 2013) ; « Shopping Centers – Numbers and Gross Leasable Area », *United States Census Bureau*, <http://www.census.gov/compendia/statab/2012/tables/12s1061.pdf> (consulté le 30 octobre 2013).

52. « Electric Generation Ownership, Market Concentration, and Auction Size », Washington, D.C., U.S. Environmental Protection Agency, Office of Air and Radiation, 4 juillet 2010, <http://www.epa.gov/airtransport/pdfs/TSD_Ownership_and_Market_Concentration_7-6-10.pdf> (consulté le 7 avril 2013).

53. « What's Moving: U.S. Auto Sales », *Wall Street Journal*, 1er mai 2013, http://online.wsj.com/mdc/public/page/2_3022-autosales.html.

54. Erick Schonfeld, « What Media Company Gained the Most Market Share in 2007 ? (Hint It Starts with a G) », *TechCrunch*, 14 mars 2008, <http://tech-crunch.com/2008/03/14/what-media-company-gained-the-most-market-share-in-2007-hint-it-starts-with-a-g> (consulté le 8 juin 2013).

55. Andrea Alegria, Agata Kaczanowsky et Lauren Setar, « Highly Concentrated : Companies That Dominate Their Industries », *IBIS World*, février 2012, p. 1-2, 4, <http://www.yumpu.com/en/document/view/8452286/highly-concentrated-companies-that-dominate-their-ibisworld> (consulté le 3 juin 2014).

56. « Global IB Revenue Ranking – 01 Jan-10 Jun 2013 », Dealogic, <http://fn.dealogic.com/fn/IBRank.htm> (consulté le 14 juin 2013).

57. « The World's Top 50 Economies: 44 Countries, Six Firms », Democratic Leadership Council, <http://www.dlc.org/ndol_cie5ae.html?kaid=10> (consulté le 14 juillet 2010).

NOTES DU CHAPITRE 4

1. Robert S. Hoyt, *Europe in the Middle Ages*, 2e éd., New York, Harcourt, Brace & World, 1966, p. 300.

2. Max Weber, *L'Éthique protestante et l'Esprit du capitalisme*, trad. fr. d'Isabelle Kalinowski, Paris, Flammarion, coll. « Champs », 2000.

3. John Locke, *Deux traités de gouvernement*, trad. fr. de Bernard Gilson, Paris, Vrin, 1997, p. 153 [§ 27].

4. *Ibid.*

5. *Ibid.*, p. 158 [§ 37].

6. Adam Smith, *Recherche sur la nature et les causes de la richesse des nations*, 2 vol., trad. fr. de Germain Garnier revue par Adolphe Blanqui, Paris, Flammarion, coll. « GF », 1991, t. II, p. 40 [Livre IV, chap. 2].

7. R. H. Tawney, *The Acquisitive Society*, New York, Harcourt, Brace, 1920, p. 13, 18.

8. Max Weber, *From Max Weber: Essays in Sociology*, éd. et trad. angl. de H. H. Gerth et C. Wright Mills, New York, Oxford University Press, 1946, p. 51.

9. Richard Schlatter, *Private Property: the History of an Idea*, New Brunswick, NJ, Rutgers University Press, 1951, p. 185.

10. David Hume, *Enquête sur les principes de la morale*, trad. fr. de Philippe

Baranger et Philippe Saltel, Paris, Flammarion, 1991, repr. avec *Enquête sur l'entendement humain*, Paris, Flammarion, 2008, p. 463.

11. *Ibid.*, p. 314. Cité *in* R. Schlatter, *Private Property*, *op. cit.*, p. 242.

12. Jeremy Bentham, « Pannomial Fragments », in *The Works of Jeremy Bentham, Now First Collected; Under the Superintendence of His Executor, John Bowring – Part IX*, éd. John Bowring, Édimbourg, William Tait, 1839, p. 221 ; Jeremy Bentham, « Principles of the Civil Code », in *The Works of Jeremy Bentham, Now First Collected; Under the Superintendence of His Executor, John Bowring – Part II*, éd. John Bowring, Édimbourg, William Tait, 1839, p. 309.

13. Charles Darwin, *La Descendance de l'homme et la Sélection sexuelle*, trad. fr. d'Edmond Barbier, repr. Bruxelles, Complexe, 1981, t. I, p. 129.

14. *Ibid.*

15. Herbert Spencer, *Principes de biologie*, 2 vol., trad. fr. d'Émile Cazelles, Paris, Alcan, 4e éd., 1893-1894, t. I, p. 539.

16. Charles Darwin, *De la variation des animaux et des plantes à l'état domestique*, 2 vol., trad. fr. d'Edmond Barbier, Paris, C. Reinwald, 1879-1880, t. I, p. 7.

17. Stephen Jay Gould, « Darwin's Untimely Burial », in *Philosophy of Biology*, éd. Michael Ruse, New York, Prometheus Books, 1998, p. 93-98.

18. Janet Browne, *Charles Darwin: The Power of Place*, Princeton, NJ, Princeton University Press, 2002, t. II, p. 186.

19. Thomas Paine, *Les Droits de l'homme*, Paris, Belin, 1987, p. 84.

NOTES DU CHAPITRE 5

1. « Solar 101 : Solar Economics », States Advancing Solar, <http://www.statesadvancingsolar.org/solar-101/solar-economics> (consulté le 31 janvier 2014) ; « Wind Energy Payback Period Workbook », National Renewable Energy Laboratory, 1er avril 2001, <www.nrel.gov/wind/docs/spread sheet_Final.xls> (consulté le 22 octobre 2013).

2. « Productivity », Merriam-Webster, <http://www.merriam-webster.com/dictionary/productivity>.

3. Moses Abramovitz, *Thinking about Growth: And Other Essays on Economic Growth and Welfare*, Cambridge, Cambridge University Press, 1989, p. 133.

4. Robert U. Ayres et Edward H. Ayres, *Crossing the Energy Divide: Moving*

from Fossil Fuel Dependence to a Clean-Energy Future, Upper Saddle River, NJ, Wharton School Publishing, 2010, p. 14.

5. Rachael Larimore, « Why "You Didn't Build That" Isn't Going Away », *Slate*, 30 août 2012, <http://www.slate.com/articles/news_and_politics/politics/2012/08/_you_didn_t_build_that_it_doesn_t_matter_what_obama_meant_to_say_but_what_people_heard_.html> (consulté le 13 juillet 2013).

6. Robert U. Ayres et Benjamin Warr, *The Economic Growth Engine: How Energy and Work Drive Material Prosperity*, Northampton, MA, Edward Elgar Publishing, 2009, p. 334-337.

7. John A. « Skip » Laitner, Steven Nadel, R. Neal Elliott, Harvey Sachs et A. Siddiq Khan, « The Long-Term Energy Efficiency Potential : What the Evidence Suggests », American Council for an Energy-Efficient Economy, janvier 2012, <http://www.garrisoninstitute.org/downloads/ecology/cmb/Laitner_Long-Term_E_E_Potential.pdf>, p. 2 (consulté le 21 septembre 2013).

8. *Ibid.*, p. 66.

9. « How Many Smart Meters Are Installed in the U.S. and Who Has Them ? », *U.S. Energy Information Administration*, dernière modification 10 janvier 2013, <http://www.eia.gov/tools/faqs/faq.cfm?id=108&t=3> (consulté le 12 octobre 2013).

10. Brian Merchant, « With a Trillion Sensors, the Internet of Things Would Be the "Biggest Business in the History of Electronics" », Motherboard, novembre 2013, <http://motherboard.vice.com/blog/the-Internet-of-things-could-be-the-biggest-business-in-the-history-of-electronics> (consulté le 14 novembre 2013).

11. « Data, Data Everywhere », *The Economist*, 25 février 2012, <http://www.economist.com/node/15557443> (consulté le 18 septembre 2013) ; Joe Hellerstein, « Parallel Programming in the Age of Big Data », *GigaOM*, 9 novembre 2008, <http://gigaom.com/2008/11/09/mapreduce-leads-the-way-for-parallel-programming> (consulté le 18 septembre 2013).

12. S. Mitchell, N. Villa, M. S. Weeks et A. Lange, « The Internet of Everything for Cities », Cisco, 2013, <http://www.cisco.com/web/about/ac79/docs/ps/motm/IoE-Smart-City_PoV.pdf> (consulté le 31 octobre 2013).

13. Peter C. Evans et Marco Annunziata, « Industrial Internet: Pushing the Boundaries of Minds and Machines », General Electric, 26 novembre 2012, <http://www.ge.com/sites/default/files/Industrial_Internet.pdf>, p. 4 (consulté le 5 janvier 2013).

14. *Ibid.*, p. 24.

15. « The Internet of Things Business Index: A Quiet Revolution Gathers Pace », rapport de The Economist Intelligence Unit, 2013, p. 10 <http://www.arm.com/files/pdf/EIU_Internet_Business_Index_WEB.PDF > (consulté le 29 octobre 2013).

16. *Ibid.*

17. « The Difference Engine: Chattering Objects », *The Economist*, 13 août 2010, <http://www.economist.com/blogs/babbage/2010/08/Internet_things> (consulté le 5 septembre 2013).

18. *Ibid.*

19. *Ibid.*

20. *Ibid.*

21. « Conclusions of the Internet of Things Public Consultation », Digital Agenda for Europe, A Europe 2020 Initiative, 28 février 2013, <http://ec.europa.eu/digital-agenda/en/news/conclusions-Internet-things-public-consultation> (consulté le 21 mars 2013).

22. « Internet of things Factsheet Privacy and Security: IoT Privacy, data Protection, Information Security », Digital Agenda for Europe, A Europe 2020 Initiative, 28 février 2013, p. 1, <http://ec.europa.eu/digital-agenda/en/news/conclusions-Internet-things-public-consultation> (consulté le 21 mars 2013).

23. *Ibid.*, p. 5.

24. *Ibid.*, p. 7.

25. « The Internet of Things Business Index », art. cité, p. 11.

26. *Ibid.*

27. *Ibid.*, p. 14, 16.

28. Gordon E. Moore, « Cramming More Components onto Integrated Circuits », *Electronics*, vol. 38, n° 8, 19 avril 1965, p. 115.

29. Michio Kaku, « Tweaking Moore's Law: Computers of the Post-Silicon Era », *Big Think*, 7 mars 2012, <http://bigthink.com/videos/tweaking-moores-law-computers-of-the-post-silicon-era-2-2> (1er octobre 2013).

30. Gail Robinson, « Speeding Net Traffic with Tiny Mirrors », *EE Times*, 26 septembre 2000, <http://www.eetimes.com/document.asp?doc_id=1142186> (consulté le 6 novembre 2013).

31. « Early Computers 1960's », *Pimall*, 2006, <http://www.pimall.com/nais/pivintage/burroughscomputer.html> (consulté le 7 novembre 2013) ; « Study :

Number of Smartphone Users Tops 1 Billion », *CBS News*, 17 octobre 2012, <http://www.cbsnews.com/8301-205_162-57534583> (consulté le 7 novembre 2013).

32. Robert D. Atkinson *et al.*, « The Internet Economy 25 Years After.Com », *The Information Technology & Innovation Foundation*, 9 mars 2010, <http://www.itif.org/files/2010-25-years.pdf> (consulté le 13 août 2013).

33. Fred Kaplan, *1959: The Year Everything Changed*, Hoboken, NJ, John Wiley, 2009, p. 82 ; Mark W. Greenia, *History of Computing : An Encyclopedia of the People and Machines that Made Computer History*, Lexikon Services, 1er janvier 1998 ; « Reference/FAQ/Products and Services », IBM, <http://www-03.ibm.com/ibm/history/reference/faq_0000000011.html> (consulté le 7 novembre 2013).

34. « The Raspberry Pi in Scientific Research », *Raspberry Pi*, 25 avril 2013, <http://www.raspberrypi.org/archives/tag/research> (consulté le 19 septembre 2013).

35. « Cray 1-A : 1977-1989 », Computer and Information Systems Laboratory, 2009, <http://www.cisl.ucar.edu/computers/gallery/cray/cray1.jsp> (consulté le 7 mars 2013).

36. Ramez Naam, « Smaller, Cheaper, Faster: Does Moore's Law Apply to Solar Cells ? », *Scientific American* (blog), 16 mars 2011, <http://blogs.scientificamerican.com/guest-blog/2011/03/16/smaller-cheaper-faster-does-moores-law-apply-to-solar-cells> (consulté le 19 juin 2013).

37. « Sunshot Vision Study – February 2012 », U.S. Department of Energy, février 2012, <www1.eere.energy.gov/solar/pdfs/47927.pdf>, p. 74 (consulté le 8 avril 2013) ; Eric Wesoff, « First Solar Surprised with Big 2013 Guidance, 40 Cents per Watt », *GreenTechMedia,* 9 avril 2013, <http://www.greentechmedia.com/articles/read/First-Solar-Surprises-With-Big-2013-Guidance-40-Cents-Per-Watt-Cost-by-201> (consulté le 6 mai 2013).

38. Hariklia Deligianni, Shafaat Ahmed et Lubomyr Romankiw, « The Next Frontier: Electrodeposition for Solar Cell Fabrication », Electrochemical Society, été 2011, p. 47.

39. R. Naam, « Smaller, Cheaper, Faster », art. cité.

40. Peter Hockenos, « Germany's Grid and the Market: 100 Percent Renewable by 2050 ? », *Renewable Energy World*, 21 novembre 2012, <http://www.renewableenergyworld.com/rea/blog/post/2012/11/ppriorities-germanys-grid-and-the-market > (consulté le 1er novembre 2013) ; Jeevan Vasagar, « German Farmers Reap Benefits of Harvesting Renewable Energy », *Financial Times*,

2 décembre 2013, <http://www.ft.com/intl/cms/s/0/f2bc3958-58f4-11e3-9798-00144feabdc0.html#axzz2nMj6Ilk2> (consulté le 13 décembre 2013).

41. Josiah Neeley, « Texas Windpower: Will Negative Pricing Blow Out the Lights ? (PTC vs. Reliable New Capacity) », *MasterResource*, 27 novembre 2012, <http://www.masterresource.org/2012/11/texas-negative-pricing-ptc> (consulté le 2 août 2013).

42. Rachel Morison, « Renewables Make German Power Market Design Defunct, Utility Says », *Bloomberg*, 26 juin 2012, <http://www.bloomberg.com/news/2012-06-26/renewables-make-german-power-market-design-defunct-utility-says.html> (consulté le 29 avril 2013).

43. Nic Brisbourne, « Solar Power – A Case Study in Exponential Growth », *The Equity Kicker*, 25 septembre 2012, <http://www.theequitykicker.com/2012/09/25/solar-powera-case-study-in-exponential-growth> (consulté le 27 mai 2013).

44. Max Miller, « Ray Kurzweil: Solar Will Power the World in 16 Years », *Big Think*, 17 mars 2011, <http://bigthink.com/think-tank/ray-kurzweil-solar-will-power-the-world-in-16-years> (consulté le 1er juin 2013).

45. Eric Wesoff, « Mainstream Media Discovers Solar Power and Moore's Law », *Greentech Media*, 8 novembre 2011, <http://www.greentechmedia.com/articles/read/Mainstream-Media-Discovers-Solar-Power-and-Moores-Law> (consulté le 9 octobre 2013).

46. Cristina L. Archer et Mark Z. Jacobson, « Evaluation of Global Wind Power », *Journal of Geophysical Research*, vol. 110, 30 juin 2005, <http://www.stanford.edu/group/efmh/winds/2004jd005462.pdf> (consulté le 3 mars 2013).

47. Rudolf Rechsteiner, « Wind Power in Context – A Clean Revolution in the Energy Sector », EnergyWatchGroup, décembre 2008, <http://www.energywatchgroup.org/wp-content/uploads/2014/02/2009-01_Wind_Power_Report2.pdf> (consulté le 2 juin 2014).

48. « Wind Power Experiencing Exponential Growth Globally », *Renewable Energy Worldwide*, 30 janvier 2009, <http://www.renewableenergyworld.com/rea/news/article/2009/01/wind-power-experiencing-exponential-growth-globally-54631> (consulté le 9 janvier 2013).

49. M. Miller, « Ray Kurzweil », art. cité.

50. Greg Price, « How Much Does The Internet Cost To Run ? », *Forbes*, 14 mars 2012, <http://www.forbes.com/sites/quora/2012/03/14/how-much-does-the-internet-cost-to-run> (consulté le 18 juillet 2013).

51. « UN Projects 40 % of World Will Be Online by Year End, 4.4 Billion Will Remain Unconnected », UN News Centre, 7 octobre 2013, <http://www.scoop.co.nz/stories/WO1310/S00052/un-projects-40-of-world-will-be-online-by-year-end.htm> (consulté le 3 juin 2014).

52. « The Hidden Expense of Energy – Print Is Costly, Online Isn't Free », *Scholarly Kitchen*, 19 janvier 2012, <http://scholarlykitchen.sspnet.org/2012/01/19/the-hidden-expense-of-energy-costs-print-is-costly-online-isnt-free> (consulté le 21 août 2013).

53. Jonathan Koomey, « Growth in Data Center Electricity Use 2005 to 2010 », *Analytics Press*, 2011, p. III ; Gerad Hoyt, « The Power Hungry Internet », *Energy Manager Today*, dernière modification 21 novembre 2012, <http://www.energymanagertoday.com/the-power-hungry-Internet-087256> (consulté le 4 octobre 2013).

54. « The Hidden Expense of Energy », art. cité.

55. « Report to Congress on Server and Data Center Energy Efficiency », U.S. Environmental Protection Agency ENERGY STAR Program, 2 août 2007, p. 5, <http://www.energystar.gov/ia/partners/prod_development/downloads/EPA_Datacenter_Report_Congress_Final1.pdf> (consulté le 16 octobre 2013).

56. James Glanz, « Power, Pollution and the Internet », *New York Times*, 22 septembre 2012, <http://www.nytimes.com/2012/09/23/technology/data-centers-waste-vast-amounts-of-energy-belying-industry-image.html?pagewanted=all> (consulté le 3 novembre 2013).

57. Rich Miller, « How Many Data Centers ? Emerson Says 500,000 », *Data Center Knowledge*, 14 décembre 2011, <http://www.datacenterknowledge.com/archives/2011/12/14/how-many-data-centers-emerson-says-500000> (consulté le 3 novembre 2013).

58. « Report to Congress on Server and Data Center Energy Efficiency », art. cité, p. 7.

59. J. Glanz, « Power, Pollution and the Internet », art. cité.

60. Krishna Kant, « Challenges in Distributed Energy Adaptive Computing », *ACM SIGMETRICS Performance Evaluation Review*, vol. 37, n° 3, janvier 2010, p. 3-7.

61. « Apple Facilities. Environmental Footprint Report », Apple, 2012, p. 8, <http://images.apple.com/environment/reports/docs/Apple_Facilities_Report_2013.pdf> (consulté le 10 novembre 2013).

62. « McGraw-Hill and NJR Clean Energy Ventures Announce Largest Solar Energy Site of Its Kind in the Western Hemisphere », *McGraw-Hill Financial*, 13 juin 2011, <http://investor.mcgraw-hill.com/phoenix.zhtml?c=96562&p=RssLanding&cat=news&id=1573196> (consulté le 25 octobre 2013).

63. « Apple Facilities Environmental Footprint Report », art. cité, p. 7.

64. Nick Goldman, Paul Bertone, Siyuan Chen, Christophe Dessimoz, Emily M. LeProust, Botond Sipos et Ewan Birney, « Towards Practical, High-Capacity, Low-Maintenance Information Storage in Synthesized DNA », *Nature*, vol. 494, 7 février 2013, p. 77-80.

65. Malcolm Ritter, « Study: Digital Information Can Be Stored in DNA », *Huffington Post*, 23 janvier 2013, <http://www.huffingtonpost.com/huff-wires/20130123/us-sci-dna-data/#> (consulté le 6 novembre 2013).

66. Derik Andreoli, « The Bakken Boom – A Modern-Day Gold Rush », Oil Drum, 12 décembre 2011, <http://www.theoildrum.com/node/8697> (consulté le 30 octobre 2013) ; A. E. Berman, « After the Gold Rush: A Perspective on Future U.S. Natural Gas Supply and Price », Oil Drum, 8 février 2012, <http://www.theoildrum.com/node/8914> (consulté le 30 octobre 2013).

67. Ajay Makan et Javier Blas, « Oil Guru Says U.S. Shale Revolution is "Temporary" », *Financial Times*, 29 mai 2013, <www.ft.com/cms/s/0/281b118e-c870-11e2-acc6-00144feab7de.html#axzz2UbJC9Zz1> (consulté le 17 octobre 2013).

68. Matthew L. Wald, « Shale's Effect on Oil Supply Is Forecast to Be Brief », *The New York Times*, 12 novembre 2013, <http://www.nytimes.com/2013/11/13/business/energy-environment/shales-effect-on-oil-supply-is-not-expected-to-last.html?_r=0> (consulté le 13 novembre 2013).

NOTES DU CHAPITRE 6

1. Mark Richardson et Bradley Haylock, « Designer/Maker: The Rise of Additive Manufacturing, Domestic-Scale: Production and the Possible Implications for the Automotive Industry », *Computer Aided Design and Applications*, 2012, p. 35.

2. Ashlee Vance, « 3-D Printers: Make Whatever You Want », *Bloomberg Businessweek*, 26 avril 2012, <http://www.businessweek.com/articles/2012-04-26/3d-printers-make-whatever-you-want> (consulté le 23 août 2013).

3. « Wohlers Associates Publishes 2012 Report on Additive Manufacturing and 3-D Printing : Industry Study Shows Annual Growth of Nearly 30 % »,

Wohlers Associates, 15 mai 2012, <http://wohlersassociates.com/press56.htm> (consulté le 16 août 2013).

4. M. Richardson et B. Haylock, « Designer/Maker », art. cité.

5. Irene Chapple, « Dickerson : Etsy Is Disrupting Global Supply Chains », CNN, 5 juin 2013, <http://edition.cnn.com/2013/06/05/business/etsy-leweb-craft-disrupting> (consulté le 28 juin 2013).

6. « A Brief History of 3D Printing », T. Rowe Price, décembre 2011, <http://individual.troweprice.com/staticFiles/Retail/Shared/PDFs/3D_Printing_Infographic_FINAL.pdf> (consulté le 2 novembre 2013).

7. « Definition: Hacker », Search Security, octobre 2006, <http://searchsecurity.techtarget.com/definition/hacker> (consulté le 15 octobre 2013).

8. Chris Anderson, « In the Next Industrial Revolution, Atoms Are the New Bits », *Wired*, 25 janvier 2010, <http://www.wired.com/magazine/2010/01/ff_newrevolution> (consulté le 8 août 2013).

9. J. M. Pearce, C. Morris Blair, K. J. Laciak, R. Andrews, A. Nosrat et I. Zelenika-Zovko, « 3-D Printing of Open Source Appropriate Technologies for Self-Directed Sustainable Development », *Journal of Sustainable Development*, vol. 3, n° 4, 2010, p. 18.

10. « Fab lab FAQ », MIT Center for Bits and Atoms, <http://fablab.cba.mit.edu/about/faq> (consulté le 27 juin 2013).

11. « MIT Fab lab: the new technology revolution », Cardiff School of Art and Design, 27 août 2013, <http://cardiff-school-of-art-and-design.org/magazine/mit-fab-lab-the-new-technology-revolution> (consulté le 14 novembre 2013) ; Alison DeNisco, « Fab lab Beginnings », District Administration, décembre 2012, <http://www.districtadministration.com/article/fab-lab-beginnings> (consulté le 14 novembre 2013) ; « FabLab », Fab Education Bremen, <http://www.fabeducation.net/en/fablab-2.html> (consulté le 14 novembre 2013).

12. Katherine Ling, « "Fab labs" out front in U.S. push to make manufacturing cool », Environment & Energy Publishing, 18 septembre 2013, <http://www.eenews.net/stories/1059987450> (consulté le 14 novembre 2013).

13. Andy Greenberg, « The Fab Life », *Forbes*, 13 août 2008, <http://www.forbes.com/2008/08/13/diy-innovation-gershenfeld-tech-egang08-cx_ag_0813gershenfeld.html> (consulté le 1er avril 2013).

14. Cory Doctorow, « Printcrime », in *Over Clocked: Stories of the Future Present*, New York, Thunder's Mouth Press, 2007, p. 4.

15. Chris Waldo, « Will We 3-D Print Renewable Energy ? », *3d Printer*, 5 juin 2012, <http://www.3dprinter.net/3d-printing-renewable-energy> (consulté le 30 juillet 2013).

16. « Print Me the Head of Alfredo Garcia », *The Economist*, 10 août 2013, <http://www.economist.com/news/science-and-technology/21583238-new-low-cost-way-making-things-print-me-head-alfredo-garcia> (consulté le 18 août 2013).

17. Markus Kayser, « SolarSinter », MarkusKayser, 2011, <http://www.markus-kayser.com/work/solarsinter> (consulté le 11 janvier 2013).

18. « Plastic, Fantastic ! 3-D Printers Could Recycle Old Bottles », *Tech News Daily*, 18 janvier 2012, <http://www.technewsdaily.com/5446-filabot-3d-printing-material-recycled-plastic.html> (consulté le 2 février 2013) ; « Filabot Wee Kit Order Form », Filabot: the Personal Filament Maker, <http://www.filabot.com/collections/filabot-systems/products/filabot-wee-kit-welded> (consulté le 2 février 2013).

19. David J. Hill, « 3-D Printing Robot Produces Chairs and Tables from Recycled Waste », *Singularity Hub*, 23 avril 2012, <http://singularityhub.com/2012/04/23/3d-printing-robot-produces-chairs-and-tables-from-recycled-waste> (consulté le 4 avril 2013).

20. Jason Dorrier, « 3-D Printed Homes ? Here's the Scoop », *Singularity Hub*, 22 août 2012, <http://singularityhub.com/2012/08/22/3d-printers-may-some-day-construct-homes-in-less-than-a-day> (consulté le 30 avril 2013).

21. Jordan Cook, « The World's First 3-D-Printed Building Will Arrive in 2014 (and It Looks Awesome) », *TechCrunch*, 20 janvier 2013, <http://techcrunch.com/2013/01/20/the-worlds-first-3d-printed-building-will-arrive-in-2014-and-it-looks-awesome> (consulté le 26 janvier 2013).

22. « Dutch Architect to Build "Endless" House With 3-D Printer », *3ders*, 15 janvier 2013, <http://www.3ders.org/articles/20130115-dutch-architect-to-build-endless-house-with-3d-printer.html> (consulté le 26 janvier 2013).

23. « Construire une base lunaire en impression 3D », Agence spatiale européenne, 6 février 2013, <http://www.esa.int/fre/ESA_in_your_country/France/Construire_une_base_lunaire_en_impression_3D> (consulté le 18 février 2013) ; « Foster + Partners Works with European Space Agency to 3-D Print Structures on the Moon », communiqué de presse de Foster and Partners, 31 janvier 2013, <http://www.fosterandpartners.com/news/archive/2013/01/foster-partners-works-with-european-space-agency-to-3d-print-structures-on-the-moon> (consulté le 18 février 2013).

24. *Ibid.*

25. Edwin Kee, « Urbee 2 to Cross Country on Just 10 Gallons of Ethanol », *Ubergizmo*, 1er mars 2013, <http://www.ubergizmo.com/2013/03/urbee-2-to-cross-country-on-just-10-gallons-of-ethanol> (consulté le 4 septembre 2013).

26. « Urbee Stratasys 3D Printers Build Urbee, First Prototype Car to Have Entire Body Created with an Additive Process », *Stratasys*, <http://www.stratasys.com/resources/case-studies/automotive/urbee> (consulté le 27 juin 2013).

27. Henry Ford et Samuel Crowther, *Ma vie et mon œuvre*, Paris, Payot, 1930, p. 82.

28. Alexander George, « 3-D Printed Car is as Strong as Steel, Half the Weight, and Nearing Production », *Wired*, 27 février 2013, <http://www.wired.com/autopia/2013/02/3d-printed-car> (consulté le 2 juin 2013).

29. Mary Beth Griggs, « 3-D Printers Spit Out Fancy Food, Green Cars, and Replacement Bones », *Discover Magazine*, 26 mars 2012, <http://discovermagazine.com/2012/mar/31-3-d-printers-spit-out-fancy-food-and-green-cars#.UnvIBPmkoSU> (consulté le 7 novembre 2013).

30. « Manitoba's Kor Ecologic Debuts Hybrid Urbee », *Design Engineering*, 2 novembre 2010, <http://www.design-engineering.com/general/manitobas-kor-ecologic-debuts-hybrid-urbee-11992> (consulté le 2 juin 2014).

31. Stewart Brand et Matt Herron, « Keep Designing – How the Information Economy Is Being Created and Shaped by the Hacker Ethic », *Whole Earth Review*, mai 1985, p. 44.

32. Deborah Desrochers-Jacques, « Green Energy Use Jumps in Germany », *Der Spiegel*, 30 août 2011, <http://www.spiegel.de/international/crossing-the-20-percent-mark-green-energy-use-jumps-in-germany-a-783314.html> (consulté le 7 août 2013) ; Berlin et Niebull, « Germany's Energy Transformation : Energiewende », *The Economist*, 28 juillet 2012, <http://www.economist.com/node/21559667> (consulté le 1er octobre 2013).

33. « The Strategic Cooperation between Daimler and the Renault-Nissan Alliance Forms Agreement with Ford », Daimler, 28 janvier 2013, <http://www.daimler.com/dccom/0-5-7171-1-1569731-1-0-0-0-0-0-12037-0-0-0-0-0-0-0-0.html> (consulté le 2 juin 2014).

34. Marcel Rosenbach et Thomas Schulz, « 3-D Printing: Technology May Bring New Industrial Revolution », *Der Spiegel*, 4 janvier 2013, <http://www.spiegel.de/international/business/3d-printing-technology-poised-for-new-industrial-revolution-a-874833.html> (consulté le 5 août 2013).

35. Goli Mohammadi, « Open Source Ecology: Interview with Founder Marcin Jakubowski », *Makezine*, 11 février 2011, <http://blog.makezine.com/2011/02/11/open-source-ecology-interview-with-founder-marcin-jakubowski> (consulté le 17 juin 2013).

36. Rohan Pearce, « Open Source Ecology: Can Open Source Save the Planet ? », *Computerworld Techworld*, 15 décembre 2011, <http://www.techworld.com.au/article/410193/open_source_ecology_can_open_source_save_planet_> (consulté le 9 septembre 2013).

37. « Marcin Jakubowski: Open-Sourced Blueprints For Civilization », *Huffington Post*, 19 décembre 2011, <http://www.huffingtonpost.com/2011/12/19/wiki-diy-civilization_n_1157895.html?view=print&comm_ref=false> (consulté le 12 septembre 2013).

38. Helen Pidd, « Indian Blackout Held No Fear for Small Hamlet Where the Power Stayed On », *The Guardian*, 10 septembre 2012, <http://www.guardian.co.uk/world/2012/sep/10/india-hamlet-where-power-stayed-on> (consulté le 29 septembre 2013).

39. *Ibid.*

40. Peerzada Abrar, « Gram Power: Yashraj Khaitan's 'Smart Microgrid' Produces, Stores Renewable Energy on Location », *Economic Times*, 6 juillet 2012, <http://articles.economictimes.indiatimes.com/2012-07-06/news/32566187_1_renewable-energy-innovation-pilferage> (consulté le 29 septembre 2013).

41. H. Pidd, « Indian Blackout Held No Fear… », art. cité.

42. « From Micro-Grids to Smart Grids », *Kidela*, 20 novembre 2012, <http://www.kidela.com/resources/blackout-from-micro-grids-to-smart-grids> (consulté le 30 septembre 2013).

43. *Ibid.*

44. « Mahatma Gandhi on Mass Production », interview, 16 mai 1936, <http://www.tinytechindia.com/gandhiji2.html> (consulté le 21 avril 2013).

45. Surur Hoda, *Gandhi and the Contemporary World*, Indo-British Historical Society, 1997.

46. « Mahatma Gandhi on Mass Production », art. cité.

47. *Ibid.*

48. *Ibid.*

49. S. Hoda, *Gandhi and the Contemporary World*, *op. cit.*

50. « Mahatma Gandhi on Mass Production », art. cité.

51. S. Hoda, *Gandhi and the Contemporary World*, *op. cit.*

52. *The Collected Works of Mahatma Gandhi*, vol. 83, 7 juin 1942-26 janvier 1944, New Delhi, Publications Division of the Government of India, 1999, p. 113, <http://www.gandhiserve.org/cwmg/VOL083.PDF> (consulté le 14 novembre 2013).

53. Mahatma Gandhi, *The Mind of Mahatma Gandhi: Encyclopedia of Ghandi's Thoughts*, éd. R. K. Prabhu et U. R. Rao, Ahmedabad, Inde, Jitendra T. Desai, Navajivan Mudranalaya, 1966, p. 243-244.

54. Adam Smith, *Recherche sur la nature et les causes de la richesse des nations*, 2 vol., trad. fr. de Germain Garnier revue par Adolphe Blanqui, Paris, Flammarion, coll. « GF », 1991, t. II, p. 40 [Livre IV, chap. 2].

55. « Mahatma Gandhi's Views », TinyTech Plants, <http://www.tinytechindia.com/gandhi4.htm> (consulté le 14 juin 2013).

56. Pyarelal, *Mahatma Gandhi: Poornahuti*, vol. 10, *The Last Phase*, 2e partie, Ahmedabad, Inde, Navajivan Trust, 1956, p. 522.

NOTES DU CHAPITRE 7

1. « Skype in the Classroom », Skype, 2013, <https ://education.skype.com> (consulté le 6 novembre 2013) ; Sarah Kessler, « Skype CEO : Our Goal is to Connect 1 Million Classrooms », Mashable, 21 septembre 2011, <http://mashable.com/2011/09/21/skype-in-the-classroom-tony-bates> (consulté le 12 novembre 2013).

2. « Curriki at a Glance », Curriki homepage, avril 2012, <http://www.curriki.org/welcome/wp-content/uploads/2012/06/Curriki-At-a-Glance-04.04.12-update.pdf> (consulté le 23 avril 2013).

3. « Einstein Middle School, 8th Grade », *Facing the Future*, <http://www.facingthefuture.org/TakeAction/StudentsTakingAction/EinsteinMiddleSchool/tabid/165/Default.aspx#.Ubj2AaIkLE1> (consulté le 18 avril 2013).

4. Jennifer Rebecca Kelly et Troy D. Abel, « Fostering Ecological Citizenship: The Case of Environmental Service-Learning in Costa Rica », *International Journal for the Scholarship of Teaching and Learning*, vol. 6, n° 2, 2012, <http://digitalcommons.georgiasouthern.edu/cgi/viewcontent.cgi?article=1347&context=ij-sotl> (consulté le 2 juin 2014).

5. « Study Finds Environmental Education Programs Leads to Cleaner Air »,

Air Quality Partnership, 13 avril 2009, <http://www.airqualityaction.org/news.php?newsid=84> (consulté le 11 avril 2013).

6. J. R. Kelly et T. D. Abel, « Fostering Ecological Citizenship », art. cité.

7. « Campus Compact Annual Membership Survey Results », Campus Compact, 2011, <http://www.compact.org/wp-content/uploads/2008/11/2010-Annual-Survey-Exec-Summary-4-8.pdf> (consulté le 5 mai 2013).

8. William Morgan, « Standardized Test Scores Improve with Service-Learning », National Service-Learning Clearinghouse, 2000, <http://www.ri.net/middletown/mef/linksresources/documents/ServiceLearningBetterScores.pdf> (consulté le 2 juin 2014).

9. Andrew Martin et Andrew W. Lehren, « A Generation Hobbled by the Soaring Cost of College », *New York Times*, 12 mai 2012, <http://www.nytimes.com/2012/05/13/business/student-loans-weighing-down-a-generation-with-heavy-debt.html?pagewanted=all&_r=0> (consulté le 19 mai 2013).

10. Carole Cadwalladr, « Do Online Courses Spell the End for the Traditional University ? », *The Guardian*, 10 novembre 2012, <http://www.theguardian.com/education/2012/nov/11/online-free-learning-end-of-university> (consulté le 1er novembre 2013).

11. Tamar Lewin, « College of Future Could Be Come One, Come All », *New York Times*, 19 novembre 2012, <http://www.nytimes.com/2012/11/20/education/colleges-turn-to-crowd-sourcing-courses.html?pagewanted=all> (consulté le 1er novembre 2013).

12. Richard Pérez-Peña, « Harvard Asks Graduates to Donate Time to Free Online Humanities Class », *New York Times*, 25 mars 2013, <http://www.nytimes.com/2013/03/26/education/harvard-asks-alumni-to-donate-time-to-free-online-course.html?_r=0> (consulté le 1er novembre 2013).

13. Kathryn Ware, « Coursera Co-founder Reports on First 10 Months of Educational Revolution », *UVA Today*, 21 février 2013, <http://curry.virginia.edu/articles/coursera-co-founder-reports-on-first-10-months-of-educational-revolution> (consulté le 8 novembre 2013) ; « Cours », Coursera, 2013, <https ://www.coursera.org/courses> (consulté le 12 novembre 2013).

14. Cindy Atoji Keene, « A Classroom for the Whole World », *Boston Globe*, 19 mai 2013, <http://www.bostonglobe.com/business/specials/globe-100/2013/05/18/edx-president-anant-agarwal-aims-reach-billion-students-around-world/Kv5DZOiB0ABh84F4oM8luN/story.html> (consulté le 30 octobre 2013) ;

Thomas L. Friedman, « Revolution Hits the Universities », *New York Times*, 26 janvier 2013, <http://www.nytimes.com/2013/01/27/opinion/sunday/friedman-revolution-hits-the-universities.html?_r=0> (consulté le 31 octobre 2013).

15. C. Cadwalladr, « Do Online Courses Spell the End for the Traditional University ? », art. cité.

16. *Ibid.*

17. Josh Catone, « In the Future, The Cost of Education Will Be Zero », *Mashable*, 24 juillet 2013, <http://mashable.com/2009/07/24/education-social-media> (consulté le 6 août 2013).

18. Tamar Lewin, « Universities Team with Online Course Provider », *New York Times*, 30 mai 2013, <http://www.nytimes.com/2013/05/30/education/universities-team-with-online-course-provider.html> (consulté le 1er novembre 2013).

19. « Tuition and Cost to Attend University of Maryland College Park », CollegeCalc, <http://www.collegecalc.org/colleges/maryland/university-of-maryland-college-park> (consulté le 28 juin 2013).

20. Geoffrey A. Fowler, « An Early Report Card on Massive Open Online Courses », *Wall Street Journal*, 8 octobre 2013, <http://online.wsj.com/news/articles/SB10001424052702303759604579093400834738972> (consulté le 25 novembre 2013).

21. Tamar Lewin, « Universities Reshaping Education on the Web », *New York Times*, 17 juillet 2012, <http://www.nytimes.com/2012/07/17/education/consortium-of-colleges-takes-online-education-to-new-level.html?pagewanted=all> (consulté le 28 octobre 2013).

22. Kevin Carey, « Into the Future with MOOC's », *Chronicle of Higher Education*, 3 septembre 2012, <http://chronicle.com/article/Into-the-Future-With-MOOCs/134080> (consulté le 28 octobre 2013).

NOTES DU CHAPITRE 8

1. Jeremy Rifkin, *La Fin du travail*, trad. fr. de Pierre Rouve, Paris, La Découverte-Poche, 1997, p. 13.

2. Jacob Goldstein et Lam Thuy Vo, « 22 Million Americans Are Unemployed Or Underemployed », NPR, 4 avril 2013, <http://www.npr.org/blogs/money/2013/04/04/175697813/23-million-americans-are-unemployed-or-underemployed> (consulté le 2 juin 2014).

3. Jenny Marlar, « Global Unemployment at 8 % in 2011 », Gallup World, 17 avril 2012, <http://www.gallup.com/poll/153884/global-unemployment-2011.aspx> (consulté le 15 octobre 2013).

4. « Global Employment Trends 2013 » [Tendances mondiales de l'emploi 2013], Organisation internationale du travail, 2013, p. 10, <http://www.ilo.org/wcmsp5/groups/public/---dgreports/---dcomm/---publ/documents/publication/wcms_202326.pdf> (consulté le 7 juillet 2013).

5. Nick Valery, « Difference Engine : Luddite Legacy », *The Economist*, 4 novembre 2011, <http://www.economist.com/blogs/babbage/2011/11/artificial-intelligence> (consulté le 9 juillet 2013).

6. *Ibid.*

7. Michaela D. Platzer et Glennon J. Harrison, « The U.S. Automotive Industry: National and State Trends in Manufacturing Employment », Cornell University ILR School, 8 août 2009, <http://digitalcommons.ilr.cornell.edu/cgi/viewcontent.cgi?article=1671&context=key_workplace> (consulté le 7 juillet 2013).

8. James Sherk, « Technology Explains Drop in Manufacturing Jobs », Heritage Foundation, 12 octobre 2010, <http://www.heritage.org/research/reports/2010/10/technology-explains-drop-in-manufacturing-jobs> (consulté le 10 août 2013).

9. Mark J. Perry, « The U.S. Economy Is Now Producing 2.2 % More Output than before the Recession, but with 3.84 Million Fewer Workers », American Enterprise Institute, 6 novembre 2012, <http://www.aei-ideas.org/2012/11/the-us-economy-is-now-producing-2-2-more-output-than-before-the-recession-but-with-3-84-million-fewer-workers> (consulté le 3 septembre 2013).

10. Boerje Langefors, « Automated Design », *in* Robert Colborn, *Modern Science and Technology*, Princeton, NJ, Princeton University Press, 1965, p. 699.

11. *Management Report on Numerically Controlled Machine Tools*, Chicago, Cox and Cox Consulting, 1958.

12. Alan A. Smith à J. O. McDonough, 18 septembre 1952, N/C Project Files, MIT Archives.

13. Peter Joseph, Roxanne Meadows et Jacque Fresco, « The Zeitgeist Movement: Observations and Responses », *Zeitgeist Movement*, février 2009 <http://www.bibliotecapleyades.net/sociopolitica/zeitgeist08.htm> (consulté le 13 juin 2013).

14. Caroline Baum, « So Who's Stealing China's Manufacturing Jobs ? », *Bloomberg*, 14 octobre 2003, <http://www.bloomberg.com/apps/news?pid=newsarchive&sid=aRI4bAft7Xw4> (consulté le 1er juillet 2013).

15. John Markoff, « Skilled Work, without the Worker », *New York Times*, 18 août 2012, <http://www.nytimes.com/2012/08/19/business/new-wave-of-adept-robots-is-changing-global-industry.html?pagewanted=all&_r=0> (consulté le 1er juillet 2013).

16. *Ibid.*

17. « World Robotics 2012 Industrial Robots », International Federation of Robotics, <http://www.ifr.org/industrial-robots/statistics> (consulté le 26 mai 2013).

18. Russell Roberts, « Obama vs. ATMs: Why Technology Doesn't Destroy Jobs », *Wall Street Journal*, 22 juin 2011, <http://online.wsj.com/article/SB10001424052702304070104576399704275939640.html> (consulté le 26 mai 2013).

19. Katie Drummond, « Clothes Will Sew Themselves in Darpa's Sweat-Free Sweatshops », *Wired*, 8 juin 2012, <http://www.wired.com/dangerroom/2012/06/darpa-sweatshop> (consulté le 1er juin 2013).

20. Bernard Condon, « Millions of Middle-Class Jobs Killed by Machines in Great Recession's Wake », *Huffington Post*, 23 janvier 2013, <http://www.huffingtonpost.com/2013/01/23/middle-class-jobs-machines_n_2532639.html?view=print&comm_ref=false> (consulté le 21 juillet 2013).

21. Joseph G. Carson, « U.S. Economic and Investment Perspectives – Manufacturing Payrolls Declining Globally: The Untold Story (Part 2) », *AllianceBernstein*, octobre 2003.

22. « Postal Service Flexes Its Workforce Flexibility », USPS Office of Inspector General, 10 juin 2013, <http://www.uspsoig.gov/blog/postal-service-flexes-its-workforce-flexibility>, (consulté le 13 juin 2013).

23. « Occupational Employment and Wages News Release », U.S. Bureau of Labor Statistics, 29 mars 2013, <http://www.bls.gov/news.release/ocwage.htm> (consulté le 3 août 2013).

24. B. Condon, « Millions of Middle-Class Jobs Killed by Machines in Great Recession's Wake », art. cité.

25. Alana Semuels, « Retail Jobs Are Disappearing as Shoppers Adjust to Self-Service », *Los Angeles Times*, 4 mars 2011, <http://articles.latimes.com/print/2011/mar/04/business/la-fi-robot-retail-20110304> (consulté le 13 juillet 2013).

26. Bill Siwicki, « Wal-Mart Expands Self-Checkout in Stores via Its iPhone App », *Internet Retailer*, 20 février 2013, <http://www.Internetretailer.com/2013/02/20/wal-mart-expands-self-checkout-stores-its-iphone-app> (consulté le 3 novembre 2013).

27. Ricardo Sanchez, « Brick and Mortar vs. Online Retailers, A Decade Later... », *On Techies*, 31 janvier 2012, <http://ontechies.com/2012/01/31/brick-and-mortar-vs-online-retailers-a-decade-later> (consulté le 17 juin 2013).

28. *Ibid.*

29. Sun Joo Kim, « How Will Brick and Mortar Stores Survive ? », *Smart Planet*, 19 octobre 2012, <http://www.smartplanet.com/blog/bulletin/how-will-brick-and-mortar-stores-survive/3122> (consulté le 19 juin 2013).

30. Barney Jopson, « Shoes Stores Sock It to Online Buyers », *Financial Times*, 5 mai 2013, <http://www.ft.com/cms/s/0/42893492-b385-11e2-b5a5-00144feabdc0.html#axzz2W1rGveQo> (consulté le 7 novembre 2013).

31. Campbell Phillips, « "Fit-lifters" Give Showrooming Shoe Browsers a Bad Name », *Power Retail*, 6 mai 2013, <http://www.powerretail.com.au/multichannel/fit-lifters-give-showrooming-a-bad-name> (consulté le 6 juillet 2013).

32. Jason Perlow, « In the Battle of Clicks versus Bricks, Retail Must Transform or Die », *ZDNet*, 8 décembre 2011, <http://www.zdnet.com/blog/perlow/in-the-battle-of-clicks-versus-bricks-retail-must-transform-or-die/19418> (consulté le 3 août 2013).

33. « Occupational Employment and Wages News Release », art. cité.

34. John Markoff, « Armies of Expensive Lawyers, Replaced by Cheaper Software », *New York Times*, 4 mars 2011, <http://www.nytimes.com/2011/03/05/science/05legal.html?pagewanted=all> (consulté le 20 octobre 2013).

35. *Ibid.*

36. Christopher Steiner, « Automatons Get Creative », *Wall Street Journal*, 17 août 2012, <http://online.wsj.com/news/articles/SB10000872396390444375104577591304277229534#printprin> (consulté le 30 juin 2013).

37. *Ibid.*

38. « IBM Watson: Ushering in a New Era of Computing », IBM, <http://www-03.ibm.com/innovation/ca/en/watson> (consulté le 22 octobre 2013).

39. Brian T. Horowitz, « IBM, Nuance to Tune Watson Supercomputer for Use in Health Care », *EWeek*, 17 février 2011, <http://www.eweek.com/c/a/Health-Care-IT/IBM-Nuance-to-Tune-Watson-Supercomputer-for-Use-in-Health-Care-493127> (consulté le 22 octobre 2013).

40. Associated Press, « Watson's Medical Expertise Offered Commercially », *Telegram*, 8 février 2013, <http://www.telegram.com/article/20130208/NEWS/102089640/0> (consulté le 22 octobre 2013).

41. « Lionbridge. Language Solution Provider Expands Opportunities with Translation Technology », Microsoft Case Studies, 9 juillet 2013, <http://www.microsoft.com/casestudies/Bing/Lionbridge/Language-Solution-Provider-Expands-Opportunities-with-Translation-Technology/710000001102> (consulté le 4 septembre 2013).

42. Niko Papula, « Are Translators Losing Their Jobs Because of Machine Translation ? », Multilizer Translation Blog, 13 avril 2011, <http://translation-blog.multilizer.com/are-translators-losing-their-jobs-because-of-machine-translation> (consulté le 6 septembre 2013).

NOTES DU CHAPITRE 9

1. Harold Hotelling, « The General Welfare in Relation to Problems of Taxation and of Railway and Utility Rates », *Econometrica*, vol. 6, n° 3, juillet 1938, p. 242.

2. *Ibid.*, p. 258.

3. *Ibid.*, p. 260-261.

4. *Ibid.*, p. 242.

5. Ronald H. Coase, « The Marginal Cost Controversy », *Economica*, vol. 13, n° 51, août 1946, p. 180 ; trad. fr. *in* Ronald Coase, *L'Entreprise, le Marché et le Droit*, trad. fr. de Boualem Aliouat, Paris, Éditions d'organisation, 2005, p. 112.

6. *Ibid.*, p. 101-102.

7. John F. Duffy, « The Marginal Cost Controversy in Intellectual Property », *University of Chicago Law Review*, vol. 71, n° 1, 2004, p. 38.

8. Robert S. McIntyre, Matthew Gardner, Rebecca J. Wilkins et Richard Phillips, « Corporate Taxpayers & Corporate Tax Dodgers 2008-2010 », Citizens for Tax Justice and the Institute on Taxation and Economic Policy, novembre 2011, <http://www.ctj.org/corporatetaxdodgers/CorporateTaxDodgersReport.pdf> (consulté le 7 octobre 2013).

9. « The World in 2013: ICT Facts and Figures», ICT Data and Statistics Division of the International Telecommunication Union, février 2013, p. 2, <http://www.itu.int/en/ITU-D/Statistics/Documents/facts/ICTFactsFigures2013-e.pdf> (consulté le 2 octobre 2013).

10. Programme des Nations unies pour l'environnement, « Feed in Tariffs as a Policy Instrument for Promoting Renewable Energies and Green Economies in Developing Countries », éd. Wilson Rickerson, Chad Laurent, David Jacobs,

Christina Dietrich et Christina Hanley, 2012, p. 4, <http://www.unep.org/pdf/UNEP_FIT_Report_2012F.pdf> (consulté le 21 octobre 2013).

11. *Ibid.*

12. Geert De Clercq, « Renewables Turn Utilities into Dinosaurs of the Energy World », Reuters, 8 mars 2013, <http://www.reuters.com/article/2013/03/08/us-utilities-threat-idUSBRE92709E20130308> (consulté le 30 août 2013).

13. Dave Toke, « Community Wind Power in Europe and in U. K. », *Wind Engineering*, vol. 29, n° 3, 2005.

14. G. De Clercq, « Renewables Turn Utilities into Dinosaurs », art. cité.

15. *Ibid.*

16. *Ibid.*

17. « Smart Grid Investment Grant Program: Progress Report », U.S. Department of Energy, juillet 2012, p. II, <http://www.smartgrid.gov/sites/default/files/doc/files/sgig-progress-report-final-submitted-07-16-12.pdf> (consulté le 3 février 2014).

18. Litos Strategic Communication, « The Smart Grid: An Introduction », U.S. Department of Energy, 2008, p. 5, <http://energy.gov/sites/prod/files/oeprod/DocumentsandMedia/DOE_SG_Book_Single_Pages.pdf> (consulté le 3 septembre 2013).

19. « Technology », Transphorm, Inc., <http://www.transphormusa.com/technology> (consulté le 6 juin 2013).

20 « Estimating the Costs and Benefits of the Smart Grid: A Preliminary Estimate of the Investment Requirements and the Resultant Benefits of a Fully Functioning Smart Grid », Electric Power Research Institute, mars 2011, p. 4, <http://ipu.msu.edu/programs/MIGrid2011/presentations/pdfs/Reference%20Material%20-%20Estimating%20the%20Costs%20and%20Benefits%20of%20the%20Smart%20Grid.pdf> (consulté le 3 février 2014).

21. Michael Bame, « USS Gerald Ford Aircraft Carrier », About.com, 2013, <http://defense.about.com/od/Navy/a/Uss-Gerald-Ford-Aircraft-Carrier.htm> (consulté le 17 juin 2013) ; « Building an Energy Future: Annual Report », Royal Dutch Shell, 31 décembre 2012, p. 10, <http://reports.shell.com/annual-review/2012/servicepages/downloads/files/entire_shell_review_12.pdf> (consulté le 3 février 2014).

22. Vaclav Smil, « Moore's Curse and the Great Energy Delusion », *American*, 19 novembre 2008, <http://www.american.com/archive/2008/

november-december-magazine/moore2019s-curse-and-the-great-energy-delusion> (consulté le 6 juin 2013).

23. Scott DiSavino, « U.S. Smart Grid to Cost Billions, Save Trillions », Reuters, 24 mai 2011, <http://www.reuters.com/article/2011/05/24/us-utilities-smartgrid-epri-idUSTRE74N7O420110524> (consulté le 7 juin 2013) ; « Estimating the Costs and Benefits of the Smart Grid : A Preliminary Estimate », Electric Power Research Institute, 21 mars 2011.

24. « Growing International Co-Operation Driving the Spread of Smart Grids », *GlobalData*, juin 2012, p. 1-7.

25. Katie Fehrenbacher, « For the Smart Grid, the Wireless Debates Are Over », *Gigaom*, 23 janvier 2012, <http://gigaom.com/2012/01/23/for-the-smart-grid-the-wireless-debates-are-over> (consulté le 5 juillet 2013).

26. Dave Karpinski, « Making the "Smart Grid" Smarter with Broadband Wireless Networks and the Internet », *Crain's Cleveland Business*, 11 septembre 2012, <http://www.crainscleveland.com/article/20120911/BLOGS05/309119999> (consulté le 7 juillet 2013).

27. *Ibid.*

28. Sunil Paul et Nick Allen, « Inventing the Cleanweb », *MIT Technology Review*, 2 avril 2012, <http://www.technologyreview.com/news/427382/inventing-the-cleanweb> (consulté le 17 août 2013).

29. Paul Boutin, « The Law of Online Sharing », *Technology Review*, janvier-février 2012.

30. Yuliya Chernova, « New York's Cleanweb Hackathon Sparks Green Ideas Where Cleantech and IT Intersect », *Wall Street Journal*, 2 octobre 2012, <http://blogs.wsj.com/venturecapital/2012/10/02/new-yorks-cleanweb-hackathon-sparks-green-ideas-where-clean-tech-and-it-intersect> (consulté le 3 septembre 2013) ; Martin LaMonica, « Cleanweb Hackers Get Busy with Energy Data », *CNET*, 23 janvier 2012, <http://news.cnet.com/8301-11128_3-57363873-54/cleanweb-hackers-get-busy-with-energy-data> (consulté le 3 septembre 2013).

31. S. Paul et N. Allen, « Inventing the Cleanweb », art. cité.

32. « Green Button Data : More Power to You », U.S. Department of Energy, 18 mai 2012, <http://energy.gov/articles/green-button-data-more-power-you> (consulté le 10 septembre 2013).

33. « Statements of Support for Green Button Initiative », White House Office of Science and Technology Policy, dernière modification 22 mars 2012, <http://

www.whitehouse.gov/administration/eop/ostp/pressroom/03222012-support> (consulté le 22 août 2013).

34. « Check Out the Social Energy App by Facebook, NRDC, Opower », *Alliance to Save Energy*, dernière modification 20 mars 2012, <http://www.ase.org/efficiencynews/preview-social-energy-app-facebook-nrdc-opower> (consulté le 19 juillet 2013).

35. Dominic Basulto, « The Cleanweb: Green Energy Meets Moore's Law », *Big Think*, 15 mai 2012, <http://bigthink.com/endless-innovation/the-cleanweb-green-energy-meets-moores-law> (consulté le 19 juillet 2013).

36. Cecilia Kang, « Tech, Telecom Giants Take Sides as FCC Proposes Public Wi-Fi Networks », *Cullman Times*, 4 février 2013, <http://www.cullmantimes.com/local/x1303538507/Tech-Telecom-Giants-Take-Sides-as-FCC-Proposes-Public-Wi-Fi-Networks> (consulté le 3 novembre 2013).

37. *Ibid.*

38. *Ibid.*

39. *Ibid.*

40. *Ibid.*

41. *Ibid.*

42. « Radio Act of 1927 », *United States Early Radio History*, 23 février 1927, <http://earlyradiohistory.us/sec023.htm#part090> (consulté le 22 octobre 2013).

43. « The Communications Act of 1934 », U.S. Department of Justice, 19 juin 1934, <http://it.ojp.gov/default.aspx?area=privacy&page=1288#contentTop> (consulté le 22 octobre 2013).

44. « Unlicensed Spectrum Subcommittee Report », U.S. Department of Commerce, National Telecommunications & Information Administration, 6 janvier 2010, p. 4.

45. *Ibid.*

46. *Ibid.*

47. Carmela Aquino et Sarah Radwanick, « 2012 Mobile Future in Focus », ComScore, février 2012, <http://www.comscore.com/Insights/Presentations_and_Whitepapers/2012/2012_Mobile_Future_in_Focus> (consulté le 23 octobre 2013).

48. « Cisco Visual Networking Index: Global Mobile Data Traffic Forecast Update, 2010-2015 », Cisco, 1er février 2011, p. 10, <http://newsroom.cisco.com/dlls/ekits/Cisco_VNI_Global_Mobile_Data_Traffic_Forecast_2010_2015.pdf> (consulté le 3 février 2014).

49. « Cisco Visual Networking Index: Global Mobile Data Traffic Forecast Update, 2012–2017 », Cisco, 6 février 2013, p. 11, <http://www.cisco.com/en/U. S./solutions/collateral/ns341/ns525/ns537/ns705/ns827/white_paper_c11-520862.html> (consulté le 3 février 2014).

50. Yochai Benkler, « Open Wireless vs. Licensed Spectrum: Evidence from Market Adoption », *Harvard Journal of Law and Technology*, vol. 26, n° 1, 2012, <http://cyber.law.harvard.edu/publications/2012/unlicensed_wireless_v_licensed_spectrum> (consulté le 23 octobre 2013).

51. « Auctions », U.S. Federal Communications Commission, <http://www.fcc.gov/topic/auctions> (consulté le 4 juin 2013).

NOTES DU CHAPITRE 10

1. Garrett Hardin, « The Tragedy of the Commons », *Science*, vol. 162, n° 3 859, 13 décembre 1968, p. 1 244. [Pour une traduction française en ligne, voir <http://lanredec.free.fr/polis/art_tragedy_of_the_commons_tr.html>.]

2. *Ibid.*, p. 1 243-1 248.

3. Garrett Hardin, « Political Requirements for Preserving Our Common Heritage », *in* Howard P. Brokaw (éd.), *Wildlife and America*, Washington, D.C., Council on Environmental Quality, 1978, p. 310-317.

4. Carol Rose, « The Comedy of the Commons », *University of Chicago Law Review*, vol. 53, n° 3, 1986, p. 720.

5. Crawford B. Macpherson, *Democratic Theory*, Oxford, Clarendon Press, 1973, p. 123-124.

6. C. Rose, « The Comedy of the Commons », art. cité, p. 767.

7. *Ibid.*, p. 768.

8. *Ibid.*, p. 774.

9. *Ibid.*

10. Elinor Ostrom, *Gouvernance des biens communs : pour une nouvelle approche des ressources naturelles*, Bruxelles, De Boeck, 2010, p. 77.

11. G. Hardin, « The Tragedy of the Commons », art. cité, p. 1 244.

12. E. Ostrom, *Gouvernance des biens communs, op. cit.*, p. 78.

13. *Ibid.*

14. *Ibid.*, p. 81-85.

15. *Ibid.*, p. 82.

16. Robert McC. Netting, « What Alpine Peasants Have in Common: Observations on the Communal Tenure in a Swiss Village », *Human Ecology*, vol. 4, n° 2, 1976, p. 135-146.

17. E. Ostrom, *Gouvernance des biens communs, op. cit.*, p. 82-83.

18. *Ibid.*, p. 85.

19. R. McC. Netting, « What Alpine Peasants Have in Common », art. cité.

20. E. Ostrom, *Gouvernance des biens communs, op. cit.*, p. 84.

21. *Ibid.*, p. 114-127.

22. Elinor Ostrom, « Beyond Markets and States: Polycentric Governance of Complex Economic Systems », conférence du prix Nobel, Workshop in Political Theory and Policy Analysis from Indiana University, Bloomington, IN, 8 décembre 2009, p. 424, 425, <http://www.nobelprize.org/nobel_prizes/economic-sciences/laureates/2009/ostrom_lecture.pdf> (consulté le 3 novembre 2013).

23. *Ibid.*

24. Douglas Robinson et Nina Medlock, « *Diamond v. Chakrabarty*: A Retrospective on 25 Years of Biotech Patents », *Intellectual Property and Technology Law Journal*, vol. 17, n° 10, 2005, p. 12.

25. Leonard S. Rubenstein, « Brief on Behalf of the Peoples Business Commission, Amicus Curiae » dans l'affaire *Diamond v. Chakrabarty*, n° 79-136, 13 décembre 1979, <http://www.justice.gov/atr/public/workshops/ag2010/015/AGW-14399-a.doc> (consulté le 1er novembre 2013).

26. *Ibid.*

27. « New Forms of Life Can be Patented U.S. Court Rules », *Montreal Gazette* (Associated Press), 17 juin 1980, <http://news.google.com/newspapers?nid=1946&dat=19800617&id=OokxAAAAIBAJ&sjid=dKQFAAAAIBAJ&pg=3169,3065019> (consulté le 20 juillet 2013).

28. « A History of Firsts », Genentech, 2012, <http://www.gene.com/media/company-information/chronology> (consulté le 19 juin 2013).

29. Keith Schneider, « Harvard Gets Mouse Patent, A World First », *New York Times*, 13 avril 1988, <http://www.nytimes.com/1988/04/13/us/harvard-gets-mouse-patent-a-world-first.html?pagewanted=print&src=pm> (consulté le 25 juin 2013).

30. Marcy Darnovsky et Jesse Reynolds, « The Battle to Patent Your Genes », *American Interest*, septembre-octobre 2009, <http://www.the-american-interest.

com/articles/2009/09/01/the-battle-to-patent-your-genes/> (consulté le 2 juin 2014).

31. Texte français : « Initiative de traité pour le partage du patrimoine génétique commun », <http://www.citerre.org/genetiqmct.htm> ; texte anglais : « Porto Alegre Treaty to Share the Genetic Commons », U. K. Food Group, 1er février 2002, <http://www.ukabc.org/genetic_commons_treaty.htm> (consulté le 21 juillet 2013).

32. John Roach, « "Doomsday" Vault Will End Crop Extinction, Expert Says », *National Geographic*, 27 décembre 2007, <http://news.nationalgeographic.com/news/2007/12/071227-seed-vault.html> (consulté le 28 avril 2013).

33. Aaron Saenz, « Costs of DNA Sequencing Falling Fast – Look at these Graphs ! », Singularity University, 5 mars 2001, <http://singularityhub.com/2011/03/05/costs-of-dna-sequencing-falling-fast-look-at-these-graphs> (consulté le 19 juin 2013).

34. David Altshuler, John Bell, Todd Golub *et al.*, « Creating a Global Alliance to Enable Responsible Sharing of Genomic and Clinical Data », *Broad Institute*, 3 juin 2013, <http://www.broadinstitute.org/files/news/pdfs/GAWhitePaper-June3.pdf> (consulté le 8 novembre 2013).

35. Ariana Eunjung Cha, « Glowing Plant Project on Kickstarter Sparks Debate about Regulation of DNA Modification », *The Washington Post*, 4 octobre 2013, <http://www.washingtonpost.com/national/health-science/glowing-plant-project-on-kickstarter-sparks-debate-about-regulation-of-dna-modification/2013/10/03/e01db276-1c78-11e3-82ef-a059e54c49d0_story.html> (consulté le 8 novembre 2013).

36. *Ibid.*

37. Jeremy Rifkin, *Le Siècle biotech : le commerce des gènes dans le meilleur des mondes*, trad. fr. d'Alain Bories et Marc Saint-Upéry, Paris, La Découverte, 1998, p. 28 [rééd., Pocket, 1999].

38. Kendall Haven, *One Hundred Greatest Science Discoveries of All Time*, Westport, CT, Libraries Unlimited, 2007, p. 221.

39. Lydia Nenow, « To Patent or Not to Patent: The European Union's New Biotech Directive », *Houston Journal of International Law*, vol. 23, n° 3, 2001, p. 25, <http://www.to+patent+or+not+to+patent %3a+the+European+Union's+new+biotech...-a075908314> (consulté le 7 novembre 2013).

NOTES DU CHAPITRE 11

1. William Henry Gates III, « An Open Letter to Hobbyists », 3 février 1976, <http://www.blinkenlights.com/classiccmp/gateswhine.html> (consulté le 3 février 2014).

2. « What Is Free Software ? », GNU Project-Free Software Foundation, 18 juin 2013, <http://www.gnu.org/philosophy/free-sw.html> (consulté le 26 juin 2013) [Nous donnons ici la formulation de FSF France, <http://fsffrance.org/about/Constitution-fr-20010419.fr.tex> – *NdT.*]

3. *Ibid.*

4. C. Arvind Kumar, *Welcome to the "Free" World : A Free Software Initiative*, Hyderabad, Indian Universities Press, 2011, p. 28.

5. Lawrence Lessig, « Code Is Law: On Liberty in Cyberspace », *Harvard Magazine*, janvier-février 2000, <http://harvardmagazine.com/2000/01/code-is-law-html> (consulté le 13 juin 2013). [Pour une traduction française, « Le code fait loi : de la liberté dans le cyberespace », voir <http://www.framablog.org/index.php/post/2010/05/22/code-is-law-lessig> – *NdT.*]

6. Eben Moglen, « Anarchism Triumphant: Free Software and the Death of Copyright », *First Monday*, vol. 4, n° 8, 2 août 1999, <http://pear.accc.uic.edu/ojs/index.php/fm/article/view/684/594> (consulté le 10 juin 2013).

7. Steven J. Vaughan-Nichols, « Fast, Faster, Fastest: Linux Rules Supercomputing », *ZD Net*, 19 juin 2012, <http://www.zdnet.com/blog/open-source/fast-faster-fastest-linux-rules-supercomputing/11263> (consulté le 13 juin 2013) ; Roger Parloft, « How Linux Conquered the Fortune 500 », CNN Money, 6 mai 2013, <http://money.cnn.com/2013/05/06/technology/linux-500.pr.fortune> (consulté le 13 novembre 2013).

8. E. Moglen, « Anarchism Triumphant », art. cité.

9. *Ibid.*

10. « History of the OSI », Open Source Initiative, septembre 2012, <http://opensource.org/history> (consulté le 13 juin 2013).

11. Richard Stallman, « Why "Open Source" Misses the Point of Free Software », *Communications of the ACM*, vol. 52, n° 6, 2009, p. 31.

12. *Ibid.*

13. *Ibid.*, p. 33.

14. Eric Steven Raymond, « The Cathedral and the Bazaar », unterstein.net,

22 août 2001, <http://www.unterstein.net/su/docs/CathBaz.pdf> (consulté le 13 juin 2013).

15. Jeremy Rifkin, *Une nouvelle conscience pour un monde en crise. Vers une civilisation de l'empathie*, trad. fr. de Françoise et Paul Chemla, Paris, Les Liens qui libèrent, 2011, p. 254.

16. Elizabeth L. Eisenstein, *La Révolution de l'imprimé à l'aube de l'Europe moderne*, trad. fr. de Maud Sissung et Marc Duchamp, Paris, La Découverte, 1991, p. 121 [rééd., Hachette littératures, coll. « Pluriel », 2003].

17. Lawrence Lessig, « Culture Wars: Getting to Peace », *in* Brian Fitzgerald et Benedict Atkinson (éd.), *Copyright Future Copyright Freedom : Marking the 40th Anniversary of the Commencement of Australia's Copyright Act 1968*, Sydney, Sydney University Press, 2011, p. 116.

18. « The World in 2013: ICT Facts and Figures », ICT Data and Statistics Division of the International Telecommunication Union, février 2013, <http://www.itu.int/en/ITU-D/Statistics/Documents/facts/ICTFactsFigures2013-e.pdf> (consulté le 20 juin 2013).

19. Lawrence Lessig, « Getting Our Values around Copyright Rights », *Educause Review*, vol. 45, n° 2, mars-avril 2010, p. 36.

20. *Ibid.*

21. « History », Creative Commons, juin 2013, <http://creativecommons.org/about/history> (consulté le 13 juin 2013).

22. « 200 million Creative Commons Photos and Counting! », Flickr, 5 octobre 2011, <http://blog.flickr.net/en/2011/10/05/200-million-creative-commons-photos-and-counting> (consulté le 26 juin 2013).

23. Dara Kerr, « YouTube Breaks Records with 4M Creative Commons Videos », CNET, 25 juillet 2012, <http://news.cnet.com/8301-1023_3-57480300-93/youtube-breaks-records-with-4m-creative-commons-videos> (consulté le 23 juin 2013).

24. « History », Creative Commons, art. cité.

25. « Personal Genome Project – Homepage », Personal Genome Project, 2013, <http://www.personalgenomes.org> (consulté le 23 juin 2013).

26. *Ibid.* ; David Ewing Duncan, « On a Mission to Sequence the Genomes of 100,000 People », *New York Times*, 7 juin 2010, <http://www.nytimes.com/2010/06/08/science/08church.html> (consulté le 13 novembre 2013).

27. « Sharing Policies », Personal Genome Project, 2013, < http://blog.

personalgenomes.org/2013/11/21/pgp-comments-on-genomic-data-sharing-policy/> (consulté le 2 juin 2014).

28. L. Lessig, « Getting Our Values around Copyright Rights », art. cité, p. 42.

29. James Boyle, « The Second Enclosure Movement and the Construction of the Public Domain », *Law and Contemporary Problems*, vol. 66, n° 33, 2003, p. 37.

30. *Ibid.*, p. 40.

31. *Ibid.*, p. 48.

32. Nicholas Polunin et Jacques Grinevald, « Vernadsky and Biosphere Ecology », *Environmental Conservation*, vol. 15, n° 2, été 1988, p. 117-122.

33. *Ibid.*

34. James E. Lovelock et Lynn Margulis, « Atmospheric Homeostasis By and For the Biosphere : The Gaia Hypothesis », *Tellus*, vol. 26, n° 1-2, 1974, p. 2-10.

35. Geoffrey Lean, « Focus : Trade Wars – The Hidden Tentacles of the World's Most Secret Body », *Independent*, 18 juillet 1999, <http://www.independent.co.uk/life-style/focus-trade-wars--the-hidden-tentacles-of-the-worlds-most-secret--body-1107215.html> (consulté le 1er juillet 2013).

36. Kim Murphy et Lynn Marshall, « WTO Protesters Return to Seattle without the Violence of Last Year », *Los Angeles Times*, 1er décembre 2000, <http://articles.latimes.com/2000/dec/01/news/mn-59763> (consulté le 22 octobre 2013).

37. Sonny Bono Copyright Term Extension Act, PL 105-298, 105e Congrès, 2e Session, 27 octobre 1998, <http://www.gpo.gov/fdsys/pkg/PLAW-105publ298/pdf/PLAW-105publ298.pdf> (consulté le 13 juin 2013).

38. Digital Millennium Copyright Act, PL 105-304, 105e Congrès, 2e Session, 28 octobre 1998, <http://www.gpo.gov/fdsys/pkg/PLAW-105publ304/pdf/PLAW-105publ304.pdf> (consulté le 13 juin 2013

39. Jay Walljasper, « From Middle East to Wall Street, Justice Depends on Public Spaces », *Commons Magazine*, 25 juin 2012, <http://onthecommons.org/magazine/middle-east-wall-street-justice-depends-public-spaces> (consulté le 7 novembre 2013).

40. *Ibid.*

41. Jonathan Rowe, « The Hidden Commons », *Yes! Magazine*, 30 juin 2001, <http://www.yesmagazine.org/issues/reclaiming-the-commons/the-hidden-commons> (consulté le 16 juin 2013).

42. Mike Bergan, « The American Commons », 10,000 Birds, 6 août 2007, <http://10000birds.com/the-american-commons.htm> (consulté le 2 juillet 2013).

43. Yochai Benkler, « Coase's Penguin, or, Linux and *The Nature of the Firm* », *Yale Law Journal*, vol. 112, n° 369, v. 04.3, août 2002, p. 1-2, <http://www.benkler.org/CoasesPenguin.PDF> (consulté le 26 juin 2013).

44. Peter Barnes, *Capitalism 3.0: A Guide to Reclaiming the Commons*, San Francisco, Berrett-Koehler Publishers, 2006, p. XIV.

NOTES DU CHAPITRE 12

1. Yochai Benkler, *La Richesse des réseaux : marchés et libertés à l'heure du partage social*, trad. fr. d'Anne Clerq-Roques, Martine Lahache, Béatrice Coing *et al.*, Lyon, Presses universitaires de Lyon, 2009, p. 574.

2. Brett M. Frischmann, « Cultural Environmentalism and *The Wealth of Networks* », *University of Chicago Law Review*, vol. 74, n° 1 083, 2001, p. 1 132.

3. *Ibid.*, p. 1 133.

4. « Internet Corporations for Assigned Names and Numbers: Board of Directors », ICANN, 2013, <http://www.icann.org/en/groups/board> (consulté le 13 juin 2013).

5. « Who Governs the Internet », Global Partners and Associates, p. 3, <http://www.gp-digital.org/wp-content/uploads/pubs/who-governs-internet_web2.pdf> (consulté le 2 juin 2014). Trad. fr. en ligne, <http://www.itu.int/wsis/docs2/pc3/html/off5/index-fr3.html>, p. 2, § 5.

6. *Ibid.* Trad. fr. en ligne, <http://www.itu.int/wsis/docs2/pc3/html/off5/index-fr3.html>, p. 3, § 10.

7. Chengetai Masango, « About the Internet Governance Forum », Internet Governance Forum, 17 octobre 2011, <http://www.intgovforum.org/cms/aboutigf> (consulté le 13 juin 2013).

8. « Who Governs the Internet », art. cité, p. 4. Trad. fr. en ligne, <http://www.itu.int/wsis/docs2/tunis/off/6rev1-fr.html>, art. 69.

9. *Ibid.*, p. 7.

10. *Ibid.*, p. 8. Trad. fr. en ligne, <daccess-dds-ny.un.org/doc/UNDOC/GEN/N11/496/57/PDF/N1149657.pdf?OpenElement>, p. 3.

11. Patricia O'Connell (éd.), « Online Extra : At SBC, It's All about "Scale and Scope" », *Bloomberg Businessweek*, 6 novembre 2005, <http://www.businessweek.com/stories/2005-11-06/online-extra-at-sbc-its-all-about-scale-and-scope>.

12. Kevin O'Brien, « Limiting Data Use in Germany », *New York Times*,

12 mai 2013, <http://www.nytimes.com/2013/05/13/technology/deutsche-telekom-data-use-and-net-neutrality.html>.

13. *Ibid.*

14. « Open Internet », Federal Communications Commission, <http://www.fcc.gov/openInternet#rules>.

15. Brett Frischmann, *Infrastructure: The Social Value of Shared Resources*, New York, Oxford University Press, 2013, p. 349.

16. Tim Berners-Lee, « Long Live the Web: A Call for Continued Open Standards and Neutrality », *Scientific American*, 22 novembre 2010, <http://www.scientificamerican.com/article.cfm?id=long-live-the-web&print=true>.

17. *Ibid.*

18. *Ibid.*

19. *Ibid.*

20. Matt Beswick, « Google Search Queries by the Numbers », *STAT*, 27 juillet 2012, <http://getstat.com/blog/google-search-queries-the-numbers>.

21. « Internet and Search Engine Usage by Country », Globalization Partners International, 2011, <http://ptgmedia.pearsoncmg.com/images/9780789747884/supplements/9780789747884_appC.pdf> (consulté le 13 juin 2013).

22. Glenn Chapman, « Google 2012 Revenue Hits $50 Billion, Profits Up », *Dawn*, 23 janvier 2013, <http://beta.dawn.com/news/780915/google-2012-revenue-hits-50-billion-profits-up>.

23. « Social Media Market Share », KarmaSnack, 2013, <http://www.karmasnack.com/about/social-media-market-share> (consulté le 14 juin 2013) ; « Number of Active Users at Facebook Over the Years », *Yahoo! News* (Associated Press), 1er mai 2013, <http://news.yahoo.com/number-active-users-facebook-over-230449748.html>.

24. Alexis C. Madrigal, « The Case for Facebook », *The Atlantic*, 29 mai 2012, <http://www.theatlantic.com/technology/archive/2012/05/the-case-for-facebook/257767>.

25. Robert Hof, « Poof! $1 Billion Slashed from 2012 Facebook Revenue Forecast », *Forbes*, 30 août 2012, <http://www.forbes.com/sites/roberthof/2012/08/30/poof-1-billion-slashed-from-2012-facebook-revenue-forecast>.

26. Lisa O'Carroll, « Twitter Active Users Pass 200 million », *The Guardian*, 18 décembre 2012, <http://www.guardian.co.uk/technology/2012/dec/18/twitter-users-pass-200-million>.

27. Jonathan Erlichman et Brian Womack, « Twitter Said to Expect $1 Billion in Ad Revenue in 2014 », *Bloomberg*, 2 juin 2012, <http://www.bloomberg.com/news/2012-06-01/twitter-said-to-expect-1-billion-in-sales-in-2014-on-ad-growth.html>.

28. Hal Singer, « Who Competes with Google Search ? Just Amazon, Apple, and Facebook », *Forbes*, 18 septembre 2012, <http://www.forbes.com/sites/halsinger/2012/09/18/who-competes-with-google-in-search-just-amazon-apple-and-facebook>.

29. « Inside Amazon », Amazon.com, <careers.amazon.in/InsideAmazon.html> (consulté le 28 juin 2013).

30. Justus Haucap et Ulrich Heimeshoff, « Google, Facebook, Amazon, eBay : Is the Internet Driving Competition or Market Monopolization ? », Dusseldorf Institute for Competition Economics, n° 83, janvier 2013.

31. Alex Wilhelm, « eBay Beats Expectations with Q4 Revenues of $3.99 Billion, EPS of $0.70 on Back of Strong PayPal Performance », *TNW*, 16 janvier 2013, <http://thenextweb.com/insider/2013/01/16/ebays-hitsmisses-with-q4-revenue-of-earnings-per-share-of>.

32. Paul Sawers, « Facebook Twitter, iTunes, and Google : The Rise of Digital Monopolies », *TNW*, 2 octobre 2011, <http://thenextweb.com/insider/2011/10/02/facebook-twitter-itunes-and-google-the-rise-of-digital-monopolies>.

33. Tim Wu, « In the Grip of the New Monopolists », *Wall Street Journal*, 13 novembre 2010, <http://online.wsj.com/article/SB10001424052748704635704575604993311538482.html>.

34. *Ibid.*

35. Lam Thuy Vo, « Another Ridiculous Number from the Patent Wars », *NPR Planet Money*, 27 avril 2012, <http://www.npr.org/blogs/money/2012/04/27/151357127/another-ridiculous-number-from-the-patent-wars>.

36. Angus Johnston, « Still More Questions about Why Wikileaks Hasn't Trended on Twitter », *Student Activism*, 5 décembre 2010, <http://studentactivism.net/2010/12/05/wikileaks-twitter-3>.

37. Tarleton Gillespie, « Can an Algorithm Be Wrong? Twitter Trends, the Specter of Censorship, and Our Faith in the Algorithms around Us », *Social Media Collective*, 19 octobre 2011, <http://socialmediacollective.org/2011/10/19/can-an-algorithm-be-wrong>.

38. *Ibid.*

39. Zeynep Tufekci, « Google Buzz: The Corporatization of Social Commons », *Technosociology*, 17 février 2010, <http://technosociology.org/?p=102>.

40. « From the New Deal to a New Century », Tennessee Valley Authority, <http://www.tva.com/abouttva/history.htm> (consulté le 14 juin 2013) ; Phillip F. Schewe, *The Grid*, Washington, D.C., Joseph Henry Press, 2007, p. 101.

41. Harold Hotelling, « The General Welfare in Relation to Problems of Taxation and of Railway and Utility Rates », *Econometrica*, vol. 6, n° 3, juillet 1938, p. 258.

42. *Ibid.*

43. *Ibid.*

44. *Ibid.*

45. *Ibid.*, p. 258-259.

46. R. H. Coase, « The Marginal Cost Controversy », *Economica*, vol. 13, n° 51, août 1946, p. 176 ; trad. fr. *in* Ronald Coase, *L'Entreprise, le Marché et le Droit*, trad. fr. de Boualem Aliouat, Paris, Éditions d'organisation, 2005, p. 106.

47. « Rural Electrification Administration », Next New Deal, 25 février 2011, <http://www.nextnewdeal.net/rural-electrification-administration>.

48. « Tennessee Valley Authority », United States History, <http://www.u-s-history.com/pages/h1653.html>.

49. « Vote for Republican Congressmen », *Chicago Tribune*, 4 novembre 1934, p. 46.

50. David E. Nye, *Electrifying America : Social Meanings of a New Technology, 1880-1940*, Cambridge, MA, MIT Press, 1991, p. 317.

51. *Ibid.*, p. 318.

52. *Ibid.*, p. 320.

53. *Ibid.*, p. 322.

54. Ronald C. Tobey, *Technology as Freedom: The New Deal and the Electrical Modernization of the American Home*, Berkeley, University of California Press, 1996, p. 6.

55. D. E. Nye, *Electrifying America*, *op. cit.*, p. 321.

56. « Path to Prosperity », SEIU, janvier 2009, p. 9-10, <http://www.seiu.org/images/pdfs/Path_to_Prosperity.pdf>.

57. « Rural Energy Savings Program: Frequently Asked Questions », *Assistant Democratic Leader*, <http://assistantdemocraticleader.house.gov/index.

cfm?a=Files.Serve&File_id=c77509d5-0838-4371-bc47-d7e20f509375> (consulté le 28 octobre 2013).

58. « Rural Electric », University of Wisconsin Center for Cooperatives, Research on the Economic Impact of Cooperatives, <http://reic.uwcc.wisc.edu/electric>.

59. « Co-op Facts & Figures », National Rural Electric Cooperative Association, 2013, <http://www.nreca.coop/about-electric-cooperatives/co-op-facts-figures>.

60. *Ibid.*

61. « Cooperative Principles and Values », International Cooperative Alliance, 2011, <http://www.cdi.coop/resource-center/about-co-ops/ica-principles> ; trad. fr., <http://www.cecop.coop/Qu-est-ce-qu-une-cooperative>.

62. *Ibid.*

63. « The Rochdale Principles », Rochdale Pioneers Museum, <http://www.rochdalepioneersmuseum.coop/about-us/the-rochdale-principles> ; trad. fr., <http://www.entreprises.coop/7-principes-cooperatifs/85-decouvrir-les-cooperatives/quest-ce-quune-cooperative/166.html>.

64. « Cooperative Facts and Figures », International Cooperative Alliance, <http://ica.coop/en/whats-co-op/co-operative-facts-figures> (consulté le 4 septembre 2013) ; « Cooperatives Around the World », 2012 International Year of Cooperatives, 2012, <http://usa2012.coop/about-co-ops/cooperatives-around-world> (consulté le 12 novembre 2013).

65. Paul Hazen, « Remarks of Paul Hazen – White House Meeting, June 2, 2011 », National Cooperative Business Association, 2 juin 2011, <http://www.american.coop/content/ncba-president-paul-hazen-makes-presentation-cooperatives-white-house-councils>.

66. Joan Sanstadt, « Cooperatives Have Important Worldwide Role », *Agri-View*, 11 octobre 2012, <http://www.agriview.com/news/regional/cooperatives-have-important-worldwide-role/article_09b0b020-13f1-11e2-ae03-001a4bcf887a.html>.

67. *Ibid.*

68. « Welcome to Land O'Lakes, Inc. », Land O'Lakes Inc., 2011, <http://www.landolakesinc.com/company/default.aspx> (consulté le 19 juin 2013) .

69. « Profiles of a Movement: Co-operative Housing around the World », CECODHAS Housing Europe, avril 2012, <http://www.housinginternational.coop/attachments/Profiles%20of%20a%20movement%20final%20web%20ISBN.pdf>.

70. « Housing Co-Operative: Some Comparative Statistics », dans la présentation powerpoint de David Rodgers, Northern Ireland Co-operative Forum, 9 mai 2012, <nicoop-forum.co.uk/?page_id=166>, /présentation <David-Rodgers-9th-May-20121.ppt>.

71. « Profiles of a Movement », art. cité.

72. *Ibid.*

73. Hans Groeneveld et August Sjauw-Koen-Fa, « Co-Operative Banks in the New Financial System », Rabobank Group, octobre 2009, <http://www.globalcube.net/clients/eacb/content/medias/publications/external_studies/cb_financial_system_Rabobank_2009.pdf>.

74. Giselle Weybrecht, « 2012 International Year of Cooperatives and Management Education – Introduction (part 1) », *Prime Time*, 27 novembre 2012, <http://primetime.unprme.org/2012/11/27/2012-international-year-of-cooperatives-and-management-education-introduction-part-1>.

75. « International Co-operatives », *Year Book Australia*, 2012, <http://www.abs.gov.au/ausstats/abs@.nsf/Lookup/by%20Subject/1301.0~2012~Main %20 Features~International %20co-operatives~291>.

76. « Statement for the Record of the House Financial Services Committee Hearing on Financial Literacy and Education: The Effectiveness of Governmental and Private Sector Initiatives », Credit Union National Association, 15 avril 2008, <http://ow.ly/mdE4I>.

77. Catherine New, « Credit Union Deposits Outpaced Banks since WaMu Failure, Study », *Huffington Post*, 2 août 2012, <http://www.huffingtonpost.com/2012/08/02/credit-union-deposits_n_1733448.html>.

78. « Credit Union Industry Assets Top $1 Trillion », National Credit Union Administration, mars 2012, <http://www.ncua.gov/News/Pages/NW20120601AssetsTrillion.aspx> (consulté le 13 novembre 2013).

79. Clare Taylor, « Renewable Energy Cooperatives: Power to the People », *The Energy Collective*, 15 février 2013, <http://theenergycollective.com/claretaylor/186416/power-people-growth-renewable-energy-cooperatives>.

80. Bernward Janzing, « Energy Cooperatives Are Booming in Germany », *DW*, 6 juillet 2012, <http://www.dw.de/energy-cooperatives-are-booming-in-germany/a-16076317>.

81. Jeevan Vasagar, « German Farmers Reap Benefits of Harvesting Renewable Energy », *Financial Times*, 2 décembre 2013, <http://www.ft.com/intl/cms/s/0/

f2bc3958-58f4-11e3-9798-00144feabdc0.html#axzz2nMj6ILk2> (consulté le 13 décembre 2013).

82. B. Janzing, « Energy Cooperatives Are Booming in Germany », art. cité.

83. « About Middelgrunden Wind Cooperative », Middelgrundens Vindmollelaug Windfarm, 2003, <http://www.middelgrunden.dk/middelgrunden/?q=en/node/35>.

84. Peter Jacob Jørgensen, « Samsø: A Renewable Energy Island », *PlanEnergi*, 2007, p. 7, 50, <http://sallan.org/pdf-docs/Samso.pdf>.

85. Tildy Bayar, « Community Wind Arrives Stateside », *Renewable Energy World*, 5 juillet 2012, <http://www.renewableenergyworld.com/rea/news/article/2012/07/community-wind-arrives-stateside>.

86. Megan McKoy, « Tackling Climate Change: Renewing Innovation », *Rural Missouri*, mai 2009, <http://www.ruralmissouri.org/NRECAClimateChange/ClimateChange11.html>.

87. Susan Kraemer, « Rural Electric Cooperative Completes $240 Million Wind Farm in 4 Months », *Clean Technica*, 1er janvier 2010, <http://cleantechnica.com/2010/01/01/rural-electric-cooperative-completes-240-million-wind-farm-in-4-months>.

88. *Ibid.*

89. « Electric Cooperatives and Renewable Energy: Our Commitment to America », National Rural Electric Cooperative Association, mars 2012, <http://www.spec.coop/media/docs/RenewableEnergyBrochure.pdf>.

90. Jakob Miller et Jens Rommel, « Is There a Future Role for Urban Electricity Cooperatives ? A Case of Greenpeace Energy », Université de Berlin, <http://academia.edu/603390/IS_THERE_A_FUTURE_ROLE_FOR_URBAN_ELECTRICITY_COOPERATIVES_THE_CASE_OF_GREENPEACE_ENERGY>.

91. « Facts at a Glance », Public Transportation Takes Us There, <http://www.publictransportation.org/news/facts/Pages/default.aspx>.

92. Benoit Montreuil, « Towards a Physical Internet: Meeting the Global Logistics Sustainability Grand Challenge », CIRRELT, janvier 2011, p. 2, <https ://www.cirrelt.ca/DocumentsTravail/CIRRELT-2011-03.pdf>.

93. « Potential for Energy Efficiency Improvement beyond the Light-Duty-Vehicle Sector », Office of Energy Efficiency and Renewable Energy, février 2013, <http://www.nrel.gov/docs/fy13osti/55637.pdf>, p. 12, 13.

94. « Manufacturing and Trade Inventories and Sales – April 2013 », *U.S.*

Census Bureau News, 13 juin 2013, <http://www.census.gov/mtis/www/data/pdf/mtis_current.pdf>.

95. B. Montreuil, « Towards a Physical Internet », art. cité, p. 5.

96. *Ibid.*, p. 2.

97. *Ibid.*

98. « Path to Prosperity », SEIU, art. cité, p. 4.

99. B. Montreuil, « Towards a Physical Internet », art. cité, p. 2-5.

100. *Ibid.*

101. *Ibid.*, p. 15.

102. Josie Garthwaite, « Smarter Trucking Saves Fuel over the Long Haul », *National Geographic*, 23 septembre 2011, <http://news.nationalgeographic.com/news/energy/2011/09/110923-fuel-economy-for-trucks>.

NOTES DU CHAPITRE 13

1. Amy Chozick, « As Young Lose Interest in Cars, G. M. Turns to MTV for Help », *New York Times*, 22 mars 2012, <http://www.nytimes.com/2012/03/23/business/media/to-draw-reluctant-young-buyers-gm-turns-to-mtv.html?pagewanted=all> (consulté le 29 mai 2013).

2. Stephanie Steinberg et Bill Vlasic, « Car-Sharing Services Grow, and Expand Options », *New York Times*, 25 janvier 2013, <http://www.nytimes.com/2013/01/26/business/car-sharing-services-grow-and-expand-options.html?_r=0> (consulté le 29 mai 2013).

3. « Growing Awareness of Peer-to-Peer Car Sharing Will Boost Car Sharing Rentals in Less Populated Areas in Europe, Says Frost & Sullivan », Frost & Sullivan, 22 août 2012, <http://www.frost.com> (consulté le 29 mai 2013) ; « Car Sharing – Driving the Way to a Greener Future, Says Frost & Sullivan », Frost & Sullivan, 18 février 2010, <http://www.frost.com/prod/servlet/press-release.pag?Src=RSS&docid=193331843> (consulté le 29 mai 2013) ; Danielle Sacks, « The Sharing Economy », *Fast Company*, mai 2011, <http://www.fastcompany com/1747551/sharing-economy> (consulté le 19 mars 2013).

4. Elliot Martin et Susan Shaheen, « The Impact of Carsharing on Household Vehicle Ownership », *ACCESS*, n° 38, printemps 2011, p. 24.

5. David Zhao, « Carsharing: A Sustainable and Innovative Personal Transport Solution with Great Potential and Huge Opportunities », Frost

& Sullivan, 28 janvier 2010, <https ://www.frost.com/sublib/display-market-insight.do?id=190795176> (consulté le 29 mai 2013).

6. Elliot Martin et Susan Shaheen, « The Impact of Carsharing on Public Transit and Non-Motorized Travel: An Exploration of North American Carsharing Survey Data », *Energies*, vol. 4, 2011, p. 2 094-2 114.

7. Susan A. Shaheen *et al.*, « Public Bikesharing in North America : Early Operator and User Understanding », Mineta Transportation Institute, juin 2012, p. 1.

8. Susan A. Shaheen *et al.*, « Bikesharing in Europe, the Americas, and Asia: Past, Present, and Future », *Transportation Research Record: Journal of the Transportation Research Board*, n° 2 143, octobre 2010, p. 159-167.

9. S. A. Shaheen *et al.*, « Public Bikesharing in North America », art. cité, p. 27.

10. *Ibid.*, p. 16.

11. Anita Hamilton, « Will Car-Sharing Networks Change the Way We Travel ? », *Time*, 7 février 2012, <http://www.time.com/time/specials/packages/article/0,28804,2094921_2094923_2106141,00.html> (consulté le 29 mai 2013).

12. Adam Cohen, Susan Shaheen et Ryan McKenzie, « Carsharing: A Guide for Local Planners », *PAS Memo*, 2008, <http://pubs.its.ucdavis.edu/download_pdf.php?id=1240> (consulté le 3 février 2014).

13. « Autolib' Brings Intelligent Car-Sharing to the Streets of Paris and Suburbs », Microsoft News Center, 12 février 2013, <http://www.microsoft.com/en-us/news/Features/2013/Feb13/02-12autolib.aspx> (consulté le 29 mai 2013).

14. David Zhao, « Carsharing: A Sustainable and Innovative Personal Transport Solution with Great Potential and Huge Opportunities », Frost and Sullivan, 28 janvier 2010, <http://www.frost.com/prod/servlet/market-insight-print.pag?docid=190795176> (consulté le 12 novembre 2013).

15. Jeff Cobb, « GM Partners on Ground Floor Opportunity with RelayRides Carsharing », GM-Volt.com, 10 octobre 2011, <http://gm-volt.com/2011/10/10/gm-partners-on-ground-floor-opportunity-with-relayrides-carsharing> (consulté le 29 mai 2013).

16. « GM Enters Carsharing Business ; Teams Up with RelayRides », GM News, 5 octobre 2011, <http://media.gm.com/media/us/en/gm/news.detail.html/content/Pages/news/us/en/2011/Oct/1005_relay.html> (consulté le 29 mai 2013).

17. Lawrence Burns, « A Vision of Our Transport Future », *Nature*, vol. 497, 9 mai 2013, p. 181-182.

18. *Ibid.*

19. Joann Muller, « With Driverless Cars, Once Again It Is California Leading the Way », *Forbes*, 26 septembre 2012, <http://www.forbes.com/sites/joannmuller/2012/09/26/with-driverless-cars-once-again-it-is-california-leading-the-way> (consulté le 2 juin 2013).

20. Chris Urmson, « The Self-Driving Car Logs More Miles on New Wheels », *Google Blog*, 7 août 2012, <http://googleblog.blogspot.com/2012/08/the-self-driving-car-logs-more-miles-on.html> (consulté le 2 juin 2013).

21. Mary Slosson, « Google Gets First Self-Driven Car License in Nevada », Reuters, 8 mai 2012, <http://www.reuters.com/article/2012/05/08/uk-usa-nevada-google-idUSLNE84701320120508> (consulté le 3 juin 2013).

22. Alex Hudson, « Will Driverless Cars Mean Computer Crashes ? », BBC News, 1er octobre 2012, <http://news.bbc.co.uk/2/hi/programmes/9755210.stm> (consulté le 2 juin 2013).

23. John Markoff, « Google Cars Drive Themselves, in Traffic », *New York Times*, 9 octobre 2010, <http://www.nytimes.com/2010/10/10/science/10google.html?pagewanted=all&_r=0> (consulté le 2 juin 2013).

24. « 2012 U.S. Automotive Emerging Technologies Study », J. D. Power and Associates, 26 avril 2012, <http://autos.jdpower.com/content/press-release/gGOwCnW/2012-u-s-automotive-emerging-technologies-study.htm> (consulté le 3 juin 2013).

25. Jack Ewing, « A Benz with a Virtual Chauffeur », *New York Times*, 16 mai 2013, <http://www.nytimes.com/2013/05/19/automobiles/a-benz-with-a-virtual-chauffeur.html?pagewanted=all&_r=0> (consulté le 28 mai 2013).

26. Emi Kolawole, « A Win For Google's Driverless Car: Calif. Governor Signs a Bill Regulating Autonomous Vehicles », *Washington Post*, 25 septembre 2012, <http://www.washingtonpost.com> (consulté le 2 juin 2013).

27. Jeremy Rifkin, *L'Âge de l'accès : la nouvelle culture du capitalisme*, trad. fr de Marc Saint-Upéry, Paris, La Découverte, 2005, p. 13 et 24.

28. Matthew Ruben, « Forgive Us Our Trespasses ? The Rise of Consumer Debt in Modern America », *ProQuest*, février 2009, <http://www.csa.com/discoveryguides/debt/review.php> (consulté le 3 février 2014).

29. Danielle Sacks, « The Sharing Economy », Fast Company, mai 2011, <http://www.fastcompany.com/1747551/sharing-economy> (consulté le 12 novembre 2013).

30. Rachel Botsman et Roo Rogers, *What's Mine Is Yours: The Rise of Collaborative Consumption*, New York, HarperCollins, 2010, p. xv-xvi.

31. Bruce Upbin, « Airbnb Could Have More Rooms than Hilton by 2012 », *Forbes*, 29 juin 2011, <http://www.forbes.com/sites/bruceupbin/2011/06/29/airbnb-could-have-more-rooms-than-hilton-by-2012> (consulté le 18 juin 2013).

32. « Airbnb at a Glance », <https ://www.airbnb.com/about> (consulté le 18 juin 2013).

33. « Airbnb Global Growth », <https ://www.airbnb.com/global-growth> (consulté le 18 juin 2013).

34. Andrew Cave, « Airbnb Plans to Be World's Largest Hotelier », *Telegraph*, 16 novembre 2013, <http://www.telegraph.co.uk/finance/newsbysector/retailandconsumer/leisure/10454879/Airbnb-plans-to-be-worlds-larget-hotelier.html> (consulté le 26 novembre 2013).

35. « Couchsurfing : Statistics », Couchsurfing, 2013, <https ://www.couchsurfing.org/statistics> (consulté le 19 juin 2013).

36. Cody Kittle, « Adventures in Couch Surfing: One Sojourner's Truth », *Time*, 15 février 2011, <http://www.time.com/time/printout/0,8816,2045092,00.html#> (consulté le 19 juin 2013).

37. « Couchsurfing : Share Your Life », Couchsurfing, 2013, <https ://www.couchsurfing.org/n/about> (consulté le 19 juin 2013).

38. C. Kittle, « Adventures in Couch Surfing », art. cité.

39. « Couchsurfing : Statistics », art. cité.

40. Katherine Boyle, « Why Buy that Dress, Movie, Car or Bike When You Can Rent? », *Washington Post*, 4 mars 2012, <http://articles.washingtonpost.com/2012-03-04/lifestyle/35449189_1_zipcar-rent-ties> (consulté le 15 juin 2013).

41. « History and Background », The Freecycle Network, <http://www.freecycle.org/about/background> (consulté le 27 juin 2013).

42. Sarah Perez, « Kids' Clothing Consignment Service ThredUP Prepares to Take on Threadflip, Poshmark & More with Move into Women's Apparel », TechCrunch, 20 février 2013, <http://techcrunch.com/2013/02/20/kids-clothing-consignment-service-thredup-prepares-to-take-on-threadflip-poshmark-more-with-move-into-womens-apparel> (consulté le 18 juin 2013).

43. « ThredUP Jobs with Part-Time, Telecommuting, or Flexible Working », FlexJobs, <http://www.flexjobs.com/jobs/telecommuting-jobs-at-thredup> (consulté le 18 juin 2013).

44. S. Perez, « Kids' Clothing Consignment Service thredUP… », art. cité.

45. Benny Evangelista, « S. F.'s Yerdle: Sharing Not Shopping », *San Francisco Chronicle*, 24 novembre 2012, <http://www.sfgate.com/technology/article/S-F-s-yerdle-sharing-not-shopping-4063638.php> (consulté le 18 juin 2013).

46. Neal Gorenflo, « How Big Retail Could Mainstream Collaborative Consumption Overnight », *Shareable*, 6 juin 2012, <http://www.shareable.net/blog/how-big-retail-could-mainstream-collaborative-consumption-overnight> (consulté le 19 juin 2013).

47. *Ibid.*

48. *Ibid.*

49. *Ibid.*

50. Alex Pasternack, « SharedEarth.com: A Landshare Grapevine Linking Gardeners with Gardens », TreeHugger, 29 avril 2010, <http://www.treehugger.com/green-food/sharedearthcom-a-landshare-grapevine-linking-gardeners-with-gardens.html> (consulté le 21 juin 2013).

51. *Ibid.*

52. *Ibid.*

53. Charlotte Howard, « The Temporary Calm », *The Economist*, 9 janvier 2013, <http://www.economist.com/blogs/democracyinamerica/2013/01/health-care-spending> (consulté le 18 juin 2013).

54. Sarah Arnquist, « Research Trove: Patients' Online Data », *New York Times*, 24 août 2009, <http://www.nytimes.com/2009/08/25/health/25web.html?pagewanted=all&_r=0> (consulté le 18 juin 2013).

55. Gilles J. Frydman, « Patient-Driven Research : Rich Opportunities and Real Risks », *Journal of Participatory Medicine*, n° 1, octobre 2009, <http://www.medscape.com/viewarticle/713872> (consulté le 19 juin 2013).

56. *Ibid.*

57. Bruce Upton, « PatientsLikeMe Is Building a Self-Learning Healthcare System », *Forbes*, 1er mars 2013, <http://www.forbes.com/sites/bruceupbin/2013/03/01/building-a-self-learning-healthcare-system-paul-wicks-of-patientslikeme> (consulté le 19 juin 2013) ; G. J. Frydman, « Patient-Driven Research », art. cité.

58. « PatientsLikeMe Social Network Refutes Published Clinical Trial », PatientsLikeMe, 25 avril 2011, <http://news.patientslikeme.com/press-release/patientslikeme-social-network-refutes-published-clinical-trial> (consulté le 20 juin 2013).

59. *Ibid.*

60. G. J. Frydman, « Patient-Driven Research », art. cité.

61. « Wikipedians », *Wikipedia*, <https ://en.wikipedia.org/wiki/Wikipedia :Wikipedians> (consulté le 18 juin 2013).

62. Dan Hoch et Tom Ferguson, « What I've Learned from E-Patients », *PLOS Medicine*, vol. 2, n° 8, 2005, <http://www.plosmedicine.org/article/info:doi/10.1371/journal.pmed.0020206> (consulté le 19 juin 2013).

63. *Ibid.*

64. *Ibid.*

65. « Vice President Biden Announces Availability of Nearly $1.2 Billion in Grants to Help Hospitals and Doctors Use Electronic Health Records », White House Statements and Releases, 20 août 2009, <http://www.whitehouse.gov/the-press-office/vice-president-biden-announces-availability-nearly-12-billion-grants-help-hospitals> (consulté le 20 juin 2013).

66. Tim Carmody, « Google and CDC Show U.S. Flu Epidemic among Worst in a Decade », *Verge*, 10 janvier 2013, <http://www.theverge.com/2013/1/10/3861538/google-cdc-show-us-flu-epidemic-among-worst-in-decade> (consulté le 19 juin 2013).

67. Brooke Jarvis, « Twitter Becomes a Tool for Tracking Flu Epidemics and Other Public Health Issues », *Washington Post*, 4 mars 2013, <http://articles.washingtonpost.com/2013-03-04/national/37429814_1_twitter-data-tweets-mark-dredze> (consulté le 19 juin 2013).

68. Claire Barrett, « One Day It Will Be Possible to 3-D-Print Human Heart », *Dezeen*, 19 mai 2013, <http://www.dezeen.com/2013/05/19/3d-printing-organs-medicine-print-shift> (consulté le 12 juillet 2013).

69. Scott Smith, « Coming Soon to a 3-D Printer near You: Human Tissue and Organs », *Quartz*, 30 avril 2013, <http://qz.com/78877/how-soon-will-we-be-able-to-3-d-print-entire-human-organs-sooner-than-you-think> (consulté le 11 juillet 2013).

70. Stuart Gray, « 3-D Printing Creates Synthetic "Tissue" », ABC Science, 5 avril 2013, <http://www.abc.net.au/science/articles/2013/04/05/3729985.htm> (consulté le 12 juillet 2013).

71. Laura Ungar, « Researchers Closing in on Printing 3-D Hearts », *USA Today*, 29 mai 2013, <http://www.usatoday.com/story/tech/2013/05/29/health-3d-printing-organ-transplant/2370079> (consulté le 11 juillet 2013).

72. Mikayla Callen, « Scientists Advance 3-D Printing toward Fabrication of Living Tissues and Functional Organs », *Objective Standard*, 9 mai 2013, <http://www.theobjectivestandard.com/blog/index.php/2013/05/scientists-advance-3d-printing-toward-fabrication-of-living-tissues-and-functional-organs> (consulté le 11 juillet 2013).

73. « The Text of President Bush's Address Tuesday Night, after Terrorist Attacks on New York and Washington », *CNN*, 11 septembre 2001, <edition.cnn.com/2001/US/09/11/bush.speech.text>.

74. « Magna Global Advertising Forecast 2013 », *Magna Global*, <http://news.magnaglobal.com/magna-global/press-releases/advertising-growth-2013.print>.

75. Katherine A. MacKinnon, « User Generated Content vs. Advertising: Do Consumers Trust the Word of Others over Advertisers ? », *Elon Journal of Undergraduate Research in Communications*, vol. 3, printemps 2012, p. 14.

76. Myles Anderson, « Study: 72 % of Consumers Trust Online Reviews as Much as Personal Recommendations », *Search Engine Land*, 12 mars 2012, <http://searchengineland.com/study-72-of-consumers-trust-online-reviews-as-much-as-personal-recommendations-114152>.

77. Kate Brown, « Review Websites: Is It a Genuine Review or Advertising in Disguise? », *Choice : The People's Watchdog*, 23 janvier 2013, <http://www.choice.com.au/reviews-and-tests/money/shopping-and-legal/shopping/review%20sites.aspx>.

78. K. A. MacKinnon, « User Generated Content vs. Advertising », art. cité.

79. M. Anderson, « Study : 72 % of Consumers Trust Online Reviews », art. cité.

80. « About », Consumr : The People's Product Guide, <http://www.consumr.com/about> (consulté le 4 novembre 2013) ; « GoodGuide Delivered to Your Phone », *GoodGuide*, 2011, <http://www.goodguide.com/about/mobile> (consulté le 19 juin 2013).

81. K. A. MacKinnon, « User Generated Content vs. Advertising », art. cité, p. 18.

82. Michael Learmonth, « As Fake Reviews Rise, Yelp, Others Crack Down on Fraudsters », *Advertising Age*, 30 octobre 2012, <http://adage.com/article/digital/fake-reviews-rise-yelp-crack-fraudsters/237486>.

83. « Craigslist Factsheet », *Craigslist*, mis à jour le 27 mars 2013, <http://www.craigslist.org/about/factsheet>.

84. Jeff Jarvis, « When Innovation Yields Efficiency », *BuzzMachine*, 12 juin 2009, <http://buzzmachine.com/2009/06/12/when-innovation-yields-efficiency>.

85. « Craigslist Factsheet », art. cité.

86. Saul J. Berman, Bill Battino, Louisa Shipnuck et Andreas Neus, « The End of Advertising as We Know It », IBM Global Business Services, 2007, p. 8, <http://www-05.ibm.com/de/media/downloads/end-of-advertising.pdf>.

87. Eric Clemons, « Why Advertising Is Failing on the Internet », *Tech Crunch*, 22 mars 2009, <http://techcrunch.com/2009/03/22/why-advertising-is-failing-on-the-internet>.

88. *Ibid.*

89. « The End of the Free Lunch – Again », *The Economist*, 19 mars 2009, <http://www.economist.com/node/13326158>.

90. « Magna Global Advertising Forecast 2013 » ; « IAB Internet Advertising Revenue Report – 2012 Full Year Results », PricewaterhouseCoopers, avril 2013, <http://www.iab.net/media/file/IAB_PWC_Internet_Advertising_Revenue_Report_FY_2012_Apr_16_2013.pdf>.

91. Ki Mae Heussner, « Internet Advertising Still a Growth Business, but Pace Slows », *Gigaom*, 11 octobre 2012, <http://gigaom.com/2012/10/11/internet-advertising-still-a-growth-business-but-pace-slows>.

92. Claire Cain Miller, « Google Grapples with Mobile », *International New York Times*, 19-20 octobre 2013, p. 14.

93. *Ibid.*

94. « National Study Quantifies the "Sharing Economy" Movement », *PRNewswire*, 8 février 2012, <http://www.prnewswire.com/news-releases/national-study-quantifies-the-sharing-economy-movement-138949069.html> (consulté le 19 mars 2013).

95. Neal Gorenflo, « The New Sharing Economy », *Shareable*, 24 décembre 2010, <http://www.shareable.net/blog/the-new-sharing-economy> (consulté le 19 mars 2013).

96. Bryan Walsh, « 10 Ideas that Will Change the World: Today's Smart Choice: Don't Own. Share », *Time*, 17 mars 2011, <http://www.time.com/time/specials/packages/article/0,28804,2059521_2059717,00.html> (consulté le 19 mars 2013).

97. Danielle Sacks, « The Sharing Economy », Fast Company, 18 avril 2011, <http://www.fastcompany.com/1747551/sharing-economy> (consulté le 19 mars 2013).

98. Bob Van Voris, « Apple Battles E-Books Pricing Claims in Antitrust Trial », *Bloomberg*, 3 juin 2012, <http://www.bloomberg.com/news/2013-06-03/apple-to-fight-e-books-pricing-claims-in-antitrust-trial.html> (consulté le 4 juin 2013).

99. Geert De Clercq, « Analysis: Renewables Turn Utilities into Dinosaurs of the Energy World », Reuters, 8 mars 2013, <http://www.reuters.com/article/2013/03/08/us-utilities-threat-idUSBRE92709E20130308> (consulté le 30 août 2013).

NOTES DU CHAPITRE 14

1. Matthew Ericson, Elaine He et Amy Schoenfeld, « Tracking the $700 Billion Bailout », *New York Times*, 19 juin 2009, <http://www.nytimes.com/packages/html/national/200904_CREDITCRISIS/recipients.html> (consulté le 29 mars 2013).

2. « Peer-to-Peer Lending : How Zopa Works », Zopa, <http://uk.zopa.com/about-zopa/peer-to-peer-lending> (consulté le 11 juin 2013).

3. David Bornstein, « Crowdfunding Clean Energy », *New York Times*, 6 mars 2013, <http://opinionator.blogs.nytimes.com/2013/03/06/crowd-funding-clean-energy> (consulté le 6 mars 2013).

4. « Amazon Payment Fees », <http://www.kickstarter.com/help/amazon> (consulté le 11 juin 2013) ; « What Is Kickstarter ? », Kickstarter, <http://www.kickstarter.com/hello?ref=nav> (consulté le 11 juin 2013).

5. « What Is Kickstarter ? », art. cité.

6 « Re-imagining U.S. Solar Financing », Bloomberg New Energy Finance (4 juin 2012), cité dans David Bornstein, « Crowdfunding Clean Energy », *New York Times*, Opinion Pages, 6 mars 2013, <http://opinionator.blogs.nytimes.com/2013/03/06/crowd-funding-clean-energy/? r=0> (consulté le 8 novembre 2013).

7. *Ibid.*

8. *Ibid.*

9. Geert De Clercq, « Analysis: Renewables Turn Utilities into Dinosaurs of the Energy World », Reuters, 8 mars 2013, <http://www.reuters.com/article/2013/03/08/us-utilities-threat-idUSBRE92709E20130308> (consulté le 8 mars 2013).

10. Deborah L. Jacobs, « The Trouble with Crowdfunding », *Forbes*, 17 avril 2013, <http://www.forbes.com/sites/deborahljacobs/2013/04/17/the-trouble-with-crowdfunding> (consulté le 18 avril 2013).

11. « Manipulating Peer2Peer Marketplaces: Controlling What You Aren't Supposed to Control », TaskUs, 1er novembre 2012, <https ://www.taskus.com/resource/manipulating-peer2peer-marketplaces-controlling-supposed-control/> (consulté le 8 juillet 2013).

12. Jenna Wortham, « Trading in Your Old Web Threads in the Web », *New York Times*, 9 octobre 2009, <http://bits.blogs.nytimes.com/2009/10/09/tradin-in-your-old-threads-on-the-web> (consulté le 28 mai 2013).

13. « FAQ », TrustCloud, <https ://trustcloud.com/faq> (consulté le 11 juin 2013).

14. Rachel Botsman et Roo Rogers, *What's Mine Is Yours : The Rise of Collaborative Consumption*, New York, HarperCollins, 2010, p. 179.

15. Cait Poynor Lamberton et Randall L. Rose, « When Is Ours Better than Mine ? A Framework for Understanding and Altering Participation in Commercial Sharing Systems », *Journal of Marketing*, vol. 76, n° 4, 1er juillet 2012, p. 109-125.

16. « Who is the FDIC ? », Federal Deposit Insurance Corporation, 18 janvier 2013, <http://fdic.gov/about/learn/symbol> (consulté le 27 juin 2013).

17. Ben Block, « Local Currencies Grow During Economic Recession », Worldwide Institute, 8 janvier 2009, <http://www.worldwatch.org/node/5978> (consulté le 4 juin 2013).

18. Edgar Cahn, « Time Banking: An Idea Whose Time Has Come ? », *Yes Magazine*, 17 novembre 2011, <http://www.yesmagazine.org/new-economy/time-banking-an-idea-whose-time-has-come> (consulté le 13 novembre 2013).

19. Eric Garland, « The Next Money: As the Big Economies Falter, Micro-currencies Rise », *Atlantic*, 16 mai 2012, <http://www.theatlantic.com/international/archive/2012/05/the-next-money-as-the-big-economies-falter-micro-currencies-rise/257216> (consulté le 4 juin 2013).

20. Anthony Migchels, « The Swiss WIR, or: How to Defeat the Money Power », Real Currencies, 19 avril 2012, <http://realcurrencies.wordpress.com/2012/04/19/the-swiss-wir-or-how-to-defeat-the-money-power> (consulté le 13 novembre 2013).

21. « U.S. Community Uses Local Currency to Weather Financial Storms », Voice of America, 6 novembre 2011, <http://www.voanews.com/content/us-community-uses-local-currency-to-weather-financial-storms-133374073/163272.html> (consulté le 4 juin 2013).

22. Douglas Rushkoff, « Life Dollars: Finding Currency in Community », *Futurist*, septembre-octobre 2010, <http://www.wfs.org/content/life-dollars-finding-currency-community> (consulté le 5 juin 2013).

23. « U.S. Community Uses Local Currency to Weather Financial Storms », VOA-video, 2:31, 7 novembre 2011, <http://www.youtube.com/watch?v=KRID85f-dmQ> (consulté le 4 juin 2013).

24. Helena Smith, « Euros Discarded as Impoverished Greeks Resort to Bartering », *The Guardian*, 2 janvier 2013, <http://www.guardian.co.uk/world/2013/jan/02/euro-greece-barter-poverty-crisis> (consulté le 3 janvier 2013) ; Ariana Eunjung Cha, « Spain's Crisis Spawns Alternative Economy that Doesn't Rely on the Euro », *The Guardian*, 4 septembre 2012, <http://www.guardian.co.uk/world/2012/sep/04/spain-euro-free-economy> (consulté le 4 juin 2013).

25. Saabira Chaudhuri, « Bitcoin Price Hits New Record High », *Wall Street Journal*, 13 novembre 2013, <http://online.wsj.com/news/articles/SB10001424052702303789604579195773841529160> (consulté le 13 novembre 2013).

26. E. Garland, « The Next Money », art. cité.

27. *Ibid.*

28. Judith D. Schwartz, « Alternative Currencies Grow in Popularity », *Time*, 14 décembre 2008, <http://www.time.com/time/business/article/0,8599,1865467,00.html> (consulté le 5 juin 2013).

29. Hugo Martin, « Outdoor Retailer Patagonia Puts Environment Ahead of Sales Growth », *Los Angeles Times*, 24 mai 2012, <http://articles.latimes.com/2012/may/24/business/la-fi-patagonia-20120525> (consulté le 27 février 2013).

30. « What are B Corps ? – Legislation », B Corporation, 18 avril 2013, <http://www.bcorporation.net/what-are-b-corps/legislation> (consulté le 18 avril 2013).

31. John Elkington, « From the Triple Bottom Line to Zero », JohnElkington.com, <http://www.johnelkington.com/activities/ideas.asp> (consulté le 4 mars 2013).

32. Eleanor Shaw et Sara Carter, « Social Entrepreneurship: Theoretical Antecedents and Empirical Analysis of Entrepreneurial Processes and Outcomes », *Journal of Small Business and Enterprise Development*, vol. 14, n° 3, 2007, p. 418-434, <http://www.emeraldinsight.com/journals.htm?articleid=1621426&show=abstract> (consulté le 3 mai 2013).

33. « Capital Markets with a Conscience », *The Economist*, 1er septembre 2009, <http://www.economist.com/node/14347606> (consulté le 3 mai 2013).

34. « L3Cs – A Hybrid Low Profit Business Entity », Nolo, s.v., <http://www.nolo.com/legal-encyclopedia/l3cs-a-hybrid-low-profit-business-entity.html> (consulté le 3 mai 2013).

35. « Elective Curriculum: Course Descriptions », Harvard Business School, <http://www.hbs.edu/coursecatalog> ; « Introduction to Social Entrepreneurship », Harvard Law School, <http://www.law.harvard.edu/academics/curriculum/catalog/index.html?o=64904> (consulté le 14 novembre 2013).

36. Kate Koch, « The Business of Changing the World », *Harvard Gazette*, 27 février 2012, <http://news.harvard.edu/gazette/story/2012/02/the-business-of-world-changing> (consulté le 3 mai 2013).

37. « Ashoka: Frequently Asked Questions », Ashoka, <https ://www.ashoka.org/facts> (consulté le 3 mai 2013) ; « Ashoka : About Us », Ashoka, <https ://www.ashoka.org/about> (consulté le 13 novembre 2013).

38. « Skoll Foundation: About », Skoll Foundation, <www.skollfoundation.org/about> (consulté le 3 mai 2013).

39. Ben Thornley, « The Facts on U.S. Social Enterprise », *Huffington Post*, 8 novembre 2012, <http://www.huffingtonpost.com/ben-thornley/social-enterprise_b_2090144.html> (consulté le 4 mai 2013).

40. Mark Gould, « Taking Social Enterprise to New Heights », *The Guardian*, 26 janvier 2010, <http://www.guardian.co.uk/society/2010/jan/27/peter-holbrook-social-enterprise-coalition> (consulté le 4 mai 2013).

41. Jo Barraket, Nick Collyer, Matt O'Connor et Heather Anderson, « Finding Australia's Social Enterprise Sector: Final Report », FASES, juin 2010, <http://www.socialtraders.com.au/finding-australias-social-enterprise-sector-fases-final-report> (consulté le 4 mai 2013).

42. Lester Salamon, « Putting the Civil Society Sector on the Economic Map of the World », *Annals of Public and Cooperative Economics*, vol. 81, n° 2, juin 2010, p. 187-188, <http://ccss.jhu.edu/wp-content/uploads/downloads/2011/10/Annals-June-2010.pdf> (consulté le 3 mai 2013).

43. *Ibid.*

NOTES DU CHAPITRE 15

1. Catherine Brahic, « Americans Must Diet to Save Their Economy », *ABC News*, 25 juillet 2008, <http://abcnews.go.com/Technology/story?id=5443470&page=1#.Ua3tYkDqkb0> (consulté le 3 juin 2013).

2. « Preventing Micronutrient Malnutrition: A Guide to Food-based Approaches », FAO, 1997, <http://www.fao.org/docrep/x0245e/x0245e01.htm> (consulté le 13 novembre 2013).

3. « How to Feed the World in 2050 », U. N. Food and Agriculture Organization, juin 2009, p. 2, <ftp://ftp.fao.org/docrep/fao/012/ak542e/ak542e00.pdf> (consulté le 14 juin 2013).

4. C. Brahic, « Americans Must Diet to Save Their Economy », art. cité.

5. Paul R. Ehrlich et Anne H. Ehrlich, « Can a Collapse of Global Civilization Be Avoided ? », *Proceedings of the Royal Society B : Biological Sciences*, vol. 280, 2013, p. 2, <http://rspb.royalsocietypublishing.org/content/280/1754/20122845.full.pdf+html> (consulté le 8 février 2013) ; Monique Gruten *et al.*, « Living Planet Report 2012 : Biodiversity, Biocapacity, and Better Choices », World Wildlife Fund, 2012, p. 6, <http://awsassets.panda.org/downloads/1_lpr_2012_online_full_size_single_pages_final_120516.pdf> (consulté le 17 janvier 2013).

6. Pyarelal, *Mahatma Gandhi*, t. X, *The Last Phase*, partie 2, Ahmedabad, Inde, Navajivan, 1956, p. 552.

7. « Ecological Footprint Accounting and Methodology », Global Footprint Network, <http://www.footprintnetwork.org/images/uploads/Part_III_Technical_Document.pdf> (consulté le 10 juin 2013).

8. Michael Borucke *et al.*, « National Footprints Accounts, 2011 Edition », Global Footprint Network, 2011, p. 5, <http://www.footprintnetwork.org/images/uploads/NFA_2011_Edition.pdf> (consulté le 10 juin 2013) ; Tim Radford, « How Many People Can the Earth Support ? », *The Guardian*, 11 novembre 2004, <http://www.guardian.co.uk/science/2004/nov/11/thisweeksciencequestions1> (consulté le 4 juin 2013).

9. Brad Ewing, David Moore, Steven Goldfinger, Anna Oursler, Anders Reed et Mathis Wackernagel, « Ecological Footprint Atlas 2010 », Global Footprint Network, 13 octobre 2010, <http://www.footprintnetwork.org/en/index.php/GFN/page/ecological_footprint_atlas_2010> (consulté le 10 juin 2013).

10. Lester R. Brown, « Improving Food Security by Strategically Reducing

Grain Demand », Earth Policy Institute, 9 novembre 2010, <http://www.earth-policy.org/book_bytes/2010/pb4ch09_ss6> (consulté le 19 juin 2013) ; Mary Vanderkooi, M. D., *Village Medical Manual: A Layman's Guide to Healthcare in Developing Countries*, t. I, Pasadena, CA, William Carey Library, 2000, p. 39.

11. Anup Shah, « Poverty Facts and Stats », *Global Issues*, 7 janvier 2013, <http://www.globalissues.org/article/26/poverty-facts-and-stats> (consulté le 23 janvier 2013).

12. Tim Kasser, *The High Price of Materialism*, Chester, NJ, Bradford Book, 2002, p. 5, 14.

13. Alison Grant, « Money = Happiness ? That's Rich », *Sun Herald*, 8 janvier 2005, <http://www.unlimitedloveinstitute.org/news/pdf/money_and_happiness.pdf> (consulté le 21 mars 2013).

14. Richard Layard, *Le Prix du bonheur : leçons d'une science nouvelle*, trad. fr. de Christophe Jaquet, Paris, A. Colin, 2007, p. 44.

15. Peter A. Corning, « The Fair Society: It's Time to Re-Write the Social Contract », *Seattle Journal for Social Justice*, vol. 11, n° 1, juillet 2012, p. 205, <http://digitalcommons.law.seattleu.edu/sjsj/vol11/iss1/17> (consulté le 4 mai 2013).

16. Robert D. Putnam, *Bowling Alone: The Collapse and Revival of American Community*, New York, Simon and Schuster, 2001, p. 140.

17. William James, *The Principles of Psychology*, t. I, New York, Henry Holt, 1890, p. 291, 327.

18. Juliet B. Schor, *Born to Buy: The Commercialized Child and the New Consumer Culture*, New York, Scribner, 2004, p. 31.

19. *Ibid.*, p. 37.

20. Diane Swanbrow, « Empathy: College Students Don't Have as Much as They Used To », University of Michigan News Service, 27 mai 2010, <http://ns.umich.edu/new/releases/7724> (consulté le 2 avril 2013).

21. D. Swanbrow, « Empathy », art. cité ; Sara H. Konrath, Edward H. O'Brien et Courtney Hsing, « Changes in Dispositional Empathy in American College Students over Time: A Meta-Analysis », *Personality and Social Psychology Review*, vol. 5, n° 2, 2011, p. 180-181, <http://www.sitemaker.umich.edu/eob/files/konrathetal2011.pdf> (consulté le 2 avril 2013).

22. Morley Winograd et Michael D. Hais, *Millenial Makeover: MySpace, YouTube, and the Future of American Politics*, Piscataway, NJ, Rutgers University Press, 2008, p. 5.

23. Kelsey Sheehy, « 10 Colleges Where the Most Students Study Abroad », *U.S. News and World Report*, 26 février 2013, <http://www.usnews.com/education/best-colleges/the-short-list-college/articles/2013/02/26/10-colleges-where-the-most-students-study-abroad> (consulté le 26 février 2013) ; Judi Lerman *et al.*, « Millennials' Attitudes toward Immigrants and Immigration Policies », *The Opportunity Agenda*, 2011, p. 13-14, <http://opportunityagenda.org/millennials_attitudes_immigrants> (consulté le 14 mars 2013).

24. Emily Esfahani Smith et Jennifer L. Aaker, « Millenial Searchers », *New York Times*, 1er décembre 2013.

25. *Ibid.*

26. *Ibid.*

27. Kennon M. Sheldon et Holly A. McGregor, « Extrinsic Value Orientation and the Tragedy of the Commons », *Journal of Personality*, vol. 68, n° 2, 2000, p. 383-411, <http://web.missouri.edu/~sheldonk/pdfarticles/JP00trag.pdf> (consulté le 16 juin 2013).

28. David Madland et Ruy Teixeira, « New Progressive America: The Millennial Generation », Center for American Progress, 13 mai 2009, <http://www.americanprogress.org/issues/progressive-movement/report/2009/05/13/6133/new-progressive-america-the-millennial-generation > (consulté le 14 mars 2013).

29. *Ibid.*

30. Ronald Lee, « The Demographic Transition: Three Centuries of Fundamental Change », *Journal of Economic Perspectives*, vol. 17, n° 4, automne 2003, p. 167-190.

31. « Kandeh K. Yumkella and Jeremy Rifkin Speaking about the Third Industrial Revolution », vidéo de l'Onudi, 3:27, 29 novembre 2011, <http://www.youtube.com/watch?v=wJYuMTKG8bc> (consulté le 6 juin 2013).

32. Geoffrey Mohan, « Carbon Dioxide Levels in Atmosphere Pass 400 Milestone, Again », *Los Angeles Times*, 20 mai 2013, <http://www.latimes.com/news/science/sciencenow/la-sci-sn-carbon-dioxide-400-20130520,0,7130588.story> (consulté le 21 mai 2013) ; « How Are Humans Responsible for Global Warming ? », Environmental Defense Fund, 2013, <http://www.edf.org/climate/human-activity-causes-warming> (consulté le 21 mai 2013).

33. « Climate Change Indicators in the United States: Atmospheric Concentrations of Greenhouse Gases », U.S. Environmental Protection Agency, 13 juin 2013,

<http://www.epa.gov/climatechange/science/indicators/ghg/ghg-concentrations.html> (consulté le 27 juin 2013).

34. Susan Joy Hassol, « Emissions Reductions Needed to Stabilize Climate », *Climate Communication*, 2011, p. 1 et 4, <http://www.climatecommunication.org/wp-content/uploads/2011/08/presidentialaction.pdf> (consulté le 28 juin 2013).

35. *Ibid.*, p. 2.

36. Kevin E. Trenberth, « Changes in Precipitation with Climate Change », *Climate Research*, vol. 47, mars 2011, p. 123, <http://nldr.library.ucar.edu/repository/assets/osgc/OSGC-000-000-000-596.pdf> (consulté le 27 juin 2013).

37. Julia Whitty, « Gone : Mass Extinction and the Hazards of Earth's Vanishing Biodiversity », *Mother Jones*, mai/juin 2007, <http://www.motherjones.com/environment/2007/05/gone> (consulté le 3 mai 2013).

38. James Hansen *et al.*, « Target Atmospheric CO2 : Where Should Humanity Aim ? », *Open Atmospheric Science Journal*, vol. 2, 2008, p. 217, <http://pubs.giss.nasa.gov/docs/2008/2008_Hansen_etal_1.pdf> (consulté le 25 juin 2013).

39. Bruce Campbell, « Serious About Climate Change? Talk About Agriculture », CNN, 21 novembre 2013, <http://globalpublicsquare.blogs.cnn.com/2013/11/21/serious-about-climate-change-talk-about-agriculture> (consulté le 25 novembre 2013).

40. Erica Rex, « Catastrophic European Floods Raise Climate Concerns », *Environment & Energy Publishing*, 10 juin 2013, <http://www.eenews.net/stories/1059982544> (consulté le 11 juin 2013).

41. Laura Stevens, « Flooded Europe Towns Brace for New Recovery », *Wall Street Journal*, 9 juin 2013, <http://online.wsj.com/article/SB10001424127887324904004578535492504355754.html> (consulté le 11 juin 2013).

42. E. Rex, « Catastrophic European Floods Raise Climate Concerns », art. cité.

43. Gary Paul Nabham, « Our Coming Food Crisis », *New York Times*, 21 juillet 2013, <http://www.nytimes.com/2013/07/22/opinion/our-coming-food-crisis.html?_r=0> (consulté le 25 novembre 2013).

44. Brad Plumer, « What We Know About Climate Change and Drought », *Washington Post*, 24 juillet 2012, <http://www.washingtonpost.com/blogs/wonkblog/wp/2012/07/24/what-we-know-about-climate-change-and-drought> (consulté le 25 novembre 2013).

45. Justin Sheffield, Julio E. Herrera-Estrada, Kelly Caylor et Eric F. Wood, « Drought, Climate Change and Potential Agricultural Productivity », NASA, <http://www.nasa.gov/pdf/607932main_sheffield_et_al_drought_press_conf.pdf> (consulté le 25 novembre 2013).

46. « Impact of Climate Change on Agriculture – Fact Sheet on Asia », International Food Policy Research Institute, 2009, <http://www.ifpri.org/publication/impact-climate-change-agriculture-factsheet-asia> (consulté le 27 février 2013) ; Lenny Bernstein, Peter Bosch, Osvaldo Canziani *et al.*, « Changements climatiques 2007 : Rapport de synthèse », Groupe d'experts intergouvernemental sur l'évolution du climat, 12 novembre 2007, p. 20-21, <http://www.ipcc.ch/pdf/assessment-report/ar4/syr/ar4_syr_fr.pdf> (consulté le 3 mars 2013).

47. « Impact of Climate Change on Agriculture – Fact Sheet on Sub-Saharan Africa », International Food Policy Research Institute, 2009, <http://www.ifpri.org/publication/impact-climate-change-agriculture-factsheet-sub-saharan-africa> (consulté le 27 février 2013).

48. « Impact of Climate Change on Agriculture – Fact Sheet on Middle East and North Africa », International Food Policy Research Institute, 2009, <http://www.ifpri.org/publication/impact-climate-change-agriculture-factsheet-middle-east-and-north-africa> (consulté le 27 février 2013).

49. « Impact of Climate Change on Agriculture – Fact Sheet on Latin America and the Caribbean », International Food Policy Research Institute, 2009, <http://www.ifpri.org/publication/impact-climate-change-agriculture-factsheet-latin-america-and-caribbean> (consulté le 27 février 2013).

50. Wolfram Schlenker et Michael J. Roberts, « Nonlinear Temperature Effects Indicate Severe Damages to U.S. Crop Yields Under Climate Change », *Proceedings of the National Academy of Sciences of the United States of America*, vol. 106, n° 37, 15 septembre 2009, <http://www.ncbi.nlm.nih.gov/pmc/articles/PMC2747166> (consulté le 22 juillet 2013).

51. Andy Newman, « Hurricane Sandy vs. Hurricane Katrina », *New York Times*, 27 novembre 2012, <http://cityroom.blogs.nytimes.com/2012/11/27/hurricane-sandy-vs-hurricane-katrina> (consulté le 11 juin 2013).

52. *Ibid.*

53. « Status of the Nuclear Reactors at the Fukushima Daiichi Power Plant », *New York Times*, 29 avril 2011, <http://www.nytimes.com/interactive/2011/03/16/world/asia/reactors-status.html> (consulté le 22 juin 2013) ; Mitsuru Obe, « Japan

Finds Radiation Spread over a Wide Area», *Wall Street Journal*, 31 août 2011, <http://online.wsj.com/article/SB10001424053111904332804576540131142824362.html> (consulté le 22 juin 2013).

54. «Transport, Infrastructure, and Building Russia: Vulnerabilities – Pipelines», Centre for Climate Adaptation, <http://www.climateadaptation.eu/russia/transport-infrastructure-and-building> (consulté le 23 mai 2013).

55. Dirk Rubbelke et Stefan Vogele, «Impacts of Climate Change on European Critical Infrastructures: The Case of the Power Sector», *Environmental Science and Policy*, vol. 14, n° 1, 2011; Anita Elash, «Heat Spells Trouble for France's Nuclear Reactors», *NPR*, 21 août 2007, <http://www.npr.org/templates/story/story.php?storyId=13818689> (consulté le 2 février 2013).

56. «Six Sources of Energy – One Energy System», Vattenfall, 2013, <http://www.vattenfall.com/en/file/Nuclear_power-ENG.pdf_16469558.pdf> (consulté le 14 novembre 2013).

57. «New York Subway Repairs Border 'on the Edge of Magic' », *New York Times*, 8 novembre 2012, <http://www.nytimes.com/2012/11/09/nyregion/new-york-subways-find-magic-in-speedy-hurricane-recovery.html?pagewanted=all> (consulté le 11 juin 2013).

58. «Infrastructure, Engineering and Climate Change Adaptation – ensuring services in an uncertain future», Engineering the Future, Londres, Royal Academy of Engineering, 2011, p. 21, <https ://www.gov.uk/government/publications/infrastructure-engineering-and-climate-change-adaptation-ensuring-services-in-an-uncertain-future> (consulté le 27 juin 2013).

59. James Neumann, «Adaptation to Climate Change: Revisiting Infrastructure Norms», Resources for the Future Issue Brief 09-15, décembre 2009, p. 4, <http://www.rff.org/RFF/Documents/RFF-IB-09-15.pdf> (consulté le 14 novembre 2013).

60. Choe Sang-Hun, «Computer Networks in South Korea Are Paralyzed in Cyberattacks», *New York Times*, 20 mars 2013, <http://www.nytimes.com/2013/03/21/world/asia/south-korea-computer-network-crashes.html> (consulté le 21 mars 2013); Siobhan Gorman, «Electricity Grid in U.S. Penetrated by Spies», *Wall Street Journal*, 8 avril 2009, <http://online.wsj.com/article/SB123914805204099085.html> (consulté le 21 mars 2013).

61. James A. Lewis, «Assessing the Risks of Cyber Terrorism, Cyber War, and Other Cyber Threats», Center for Strategic and International Studies, 2002,

p. 1, <http://csis.org/files/media/csis/pubs/021101_risks_of_cyberterror.pdf> (consulté le 15 juin 2013).

62. Nicole Perlroth et David E. Sanger, « Cyberattacks Seem Meant to Destroy, Not Just Disrupt », *New York Times*, 28 mars 2013, <http://www.nytimes.com/2013/03/29/technology/corporate-cyberattackers-possibly-state-backed-now-seek-to-destroy-data.html?pagewanted=all&_r=0> (consulté le 29 mars 2013).

63. Jamie Miyazaki, « Power Up on Smart Grid Cyber Security », *Wall Street Journal*, 25 février 2010, <http://blogs.wsj.com/source/2010/02/25/power-up-on-smart-grid-cyber-security> (consulté le 16 juillet 2013) ; « Global Cybersecurity Market to Reach $61 Billion This Year », *Infosecurity*, 30 janvier 2012, <http://www.infosecurity-magazine.com/view/23548> (consulté le 16 juillet 2013).

64. « Report of the Commission to Assess the Threat to the United States from Electromagnetic Pulse (EMP) Attack », EMP Commission, avril 2008, p. VII, <http://www.empcommission.org/docs/A2473-EMP_Commission-7MB.pdf> (consulté le 3 février 2014).

65. *Ibid.*

66. Stew Magnuson, « Feds Fear Coordinated Physical, Cyber-Attacks on Electrical Grids », *National Defense*, septembre 2012, <http://www.nationaldefensemagazine.org/archive/2012/september/Pages/FedsFearCoordinatedPhysical,Cyber-AttacksonElectricalGrids.aspx> (consulté le 16 juillet 2013).

67. « Cybersecurity », *Congressional Record*, vol. 158, n° 103, 11 juillet 2012, p. 7, <http://www.fas.org/irp/congress/2012_cr/whitehouse-cyber2.html> (consulté le 16 juillet 2013).

68. Matthew L. Wald, « A Drill to Replace Crucial Transformers (Not the Hollywood Kind) », *New York Times*, 14 mars 2012, <http://www.nytimes.com/2012/03/15/business/energy-environment/electric-industry-runs-transformer-replacement-test.html> (consulté le 16 juillet 2013).

69. Matthew L. Wald, « Terrorist Attack on Power Grid Could Cause Broad Hardship, Report Says », *New York Times*, 14 novembre 2012, <http://www.nytimes.com/2012/11/15/science/earth/electric-industry-is-urged-to-gird-against-terrorist-attacks.html?_r=0> (consulté le 16 juillet 2013).

70. April Mara Major, « Norm Origin and Development in Cyberspace: Models of Cybernorm Evolution », *Washington University Law Review*, vol. 78, n° 1, 2000, p. 78-79 ; « Paul Baran and the Origins of the Internet », RAND

Corporation, 2013, <http://www.rand.org/about/history/baran.html> (consulté le 14 novembre 2013).

71. Diane Cardwell, « Solar Companies Seek Ways to Build an Oasis of Electricity », *New York Times*, 19 novembre 2012, <http://www.nytimes.com/2012/11/20/business/energy-environment/solar-power-as-solution-for-storm-darkened-homes.html> (consulté le 2 février 2013).

72. « SPIDERS Microgrid Project Secures Military Installations », Sandia National Laboratories, 22 février 2012, <https ://share.sandia.gov/news/resources/news_releases/spiders> (consulté le 29 mai 2013).

NOTES DU CHAPITRE 16

1. Robin Dunbar, *Grooming, Gossip, and the Evolution of Language*, Cambridge, MA, Harvard University Press, 1998, p. 70.

2. Roger B. Beck *et al.*, *World History : Patterns of Interaction*, Boston, MA, McDougal Littell, 2006, p. 27, <http://www.ltisdschools.org/cms/lib/TX21000349/Centricity/Domain/287/Chapter2.pdf> (consulté le 6 novembre 2013).

3. Georg Wilhelm Friedrich Hegel, *Leçons sur la philosophie de l'histoire*, trad. fr. de J. Gibelin remaniée par Étienne Gilson, Paris, Vrin, 1987 p. 33.

NOTES DE LA POSTFACE

1. Adam Smith, *Recherche sur la nature et les causes de la richesse des nations*, 2 vol., trad. fr. de Germain Garnier revue par Adolphe Blanqui, Paris, Flammarion, coll. « GF », 1991, t. II, p. 42-43.

2. Toby Elwin, « The Cost of Culture, a 50 % Turnover of the Fortune 500 », Toby Elwin, 4 février 2010, <http://www.tobyelwin.com/the-cost-of-culture-a-50-turnover-of-the-fortune-500> (consulté le 6 novembre 2013).

Table

TROISIÈME PARTIE
L'essor des communaux collaboratifs

QUATRIÈME PARTIE
Le capital social et l'économie du partage

CINQUIÈME PARTIE
L'économie de l'abondance

BABEL

Extrait du catalogue

1303. BILL CLEGG
Portrait d'un fumeur de crack en jeune homme

1304. JEAN-PAUL FITOUSSI
Le Théorème du lampadaire

1305. LES ÉCONOMISTES ATTERRÉS
Changer l'Europe !

1306. MARIE-SABINE ROGER
Bon rétablissement

1307. PIERRE LOTI
Les Désenchantées

1308. ALAIN QUELLA-VILLÉGER
Évadées du harem

1309. CLAUDIA PIÑEIRO
Bétibou

1310. JESPER MALMOSE
Borgen

1311. FRANS DE WAAL
Le Bonobo, Dieu et nous

1312. ROLAND GORI
La Fabrique des imposteurs

1313. JOËL POMMERAT
Pinocchio

1314. MILTON HATOUM
Deux frères

1315. CLAUDIE GALLAY
L'amour est une île

1316. NANCY HUSTON
Danse noire

1317. RAPHAËL JERUSALMY
La Confrérie des chasseurs de livres

1318. PASCAL MORIN
Comment trouver l'amour à cinquante ans quand on est parisienne (et autres questions capitales)

1319. LOLA LAFON
La Petite Communiste qui ne souriait jamais

1320. E. L. DOCTOROW
Homer & Langley

1321. CHI LI
Les Sentinelles des blés

1322. EDWARD KELSEY MOORE
Les Suprêmes

1323. OLIVIER BARDE-CABUÇON
Les Adieux à l'Empire

1324. FRÉDÉRIQUE DEGHELT
Les Brumes de l'apparence

1325. W. R. BURNETT
Terreur apache

1326. PETER HELLER
La Constellation du Chien

1327. JAMES S. A. COREY
L'Éveil du Léviathan

1328. JEANNE BENAMEUR
Pas assez pour faire une femme

1329. SYLVAIN PATTIEU
Des impatientes

1330. ÉRIC VUILLARD
Conquistadors

1331. MATHIEU LARNAUDIE
Strangulation

1332. LOÏC MERLE
L'Esprit de l'ivresse

1333. CLARO
Tous les diamants du ciel

1334. ANNE-MARIE GARAT
Amours de loin

1335. NATHALIE DÉMOULIN
La Grande Bleue

1336. OLIVER ROHE
Ma dernière création est un piège à taupes

1337. DAVID GILBERT
Les Normaux

1338. JAVIER CERCAS
Les Lois de la frontière

1339. JAN GUILLOU
Les Dandys de Manningham

1340. YÔKO OGAWA
Le Petit Joueur d'échecs

1341. JEAN CLAUDE AMEISEN
Sur les épaules de Darwin. Je t'offrirai des spectacles admirables

1342. THOMAS PIKETTY
Chroniques 2004-2012

1343. PIERRE RABHI
Éloge du génie créateur de la société civile

1344. ALAA EL ASWANY
Automobile Club d'Égypte

1345. LÁSZLÓ KRASZNAHORKAI
Guerre & guerre

1346. MARIA ERNESTAM
Le Peigne de Cléopâtre

1347. WLADIMIR ET OLGA KAMINER
La Cuisine totalitaire

1348. MARTA MORAZZONI
La Note secrète

1349. FRÉDÉRIC LORDON
La Malfaçon

1350. ASSOCIATION NÉGAWATT
Manifeste négaWatt

1351. STEFAN KOLDEHOFF ET TOBIAS TIMM
L'Affaire Beltracchi

1352. HUGH HOWEY
Silo Origines

1353. KATARINA MAZETTI
Le Viking qui voulait épouser la fille de soie

1354. MARILYNNE ROBINSON
La Maison de Noé

1355. ROOPA FAROOKI
Les Choses comme je les vois

1356. JOUMANA HADDAD
Superman est arabe

1357. PHILIPPE PETIT
Traité du funambulisme

1358. JULIA KERNINON
Buvard

1359. LYONEL TROUILLOT
Parabole du failli

1360. CÉLINE CURIOL
Un quinze août à Paris

1361. RICHARD FLANAGAN
Le Livre de Gould

1362. RÉGINE DETAMBEL
Son corps extrême

1363. MARIE-SABINE ROGER
Il ne fait jamais noir en ville

1364. JEAN BOFANE
Congo Inc.

1365. HÉLÈNE FRAPPAT
Lady Hunt

1366. KAUI HART HEMMINGS
Les Descendants

1367. TARJEI VESAAS
Le Palais de glace

1368. ANNA ENQUIST
Les Endormeurs

1369. ROLAND GORI
Faut-il renoncer à la liberté pour être heureux?

OUVRAGE RÉALISÉ
PAR L'ATELIER GRAPHIQUE ACTES SUD
REPRODUIT ET ACHEVÉ D'IMPRIMER
EN JANVIER 2016
PAR NORMANDIE ROTO IMPRESSION S.A.S.
À LONRAI
POUR LE COMPTE DES ÉDITIONS
ACTES SUD
LE MÉJAN
PLACE NINA-BERBEROVA
13200 ARLES

DÉPÔT LÉGAL
1re ÉDITION : FÉVRIER 2016
N° impr. : 1504980
(Imprimé en France)